当代马克思主义哲学研究文库
主编　杨　耕

The Ontology of Social Production Relations:
A Contemporary Interpretation of
Marx's Philosophy

社会生产关系本体论

马克思哲学的当代阐释

俞吾金　著

中国人民大学出版社
·北京·

总序 理论的深度与思想的容量

　　历史常常出现这样一种现象，即一个伟大哲学家的某个理论以至整个学说往往在其身后，在经历了较长时期的历史运动之后，才充分显示出它的本真精神和内在价值，重新引起人们的关注，促使人们"重读"。可以说，"重读"是哲学史乃至整个思想史上的常见的现象，黑格尔重读柏拉图、皮尔士（又译皮尔斯）重读康德、歌德重读拉斐尔……在一定意义上说，一部哲学史就是后人不断"重读"前人的历史。所以，哲学史被不断地"重写"。

　　马克思哲学的历史命运也是如此。20世纪的历史运动以及当代哲学的发展困境，使马克思哲学的本真精神、内在价值和当代意义凸显出来了，当代哲学家不由自主地把目光再次转向马克思，重读马克思。历史和现实都告诉我们，每当世界发生重大历史事件、产生重大社会问题时，人们都不由自主地把目光转向马克思，重读马克思。在一定意义上说，在伦敦海格特公墓安息的马克思，比在伦敦大英博物馆埋头著述的马克思，更加吸引世界的目光。当代著名哲学家德里达甚至发出这样的感叹："不去阅读且反复阅读和讨论马克思……而且是超越学者式的'阅读'和'讨论'，将永远都是一个错误，而且越来越成为一个错误，一个理论的、哲学的和政治的责任方面的错误。"

　　呈现在读者面前的《当代马克思主义哲学研究文库》，就是当代中国学者重读马克思的理论成果。正是以当代实践、科学以及哲学本身的发展为基础重读马克思，我们深深地体会到，马克思主义哲学的确是我们这个时代不可超越的哲学。在当代，无论是用实证主义哲学、结构主义哲学、新托马斯主义哲学，还是用存在主义哲学、解构主义哲学、弗洛伊德主义哲学乃至现代新儒学，来对抗马克思主义哲学，都注定是苍白无力的。在我看来，这种对抗犹如当年的庞贝城与维苏威火山岩浆的对抗。

我断然拒绝这样一种观点，即马克思主义哲学产生于"维多利亚时代"，距今 170 多年，因而已经过时。这是一种"傲慢与偏见"。我们不能依据某种学说创立的时间来判断它是不是过时，是不是真理。实际上，"新"的未必就是真的，"老"的未必就是假的；既有最新的、时髦的谬论，也有古老的、千年的真理。阿基米德定理创立的时间尽管很久远了，但今天的造船业无论多么发达，也不能违背这一定理。如违背这一定理，那么，造出的船无论多么"现代"化，多么"人性"化，也无法航行；如航行，也必沉无疑。真理只能发展，不可能被推翻；而科学之所以是真理，就是因为它发现和把握了某种规律。正是由于发现并深刻地把握了人类社会发展的一般规律、资本主义生产方式的运动规律，正是由于发现并深刻地把握了人与世界的总体关系，正是由于所关注并力图解答的问题深度契合着当代世界的重大问题，所以，产生于 19 世纪中叶的马克思主义哲学又超越了 19 世纪这个特定的时代，依然是我们这个时代的真理和良心，依然占据着真理和道义的制高点。正如美国著名思想家海尔布隆纳所说，"我们求助于马克思，不是因为他毫无错误之处，而是因为我们无法回避他。每个想从事马克思所开创的研究的人都会发现，马克思永远在他前面"。

我不能同意这样一种观点，即在当代中国，随着市场经济体制的确立，马克思主义哲学研究越来越趋于"冷寂"以至衰落。这种观点看到了某种合理的事实，但又把这种合理的事实融于不合理的理解之中。我不否认哲学研究目前在社会生活中较为冷清，一些人对马克思主义哲学持一种冷漠、疏远的态度。但是，我又不能不指出，这种所谓的马克思主义哲学研究的"冷寂"，实际上是人们对马克思主义哲学本身的一种深刻反思，是对马克思主义哲学"本性"的一种回归。具体地说，国内哲学界通过对现代西方哲学的批判反思，通过对中国传统哲学的批判反思，通过马克思主义哲学的自我批判反思，以及通过对哲学的重新定位，完成了这种回归。在我看来，正是这三个"批判反思"以及"重新定位"，促使中国的马克思主义哲学研究走向成熟。换言之，目前，马克思主义哲学研究的"冷寂"并不意味着马克思主义哲学研究在中国的衰落，相反，它标志着中国马克思主义哲学研究的成熟。

实际上，市场经济与马克思主义哲学的关系并非如同冰炭，不能相溶。没有市场经济也就没有马克思主义哲学，马克思主义哲学本身就是在市场经济的背景下产生的。无论是对资本主义市场经济历史性的肯定，还是对资本主义市场经济局限性的批判，马克思主义哲学都为社会主义市场经济的实践提供了理论支撑。随着社会主义市场经济实践的不断深化和拓展，我们真正理解了市场经济不仅是资源配置的现代形式，而且是人的生存的现代方式；真正理解了市场经济是以"物的依赖性"为基础的"人的独立性"的时代，从而深刻地理解了在市场经济中人与人的关系何以转化为物与物的关系；真正理解了市场经济是从"人的依赖性"向"人的自由个性"过渡的时代，从而深刻地理解了"以所有人的富裕为目的"（马克思）、实现每个人的全面而自由发展的重要性；真正理解了社会主义公有制以及"重建个人所有制"（马克思）的重要性，从而深刻地理解了人"成为自己的社会结合的主人""成为自然界的主人""成为自身的主人——自由的人"（恩格斯）的真实含义……随着社会主义市场经济实践的不断深化和拓展，一个"鲜活"的马克思正在向我们走来，马克思主义哲学不是离我们越来越远，而是越来越近了。马克思仍然"活"着，并与我们同行。

当然，马克思主义哲学没有也不可能包含关于当代中国问题的现成答案。自诩为包含一切问题答案的学说，只能是神学，而不可能是科学或哲学。历史已经证明，凡是以包罗万象、无所不知、无所不能自诩的思想体系，如同希图万世一系的封建王朝一样，无一不走向没落。"马克思主义是我们这个时代'必要的'哲学。它为我们生活的历史和社会难题提供了至关重要的见解。这并不意味着，马克思主义为我们的历史难题提供了全能的解释，就跟柏拉图无法回答存在和认识的所有问题，以及弗洛伊德无法解释潜意识思维所有过程一样。能够带来启发但并不是无所不能，它只不过是看得更长远一些，理解得更深刻一些而已。这正是马克思及其后继的马克思主义学者们的著作能帮助我们的事情。"海尔布隆纳的这一观点正确而深刻。我们应当明白，马克思是普罗米修斯，而不是"上帝"；马克思主义是科学，而不是启示录；马克思主义哲学是方法，而不是教义。正如恩格斯所说："马克思的整个世界观不是教义，而是方法。它提供的不是现成的教条，而是进一步研究的出发点和供这种研究使用的方法。"卢卡奇甚至认为，即使"放弃马克思的所有全部论点"，但只要坚持、"发展、扩大和深化"了马克思主义的方法，就仍然是"正统"的马克思主义者，因为"马克思主义问题中的正统仅仅是指方法"。马克思主义哲学是科学的世界观和方法论的高度统一。我们只能按照马克思主义哲学的"本性"期待它做它所能做的事，而不能要求它做它不能做或做不到的事。

实际上，早在马克思主义哲学创立之初，马克思就以其远见卓识"告诫"后辈马克思主义者：马克思主义哲学"是从对人类历史发展的考察中抽象出来的最一般的结果的概括。这些抽象本身离开了现实的历史就没有任何价值。它们只能对整理历史资料提供某些方便，指出历史资料的各个层次的顺序。但是这些抽象与哲学不同，它们绝不提供可以适用于各个历史时代的药方或公式。相反，只是在人们着手考察和整理资料——不管是有关过去时代的还是有关当代的资料——的时候，在实际阐述资料的时候，困难才开始出现。这些困难的排除受到种种前提的制约，这些前提在这里是根本不可能提供出来的，而只能从对每个时代的个人的现实生活过程和活动的研究中产生"。因此，我们必须立足当代的"现实生活过程和活动"坚持和发展马克思主义哲学。这种坚持和发展包括学理上的坚持和发展。

正因为如此，受中国人民大学出版社的委托，我主编了《当代马克思主义哲学研究文库》。首批列入《当代马克思主义哲学研究文库》的20部著作分别从哲学观、哲学史、理论前提、理论形态、存在论、唯物主义形态、辩证法基础，以及经济哲学、政治哲学、道德哲学、历史哲学、社会发展理论等方面深入而较为全面地研究了马克思主义哲学，向我们展示了一幅色彩斑斓的思想史画面。

从这些著作的作者来看，他们分别来自北京大学、中国人民大学、北京师范大学、南开大学、吉林大学、复旦大学、同济大学、南京大学、华中科技大学、武汉大学、浙江大学、山东大学等。这是一个特殊的学术群体。其中，一部分作者出生在20世纪50年代，他们经历了共和国的风风雨雨，尔后在70年代末那个"解冻"的年代走进大学校园，其学术生涯几乎是与改革开放同步的；之前，他们曾被驱赶到生活的底层，其身受磨难的程度、精神煎熬的强度、自我反省的深度，是任何一代大学生都未曾经历过的。正是这段特殊的经历，使这些作者对马克思主义哲学有了深刻的体认。另一部分作者出生在 20 世纪 60—70 年代，成长于改革开放时期，正是改革开放，使这一部分作者的学术生涯一开始就"睁眼看世界"，形成了宽广的理论视野、合理的知识结构，从而对马克思主义哲学有了独特的体认。

从这些著作的内容来看，它们分别涉及马克思主义哲学的本体论、辩证法、历史观、实践论、认识论以及马克思主义哲学史，包括西方马克思主义。这些著作或者对已经成为"常识"的马克思主义哲学的基本观点讲出新内容，从而赋予其深刻的当代含义；或者深入挖掘本来是马克思主义哲学的基本观点，但由于种种原因，未被现行的哲学教科书涉及或重视的观点，从而"发现"马克思；或者深入分析、系统论证马克思有所论述，但又未充分展开、详尽论证，同时又深度契合着当代重大问题的观点，使其上升为马克思主义哲学的基本观点，从而"发展"马克思。

马克思主义哲学是由马克思创立的，但马克思主义哲学并非仅仅属于马克思。实际上，马克思主义哲学是由马克思所创立、为他的后继者所发展的关于无产阶级和人类解放的学说。所以，列宁提出了"马克思的哲学"和"马克思主义哲学"这两个概念。我们不能以教条主义的态度对待马克思主义哲学，认为只有马克思所阐述的哲学思想才是马克思主义哲学。按照这种标准，马克思主义哲学就必然终止于 1883 年；同时，我们又不能以虚无主义的态度对待作为马克思主义哲学主要创始人马克思的哲学思想，奉行没有马克思的马克思主义哲学。"马克思主义是马克思的观点和学说的体系"。列宁的这一定义表明，离开了马克思主义的马克思，是虚构的马克思；离开了马克思的马克思主义，同样是虚构的马克思主义。坚持和发展马克思主义哲学，首先就要准确理解和把握马克思主义哲学主要创始人马克思的哲学思想。

在我看来，这些著作既无压倒千古大师的虚骄之气，也无自我否定的卑贱之心，相反，这些著作是作者们上下求索、深刻反思的结果，是他们哲学研究的心灵写照和诚实记录，展示出一种广博的科学知识和高超的哲学智慧，有着惊人的理论深度和足够的思想容量。从中，我们可以看到，中国的马克思主义哲学研究是"在希望的田野上"。

我并不认为这些著作完全恢复了马克思主义哲学的"本来面目",这些解释完全符合马克思主义哲学的文本,因为我深知解释学的合理性,深知这些著作受到作者本人的人生经历、知识结构、哲学修养以及价值观念,即"理解的前结构"的制约。中国有句古诗:"春潮带雨晚来急,野渡无人舟自横"(韦应物),表面上说的是"无人",实际上是"有人",至少春潮、急雨、野渡、孤舟的画面体现了人对物、主体对客体的感受。因此,《当代马克思主义哲学研究文库》中的著作既反映了作者对马克思主义哲学文本的忠实,又体现出作者研究马克思主义哲学的不同视域和不同方法,并凝聚着作者的特定感受和思维个性。

当然,我注意到,人们对马克思主义哲学的认识并非一致,而且存在着较大的分歧和争论。从历史上看,一个伟大的哲学家逝世之后,对他的学说产生分歧和争论,并不罕见。但是,像马克思主义哲学这样在世界范围内进行如此持久的研究,产生如此重大的分歧,却是罕见的。而且,马克思离我们的时代越远,对他的认识的分歧也就越大,就像行人远去,越远越难以辨认一样。美国社会学家米尔斯由此认为,"正如大多数复杂的思想家一样,马克思并没有得到人们统一的认识。我们根据他在不同发展阶段写出的书籍、小册子、论文和书信对他的著述做出什么样的说明,取决于我们自己的观点,因此,这些说明中的任何一种都不能代表'真正的马克思'"。

米尔斯所描述的问题是真实的,但他对问题的回答却是错误的,即不存在一个客观意义上的、真正的马克思,存在的只是不同的人所理解的不同的马克思。有人据此把马克思与哈姆雷特进行类比,认为犹如一千个观众的眼中有一千个哈姆雷特一样,一千个读者心中有一千个马克思,不存在一个"本来如此"的马克思主义。在我看来,这是一个似是而非、"不靠谱"的类比和说法。问题的关键就在于,哈姆雷特是莎士比亚塑造的艺术形象,马克思主义是由马克思创立的科学理论;艺术形象可以有不同的解读,而科学理论揭示的是客观规律,这种认识正确与否要靠实践检验,而不是依赖认识主体的解读。实际上,即使是艺术形象,也不能过度解读。合理的解读总是有"底线"的。例如,同一首萨拉萨蒂创作的小提琴曲《流浪者之歌》,德国小提琴演奏家穆特把它诠释成悲伤、悲凉、悲戚,美国小提琴演奏家弗雷德里曼把它诠释成悲愤、悲壮、悲怆,但无论是悲伤、悲凉、悲戚,还是悲愤、悲壮、悲怆，都具有"悲"的内涵，而没有"喜"的意蕴。

从认识论的角度看，对马克思主义哲学认识的分歧，是由认识者生活的历史环境和"理解的前结构"决定的。人们总是生活在特定的历史环境中，并在特定的意识形态氛围中进行认识活动的。问题就在于，历史环境的不可复制性，历史进程的不可逆转性，历史事件的不可重复性，使认识者不可能完全"回到"被认识者生活的特定的历史环境，不可能完全"设身处地"地从被认识者的角度去理解他的文本，因而也就不可能完全恢复和再现被认识者思想的"本来面目"。特定的历史环境和"理解的前结构"支配着理解的维度、深度和广度，即使是最没"定见"的认识者也不可能"毫无偏见"。人的认识永远是具体的、历史的，不可能超出认识者的历史环境，必然受到认识者的"理解的前结构"的制约。

但是，我们又能够通过"自我批判"达到对事物的"客观的理解"。"基督教只有在它的自我批判在一定程度上，可说是在可能范围内完成时，才有助于对早期神话作客观的理解。同样，资产阶级经济学只有在资产阶级社会的自我批判已经开始时，才能理解封建的、古代的和东方的经济。"马克思的这一观点具有普遍意义，同样适合哲学史、马克思主义哲学史研究。具体地说，我们能够站在当代实践、科学和哲学本身发展的基础上，通过"自我批判"，通过对马克思主义哲学产生的历史背景的考察，通过对马克思主义哲学文本的分析，通过对马克思主义哲学历史的梳理，使作为认识者的我们的视域和作为被认识者的马克思的视域融合起来，不断走向马克思，走进马克思哲学的深处，从而对马克思的哲学做出"客观的理解"，即准确理解和把握"真正的马克思"，准确理解和把握马克思主义哲学的本真精神、本质特征和理论体系，准确理解和把握"本来如此"的马克思主义哲学。这正是《当代马克思主义哲学研究文库》所追求的理论目标和理论境界。

我注意到，收入《当代马克思主义哲学研究文库》的这些著作的观点并非一致，甚至存在着这样或那样的错误。问题在于，"不犯错误的人没有"（邓小平）。科学研究更是如此。"科学的历史，正如所有人类的观念史一样，是一部不可靠的猜测的历史，是一部错误的历史。"（波普尔）因此，我们应当"从错误中学习"。只有当我们从对错误的"错误"理解中摆脱出来，只有当错误不再成为我们的思想包袱的时候，我们才能少犯错误，才能在求索真理的过程中发现更多的真理。在今后的研究中，我们将不断地修正错误，从而使《当代马克思主义哲学研究文库》不断完善。但是，我们永远也不可能达到完善。在我看来，追求完善，这是学者应有的品格；要求完善，则是对学者的刻薄。实际上，这是一种形而上学的要求。"一切发展中的事物都是不完善的，而发展只有在死亡时才结束。"（马克思）因此，向学者以至任何人要求完善，实际上是向他索取生命。

杨耕

2021 年 7 月于北京世纪城

编者说明

本书是俞吾金先生生前出版的《重新理解马克思——对马克思哲学的基础理论和当代意义的反思》（北京师范大学出版社，2005 年）一书的再版。该书被收入"当代中国哲学家文库"，系该文库的"俞吾金卷"，出版后在学界产生了较大影响，被普遍视为俞吾金教授的代表作之一。

俞吾金先生逝世后，我们在先生的个人电脑中发现了该书的另一个版本（简称"电脑版"），主体内容与北师大版一致，但编排方式有所差异：北师大版中的"后记"在电脑版中作为"自序"出现；北师大版中的两个附录《重新理解马克思》和《差异分析与理论重构》，在电脑版中分别是"前言"和"结论"；电脑版中没有北师大版中的"代序"（《重视对哲学基础理论的研究》）；北师大版中除上下篇外，并没有分章，而电脑版则将全书分为八章。

在纪念俞吾金先生逝世十周年之际，承蒙杨耕教授精心安排，该书得以以再版形式收入本丛书。此次再版我们选用了该书的电脑版，并根据俞吾金先生在书中所强调的核心观点，即历史唯物主义的基础和核心是"社会生产关系本体论"，将书名改为《社会生产关系本体论——马克思哲学的当代阐释》。

本书的出版，首先要感谢杨耕教授的热情提议和推动。杨耕教授对俞吾金先生的深切情谊，每每使我们这些做学生的不胜感动。此外还要感谢中国人民大学出版社崔毅老师为本书付出的辛劳。

吴猛

2024 年 3 月 1 日于复旦大学

自　序

　　本书是在近十年来撰写的关于马克思哲学的研究论文的基础上编写出来的。有趣的是，在哲学研究上，我最初感兴趣的是外国哲学，后来却阴差阳错走上了马克思哲学研究的道路，且一发而不可收。

　　说来话长。1984年12月，我从复旦大学哲学系外国哲学专业获得硕士学位后，留在哲学系现代西方哲学教研室任教，不久，担任了新成立的西方马克思主义教研室主任。1986年，我打算攻读外国哲学专业的博士学位，但事不凑巧，由于全增嘏教授去世，当时外国哲学专业还没有第二位博士生导师，我就想转而攻读中国哲学专业的博士学位，且私下里已经和当时担任中国哲学专业博士生导师的严北溟教授说妥，他也很希望我今后能从事中国哲学方面的研究。但我的这个想法没有得到当时的系领导的支持，由于我担任着西方马克思主义教研室主任的职务，他们还是建议我报考马克思主义哲学专业。

　　当时我心里很矛盾，但考虑到马克思主义哲学中也有许多富有挑战性的问题需要进行研究，而我正在从事的西方马克思主义的研究又是直接与传统的马克思主义研究领域有关的。更何况，马克思主义哲学博士点的导师是德高望重的胡曲园教授。他是复旦大学哲学系的老系主任，是我仰慕已久的前辈学人。经过这样的考虑，我决定把中国哲学的研究计划推到将来，先报考马克思主义哲学专业。

　　不久，我就成了胡曲园教授麾下的一名博士生。胡老是与艾思奇同辈的学人，他学养深厚，思想敏锐，在马克思主义哲学、中国哲学和逻辑学等研究领域中均有很深的造诣和独到的见解。当时胡老住在复旦大学的第九宿舍，离学校很近，我经常去看望他，聆听他的教海。无论是在为人还是为学方面，胡老都耳提面命，循循善诱。对我提出的学术上的疑问，他总是十分耐心地予以解答，令我十分感动。

其实，我还在上海市光明中学读高中的时候，就已对马克思主义哲学萌发了兴趣，并读了一些哲学入门方面的著作。在上海电力建设公司工作时，有一次我的右手因工伤而骨折。在四个月的病假中，我在上海图书馆里通读了已出版的《马克思恩格斯全集》。尽管当时读得很粗心，许多内容一知半解，但马克思深邃的思想、严密的论证、渊博的知识和优美的文字却使我如醉如痴。在胡老的悉心指导下，我学习、研究马克思哲学的热情重新被激发起来了。

随着我对马克思文本解读的深入，我逐步发现，马克思的一系列重要的思想还没有得到阐发，也有一些思想则为传统的哲学教科书体系所误解和误导，亟须加以澄清。所以，从那个时候起直到现在，我经常结合国外马克思主义和外国哲学的研究，乐此不疲地撰写马克思哲学基础理论方面的研究论文，既为自己弄清问题而思索、写作，也为努力塑造一个完整的马克思的理论形象而尽自己的一点微薄的力量。

1999年12月，我们依托外国哲学和马克思主义哲学博士点，在原来的西方马克思主义教研室的基础上，成立了复旦大学当代国外马克思主义研究中心，我担任了中心主任。2000年9月，中心被评为教育部人文社会科学重点研究基地。这就为我在研究当代国外马克思主义哲学流派和外国哲学的同时深入反思马克思哲学的基础理论与当代意义提供了新的思想动力。

本书由37篇研究论文组成，按照重新理解马克思的总体思路，对它们进行了编排。全书分为三篇。上篇是"马克思哲学的思想定位"，主要论述了马克思哲学思想的来源、马克思和恩格斯哲学思想之间的差异、马克思哲学的本质，肯定马克思哲学就是历史唯物主义，成熟时期的马克思没有提出过历史唯物主义以外的任何其他哲学理论。中篇是"马克思哲学的基本概念"，主要探讨了本体论、人、实践、时间、空间、异化、辩证法等基本概念，力图超越传统哲学教科书的理解和解释模式，按照马克思的本意，对这些基本概念做出新的阐释。下篇是"马克思哲学的当代意义"，主要探索了马克思哲学在全球化和后现代主义的背景下面临的新的挑战，展示了马克思哲学思想资源在新的历史条件下的巨大的发展潜力。

在本书编写的过程中，我不但订正了原来文字上的一些错讹和脱漏之处，并根据马克思著作的最新版本，对原来的注释进行了修正，而且对其中一些论文的标题和内容进行了适当的改写（但注明了论文原来的标题和出处，以便供有兴趣的读者对照），努力使全书的内容浑然一体，为此而付出的劳动不亚于重新撰写一部学术著作。何况，本书编写时正值酷暑，其中甘苦，也就只有自己知道了。

本书得以顺利地结集出版，首先得感谢杨耕教授的关心。同时，我要对教育部人文社会科学重点研究基地重大项目"西方马克思主义的意识形态理论及其最新发展趋势研究"（项目批准号为02JAZJD720005）和教育部哲学社会科学研究重大课题攻关项目"马克思主义基础理论若干重大问题研究"（项目批准号为03JZD002）的支持表示由衷的感谢。

俞吾金

2004 年 8 月 10 日于沪上东方文苑寓所

前言　重新理解马克思 *

今天，无论是我们置身于其中的生活世界，还是我们心目中的马克思的理论形象，都已经发生了重大的变化。在这样的历史情境下，自觉地把"重新理解马克思"作为我们必须面对的理论课题，具有特别重要的意义。

马克思在当今世界的遭遇

从 20 世纪 80 年代末到 90 年代初发生的东欧剧变和苏联解体，是该世纪最引人注目的政治事件。从那个时候起直到今天，西方国家尤其是欧洲国家出版的报刊和论著几乎众口一词地谈论着马克思主义的危机和失败，"马克思主义已经死亡""共产主义已经死亡"这样的标题和口号几乎随处可见。

历史常常有惊人的相似之处。这种情形很容易使我们联想到马克思和恩格斯在《共产党宣言》（1848）开头所描绘的当时欧洲的情景：

> 一个幽灵，共产主义的幽灵，在欧洲游荡。为了对这个幽灵进行神圣的围剿，旧欧洲的一切势力，教皇和沙皇、梅特涅和基佐、

＊ 本文原载《学术界》1996（5）。文中已涉及对"回到马克思那里去"的口号的批评，但有些人竟认为，我的批评是针对张一兵教授所发的。这些人粗心到了什么地步？他们居然没有注意到，张一兵教授的《回到马克思》一书是江苏人民出版社于 1999 年 9 月才出版的。另外，如果他们希望全面了解我的观点，也应该读一读我更早发表的另一篇论文《向经典马克思主义回归》，载《马克思主义与现实》1995（2）。

法国的激进派和德国的警察，都联合起来了。①

今天，马克思主义和共产主义在更多的国家面临着类似的命运。是否如某些理论家所断言的，马克思主义和共产主义已经走完了自己的生命历程，现在该寿终正寝了呢？答案显然是否定的，因为适合马克思主义和共产主义生长与发展的历史土壤并没有消失，这一曾经而且目前仍然对人类社会产生着巨大影响的伟大思潮是绝不可能在一夜之间就从历史舞台上消失的。谁如果把马克思主义和共产主义在目前遭受到的挫折理解为其生命力的衰竭，那就未免太近视了。

历史一再启示我们，把主观的情感因素带入对伟大人物和伟大历史思潮的评价中并不是明智的。近代西方学者曾对古希腊哲学家亚里士多德的学说进行过猛烈的抨击，以至罗素在《西方哲学史》一书中认定，近代欧洲哲学和科学上的每一个进步几乎都是在反对亚氏已经做出的结论的基础上实现的。然而，在今天，谁会否认亚氏作为百科全书式的古代学者在人类思想史上的重要地位呢？同样地，中国古代哲学家孔子的学说在以前的世代，特别是在五四运动前后的几十年中遭到了巨大的冲击，但谁又会据此断言，他的学说已经丧失生命力了呢？

尽管比较不是论证，但难道我们不能从中受到启发吗？更何况，马克思的学说和亚里士多德与孔子的学说比较起来，在当代生活世界中具有顽强得多的生命力。谁能说，马克思关于资本主义社会的本质和基本矛盾的分析已经过时？谁能说，马克思关于生产劳动、科学技术和人化自然的论述已经失效？谁又能说，马克思关于异化劳动和人道主义的见解，关于人的自由、解放和个人的能力全面发展的憧憬已经失去意义？与这些近视的人相反，每一个有识之士都会从 20 世纪 80 年代末到 90 年代初的历史事件中引申出如下见解：马克思主义和共产主义在实践生活中遭受的挫折表明，马克思创立的学说在某些追随者那里已经被严重地教条化和僵化了，因此，失去了生命力的并不是马克思的学说，而是这种学说的教条式的赝品。在这个意义上我们可以说，正是这种挫折为我们重新返回到马克思和重新理解他的学说，尤其是重新理解他的哲学思想提供了历史的契机。所以，我们完全有理由说，正是这种挫折，为

---

① 马克思恩格斯选集：第 1 卷．北京：人民出版社，2012：399．

马克思研究的复兴拉开了序幕。①

　　实际上，我们只要稍稍留心一下当代法国马克思研究的现状，就不会认为上述说法是言过其实了。1992 年，法国国家科学研究中心研究员米歇尔·瓦岱出版了《马克思：研究可能性的思想家》一书，强调应当结合马克思的生活和写作时的文化历史背景，重新解读马克思的原著；瓦岱还强调应当深入地研究马克思与黑格尔、马克思与亚里士多德之间的理论联系。1993 年，巴黎第十大学教授艾蒂安·巴利巴尔出版了《马克思的哲学》一书，主张把马克思的哲学与传统意义上的、已经被教条化的所谓"马克思主义哲学"区分开来，特别是与斯大林关于"辩证唯物主义和历史唯物主义"的论述区分开来，并指出：

　　　　撰写这本小册子的宗旨是要让人们懂得为什么人们到 21 世纪还要读马克思的书，因为他不仅是一座历史丰碑，而且是一位具有现实价值的作者，他对哲学提出的问题和为哲学提供的概念还将具有现实意义。②

　　同年，法国解构主义哲学的开创者、巴黎高等师范学校教授雅克·德里达出版了《马克思的幽灵》一书，驳斥了"马克思主义已经死亡"的错误观点，肯定马克思的学说是人类知识宝库中的一份珍贵遗产。在德里达看来，今天的人，不管对马克思的学说采取什么样的态度，实际上都自觉地或不自觉地成了马克思思想遗产的继承人。这三部著作问世后，在法国思想界引起了轩然大波。法国马克思主义研究专家吕西安·塞夫、乔治·拉比卡等纷纷发表书评，肯定这些著作开启了重新理解马克思的通道。

　　从上面的论述可以看出，马克思的学说并没有死亡，由于其内蕴巨大的生命力，它仍然牢牢地占据着我们这个时代的理论制高点。不仅瓦岱、巴利巴尔、德里达等思想家有这样的认识，而且 20 世纪的另一些著名思想家在更早的时候就已经以不同的方式表达了类似的想法。西方马克思主义的创始人卢卡奇在 1933 年发表的《我走向马克思的道路》一文中已经提出了如下见解：

　　　　我觉得，在马克思出现以后的时代，认真研究马克思应当是每

---

① 俞吾金.向经典马克思主义回归.马克思主义与现实，1995（2）.

② 张慧君.法国马克思研究的新动向.马克思主义与现实，1994（3）.

个抱严肃态度的思想家的中心问题；掌握马克思的方法和成果的方式和程度决定着他在人类发展中的地位。①

卢卡奇认为，在某种意义上，他自己的一生就是不断地解读和领悟马克思著作的一生。

著名的存在主义哲学家海德格尔在《关于人道主义的通信》（1946）一文中曾经指出：

> 不管人们以何种立场来看待共产主义学说及其基础，从存在的历史的观点看来，对有世界历史意义的东西的基本体验已经在共产主义中确定不移地说出来了。②

正是海德格尔告诉我们，共产主义学说在存在意义的发展史上拥有不可忽视的地位。共产主义不是一种肤浅的学说，它说出来的乃具有世界历史意义的重要话语。在这里，海氏的见解与那种把共产主义称为某些人蓄意制造出来的政治意识形态的世俗之见相距是何等遥远！在同一封信中，当海氏论述到"无家可归"（Heimatlosigkeit）是忘记存在的标志时，他又指出：

> 无家可归正在成为一种世界命运，因而按照存在的历史来思考这一命运是必要的。马克思认识到了人的异化，尽管这一认识在一种本质的和重要的意义上来自黑格尔，在现代人的无家可归中有其根源。这种特别被存在的命运以形而上学的方式和通过形而上学而激起的无家可归，同时也在形而上学中被掩蔽起来了。因为马克思通过对异化的体验而达到了一个本质性的、历史的维度，所以马克思的历史观优越于其他的历史学。但在我看来，由于胡塞尔和萨特都没有在存在中认识到历史事物的本质性，所以现象学和存在主义都没有达到可以和马克思主义进行一场创造性对话的这一维度。③

在这里，海德格尔毫不犹豫地告诉我们，马克思主义通过对异化的领悟而比现象学和存在主义拥有更深刻的历史内涵。

---

① 杜章智. 卢卡奇自传. 李渚青，莫立知，译. 北京：社会科学文献出版社，1986：215.

② M. Heidegger. *Ueber den Humanismus*. Frankfurt a. M.：Suhrkamp Verlag，1975：27 - 28.

③ M. Heidegger. *Ueber den Humanismus*. Frankfurt a. M.：Suhrkamp Verlag，1975：27.

即使是主张用存在主义来补充马克思主义的萨特，也坦然承认：

> 马克思主义的生命力远不是已经枯竭了，它还年轻，甚至还在童年，似乎刚刚开始发展，所以它仍然是我们时代的哲学，它是不可超越的，因为产生它的那些历史条件还没有被超越。①

毋庸讳言，萨特关于马克思哲学的见解依然对我们时代的哲学是深刻的。它启示我们，只要马克思所论述的那些历史现象还存在着，他的学说就是不可超越的。与萨特同时代的阿尔都塞，虽然并不赞同萨特的存在主义的马克思主义的观点，但在肯定马克思学说的伟大意义和生命力这一点上，他和萨特并没有什么区别。阿尔都塞在其名著《保卫马克思》（1965）中开宗明义地宣布：

> 历史已经把我们推进了理论的死胡同，为了从中脱身，我们必须探讨马克思的哲学思想。②

在阿尔都塞看来，当时法国的理论界只有返回到马克思本人的学说，尤其是他的哲学思想中，才能摆脱已被马克思主义学说的某些解释者错误地导入的那种理论困境。

上面的论述只是为了表明，肯定马克思学说在我们这个时代的巨大生命力和现实意义，并不是少数理论家的主观愿望，而是我们这个时代的普遍感觉和自我要求。而为了维护马克思哲学的声誉，我们必须从已被实践证明是错误的教条主义的模式中摆脱出来，站在当今时代的高度重新理解马克思。

重新理解马克思是客观的历史要求

只要认真地考察一下马克思思想的发展史，深入地了解一下当今的社会生活和精神氛围，我们就会发现，重新理解马克思并不是少数理论家的主观臆想，而是当今生活世界的客观要求。

首先，重新理解马克思正是马克思本人的要求。众所周知，马克思在世时，他的学说已经遭到了各方面的曲解。就马克思的批评者而言，或许我们只要举出俄国学者尼·康·米海洛夫斯基就够了。马克思的

---

① J. P. Sartre. *Search for A Method*. New York：Alfred A. Knopf，1963：30.

② L. Althusser. *For Marx*. London：NLB，1977：21.

《资本论》第 1 卷于 1867 年问世后，各国的资产阶级学者先是用沉默的方式试图置它于死地，这种方式完全失效以后，他们又对《资本论》滥加批评。米海洛夫斯基就是其中一个突出的代表。他在 1877 年 10 月发表在《祖国纪事》上的《卡尔·马克思先生在尤·茹柯夫斯基先生的法庭上》一文中，对《资本论》做出了错误的理解和解释，特别是把马克思在分析欧洲社会（尤其是英国社会）的历史发展状况时所得出的结论不加分析、不加限定地推广到所有的国家中。马克思读到这篇文章后，立即写信给《祖国纪事》编辑部，对米海洛夫斯基的这一错误见解提出了如下批评：

> 他一定要把我关于西欧资本主义起源的历史概述彻底变成一般发展道路的历史哲学理论，一切民族，不管他们所处的历史环境如何，都注定要走这条道路，——以便最后都达到在保证社会劳动生产力极高度发展的同时又保证人类最全面的发展的这样一种经济形态。但是我要请他原谅。他这样做，会给我过多的荣誉，同时也会给我过多的侮辱。①

在马克思看来，历史的演化是极其错综复杂的，不同历史环境中相似的事件完全可能导致不同的结果。虽然马克思的这封信没有寄出，但充分表明了他希望自己的批评者能够正确地理解自己观点的强烈愿望。所以，当《资本论》的另一位俄国批评者伊·伊·考夫曼在《卡尔·马克思的政治经济学批判的观点》一文（载《欧洲通报》1872 年 5 月号）中准确地叙述了马克思的研究方法后，马克思在写于 1873 年 1 月的《资本论》第 1 卷第 2 版跋中不仅引证了考夫曼的一大段话，而且很高兴地加以肯定。② 从中可以看出，马克思是多么渴望来自批评者的正确理解呀！

如果说，那些不学无术的批评家常使马克思感到厌烦的话，那么，来自马克思的追随者那里的误解更使马克思感到恼火。例如，当李卜克内西和倍倍尔领导的爱森纳赫派背着马克思和恩格斯与哈森克莱维尔和哈赛尔曼领导的拉萨尔派联合为德国社会主义工人党，并起草了充满错误的《哥达纲领》以后，马克思立即起草了《哥达纲领批判》（1875），

---

① 马克思恩格斯全集：第 19 卷. 北京：人民出版社，1963：130.
② 马克思. 资本论：第 1 卷. 北京：人民出版社，1975：233.

对《哥达纲领》中误解自己学说之处做出了彻底的批判和澄清，并且写道：

> 我已经说了，我已经拯救了自己的灵魂。①

马克思逝世后，这一斗争的任务就历史地落到了恩格斯身上。恩格斯在 1890 年 8 月致保尔·拉法格的信中谈到许多大学生涌入德国党内，从而造成了种种混乱时，不无遗憾地写道：

> 所有这些先生们都在搞马克思主义，然而是 10 年前你在法国就很熟悉的那一种马克思主义，关于这种马克思主义，马克思曾经说过："我只知道我自己不是马克思主义者。"②

从马克思的这句名言——"我只知道我自己不是马克思主义者"——中，难道我们还听不到重新理解马克思的强烈呼声吗？

其次，重新理解马克思是 20 世纪 20 年代以来随着马克思手稿和遗稿的不断发现，理论界必然会提出来的客观要求。人所共知，在马克思、恩格斯和列宁去世后，人们主要是通过下列著作——恩格斯的《反杜林论》（1877—1878）、《自然辩证法》（写于 1873—1883 年，补充于 1885—1886 年，全书首次出版于 1925 年）、《路德维希·费尔巴哈和德国古典哲学的终结》（1888），普列汉诺夫的《论一元论历史观之发展》（1895），列宁的《唯物主义和经验批判主义》（1909）、《马克思主义的三个来源和三个组成部分》（1913）、《卡尔·马克思》（1915）、《国家与革命》（1918）、《共产主义运动中的"左派"幼稚病》（1920）、《论战斗的唯物主义》（1922）、《哲学笔记》（写于 1895—1916 年，全书出版于 1930 年），斯大林的《论辩证唯物主义和历史唯物主义》（1938）等——来理解和解释马克思的学说，尤其是他的哲学思想的。事实上，当时苏联出版的马克思主义哲学教科书主要是在这些著作的基础上来塑造马克思的理论形象的。然而，随着马克思手稿和遗稿的重新发现、整理与出版，马克思的研究者眼前仿佛突然打开了一个新的理论宝库。在所有这些手稿和遗稿中，最值得重视的是下面这些论著：

一是《黑格尔法哲学批判》。马克思的这部手稿完成于 1843 年，直

---

① 马克思恩格斯选集：第 3 卷 . 北京：人民出版社，2012：378.
② 马克思恩格斯选集：第 4 卷 . 北京：人民出版社，2012：603.

到 1927 年才由苏共中央马克思列宁主义研究院第一次用德文发表。在这部手稿中，马克思从唯物主义的立场出发，揭示了黑格尔的思辨哲学，尤其是法哲学的唯心主义的和神秘主义的特征，阐明了家庭、市民社会和国家的现实关系，从而开始了创立历史唯物主义的思想历程。但迄今为止，这部手稿还未引起研究者们的普遍重视。在这方面独具慧眼的是意大利新实证主义的马克思主义者德拉·沃尔佩。正如他的学生科莱蒂所指出的：

> 对于德拉·沃尔佩来说，马克思早年的《黑格尔法哲学批判》是一个中心的出发点。①

德拉·沃尔佩之所以把这部著作看作重新理解马克思的一个入手处，是因为在他看来，马克思的新的哲学方法正是在这部手稿中最先确立起来的。为此，他把马克思的这部手稿看作"最重要的文本"。这虽然有过甚其词之嫌，但却启发我们去研究马克思的学说与黑格尔的法哲学思想之间的内在联系。此外，随着社会主义市场经济的发展，道德、法、伦理、家庭、市民社会、国家等问题愈益上升为重大的理论问题，马克思的这部手稿必将为越来越多的研究者打开一个新的思想视域。

二是《1844 年经济学哲学手稿》（本文以下简称《手稿》）。这部手稿写于 1844 年 4—8 月，第一次全文发表在《马克思恩格斯全集》1932 年国际版第一部分第 3 卷上。在这部手稿中，既有马克思对国民经济学的批判和对异化劳动的分析，又有他对黑格尔辩证法的批判和对《精神现象学》的积极成果的总结。应该指出，东方世界对这部手稿的反应是十分迟缓的。苏联到 1956 年才出版这部手稿的俄译本；中国直到 1979 年才出版刘丕坤的中文全译本，在参考刘译本的基础上，中央编译局于同年出版了收有这部手稿的中文修订本《马克思恩格斯全集》第 42 卷。20 世纪 80 年代初以来，这部手稿才引起中国理论界的普遍重视，而在西方世界，情形就完全不同了。西方的人文社会科学研究者，无论是属于新黑格尔主义、存在主义、新弗洛伊德主义派别的，还是属于新托马斯主义、结构主义、新实证主义派别的，几乎都争先恐后地发表对这部手稿的见解。美国哲学家悉尼·胡克把《手稿》的发表看作"马克思的第二次降生"，德国哲学家马尔库塞则在《历史唯物主义的基础》

---

① New Left Review. *Western Marxism：A Critical Reader*. London：NLB, 1977：322.

（1932）一文中开宗明义地宣布：

> 马克思在 1844 年撰写的《1844 年经济学哲学手稿》的发表必将成为马克思主义研究史上的一个划时代的事件。这部手稿使关于历史唯物主义的由来、本来含义和整个"科学社会主义"理论的讨论置于新的基础上。①

在马尔库塞看来，《手稿》的面世为我们重新理解马克思创造了重要的条件。事实上，正是《手稿》的面世引发了关于"两个马克思"（即"青年马克思"和"老年马克思"）的持久的争论。关于这方面的情况，国内理论界已经做了大量的介绍，这里只需要指出一点，即把"青年马克思"和"老年马克思"对立起来是不符合马克思的本意的。现在，我们站在新的时代的高度重新理解马克思时，当然既不能撇开《手稿》这部重要的作品，也不能回避这场迄今为止尚未平息的世纪之争。②

三是马克思和恩格斯合著的《德意志意识形态》。这部著作写于1845—1846 年，由苏共中央马克思列宁主义研究院第一次于 1932 年用德文出版。这部著作的重要性不仅在于对以费尔巴哈、布·鲍威尔、施蒂纳为代表的现代德国哲学家和形形色色的德国社会主义思潮进行了透彻的批判，而且在于马克思对自己创立的历史唯物主义学说做出了初步的、比较系统的表述。应该指出，在重要性上，这部著作一点也不比《手稿》逊色，它的某些章节，特别是第 1 卷的第 1 章，即批判费尔巴哈部分的许多论述，显示出马克思更为宽广的思想视野和精辟的理论见解。然而，如果说研究者们给了《手稿》过多关注的话，那么也完全可以说，他们给了《德意志意识形态》不应有的漠视。确实，当《手稿》处于历史舞台中心的时候，《德意志意识形态》是不会引人注目的。然而，正像历史上任何一部重要的著作一样，即使它的光芒可以被遮蔽于一时，也不可能长期地被埋没下去。事实上，就在这部著作面世的第二

---

① H. Marcuse. *Studies in Critical Philosophy*. Boston：Beacon Press，1972：3.

② "两个马克思"的争论在美国学者阿尔文·古尔德纳那里转化为所谓"两种马克思主义"：一种是"科学的马克思主义"（scientific Maxism），另一种是"批判的马克思主义"（critical Marxism）。古尔德纳指出："这两种马克思主义不可能作为在结构上有明显差异的不同倾向而出现，但是这两者确实存在于马克思主义中。"（A. W. Gouldner. *The Two Marxisms*. New York：The Seabury Press，1980：34）

年，奥地利学者威廉·赖希就出版了《法西斯主义的群众心理学》一书，创造性地运用马克思这部手稿中的观点，对法西斯主义的意识形态的来源和实质做了透辟的分析。30多年后，阿尔都塞对《德意志意识形态》做出了更高的评价。他在《自我批评材料》（1970）中认为：

> 《1844年经济学哲学手稿》还根本没有谈到生产方式、生产关系和生产力这三个概念，而在《德意志意识形态》中开始出现的新的理论体系却正是建筑在这三个新概念的基础之上的。这个新体系的出现使得古典政治经济学的概念从《德意志意识形态》起开始了一次新的调整。①

按照阿尔都塞的看法，《德意志意识形态》乃成熟的马克思同青年马克思的思想进行决裂的最重要的代表作，从而也是我们重新理解马克思及其思想发展的整个历程的关键之作。我们有幸看到，在这部手稿发表以来，无论是在东方还是在西方，意识形态问题都引起了理论界的越来越多的重视。

四是《1857—1858年经济学手稿》。这部手稿是由七篇材料构成的，它们是马克思撰写《资本论》的准备材料。这些材料在马克思生前都没有发表过，直到1939年和1941年，它们才以德文分两册在莫斯科出版，编者加的标题是《政治经济学批判大纲（草稿）》，学术界简称为《大纲》。《大纲》直到1953年在德国再度出版时，才引起研究者们的普遍重视。它的第一个完整的英文本出版于1973年，中文本出版于1979年。在某种意义上可以说，《大纲》的重要性不是在经济学方面，而是在哲学方面，尤其表现在马克思对自然、物质、社会存在、社会形态、方法论等一系列哲学问题的论述上。因此，它对马克思哲学的研究者特别具有吸引力是理所当然的。阿尔弗莱德·施密特在其博士论文《马克思的自然概念》（1962）的导论中明确表示，自己的论文主要是在参考《大纲》的基础上撰写出来的。他这样写道：

> 在这里，《资本论》的准备性草稿《政治经济学批判大纲（草稿）》受到了特别的重视，它对我们理解黑格尔和马克思的关系是最为重要的，而它几乎还没有被人利用过。②

---

① 阿尔都塞. 保卫马克思. 顾良，译. 北京：商务印书馆，1984：221.
② A. Schmidt. *The Concept of Nature in Marx*. London：NLB，1971：17.

在施密特看来，正是《大纲》为我们重新理解马克思提供了重要的入手处。实际上，这种见解并不限于施密特一个人。我们只要认真地读一下卢卡奇晚年的巨著《社会存在本体论》(1971)，就会发现这部著作中的许多论述，尤其是关于核心概念"社会存在"的论述，深受《大纲》的影响。此外，值得一提的是，美国学者 C.C. 古尔德在其名作《马克思的社会本体论》(1978)一书的导论中指出，《大纲》是重新理解马克思的整个哲学体系，重新塑造马克思的理论形象的最重要的著作，并坦然承认：

> 我对马克思的社会本体论的重构主要是以这部著作为基础的。①

这些论述已经足以证明，《大纲》在重新理解马克思学说，尤其是他的哲学思想上拥有极其重要的地位。

五是马克思晚年的人类学笔记。它主要是由以下五份读书摘要构成的：其一是《马·柯瓦列夫斯基〈公社土地占有制，其解体的原因、进程和结果（第一册）〉一书摘要》，写于 1879 年 10 月到 1880 年 10 月期间，第一次用俄文发表于 1958 年《苏联东方学》杂志第 3、4、5 期和 1959 年《东方学问题》第 1 期及 1962 年《亚非人民》第 2 期；其二是《路易斯·亨·摩尔根〈古代社会〉一书摘要》，写于 1880 年年底到 1881 年 3 月初，第一次用俄文发表于 1946 年出版的《马克思恩格斯文库》第Ⅸ卷；其三是《亨利·梅恩〈古代法制史讲演录〉一书摘要》，写于 1881 年 4—6 月；其四是《约·拉伯克〈文明的起源和人的原始状态〉一书摘要》，写于 1881 年 3—6 月；其五是《菲尔〈印度和锡兰的雅利安人农村〉一书摘要》，与上述摘要写于同一时期，第一次用俄文发表于 1964—1966 年的《亚非人民》杂志上。奇怪的是，《马克思恩格斯全集》第 45 卷没有收入这份摘要。美国学者劳伦斯·克拉德在深入研究这些笔记的基础上，于 1972 年编纂出版了《卡尔·马克思的民族学笔记》英文本，收入了上面提到的第一、三、四、五份读书摘要，1975 年又出版了《亚细亚生产方式》英文本，收入了第二份读书摘要，从而一跃成为这个研究领域中最有影响力的研究专家之一。这些笔记的问世已经在中国的研究者中引起广泛的兴趣。

---

① C. C. Gould. *Marx's Social Ontology*. Cambridge：The MIT Press，1978：xiii.

如果我们不局限于这些笔记来了解马克思晚年的人类学思想，那么下面这些马克思晚年留下的文稿也是十分重要的。其一是《给维·伊·查苏利奇的信》（写于1881年3月）和《给维·伊·查苏利奇的复信草稿》（写于1881年2—3月）；其二是《评阿·瓦格纳的〈政治经济学教科书〉》（写于1879年下半年到1880年11月）；其三是和恩格斯合写的《〈共产党宣言〉俄文第二版序言》（写于1882年1月）。这些文稿收录在《马克思恩格斯全集》中文版第19卷中，虽然中文译本出版于1965年，但由于"文化大革命"的间断，直到近年来才引起研究者们的高度重视。马克思晚年的人类学笔记的问世不仅进一步引发了关于"亚细亚生产方式""跨过卡夫丁峡谷""社会形态理论""马克思早、中、晚三期思想发展的关系""东西方社会发展的差异"等一系列重大理论问题的讨论，而且也引出了对整个马克思学说的重新理解和解释的问题。①

最后，重新理解马克思也是从20世纪初以来，特别是第二次世界大战结束以来，已经发生重大变化的社会生活本身提出的客观要求。从第二次世界大战结束到朝鲜战争、越南战争、两伊战争、阿以战争、海湾战争和科索沃事件；从俄国十月革命的成功到东欧剧变和苏联解体；从第二国际、斯大林主义的衰落到第四国际、民主社会主义、匈牙利事变、欧洲共产主义的兴起和巴黎风暴的爆发；从法西斯主义的崛起、失败到新纳粹的复兴和国际恐怖主义的蔓延；从1929—1933年的西方经济危机到战后西方经济的迅速恢复及亚太经济的勃兴和金融危机的爆发；从生物学、物理学、量子力学等基础学科的突破性发展到航天、信息、基因工程的发展；从对自然的掠夺性的开发到军火买卖、走私、吸毒、艾滋病的流行和人体器官的贩卖；从传统的哲学、艺术、宗教的研究到大众文化、解构主义、后现代主义、荒诞派和邪教的肆虐；等等。其间发生了多么重大的变化！正是这些变化促使那些对马克思哲学怀有浓厚兴趣的学者回过头去重新理解马克思，从而形成了形形色色的新马克思主义思潮。从哲学理论上看，下列思潮特别值得注意：

第一，以卢卡奇为代表的西方马克思主义，其基本特征是把现代西方哲学中的各种学说同马克思主义结合起来，从而形成了诸如黑格尔主义的马克思主义、韦伯主义的马克思主义、弗洛伊德主义的马克思主

---

① 俞吾金．马克思主义的第四个来源和第四个组成部分：纪念马克思逝世110周年．学术月刊，1993（8）；论马克思的社会人类学思想．复旦学报（社会科学版），1987（1）．

义、存在主义的马克思主义、新实证主义的马克思主义、结构主义的马克思主义、分析的马克思主义、现象学的马克思主义、解构主义的马克思主义、后马克思主义、女权主义的马克思主义、生态学的马克思主义、法兰克福学派等新的学说。尤其是科莱蒂、阿尔都塞、阿多诺、哈贝马斯等人的理论值得高度重视。

第二，以吕贝尔、费切尔为代表的西方马克思学，其基本特征是以批判的、编年史的方法重新研究马克思的全部著作，力图恢复被后人曲解的马克思学说的本意。

第三，东欧的新马克思主义，其基本特征是关注实践、生存、异化、人道主义等现实问题。这一思潮以南斯拉夫的"实践派"、波兰的"哲学人文学派"、捷克的"存在人类学派"、匈牙利的"布达佩斯学派"等为代表，尤其是捷克的科西克的具体辩证法学说值得加以深入研究。

在结合现实生活中出现的问题重新理解马克思的过程中，这些思潮和学派从不同的角度出发，做出了许多新的、可贵的探索，从而为我们重新理解马克思提供了重要的启示。然而，应当指出，这些思潮和学派或者从根本上没有摆脱传统的马克思哲学研究思路的影响；或者囿于文本上的考据而忽略了对马克思哲学的根本精神的反省；或者大胆地提出了新见解，但又不能系统地表述出来，并对马克思哲学思想的演化做出令人信服的说明；或者简单地宣布马克思哲学陷入危机之中，但又缺乏有理有据的分析。这就充分表明，尽管重新理解马克思是我们这个时代面临的刻不容缓的重大理论任务，但完成这个任务绝非易事。前人和同时代人的研究成果虽然可供参考，但追随和模仿绝不是出路。我们必须另辟蹊径。

重新理解马克思要正视诠释学上的困难

重新理解马克思，就像重新理解任何其他大思想家一样，需要付出艰辛的劳动。德国诗人海涅在其名作《论德国宗教和哲学的历史》（1833）中论述费希特的哲学思想时，曾无限感慨地谈到理解一个哲学家的困难：

> 关于理解，他完全有他自己一套奇怪的想法。当赖因霍尔德和他持有同样见解的时候，费希特便说，没有人比赖因霍尔德更善于

理解他。但当赖因霍尔德后来和他意见相左的时候，费希特便说：赖因霍尔德从来没有理解过他。当他和康德有了分歧的时候，他便发表文章说：康德不理解他本人。我在这里触及了我国哲学家的一个滑稽的侧面。他们经常埋怨不为人理解。黑格尔临死时曾说："只有一个人理解我"；但他立刻烦恼地加了一句："就连这个人也不理解我。"①

恩格斯在《路德维希·费尔巴哈和德国古典哲学的终结》一书中对黑格尔的著名命题"凡是现实的都是合理的，凡是合理的都是现实的"的理解就是一个典型的例子。在恩格斯看来，没有一个命题像黑格尔的上述命题一样，曾经引起近视的政府的感激和同样近视的自由派的愤怒。政府以为这个命题把一切都神圣化了，因而兴高采烈地欢迎它；自由派出于对它的同样的误解，认为它是从哲学上祝福专制制度，因而对它横加指责。恩格斯始终没有为这种表面现象所迷惑，他通过对黑格尔辩证法的深刻领悟，说出了自己对这个命题的新的理解：

> 按照黑格尔的思维方法的一切规则，凡是现实的都是合乎理性的这个命题，就变为另一个命题：凡是现存的，都一定要灭亡。②

正是通过对这个命题的重新理解，恩格斯肯定了蕴含在黑格尔哲学中的革命因素，从而启示我们：尽管理解一个大思想家是困难的，有时候我们不得不撇开包围着我们的许多流俗的见解，才能正确地去理解一个命题乃至一种学说，但这种理解和再理解不仅是可能的，而且也是必要的。事实上，也只有在不断的、敞开的理解中，马克思的学说才不会被教条化和僵化，才能保持其活泼的生命力，并通过对不断更新着的理解者所带入的新鲜经验的吸纳而保持其占据理论上的制高点的地位。

---

① 张玉书. 海涅选集. 北京：人民文学出版社，1983：307. 海涅在这里提到的黑格尔说的话，实际上是谢林针对黑格尔而说的。恩格斯在《谢林论黑格尔》（1841）一文中引述了谢林批判黑格尔的一段话后，指出："流传着一句名言，通常认为这是黑格尔说的，但是，从上面援引的谢林的话看，无疑源出于谢林。这句名言是：'我的学生中只有一个人理解我，遗憾的是，连他对我的理解也是不正确的。'"（马克思恩格斯全集：第41卷. 北京：人民出版社，1982：201）

② 马克思恩格斯选集：第4卷. 北京：人民出版社，2012：222.

从诠释学的理论上看，重新理解马克思涉及对理解者与被理解的对象、理解者与其所处的历史情境、被理解的对象与当时的历史条件等一系列错综复杂关系的认识。只有先行地认识这些关系并正确地加以处理，重新理解马克思才具有科学性。以往理解的经验教训表明，在重新理解马克思哲学的过程中，必须正视以下三种现象。

一是朴素的僭越。在人类的天性中，普遍地存在着一种可以称为"朴素的僭越"的倾向。这里的"朴素的"也就是"自然而然的""不自觉的"。"僭越"一词则意为不合适的跨越或跳跃。"朴素的僭越"指的是人类思维中的不自觉的诡辩法，即人类常常把自己对对象的理解与被理解的对象这两个不同的东西混淆起来。① 我们不妨举个例子来说明这个概念。毋庸讳言，柏拉图的学说存在于他留下来的全部著作中，但当一位学者研究了他的全部著作，并撰写了一部题为《柏拉图的学说》的著作时，他却不自觉地做出了一种"朴素的僭越"。因为当他以这种方式来命名自己的研究著作时，实际上已把他自己对柏拉图学说的理解"僭越"为被理解的柏拉图学说本身了。事实上，这位研究者应该把自己著作的名称改为《我对柏拉图学说的理解》。如果作者自觉地做出了这样的修改，那就表明，他已经意识到自己对柏拉图的理解和作为被理解对象的柏拉图学说本身之间的距离和差异了。

然而，在现实的研究活动中，很少有研究者自觉地意识到这一点，并对这种"朴素的僭越"采取批判的态度。在对马克思哲学的研究中，触目可见的也正是这种"朴素的僭越"。尤其是某些学者，常常把自己理解马克思哲学的文本"僭越"为作为被理解对象的马克思哲学文本本身，从而以真理的唯一拥有者的身份自居，拒斥对马克思哲学的任何其他的理解方式。显而易见，这样做的结果只能导致对马克思哲学理解上的僵化、教条化和封闭化。在某种意义上，20 世纪 80 年代末到 90 年代初发生的历史事件正是对这种教条化的理解方式的一个惩罚。许多年来，我们一直在对马克思学说的教条化理解的旧框架中打转。我们孜孜

① 俞吾金. 思考与超越：哲学对话录. 上海：上海人民出版社，1986：141-154. 在这部著作中，我虽然还未明确地提出"朴素的僭越"的概念，但实际上已对这一概念所指称的现象做了深入而又形象的说明。

不倦地阅读着那些诠释马克思哲学的各种教科书和二手资料，然而极有可能的是，我们读得越多、越细致，马克思哲学的真谛也就离我们越远，因为正是种种教条式的理解方式阻塞了我们通向马克思哲学文本所蕴含的真理的道路。

二是寻找未受任何理解"污染"的理解对象。如前所述，在马克思哲学的研究中，我们反对"朴素的僭越"，主张把被理解的对象与对对象的理解这两者区分开来。但在这样做的时候又极易滑向另一个极端，即认为存在着一个可以完全与任何理解活动分离而又能自行道出其意义的对象。时下在国际、国内都十分流行的口号"回到马克思那里去"就蕴含着这种错误的见解。我们有充分的理由可以指出这一点，即虽然这一口号是生活在我们这个时代的人们的普遍感受和内在要求，但它本身绝不是一个新的口号，而是对历史上类似口号的一种模仿。众所周知，在此之前，新康德主义者和新黑格尔主义者都提出过"回到康德那里去"和"回到黑格尔那里去"的口号。所以，"回到马克思那里去"的口号只是表明，马克思的哲学在今天处在与康德和黑格尔的学说类似的历史情境中。当然，仅仅认识到这一点是远远不够的。还需指出的是，在当代诠释学的视野中，这些口号都是以一个错误的设定为前提的，即设定了一个纯粹的、完全不受任何理解者和任何理解活动"污染"，而又能自动地说出自己学说的意义的康德、黑格尔和马克思。事实上，这样的康德、黑格尔和马克思都是不存在的，回到他们那里去也是完全不可能的。

试以马克思为例说明。马克思的学说也就是马克思留下来的全部文本，然而，这些文本是沉默的，它们虽然存在着，却不会自动地向任何人诉说自己的意义。只有当马克思的文本被某一个研究者作为研究对象进行阅读和理解时，它的意义才可能被阐发出来。但这里说的"意义"已不再是纯粹的马克思文本的"意义"了。事实上，这种纯粹的"意义"只存在于我们的想象和假定中，因为文本本身永远是沉默的，"沉默是金"便是任何文本本身的座右铭。所以，能说出来的永远只是理解者所理解的文本的意义。这里有一个十分明显的悖论：任何文本要想道出自己的意义就必须捕捉理解者，而当理解者以为自己已经完全客观地道出文本本身的意义时，他说出来的却只是自己对文本意义的理解。①
在最坏的情形下，他甚至会把文本本身的意义严密地遮蔽起来。

这样一来，我们就明白了，我们永远回不到纯粹的亦即非对象化的
马克思那里去，同样地，也回不到康德和黑格尔那里去。实际上，我们
只能回到我们所理解的康德、黑格尔和马克思那里去。也就是说，当我
们主张把马克思本人的学说与对马克思学说的理解区分开来时，我们实
际上主张的是，把我们对马克思学说的理解模式与种种教条化的理解模
式区分开来。认识到这一点，我们就不会到处去寻找"纯粹马克思"的
幻影了，而会努力使自己的理解接近马克思学说的本真精神。如果说，
"回到马克思那里去"这一口号包含着某种感情上的合理因素的话，那
么，只有我们不仅仅从字面上去理解它时，它的合理的因素才会显现出
来。这个口号从字面上看，仿佛马克思是静止的，我们正在做趋向于他
的运动。实际上，真正静止的倒是我们，而马克思正在做趋向于我们的
运动。为什么这么说呢？因为促使我们去重新理解马克思的，并不是纯
粹的、考古式的热情，而是对今日生活世界的兴趣。也就是说，回归从
来就不是现在向过去的归属。所以，从表层意义来看，我们正在走向马
克思；而从深层意义来看，我们正在使马克思走向我们，以便我们对今
日生活世界的兴趣能够通过对马克思学说的重新叙述而一起叙述出
来。② 在这个意义上，"回到马克思那里去"这一口号的实质是：使马
克思走到我们这里来。然而，当我们把这一口号的潜在的本质引导到意

① 最令人难以置信的是，蔡仪先生竟然认为美在客观事物本身，似乎人们完全可以撇
开审美主体来谈论美。他显然忘记了，人们在使用"客观的"（objective）这个形容词时，已
经预设了"主观的"（subjective）这个形容词的存在。所以，他说出这个关于美的著名论断的
同时，实际上已经把它否定了。也就是说，人们越强调某个东西是客观的，也就越肯定存在
着一种与这种客观性对立的主观性。要言之，世界上根本就不存在没有主观性作为背景的客
观性。

② 胡适先生很喜欢使用"文艺复兴"（Renaissance）这个词，殊不知，这个词自诞生之
日起就包含着对它所指称的现象的误解。它告诉我们，古希腊、古罗马的文化艺术在 14—16
世纪的欧洲突然兴盛起来了，仿佛这一历史时期的欧洲人突然产生出一种考古的热情，从而
兴高采烈地去修复古代人的蜡像。实际上，正如马克思所指出的，当时的欧洲人热衷于修复
古代人的蜡像的目的是，借用已故先辈的传统、口号和服装来演出世界历史的新剧目。在人
类历史上演绎的永远是面向今天的热情，而不是面向古代的热情。乍看起来，"复兴"是回到
过去，实际上却是把过去今天化。

识的层面上时，当我们揭示这一口号的字面意义和深层意义的差异时，它实际上也就被解构了。

三是理解中的历史主义倾向。既然"回到马克思那里去"的口号是不现实的，那么合乎情理的仍然是回到我们前面已经提出的"重新理解马克思"的口号上来。但是，从当代诠释学的理论上来看，"重新理解马克思"还有一个具体的理解方式的问题。从当今理论界的现状看，在理解活动中普遍流行的是历史主义的倾向。这种倾向的根本特征是把生活在当今世界的理解者的一切历史特性都放入括号之中，力图完全返回到被理解者所处的历史情境中去理解被理解者。这种历史主义崇尚的格言是——不了解过去，就不懂得现在，所以受到这种倾向影响的学者普遍地具有一种"崇拜历史起点和过程"的心理惯性，从而把对任何对象的研究都转化为对对象的历史发展线索的追溯，特别是对发展起点的崇拜。在对马克思主义哲学的研究中，人们特别感兴趣的是马克思主义哲学史，原因也正在这里。然而，这种具体的理解方式造成的结果必然是理解者的虚化，即理解者在开始自己的理解活动之前，从不深入地去反思自己所从属的当今的生活世界的本质及自己所从事的理解活动在当下生活中的意义。这样一来，整个理解活动也就失去了灵魂，漂浮在对对象的历史起点的无休止的追问中了。诚然，我们也承认，历史主义的理解方式有其存在的理由，但我们应该清醒地意识到这种理解方式的局限性。事实上，这种理解方式只有奠基于历史性的理解方式之上，才能合理地发挥自己的作用。

所谓历史性的理解方式，就是把任何理解活动都看作理解者与被理解者之间的对话。理解者能否正确地理解对象，首先取决于理解者对自己的历史性，即对理解者置身于其中的生活世界的本质的认识。在对马克思的理解中，我们决不用我们似乎可以返回到纯粹马克思的神话来蒙蔽自己。我们坦然承认，我们是自觉地从今日生活世界的兴趣出发去重新理解马克思的。然而，我们对今日生活世界的兴趣并不是主观任意的，而是基于我们对今日生活世界的本质性的发展趋向的深入领悟。在当今中国，生活世界的最本质的事件是现代化和市场经济的发展。只有深入地领悟这些重大的历史事件的本质和它们所蕴含的主导性的价值趋向，才能避免以教条化的或任意的方式去理解马克思。

综上所述，重新理解马克思，不仅要认真地解读马克思的全部文本，而且要深入地领悟理解者置身于其中的生活世界的本质。历史性的理解方式崇尚的格言是：不能正确地理解现在，也就不能正确地诠释过去。正是在这个意义上，马克思说：

> 人体解剖对于猴体解剖是一把钥匙。反过来说，低等动物身上表露的高等动物的征兆，只有在高等动物本身已被认识之后才能理解。因此，资产阶级经济为古代经济等等提供了钥匙。但是，决不是象那些抹杀一切历史差别、把一切社会形式都看成资产阶级社会形式的经济学家所理解的那样。①

一方面，我们要努力掌握历史性的理解方法，即唯有深刻地洞察当今生活世界的本质，才能正确地诠释过去；另一方面，自觉地从今天出发去诠释过去，并不等于抹杀历史差别，而恰恰是以对这些差别的肯定为前提。也就是说，在真与善之间存在着一种必要的张力。

我们完全可以说，马克思的上述论断说出了全部理解活动的秘密，从而也为我们重新理解马克思指出了明确的方向，提供了合理的方法。

---

① 马克思恩格斯全集：第46卷上册. 北京：人民出版社，1979：43.

目　录

中篇　马克思哲学的基本概念

下篇　马克思哲学的当代意义

上 篇

马克思哲学的思想定位

第一章　马克思哲学的理论渊源

每一个不存偏见的人都会发现，对马克思哲学的理论渊源的理解和对马克思哲学实质的理解之间存在着某种双向互动的关系。一方面，对马克思哲学的理论渊源的特殊理解制约着人们对马克思哲学实质的理解；另一方面，对马克思哲学实质的理解和判定又影响着人们对马克思哲学的理论渊源的理解。在这个意义上可以说，马克思哲学的理论渊源的问题绝不是一个无足轻重的、边缘性的问题。正如黑格尔所指出的，熟知非真知，恰恰需要对这个看起来人们似乎都十分熟悉，从而运思不多的问题进行深入的反思。事实表明，这一反思正是通向正确理解马克思的桥梁。

第一节　马克思思想的第四个来源*

马克思逝世以来，历史走过了一百多个年头。其间，马克思生前写下的一系列重要手稿在 20 世纪 30 年代以后相继问世，马克思所开创的事业，不论是从理论上看，还是从实践上看，都取得了巨大的发展，但也在一定的范围内遭受了严重的挫折。今天，我们面临着的一个重要的历史任务是结合新的历史条件和新发现的马克思的手稿，重新认识马克思思想的理论构架，从而重塑马克思的完整的理论形象，而要这样做，

---

* 本节原来的标题是《马克思主义的第四个来源和第四个组成部分：纪念马克思逝世 110 周年》，原载《学术月刊》1993（8），《文汇报》1993 年 10 月 29 日摘要转载。

就必须对关于马克思思想来源的传统见解重新进行考察。

马克思思想的三个来源和三个组成部分

在 1913 年 3 月出版的《启蒙》杂志上,列宁发表了题为《马克思主义的三个来源和三个组成部分》的著名论文。这篇论文指出:

> 马克思学说是人类在 19 世纪所创造的优秀成果——德国的哲学、英国的政治经济学和法国的社会主义的当然继承者。①

在列宁看来,19 世纪的德国哲学、英国政治经济学和法国社会主义构成了马克思主义的三个来源。基于这样的思考,列宁自然而然地认为,哲学、政治经济学和科学社会主义乃整个马克思主义体系的三大组成部分。列宁这一见解的影响是如此之深远,以至于迄今为止大部分关于马克思思想的教科书和研究著作都沿用了这种说法。

毋庸讳言,在当时的历史条件下,列宁关于马克思主义的三个来源和三个组成部分的观点是卓有见地的。首先,列宁肯定了马克思主义与世界文明发展之间的内在联系。马克思主义绝不是一种偏离世界文明发展大道的、故步自封的学说,而是对人类先进的思想成果,尤其是对哲学、政治经济学和社会主义的代表性学说的批判和继承。其次,列宁揭示了马克思主义学说的最基本的理论构架,从而引导人们去把握它最本质的东西,而不是停留在一些枝节性的问题上。最后,列宁不仅阐述了马克思与德国古典哲学之间的理论联系,而且强调了哲学在马克思主义整个思想体系中的基础的、核心的地位。众所周知,历史唯物主义的诞生以及在它的指引下剩余价值学说的创立,乃科学社会主义的理论前提。马克思不仅是一个划时代的经济学家、社会学家,还是一个划时代的哲学家,这一点恰恰是列宁的上一代人和同时代的其他人所忽视的。库诺·费希尔在十一卷本的《近代哲学史》中只有两句话提到马克思;宇伯威格在《从 19 世纪初到当代的哲学史纲要》一书中只用几行字提及马克思的唯物史观;朗格在《唯物主义史》一书中只是在一些脚注中提到了马克思,称其为"活着的伟大的政治经济学史专家"②,仿佛马克思在哲学上只是一个小角色,而从来没有发动过划时代的变革。从这

---

① 列宁选集:第 2 卷. 北京:人民出版社,2012:309 - 310.
② K. Korsch. *Marxism and Philosophy*. New York:Monthly Review Press,1970:29 - 30.

样的对照中可以看出,列宁关于马克思主义的三个来源和三个组成部分的论述,特别是对马克思的哲学思想的论述具有重要的理论意义。

然而,列宁这篇著名的论文发表至今,随着马克思的大量手稿,尤其是《1857—1858 年经济学手稿》,和晚年的人类学笔记的问世(由于客观历史条件的限制,这些手稿和笔记中的大部分内容列宁都未阅读过),随着社会主义运动的中心由西方转移到东方,有关东方社会的种种理论问题开始凸显出来。在新的历史条件下,仅仅从上述三个来源和三个组成部分出发来解释马克思思想的整个理论构架已显出其局限性。事实上,这一影响深远的见解也并不完全切合马克思的实际思想进程。

第一,三个来源和三个组成部分的说法从根本上未摆脱从"欧洲中心论"出发来理解马克思思想的传统视角。众所周知,以黑格尔和费尔巴哈为代表的德国古典哲学、以亚当·斯密和大卫·李嘉图为代表的英国古典经济学和以圣西门、傅立叶为代表的法国空想社会主义,乃欧洲思想家反省欧洲社会的现实生活的产物。诚然,马克思一生的主要精力都用于对欧洲社会的研究,但不能否认,马克思并未把自己的全部研究热情局限在欧洲社会的范围内。相反,中年和晚年的马克思对非欧社会,尤其是对东方社会的种种问题表现出越来越强烈的理论兴趣。正是这方面的研究使马克思看到了东方社会与欧洲社会之间存在的一系列重大的差异,从而实际上解构了蕴含在德国古典哲学、英国古典经济学和法国空想社会主义学说中的"欧洲中心论"倾向。在这种情况下,仍然从"欧洲中心论"的角度来诠释马克思思想就显得落伍了。比如,不少东方学者简单地把欧洲社会演进的"五大社会形态"搬用到对东方社会历史发展进程的分析上。这种教条主义的态度表明,他们既未摆脱"欧洲中心论"的羁绊,也未把握马克思关于"亚细亚生产方式"理论的本真精神。

第二,三个来源和三个组成部分的说法无形中把马克思主义的整个理论局限在对欧洲近代社会的分析这一时间跨度上。德国古典哲学、英国古典经济学和法国空想社会主义都是近代资本主义社会的结晶,虽然它们也或多或少地反思了资本主义生产方式以前的社会生活和思想观念,但它们反思的重点始终落在近代社会的框架内。马克思的研究触角则远远地伸展到近代欧洲社会之前。青年马克思对古希腊文学艺术、对德谟克利特和伊壁鸠鲁的原子论学说与罗马法的研究，晚年马克思对资本主义生产方式前的各种社会形态的研究，尤其是对古代东方社会的研究，便是很好的证明。所有这些研究表明，要完整地理解马克思思想，就不能仅仅停留于马克思关于近代欧洲社会的研究结论上。比如，马克思通过对欧洲古代社会和中世纪社会的深入研究，驳斥了那种以为古代社会靠政治生活、中世纪靠宗教生活的错误见解，指出：

> 很明白，中世纪不能靠天主教生活，古代世界不能靠政治生活。相反，这两个时代谋生的方式和方法表明，为什么在古代世界政治起着主要作用，而在中世纪天主教起着主要作用。此外，例如只要对罗马共和国的历史稍微有点了解，就会知道，地产的历史构成罗马共和国的秘史。而从另一方面说，唐·吉诃德误认为游侠生活可以同任何社会经济形式并存，结果遭到了惩罚。①

马克思的这段论述不正是我们理解欧洲古代社会和中世纪的一把钥匙吗？可见，仅仅在近代社会的框架内理解并诠释马克思思想是不够的。

第三，三个来源和三个组成部分的见解无法解答在东方社会，尤其是古代东方社会研究中出现的种种问题，而既然 20 世纪初以来，社会主义运动的中心已经转移到东方，那么，马克思在研究东方社会中所引申出来的那些结论必然显露出越来越重要的现实意义。可是，仅仅停留在三个来源和三个组成部分的传统见解上，马克思关于东方社会的理论必定会遭到忽视，至少会被贬损为游离于其基本理论架构之外的、附带性的、枝节性的东西。这样一来，马克思也就失去了它本来具有的那种完整的理论形象。

综上所述，列宁关于马克思主义的三个来源和三个组成部分的论述是有重要理论意义和历史意义的，但在理论和实践都有了巨大发展的今天，原封不动地沿用他的这一论述并不是真正科学的态度。我们应当在新的理论高度上丰富并发展列宁的见解，以便在当代生活的背景中重新塑造出马克思的完整的理论形象。

---

① 马克思. 资本论：第 1 卷. 北京：人民出版社，1975：99.

马克思思想的第四个来源和第四个组成部分

我们认为，在列宁已经提到的马克思思想的三个主要来源和主要组成部分之外，还存在着第四个主要来源和第四个组成部分，那就是英、美、德、俄的人类学思想。

在德国古典哲学的思想宝库中，人类学乃是一个重要的传统。康德、黑格尔和费尔巴哈都对人类学的产生和发展做出过重大贡献，从而使马克思在青年时期就受到这方面思想的重要熏陶。马克思的父亲在1835年给儿子的信中就提到过康德的《人类学》①，而马克思在大学求学时，很早就对人类学的课程产生了兴趣，据马克思的柏林大学毕业证书记载，马克思在1836—1837年度的冬季学期听了斯特劳斯教授讲授的人类学课程，其听课的态度是"勤勉"。1837年，马克思在《献给父亲的诗册》中，写下了题为《医生的人类学》的诗篇②。后来，在费尔巴哈的人类学思想的感染下，马克思在《1844年经济学哲学手稿》中使用了"真正的、人类学的自然界"③ 的概念。在作为马克思的新世界观形成的标志之一的《德意志意识形态》一书中，马克思指出，历史可以划分为自然史和人类史，而"我们所需要研究的是人类史，因为几乎整个意识形态不是曲解人类史，就是完全撇开人类史"④。马克思对人类史的重视是与他对人类学的兴趣密切联系在一起的。然而，在19世纪三四十年代，马克思感兴趣的人类学本质上还是哲学人类学。在当时，诉诸感性经验和野外调查的实证人类学尚未发展起来。

正如恩格斯在《共产党宣言》1888年英文版中加的一个注所指出的：

> 在1847年，社会的史前史、成文史以前的社会组织，几乎还没有人知道。后来，哈克斯特豪森发现了俄国的土地公有制，毛勒证明了这种公有制是一切条顿族的历史起源的社会基础，而且人们逐渐发现，农村公社是或者曾经是从印度到爱尔兰的各地社会的原始形态。最后，摩尔根发现了**氏族**的真正本质及其对**部落**的关系，

---

① 马克思恩格斯全集：第40卷. 北京：人民出版社，1982：833.
② 马克思恩格斯全集：第40卷. 北京：人民出版社，1982：598.
③ 马克思恩格斯全集：第42卷. 北京：人民出版社，1979：128.
④ 马克思恩格斯全集：第3卷. 北京：人民出版社，1960：20.

这一卓绝发现把这种原始共产主义社会的内部组织的典型形式揭示出来了。①

在这里，恩格斯主要从古代社会组织逐步被发现的角度论述了实证人类学的产生和发展。如果从总体上考察，实证人类学主要是从达尔文的《物种起源》（1859）一书出版后形成并发展起来的，到19世纪七八十年代，实证人类学的研究盛极一时，对当时英美和欧洲思想界产生了重大的影响。马克思对人类学的实证材料的兴趣远在实证人类学产生之前就已经形成了。1848年欧洲革命失败后，马克思被迫移居伦敦，开始潜心研究政治经济学所涉及的大量实证资料，这一研究自然而然地使马克思对人类学的兴趣从哲学层面转向实证层面。马克思在《1857—1858年经济学手稿》中关于"资本主义生产之前的各种形式"的论述表明，早在《物种起源》一书出版前，马克思已通过对大量历史著作、军事著作、法学著作和经济学著作等提供的实证资料的阅读，对古代社会的人类生活状况做了深入的研究。

从19世纪60年代起到逝世前，马克思阅读了大量实证人类学方面的著作，如巴霍芬的《母权论》（1861）、毛勒的《德国领主庄园、农户和庄户制度史》（1862—1863）、麦克伦南的《原始婚姻》（1865）、泰勒的《人类原始历史和文明产生的研究》（1865）和《原始文化》（1871）、达尔文的《人类起源和性的选择》（1871）、格莱斯顿的《世界的少年时代》（1869）、梅恩的《东方和西方的农村公社》（1871）、摩尔根的《人类家庭的血亲制度和姻亲制度》（1871）、班克罗夫特的《北美太平洋沿岸各州的土著居民》（1875—1876）等。晚年马克思比较重视并在阅读中做了大量札记的人类学著作是：拉伯克的《文明的起源和人的原始状态》（1870）、梅恩的《古代法制史讲演录》（1875）、摩尔根的《古代社会》（1877）、柯瓦列夫斯基的《公社土地占有制，其解体的原因、进程和结果》（1879）和菲尔的《印度和锡兰的雅利安人村社》（1880）。这些札记构成了马克思晚年的人类学笔记的主要内容，它们和马克思关于古代社会研究的其他论述一起，构成了马克思思想的第四个来源和第四个组成部分。我们之所以把英、德、美、俄的人类学看作马克思思想的第四个来源和第四个组成部分，主要是基于以下理由。

① 马克思恩格斯选集：第1卷．北京：人民出版社，2012：400.

第一，如前所述，虽然英国古典经济学、德国古典哲学和法国空想社会主义为马克思研究近代欧洲社会的发展规律提供了极为珍贵的思想资料，但是，近代欧洲社会毕竟是中古乃至远古的欧洲社会演化的结果，不熟悉以前的社会形态，要对欧洲社会发展的整个历史概貌做出正确的判断是不可能的。恩格斯在与马克思一样透彻地研究了美国人类学家摩尔根的人类学著作《古代社会》后，对这本书的理论意义做出了高度评价：

> 摩尔根的伟大功绩，就在于他在主要特点上发现和恢复了我们成文史的这种史前的基础，并且在北美印第安人的血族团体中找到了一把解开希腊、罗马和德意志上古史上那些极为重要而至今尚未解决的哑谜的钥匙。①

当然，摩尔根的功绩并不是凭空产生的。在摩尔根之前，瑞士人类学家巴霍芬的《母权论》揭开了家庭史研究的帷幕，特别是他通过对历史和宗教传说的研究，发现了人类原始状态中的群婚制，当然，这一重大的发现还常常和他的许多其他幻想纠缠在一起。接着，英国人类学家麦克伦南在《原始婚姻》一书中进一步揭示出蒙昧人中存在的"外婚制"现象，并认定母权制的世系制度是最初的制度。稍后，英国人类学家拉伯克在《文明的起源和人的原始状态》一书中认定群婚制是不可否认的历史事实。所有这些都为摩尔根的伟大发现奠定了基础。一方面，摩尔根开辟了从亲属制度入手来恢复相应的家庭形式的新的研究途径；另一方面，通过对美洲印第安人氏族的研究，他发现母权制氏族乃后来建立的一切父权制氏族的前提。这一发现"使摩尔根得以首次绘出家庭史的略图……非常清楚，这样就在原始历史的研究方面开始了一个新时代"②。

恩格斯还认为，摩尔根的这一发现堪与达尔文的进化理论和马克思的剩余价值理论媲美。这充分表明人类学研究成果的极端重要性，而这方面的研究成果正是专注于近代欧洲社会的德国古典哲学、英国古典经济学和法国空想社会主义所无法包容的；同时也表明，马克思的思想从来不游离于人类文明发展的主线之外，马克思的目光并不局限于近代欧

---

① 马克思恩格斯选集：第4卷．北京：人民出版社，2012：13-14.
② 马克思恩格斯选集：第4卷．北京：人民出版社，2012：25-26.

洲社会，而是即时地研究并吸收了同时代的人类学研究成果，以充实、丰富并发展自己的理论。晚年马克思停下了《资本论》的写作而大量阅读人类学的著作，而晚年恩格斯又撰写了《家庭、私有制和国家的起源》以执行马克思的"遗言"，所有这些都表明人类学的研究已构成他们整个学说的重要来源和组成部分。

第二，正是人类学的研究使马克思的理论视野扩大到整个非欧社会，尤其是东方社会的全部历史阶段，从而揭示了非欧社会尤其是东方社会的发展规律。早在 1853 年 6 月致恩格斯的信中，马克思通过对有关东方社会的历史、经济、法律、宗教等方面的著作的深入研究，已经引申出这样的结论：

> 东方一切现象的基础是不存在土地私有制，这甚至是了解东方天国的一把真正的钥匙。①

在《1857—1858 年经济学手稿》中，马克思不仅把东方社会的生产方式称为"亚细亚生产方式"，并把它列入"前资本主义的所有制形式"中，而且深刻地揭示了这种生产方式的基本特征。在《资本论》第1 卷中，马克思揭示了亚洲社会的发展总是停滞不前的奥秘：

> 这些自给自足的公社不断地按照同一形式把自己再生产出来，当它们偶然遭到破坏时，会在同一地点以同一名称再建立起来，这种公社的简单的生产机体，为揭示下面这个秘密提供了一把钥匙：亚洲各国不断瓦解、不断重建和经常改朝换代，与此截然相反，亚洲的社会却没有变化。这种社会的基本经济要素的结构，不为政治领域中的风暴所触动。②

在晚年的人类学笔记中，马克思进一步论述了东、西方社会的差异。比如，在对俄国人类学家柯瓦列夫斯基的《公社土地占有制，其解体的原因、过程和结果》一书的阅读中，马克思评论道：

> 由于在印度有"采邑制"、**"公职承包制"**（后者根本不是**封建主义的**，罗马就是证明）和荫庇制，所以柯瓦列夫斯基就认为这是西欧意义上的**封建主义**。**别的不说**，柯瓦列夫斯基**忘记了农奴制**，

---

① 马克思恩格斯《资本论》书信集. 北京：人民出版社，1976：80.
② 马克思. 资本论：第 1 卷. 北京：人民出版社，1975：396 - 397.

这种制度并不存在于印度，而且它是一个基本因素。①

　　马克思坚决反对把欧洲社会研究中抽象出来的基本概念，如"封建主义"等简单地套用到东方社会上去。他通过对人类学所提供的各种实证资料的研究，揭示了东方社会演化的不同路向和特殊规律。所有这些都表明，对英、美、德、俄的人类学思想的探讨对马克思说来并不是无足轻重的，而是其学说的一个相对独立的、有机的组成部分。

　　第三，只有承认英、美、德、俄的人类学是马克思思想的一个主要来源和主要组成部分，才能完整地说明马克思思想发展的脉络。马克思的《1844年经济学哲学手稿》于1932年问世后，西方出现了所谓"两个马克思"的流行见解，把青年马克思的思想作为"人道主义"而与成熟时期的马克思的思想作为"科学主义"对立起来。这一虚幻的对立产生，一个十分重要的原因是当时西方的学者对晚年马克思的人类学思想尚缺乏了解。自美国人类学家克拉德于1972年首次出版马克思晚年的人类学笔记以来，这一虚幻的对立也就自然而然地消解了。马克思晚年的人类学笔记不仅表明，人道与科学的精神在他的思想发展中不是对立的，而是始终融合在一起的；而且表明，马克思思想的发展经历了青年时期（哲学研究和批判）、成熟时期（政治经济学研究和批判）和晚年时期（实证人类学研究和批判）这三个不同的阶段②。晚年马克思的思想既体现出人道主义精神和科学精神的高度统一，又体现出马克思对全人类的生存状况，特别是对东方社会的生存状况的越来越多的关注。显然，撇开晚年马克思对人类学的研究来考察马克思思想的发展，必定会导致对马克思思想的片面理解。

　　由此可见，把英、美、德、俄的人类学看作马克思思想的第四个来源和第四个组成部分，乃是我们在马克思思想的研究中必定会引申出来的结论。那么，在马克思思想中，哲学、经济学、社会主义理论、人类学这四者的关系究竟如何呢？一方面，新哲学观——历史唯物主义的创立为马克思研究经济学、社会主义和人类学奠定了思想基础。众所周知，当马克思运用历史唯物主义理论去探究资本主义社会和经济学时，他便发现了剩余价值，而正是这一发现使社会主义由空想变为科学；与

　　① 马克思恩格斯全集：第45卷．北京：人民出版社，1985：283-284.
　　② 俞吾金．论马克思的社会人类学思想．复旦学报（社会科学版），1987（1）.

此同时，由于马克思发现了现代资本主义社会的运动规律，这也就为将前资本主义社会尤其是古代社会作为研究对象的人类学的研究奠定了思想前提。实际上，马克思常说的"人体解剖对于猴体解剖是一把钥匙"① 表达的也正是这个意思。另一方面，人类学的研究又反过来促进了哲学、经济学和社会主义理论研究的不断深化。比如，在写于 1847 年到 1848 年初的《共产党宣言》中，有这样一句话：

> 至今一切社会的历史都是阶级斗争的历史。②

恩格斯在《共产党宣言》1888 年的英文版中给上面这句话加了这样一个注：

> 这是指有**文字**记载的全部历史。③

因为人类学的研究已经表明，在原始社会中，并不存在阶级和阶级斗争。恩格斯的这个注表明了人类学研究对马克思思想的极端重要性。不用说，恩格斯晚年的人类学研究，对家庭、私有制和国家起源问题的探索也极大地丰富了马克思的哲学、经济学和社会主义理论。

从上面的论述可以看出，正是英、美、德、俄的人类学构成了马克思思想的第四个来源和第四个组成部分。舍此，我们就不能完整地理解马克思主义。

提出第四个来源和第四个组成部分的意义何在？

今天，在重新反省列宁当时关于马克思主义的三个来源和三个组成部分的论述的基础上，肯定英、美、德、俄的人类学思想是马克思主义的第四个来源和第四个组成部分，绝不是文字游戏，而是具有极为重要的理论意义和现实意义。

首先，形成这样一个认识，有利于全面地、准确地、完整地理解马克思思想。随着《1857—1858 年经济学手稿》和晚年人类学手稿的发表，马克思的人类学思想越来越引起人们的重视。然而，这种重视似乎还没有达到这样一个层面，即全面反省马克思思想的来源和整体结构的层面。在不少论述马克思思想的专著和教科书中，人们对马克思思想的

---

① 马克思恩格斯全集：第 46 卷上册. 北京：人民出版社，1979：43.
② 马克思恩格斯选集：第 1 卷. 北京：人民出版社，2012：400.
③ 马克思恩格斯选集：第 1 卷. 北京：人民出版社，2012：400.

理论来源和理论构架的认识仍然局限于英国古典经济学、德国古典哲学和法国空想社会主义之内，仿佛马克思的人类学思想只是游离于他的基本理论构架之外的某种不重要与不确定的因素。这种流行的见解既阻碍了人们对马克思人类学思想的深入研究，也不利于全面地、完整地、准确地理解并把握马克思思想。恩格斯在评价摩尔根时，不仅看到了他的伟大发现在人类学发展史上的划时代意义，而且看到了其巨大的哲学意义：

> 摩尔根在美国，以他自己的方式，重新发现了 40 年前马克思所发现的唯物主义历史观，并且以此为指导，在把野蛮时代和文明时代加以对比的时候，在主要点上得出了与马克思相同的结果。①

从这里可以看出，马克思对英、美、德、俄人类学思想的批判性研究构成了整个马克思学说中有机的、不可或缺的组成部分。撇开这个部分，马克思思想的诸多基本环节，如三大社会形态理论，国家的性质和起源理论，两种生产的理论，家庭、氏族、阶级、私有制的理论，等等，便都变得无法索解，马克思思想作为一种完整世界观的理论形象也会受到影响。在这个意义上可以说，是否把英、美、德、俄的人类学视为马克思思想的主要来源和主要组成部分之一，是能否全面、完整、准确地理解马克思思想的试金石。

其次，形成这样一个认识，有利于解构马克思主义研究中的"欧洲中心论"倾向。马克思认为，欧洲社会是沿着原始社会、奴隶社会、封建社会、资本主义社会、未来共产主义社会的模式向前发展的，然而马克思从不简单地把"五大社会形态"的公式套到非欧社会尤其是东方社会上去，而是主张具体问题具体分析。比如，在分析资本主义雇佣劳动的产生时，马克思指出：

> 在现实的历史上，雇佣劳动是从奴隶制和农奴制的解体中产生的，或者象在东方和斯拉夫各民族中那样是从公有制的崩溃中产生的。②

这就告诉我们，某些东方民族，包括斯拉夫民族在内，由于西方资本主

---

① 马克思恩格斯选集：第 4 卷．北京：人民出版社，2012：12.
② 马克思恩格斯全集：第 46 卷上册．北京：人民出版社，1979：14.

义的入侵，可能越过奴隶制和农奴制而直接进入以雇佣劳动为根本特征的资本主义生产关系。马克思本人竭力超越以"欧洲中心论"的眼光去看待东方社会，然而，马克思主义的某些追随者（包括一部分东方学者在内）却煞费苦心地运用仅适合于欧洲社会演化的"五大社会形态"理论去分析、说明东方社会的演化，这使他们根本不能把握东方社会演化的特殊规律。历史和实践都表明，"欧洲中心论"的理论分析框架已经对人们理解东方社会的历史演化和现实状况造成了严重的误导。东方社会要沿着健康的轨道向前发展，就不能用教条主义的态度去照搬马克思关于欧洲社会的论述，而是要深入领悟马克思关于亚细亚生产方式的理论，把马克思主义的普遍真理与东方社会的具体情况结合起来。在这个意义上可以说，深入研究马克思的人类学思想，对于东方社会来说具有特别重要的意义。

最后，形成这样一个认识，有利于东方人认清自己面对的特殊的历史状况，从而以更高的自觉性来创造历史，使历史沿着有利于人民群众的方向向前发展。在给维·伊·查苏利奇的复信草稿中，马克思分析了俄国农村公社的两重性：一方面，公有制及其形成的各种社会关系使公社基础稳定；另一方面，房屋的私有、小块土地耕种和产品的私有，又使个人获得发展。如果积极地创造历史条件来发展前一方面，逐步把土地的个体耕作发展为集体耕作，它就可能"不通过资本主义制度的卡夫丁峡谷，而把资本主义制度的一切肯定的成就用到公社中来"①。如果听凭破坏公社的各种因素（如国家财政搜刮、高利贷等）发展，就会导致农村公社的灭亡，重走西方资本主义社会发展的道路。

一方面，马克思的"三大社会形态"（人对自然的依赖关系、以物的依赖性为基础的人的独立性、个人的全面发展）告诉我们，无论是东方社会还是西方社会，商品经济都是不可逾越的发展阶段；另一方面，马克思基于对东方社会演化的深入研究，又非常谨慎地提出了"跨越卡夫丁峡谷"的可能性问题。如果说俄国人因忽视马克思的人类学思想，最终未能抓住历史发展的有利契机的话，那么中国人在改革开放中形成的"社会主义市场经济"的新体制在某种意义上正是马克思人类学研究成果的光辉体现。

---

① 马克思恩格斯全集：第19卷．北京：人民出版社，1963：436．

综上所述，肯定英、美、德、俄的人类学思想是马克思主义的第四个来源和第四个组成部分，是在新的历史条件下理解、丰富并发展马克思思想的理论起点。事实上，只有理解并把握马克思思想的真精神和整体理论结构，科学社会主义的事业才能健康地向前发展。

第二节　马克思哲学与西方哲学 *

受传统见解的影响，长期以来我国理论界对马克思哲学与西方哲学的关系问题缺乏认真的反思，而这方面反思的缺席，无论是对马克思哲学的研究来说，还是对西方哲学的研究来说，都具有灾难性的影响。今天，重新反思这一关系的紧迫性和必要性已经成为越来越多的学者的共识。

五种不同类型的误解

对马克思哲学与西方哲学关系的误解主要表现为以下五种不同类型。

第一种类型：片面地强调马克思是经济学家和社会学家，不是哲学家，或至少认为他在西方哲学史上是没有重要地位的。这种对马克思的理解方式在 20 世纪 20 年代还是很典型的。当然，这种理解方式的形成也和当时的历史条件有一定的关系，因为马克思在哲学研究上的一些重要的论著和手稿还没有得到广泛的传播，有的甚至还没有被发现。

第二种类型：片面地强调马克思哲学的科学性和逻辑性，从而在一定程度上忽略了马克思哲学与西方哲学中人文主义传统之间的关系。恩格斯在谈到马克思的历史观时说：

> 这种历史观结束了历史领域内的哲学，正如辩证的自然观使一切自然哲学都成为不必要的和不可能的一样。……这样，对于已经从自然界和历史中被驱逐出去的哲学来说，要是还留下什么的话，

---

　*　本节原来的标题是《对马克思哲学与西方哲学关系的再认识》，原载《天津社会科学》1999（6），《哲学动态》2000（1）摘要转载，《中国社会科学文摘》2000（2）摘要转载，《新华文摘》2000（4）摘要转载。

那就只留下一个纯粹思想的领域：关于思维过程本身的规律的学说，即逻辑和辩证法。①

从这段话中可以引申出两个结论：

其一，马克思的历史观和恩格斯本人所强调的辩证的自然观都不再是严格意义上的哲学学说。这从恩格斯的另一段话中也可得到印证。他在谈到黑格尔已经使以往所理解的哲学终结时指出：

> 我们把沿着这个途径达不到而且任何单个人都无法达到的"绝对真理"撇在一边，而沿着实证科学和利用辩证思维对这些科学成果进行概括的途径去追求可以达到的相对真理。②

在这里，辩证的自然观或历史观都不过是对自然科学或社会科学的成果进行概括和总结的理论，哲学丧失了为一切实证科学澄明前提的基础性地位和作用。

其二，哲学从自然界和历史中被驱逐出来，只留下了一个纯粹思想的领域，即纯粹逻辑和纯粹辩证法的领域。这个纯粹思想的领域既然与自然界和历史都分离了，当然就不可能从根基上去关心并探讨人的问题，特别是异化劳动的问题。后来的列宁及苏联、东欧和中国的哲学教科书之所以把逻辑、辩证法和认识论一致理解为马克思哲学的核心问题，其源盖出于此。所以萨特指责马克思主义哲学中出现了人学的飞地，主张用存在主义的学说来补充马克思主义，并非空穴来风。作为中国学者，我们也很容易理解：为什么"文化大革命"以后讨论的第一个问题是"人道主义和异化"的问题；为什么1992年起全国会掀起一种"人文主义寻思热"。马克思哲学确有其逻辑性和科学性的一面，但更重要的是它的人文性，它对人的价值、自由、权利和全面发展的执着追求。只有肯定这一点，马克思哲学与西方哲学的本质联系才能充分地被揭示出来。

第三种类型：片面地强调马克思哲学是对德国古典哲学遗产的继承。列宁于1913年在《新启蒙》杂志上发表的论文《马克思主义的三个来源和三个组成部分》中提出了一个十分有影响力的观点：

---

① 马克思恩格斯选集：第4卷．北京：人民出版社，2012：264.
② 马克思恩格斯选集：第4卷．北京：人民出版社，2012：226.

　　马克思学说是人类在 19 世纪所创造的优秀成果——德国的哲学、英国的政治经济学和法国的社会主义的当然继承者。①

　　其实，这一见解在恩格斯于 1888 年出版的《路德维希·费尔巴哈和德国古典哲学的终结》一书中已见端倪。毋庸讳言，这一见解在一定程度上反映了马克思哲学与西方哲学的关系，但问题在于，马克思哲学与西方哲学的关系只被归结为其与德国古典哲学的关系吗？尽管在西方哲学史上德国古典哲学是比较晚出的，从而它能够继承以前西方哲学的重要遗产，但这种继承却不能取代对以前的西方哲学发展的不同阶段的研究。事实上，马克思的博士论文就是研究古希腊哲学中德谟克利特和伊壁鸠鲁在自然哲学上的差异的；17、18 世纪欧洲的启蒙学者，如洛克、卢梭、休谟等人的思想，特别是他们的社会政治思想曾经对马克思产生过重大的影响。② 据卢卡奇的看法，马克思重视对人的有目的的活动特别是劳动问题的研究，不但受到了康德的影响，而且也受到了古希腊哲学家亚里士多德的启发。由此可见，肯定马克思哲学与德国古典哲学有密切的联系是对的，但对马克思哲学与西方哲学的关系的理解仅限于此又是错误的，极易把马克思哲学的来源简单化和狭窄化。

　　第四种类型：强调马克思哲学的独创性和伟大性，以至于把它与整个西方哲学传统对立起来，把它们之间的关系仅仅理解为批判者与被批判对象之间的关系。在苏联、东欧和中国的哲学教科书中，这种类型的见解始终是占主导地位的。比如，迄今为止，在哲学二级学科的划分中，中国的哲学研究机构和大学中的哲学系仍然把马克思主义哲学、中国哲学和西方哲学视为最基本的二级学科。尽管这种分类方式突出了马克思哲学在意识形态领域中的主导作用，但却蕴含着一种危险，即把马克思哲学与西方哲学割裂开来、对立起来的危险。它给人造成的印象是：一方面，马克思哲学成了无源之水、无本之木，它仿佛是横空出世的，从来没有受到过西方哲学传统的滋养；另一方面，马克思哲学仿佛除对西方哲学传统进行批判和否定外，从来也没有给西方哲学的发展提供过任何积极的思想资源。这种类型的理解方式由于把马克思哲学与西

---

　　① 列宁选集：第 2 卷．北京：人民出版社，2012：309－310.

　　② 在谈到 17、18 世纪的欧洲哲学家对马克思的影响时，人们常常忽视了贝克莱。其实，贝克莱对"抽象的观念"（abstract ideas）的批判通过直接的和间接的方式对马克思产生了重大的影响。马克思对抽象物质观的批判即根源于此。关于这个问题，我们将另文论及。

方哲学完全对立起来，所以既不能准确地理解马克思哲学思想的来源、本质和基本特征，也不能完整地理解西方哲学的发展史。

第五种类型：强调马克思哲学是从属于近代西方哲学的，它与当代西方哲学处于对立的状态中。这种类型的见解主要受到列宁对时代所做判断的影响。列宁认为，从19世纪末20世纪初开始，资本主义的发展进入帝国主义阶段，帝国主义是腐朽的、垂死的、垄断的资本主义，与帝国主义相应的意识形态特别是哲学自然也是腐朽的。由于受这种见解的影响，苏联、东欧和中国的不少研究者都把马克思哲学作为批判当代西方哲学的武器。这样一来，马克思哲学与当代西方哲学就处于尖锐的对立中。实际上，正如海德格尔所指出的，马克思和尼采的学说是对传统的形而上学，特别是近代形而上学的颠覆。在马克思哲学中，尽管近代哲学的痕迹仍然在一定的范围内存在着，但就其本质特征而言，马克思哲学是从属于当代西方哲学的。马克思通过对实践及实践的历史性的澄明，超越了以笛卡尔为肇始人的近代西方哲学的心物二元论，达到了当代哲学思维的高度，从而为当代西方哲学的发展提供了重要的思想资源。

在当前的研究中，那种认为马克思不是哲学家的错误见解已经随着马克思的不少哲学手稿的发现而不攻自破了。然而，其他几种类型的见解仍然拥有相当的影响，需要我们认真地加以反思和清理。

上述种种误解导致的结果

我们上面提到的种种错误的见解在当前的研究中表现为以下三种现象：一是把马克思哲学思想的来源窄化，即把德国古典哲学特别是黑格尔和费尔巴哈的学说理解为马克思哲学思想的根本来源；二是把马克思的哲学立场简单化，认为马克思和整个西方哲学传统（特别是当代西方哲学）的关系是根本对立的、批判的关系，完全忽略了这一关系中继承的、融合的一面；三是把马克思哲学思想的内容片面化，即主要强调马克思对其学说的科学性（如政治经济学的科学性、科学社会主义等）的追求，忽视了其学说与西方人文主义传统之间的批判继承关系。下面，我们将对这三种现象进行具体的分析。

一是把马克思哲学思想的来源窄化。在通常的哲学教科书中，马克思哲学思想的来源不但被局限在德国古典哲学的框架内，而且进一步被窄化为黑格尔的辩证法和费尔巴哈的唯物主义。传统的哲学教科书创造出了"合理内核（黑格尔的辩证法）＋基本内核（费尔巴哈的唯物主义）＝辩证唯物主义（即马克思哲学）"的神话，并把逻辑学、认识论和辩证法三者的统一视为马克思哲学关注的核心话题。由于把马克思哲学思想的来源窄化了，马克思与西方传统中非德国古典哲学部分的联系也就被掩蔽起来了。下面我们举两个例子来说明这方面的问题。

第一个例子是马克思的自由观与古希腊哲学，特别是与伊壁鸠鲁哲学之间的关系。在马克思看来，古希腊哲学家德谟克利特尤其崇拜必然性：

> 德谟克利特把**必然性**看作现实性的反思形式。关于他，亚里士多德说过，他把一切都归结为必然性。①

显然，在这种对必然性的崇拜中，包含着对自由的完全否定。与德谟克利特不同，伊壁鸠鲁虽然是原子论学说的坚定的拥护者，但他并不赞成德谟克利特关于必然性的观念。他针锋相对地指出：

> 被某些人当作万物的主宰的**必然性，是不存在的**，宁肯说有些事物是**偶然的**，另一些事物则取决于我们的**任意性**。必然性是不容劝说的，反之，偶然性是不稳定的。②

正是基于这种新的见解，伊壁鸠鲁提出了著名的"原子偏斜说"，强调原子并不直线下落，而是可以做偏斜运动，万物由此生成。这种新的理论极大地推进了原子说的发展。为此，马克思写道：

> 众所周知，偶然是伊壁鸠鲁派居支配地位的范畴。③

伊壁鸠鲁对必然性的否定和对偶然性的赞扬，实际上也就是对命运、天意的否定和对生活中的自由、幸福的肯定。所以马克思评论说：

> 他主张精神的绝对自由。④

青年马克思潜心研读伊壁鸠鲁的哲学著作，写下了七本笔记，并把

---

① 马克思恩格斯全集：第 40 卷．北京：人民出版社，1982：203.
② 马克思恩格斯全集：第 40 卷．北京：人民出版社，1982：204.
③ 马克思恩格斯全集：第 40 卷．北京：人民出版社，1982：130.
④ 马克思恩格斯全集：第 40 卷．北京：人民出版社，1982：46.

德谟克利特的自然哲学与伊壁鸠鲁的自然哲学的差异作为自己的博士论文主题来撰写，正表明体现在伊壁鸠鲁哲学中的自我意识和自由精神对他的自由观的形成产生了重大的影响。

第二个例子是马克思的平等观、民主观与法国哲学，尤其是与卢梭哲学的密切联系。这一联系也未进入苏联、东欧和中国的哲学教科书的视野。意大利学者德拉·沃尔佩在《卢梭与马克思》（1957）一书中曾对这一联系做出了深入的探讨。他认为，马克思的政治哲学观念与卢梭有着直接的联系，特别是马克思的《黑格尔法哲学批判》是"一部完全充满了卢梭典型的人民主权思想的著作"[1]。此外，马克思在《哥达纲领批判》一书中关于"平等权利"问题的讨论也受惠于卢梭在 1755 年出版的《论人类不平等的起源和基础》一书。德拉·沃尔佩还认为，卢梭提出的"平等的自由"的概念也对马克思产生了重大的影响。从上面的论述可以看出，马克思对西方哲学传统的解读并没有停留在德国古典哲学的范围之内。马克思是西方哲学传统的全面的批判者和继承者。

二是把马克思的哲学立场简单化，即把它与整个西方哲学传统简单地对立起来。事实上，马克思的哲学思想构成了西方哲学发展史上的一个重要的环节，而马克思本人也完全是以自觉的态度去对待这份思想遗产的。比如，在《1844 年经济学哲学手稿》中，马克思对黑格尔的《精神现象学》所取得的成果予以充分的肯定。他指出：

> 黑格尔的**《现象学》**及其最后成果——作为推动原则和创造原则的否定性的辩证法——的伟大之处首先在于，黑格尔把人的自我产生看作一个过程，把对象化看作失去对象，看作外化和这种外化的扬弃；因而，他抓住了**劳动的**本质，把对象性的人、现实的因而是真正的人理解为**他自己的劳动**的结果。[2]

虽然马克思对黑格尔哲学中的神秘主义倾向做过很多批评，但他总是充分地肯定黑格尔思想中的合理的东西。马克思也用同样的态度对待西方哲学史上的其他哲学家，如他对伊壁鸠鲁哲学的赞扬、对法国启蒙运动的高度评价、对英国唯物主义者的充分肯定和对费尔巴哈的历史地位的维护等，都表明马克思充分尊重并继承了西方哲学的优秀遗产。如

---

① Della-volpe. *Rousseau and Marx*. London：NLB，1978：144.
② 马克思恩格斯全集：第 42 卷. 北京：人民出版社，1979：163.

果看不到马克思在这方面所做的巨大的努力，把马克思哲学与整个西方哲学的传统尖锐地对立起来，势必把他的学说曲解为一种虚无主义。这种看法也为西方哲学史家所不取。如罗素的《西方哲学史》（1945）第27章就是专门写"卡尔·马克思"的。伽达默尔在他所选编的三卷本的《哲学读本》（1989）中也收录了马克思的三个哲学文本：一是《〈黑格尔法哲学批判〉导言》，二是《关于费尔巴哈的提纲》，三是《资本论》第1卷第一章中的第四节"商品的拜物教及其秘密"。由此可见，绝不能把马克思哲学与西方哲学的关系简单化。

三是把马克思哲学思想的内容片面化，把它曲解为只追求科学性的学说，忽视了马克思与西方人文主义传统之间的密切联系。马克思逝世后，考茨基作为第二国际的领袖之一，竭力把马克思哲学科学化。在他看来，既然马克思发现了人类社会运动的规律，革命就会像万有引力定律一样，自然而然地产生，革命者只要等待这样的结果出现就行了。正如本·阿格尔所指出的：

> 科学的马克思主义往往不能超越纯粹的决定论，从而失去其指导和帮助早期革命阶级斗争的潜在能力。①

尤其是当马克思哲学在一些东方国家被意识形态化后，对其科学性的强调达到了无以复加的地步，而其人文特征却一再被忽视。有趣的是，倒是存在主义的哲学家重新发现了马克思哲学的这一维度。萨特这样写道："存在主义和马克思主义的目标是同一个，但后者把人吸收在理念之中，前者则在**他所在的**所有地方，即在他工作的地方、在他家里、在街上寻找他。"② 事实上，马克思哲学作为革命的、实践的哲学，人文关怀和全人类的解放始终在其学说中占据着主导性的位置。只有充分理解这一点才会明白，片面地强调马克思哲学的科学性，竭力把他的思想学院化，在多大程度上曲解了他的本意。历史和实践一再告诫我们，马克思哲学的人文主义维度应该得到更多的阐发。只有这样，我们才能把人民群众团结起来，为共同的事业而奋斗。

---

① 阿格尔. 西方马克思主义概论. 慎之，等译. 北京：中国人民大学出版社，1991：122.

② 萨特. 辩证理性批判. 林骧华，徐和瑾，陈伟丰，译. 合肥：安徽文艺出版社，1998：27.

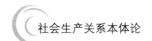

如何正确地理解两者之间的关系？

如果从思维方式的角度进行检讨，我们就会发现，对马克思哲学和西方哲学关系的种种误解是与人们缺乏辩证的思维方式有关的。

首先，我们必须看到，马克思既继承了整个西方哲学的优秀遗产，又超越了西方中心主义，尤其是欧洲中心主义的视野。马克思不但深入地研究了欧洲社会的发展史，而且也借助于人类学研究的成果，深刻地反思了非欧社会发展的独特路向，并坚决反对人们把欧洲社会研究中形成的见解简单地搬用到非欧社会中去。在这个意义上我们可以说，马克思既处于西方哲学文化的传统之中，又以一个世界主义者的长远目光超越了这一传统。

其次，就其本质而言，马克思哲学是从属于当代西方哲学的，但它又吸取了近代西方哲学中的许多合理因素，这些因素在当代中国社会的发展中仍然具有重大的意义。正如传统的思维方式把马克思哲学视为近代西方哲学而与当代西方哲学尖锐地对立起来一样，当今的思维方式则走向另一个极端，即把马克思哲学作为当代西方哲学而与近代西方哲学尖锐地对立起来。我们认为，这两个极端都是错误的。虽然马克思哲学作为实践哲学超越了笛卡尔的二元论，但马克思并没有对近代西方哲学采取虚无主义态度。马克思对人的主体性的强调就是近代哲学的重要遗产，而这一遗产在当代中国社会中仍然有其重要的意义。事实上，在当代中国社会中，不但认识论意义上的主体性有待加强，道德和法权意义上的主体性更有待确立。在这样的情况下，有人主张要"消解主体性"，显然又从另一个极端曲解了马克思的思想。

最后，马克思哲学既具有深厚的人文主义精神内涵，又体现出尊重客观规律的科学特性。在马克思哲学中，人文精神与科学精神是密切相关的，正如他自己所指出的：

> 自然科学往后将包括人的科学，正象关于人的科学包括自然科学一样：这将是一门科学。①

总之，只有辩证地理解马克思哲学，才能真正地把握它的实质，把握它与整个西方哲学传统之间的本质关系。

---

① 马克思恩格斯全集：第42卷．北京：人民出版社，1979：128.

第三节　马克思与康德*

在当今理论界，不少学者频繁地引证和谈论着马克思关于实践问题的各种论述，甚至干脆把马克思哲学理解为"实践哲学"、"实践唯物主义"或"实践本体论"，但令人惊奇的是，他们对马克思的实践概念的真正含义却缺乏正确的理解。同样地，马克思的自由概念也被笼罩在种种误解的迷雾之中。① 要搞清楚这两个基本概念的含义，就不能仅仅停留在马克思的文本内，而必须反省西方哲学，尤其是康德哲学的传统。记得郑昕先生说过：

> 超过康德，可能有新哲学，掠过康德，只能有坏哲学。②

要正确地领悟马克思语境中的实践概念和自由概念的含义乃至马克思哲学的本质，就要认真地反省西方哲学，特别是康德哲学的传统，并阐明马克思是如何批判地继承这一传统的。

被误解了的实践概念和自由概念

迄今为止，马克思哲学中的实践概念和自由概念一直处于被误解的状态之中。这两个概念是马克思哲学中最基本的概念，所以这种误解也必然会导致对马克思哲学实质的误解。如前所述，尽管马克思哲学的某些解释者很少讨论马克思哲学与西方哲学，特别是与近代西方哲学传统

---

　　* 本节原来的标题是《论马克思对西方哲学传统的扬弃：兼论马克思的实践、自由概念与康德的关系》，原载《中国社会科学》2001（3）。

　　① 尤其是国内美学研究中出现的不同的派别，几乎无例外地误解了马克思的实践概念和自由概念，从而使美学沦为认识论的附庸。这表明美学研究者们从来没有认真地研究过康德的《判断力批判》，特别是这部著作的"导论"部分。参见俞吾金.美学研究新论.学术月刊，2000（1）。

　　② 郑昕.康德学述.北京：商务印书馆，1984：1.叔本华在《康德哲学批判》一文中也说过类似的话："当我们追溯在康德后已过去的那段时间里他的学说的效应及哲学领域里已发生的各种尝试和事件的时候，歌德说过的下面这句令人沮丧的话显然被证实了：'谬误像水一样，船分开水，水立即又在船后合拢了；第一流的天才人物消除谬误并确立了自己的地位，在这些人物之后谬误再度自然地合拢了。'"（A. Schopenhauer. *Die Welt als Wille und Vorstellung*. Frankfurt a. M.：Suhrkamp Verlag，1986：562-563）

之间的关系，但他们的研究活动却深受这一传统的影响。众所周知，近代西方哲学偏重于认识论和方法论，这一倾向对这些解释者产生了不可低估的影响。于是，在他们那里，以存在问题尤其是人的生存问题作为研究对象的本体论问题几乎完全被搁置起来了，代之而起的则是以认识的起源、本质和界限作为研究对象的认识论。

这样一来，实践概念就失去了本体论的维度，成了认识论中的一个环节。什么是实践呢？在传统的马克思哲学的认识论中，实践是指人们改造客观世界的一切活动。它的基本形式是生产劳动、科学实验和阶级斗争。实践既是人类认识活动的来源，也是"实践—认识—再实践—再认识……"过程中的一个环节，更是检验认识的真理性的唯一标准。从一方面看，上述理解方式充分肯定了实践在马克思认识论中的基础的和核心的地位，从而相对于以往的西方认识论来说，无疑是一个巨大的进步；但从另一方面看，这一理解方式又包含着对马克思的实践概念的根本含义的误解，因为它把这一概念牢牢地囚禁在认识论中，忽视了它的根本的、首要的含义是本体论方面的。

对于我们的这一看法，有人也许会提出如下异议：生产劳动、科学实验和阶级斗争实际上不也同时关系到存在问题，尤其是人的生存问题吗？我们的回答是：只要本体论眼光是缺席的，实践活动的上述形式就只具有认识论的意义。在传统的马克思哲学的教科书中，人们常常发现这样的表述：

> 生产实践还给认识不断提供新的技术工具，加强了人的感官，帮助人们深入自然，揭示它的秘密。①

在这里，生产劳动与人的生存之间的本质联系并没有被课题化，受到重视的仅仅是生产劳动与认识发展之间的联系；至于科学实验这种实践形式，也完全是从认识不断深化的角度上得到评估的；乍看起来，倒是阶级斗争这种实践形式似乎作为政治问题而超越了单纯认识论的视野，实际上，这里的阶级斗争也完全被认识论化了，即人们通过阶级斗争只是为了获得对人类社会发展的新的认识。总之，只要我们停留在单

---

① 艾思奇. 辩证唯物主义　历史唯物主义. 北京：人民出版社，1978：163.

纯认识论的视野里，实践概念的本体论维度就永远不会向我们敞开。①

同样地，在马克思哲学的某些解释者那里，自由概念也是在认识论的语境中被陈述出来的。苏联哲学家罗森塔尔和尤金主编的《简明哲学辞典》曾对自由概念做了如下论述：

> 自由并不在于想象中的脱离自然规律，而在于认识这些规律，并能够把它们用到实践活动中去……自然界的必然性、规律性是第一性的，而人的意志和意识是第二性的。在人没有认识必然性以前，他是盲目地、不自觉地行动的。一旦人认识到必然性，他就能学会掌握它，利用它为社会谋福利。因此，只有在认识必然性的基础上才能有自由的活动。自由是被认识了的必然性。②

这是一段经典性的论述，几乎所有的马克思哲学的教科书都是以这种方式来阐述自由概念的。从这段论述中，我们可以引申出如下结论：第一，马克思的自由概念是从属于认识论的，在这里，自由的本体论含义完全没有引起解释者的重视；第二，自由是与必然性，亦即自然界的规律联系在一起的；第三，自由不是在想象中摆脱必然性，而是对必然性的正确认识。

乍看起来，把自由概念放在认识论的范围内似乎是无可厚非的，因为人对自然必然性的认识越是深入，人的行为和认识的自由度也就越大。其实，这完全是一种似是而非的见解。如果真是这样的话，人们就不得不做出如下推论，即最了解自然必然性的科学家是世界上最自由的人。假如这个推论能够成立，那么人类通过社会运动和社会革命来争取自由与解放就成了无意义的举动，只要去学习自然科学就行了。这样一来，对人类的生存来说如此之重要的自由概念就退化为一个单纯的认识

---

① 在苏联哲学的演化中，曾经有"本体论主义"和"认识论主义"的争论。但这种情况与我们这里讨论的情况存在着一定的差别。"本体论主义"的代表人物之一图加林诺夫说："对科学对象持本体论观点，即研究对象本身，撇开它与认识它的主体的关系，这是每一门科学的主要的和最重要的任务。"[贾泽林，周国平，王克千，等. 苏联当代哲学（1945—1982）. 北京：人民出版社，1986：90] 显然，图加林诺夫强调的本体论是与人的生存活动（也包括人的认识活动）相分离的，这一见解并没有超越传统的本体论观念，而我们在这里论述的则是生存论的本体论。这种本体论不但不与人的生存活动相分离，相反，它正是以人的生存活动作为前提和出发点的；这种本体论也不与人的认识活动相分离，它把认识看作人生在世的一种形式。

② 罗森塔尔，尤金. 简明哲学辞典. 北京：三联书店，1973：171-172.

论概念。在这样的概念的引导下，甚至连伦理学这样的学科也无法建立起来，因为伦理学的基础是人的自由意志，如果自由只不过是对必然的认识，那么又有哪个人需要对自己的行为承担道德责任呢？实际上，自由的根本含义是本体论的（伦理学也属于这一领域），而不是认识论的。

从上面的论述可以看出，把马克思的实践概念和自由概念囚禁在认识论的范围内，完全撇开其根本性的、本体论的维度，是对马克思哲学理解上的重大失误。这种失误表明，人们通常是以"前康德的"方式来解读马克思的哲学文本的。事实上，只有认真地阅读并消化康德的文本，才能从对马克思的误解中摆脱出来。

康德对实践概念和自由概念的理解

康德哲学是西方哲学发展史上的一个重要的转折点。康德的伟大在于他对哲学中的一系列基本问题都进行过反思，并按照自己的方式做出了解答。他对实践概念和自由概念的论述是他的文本中最富有原创性的哲学见解之一，在他之后的任何人都无法撇开他来谈论这两个概念。

我们先来考察康德的实践概念。在进行这一考察之前，我们有必要回顾一下古希腊哲学家亚里士多德关于实践问题的论述。在《尼各马可伦理学》一书中，亚氏区分了人的两种不同的活动方式：一种是"制造"（making），亦即人们生产、制作所需物品的活动，这种活动是受理智指导的，人们通过自己的理智来确定哪些东西是真的，哪些东西是假的；另一种是"行为"（acting or action），是受"实践的智慧"（practical wisdom）指导的，正如亚氏所说：

> 实践智慧关系到行为。[1]

"实践的智慧"告诉我们，哪些是善的，哪些是恶的。由此可见，亚氏已经初步区分了作为生产劳动的实践活动和作为道德行为的实践活动。但在他那里，这种区分还没有以严格的用语表达出来。

在亚氏之后，康德明确地区分了哲学的两种不同的类型：一种是"理论哲学"（die theoretische Philosophie），它关涉到自然概念，是在现象界的范围内展开的，其中起立法作用的是知性；另一种是"实践哲

---

① R. McKeon. *The Basic Works of Aristotle*. New York：Random House, 1941：1141b.

学"（die praktische Philosophie），它关涉到自由概念，是在本体界的范围内展开的，其中起立法作用的是理性。

> 但是，迄今为止，在不同原理和哲学的分类上应用这些术语时，流行着一种引人注目的误用：人们把遵循自然概念的实践（das Praktischen nach Naturbegriffen）和遵循自由概念的实践（dem Praktische nach dem Freiheitsbegriffe）认作同一个东西……①

在康德看来，绝不能把"遵循自然概念的实践"与"遵循自由概念的实践"混淆，因为这两种实践形式存在着根本性的差异，前者属于现象界，是人的认识指导下的实践活动，后者属于本体界，是道德法则指导下的实践活动。正是在这种意义上，康德进一步指出：

> 假如规定因果性的概念是一个自然概念，那么这些原理就是技术地实践的（technisch-praktisch）；但是如果它是一个自由概念，那么这些原理就是道德地实践的（moralisch-praktisch）。②

也就是说，严格意义上的实践概念应当属于实践哲学或实践理性的范围，但流俗的见解把现象界范围内的活动也称为实践，这样一来，就不得不区分出两种不同意义的实践活动：一种是"遵循自然概念的实践"，亦即科学技术或认识论意义上的实践；另一种是"遵循自由概念的实践"，亦即道德或本体论意义上的实践。

值得注意的是，康德坚持的是先验的道德论，是与经验生活中的幸福论相对立的。所以在他那里，道德行为具有严格的限定，即这种行为必须服从理性的立法，服从以善良意志为基础的道德法则。事实上，在康德看来，也只有这样的道德行为才是"遵循自由概念的实践"。如果人们出于自然本能或世俗的愿望去追求幸福，那么在康德看来，这种行为仍然属于"遵循自然概念的实践"的范围。由此可见，在康德那里，"遵循自由概念的实践"具有非常狭隘的内容。

我们再来考察康德的自由概念。康德对自由概念的论述是从因果性入手的，他区分了两种不同的因果性：一种是"自然的因果性"

---

① I. Kant. *Kritik der Urteilskraft*. Frankfurt a. M.：Suhrkamp Verlag, 1989：78.

② I. Kant. *Kritik der Urteilskraft*. Frankfurt a. M.：Suhrkamp Verlag, 1989：79.

(Naturkausalitaet)，另一种是"自由的因果性"（die Kausalitaet der Freiheit）。① 康德这样写道：

> 与作为自由的因果性的概念不同，作为自然必然性的因果性的概念只涉及在时间中可规定的物的实存，因而作为现象与作为物自体的因果性相对立。假如人们把时间中的物的实存的规定看作物自体自身的规定（这是最常见的观念），那么因果关系中的必然性不但以任何方式都无法与自由统一起来，而且它们是以矛盾的方式相互对立着的。②

这段重要的论述告诉我们：第一，自然的因果性或自然必然性的因果性是属于时间起作用的现象界的，这种因果性中的"因"和"果"都是经验生活中的事或事态；而自由的因果性则属于超经验、超时间的本体界或物自体领域，这种因果性中的"因"是先天的道德法则，"果"则是在这一法则指导下的自由的道德行为。第二，这两种因果性内涵完全不同，因而是对立的。第三，通常的见解由于把现象和物自体混淆了，因而试图把仅适合于现象界的自然的因果性和仅适合于本体界的自由统一起来，然而，在自然的因果性中是永远得不出自由来的。

在肯定自由概念属于本体论领域的前提下，康德进一步区分了"消极意义上的自由"（Freiheit im negativen Verstande）和"积极意义上的自由"（Freiheit im positiven Verstande）这两个不同的概念。③ 前者强调在行为中不违反道德法则，后者则强调自觉地以道德法则来指导自己的行为。总之，在康德那里，自由是奠基于先天的道德法则的，它既与自然的因果性无关，又与人的意志在自然本能驱使下追求幸福的行为无关。如果人们一定要在自然的因果性或自然本能的基础上谈论自由，那么这种自由

> 也就是一个旋转的烤肉叉式的自由，一旦人们给它上紧了发条，它就会自动地完成自己的运动。④

---

① I. Kant. *Kritik der Urteilskraft*. Frankfurt a. M.：Suhrkamp Verlag, 1989：107.

② I. Kant. *Kritik der praktischen Vernunft*. Frankfurt a. M.：Suhrkamp Verlag, 1989：219.

③ I. Kant. *Kritik der Urteilskraft*. Frankfurt a. M.：Suhrkamp Verlag, 1989：144；俞吾金. 自由概念两题议. 开放时代, 2000（7）.

④ I. Kant. *Kritik der Urteilskraft*. Frankfurt a. M.：Suhrkamp Verlag, 1989：222.

最后，我们来考察康德关于实践概念和自由概念关系的论述。按照康德的看法，在严格的意义上，这两个概念都属于本体论的范围，也只能在本体论的范围内加以讨论。但流俗的见解总是把现象界与本体界混淆起来，从而造成了这两个概念的误用。于是康德不得不区分出"遵循自然概念的实践"和"遵循自由概念的实践"，前者适用于现象界，涉及认识论和科学技术意义上的活动；后者则适用于本体界，涉及本体论和道德规范方面的行为。虽然康德没有提出"认识论意义上的自由"和"本体论意义上的自由"这样的概念，但如果要在流俗见解的语境中来谈自由，我们又不得不做出这样的区分。在我们看来，"认识论意义上的自由"是与"遵循自然概念的实践"相一致的，而"本体论意义上的自由"则是与"遵循自由概念的实践"相一致的。

康德的巨大功绩是把自由的因果性与自然的因果性区分开来，从而在理论哲学的旁边为实践哲学留下了地盘。然而，一方面，由于康德哲学的二元论的特点，它没有把本体界与现象界真正地统一起来；另一方面，它把先天的道德法则或理性立法置于意志的自由之前，从而也就使自由成了一个空洞的字眼。正如叔本华所批评的：

> 这显然是一伸手就可以抓住的矛盾，既称意志是自由的，又要为意志立法，说意志应该按照法则而欲求——"应该欲求"——真是木头的铁！①

在叔本华看来，生存意志不仅是自由的，而且是万能的，它就是物自体，就是世界的本质。这样一来，叔本华就为我们重新理解实践和自由概念提供了重要的启发。

马克思的历史唯物主义和实践、自由概念

马克思哲学的不少研究者都没有注意到马克思在评价黑格尔和康德时在用语上的重要差异。如果说，马克思把黑格尔的思辨哲学理解为17世纪形而上学的**"胜利的和富有内容的复辟"**②的话，那么，他却把

---

① A. Schopenhauer. *Die Welt als Wille und Vorstellung*. Frankfurt a. M.：Suhrkamp Verlag，1986：377.

② 马克思恩格斯全集：第 2 卷. 北京：人民出版社，1957：159.

康德哲学理解为"法国革命的**德国理论**"①。在马克思看来，康德的实践理性和善良意志是法国自由主义在德国采取的独特的形式，虽然具有革命的内涵，但是

> 康德只谈"善良意志"，哪怕这个善良意志毫无效果他也心安理得，他把这个善良意志的**实现**以及它与个人的需要和欲望之间的协调都推到**彼岸世界**。②

马克思不赞成康德把此岸世界（现象界）与彼岸世界（本体界）割裂开来，他把这两者统一在他所创立的历史唯物主义学说中，但他又继承了康德关于实践哲学（本体论）优先于理论哲学（认识论）的基本思想。在这个意义上，我们首先应该把历史唯物主义理解为马克思在本体论领域里发动的一场划时代的革命，事实上，马克思哲学或历史唯物主义本质上也就是生存论的本体论。正如马克思所说的：

> 一切人类生存（aller menschlichen Existenz）的第一个前提也就是一切历史的第一个前提，这个前提就是：人们为了能够"创造历史"，必须能够生活。③

马克思正是从历史唯物主义或生存论的本体论的立场出发来论述自己的实践概念和自由概念的。在《关于费尔巴哈的提纲》一文中，马克思指出：

> 全部社会生活在本质上是**实践的**。凡是把理论引向神秘主义的神秘东西，都能在人的实践中以及对这种实践的理解中得到合理的解决。④

由此可见，马克思的实践概念首先是一个本体论意义上的概念，即使他在谈论实践的基本形式——生产劳动时，也首先是从本体论着眼的，所以他关心的不是人通过生产劳动去认识什么，而是在私有制情况下人的劳动的异化的本质，以及如何通过消灭私有制来扬弃异化，达到人性的复归。在马克思那里，即使存在着"认识论意义上的实践"或康

---

① 马克思恩格斯全集：第1卷. 北京：人民出版社，1956：100.
② 马克思恩格斯全集：第3卷. 北京：人民出版社，1960：211 - 212.
③ 马克思恩格斯全集：第3卷. 北京：人民出版社，1960：31.
④ 马克思恩格斯选集：第1卷. 北京：人民出版社，2012：135 - 136.

德所说的"遵循自然概念的实践"，这一实践形式也必须在"本体论意义上的实践"或"遵循自由概念的实践"的基础上获得理解。

同样地，在马克思那里，自由也首先是一个本体论意义上的概念。马克思写道：

> 作为纯粹观念，平等和自由仅仅是交换价值的交换的一种理想化的表现；作为在法律的、政治的、社会的关系上发展了的东西，平等和自由不过是另一次方的这种基础而已。①

马克思还把共产主义社会理解为"一个以各个人自由发展为一切人自由发展的条件的联合体"②。这就告诉我们，马克思从不以抽象认识论的方式谈论自由概念。如果人们一定要谈论"认识论意义上的自由"，那么这种自由也只有奠基于"本体论意义上的自由"才能获得理解，因为从生存论的本体论的观点看来，人类的认识活动不过是其生存在世的一种样式。这样一来，认识论的独立的外观就被解构了。

如前所述，由于马克思哲学的某些解释者以"前康德的"方式解读马克思，并在实证主义思潮的影响下，对形而上学（包括本体论）采取拒斥的态度，于是，实践概念和自由概念的本体论维度均为认识论维度所吞并，从而把马克思哲学实证化，变成一种与实践理性相分离的、抽象的认识论。众所周知，马克斯·韦伯关于"工具的合理性"和"价值的合理性"的区分、哈贝马斯关于"劳动"（工具的行为）和"相互作用"（交往的行为）的区分，都包含着把马克思哲学理解为"工具的合理性"，把马克思的实践概念简化为"劳动（工具的行为）"的倾向。无疑地，这种倾向暗含着对马克思哲学的误解。③ 由于上面提到的种种误解，马克思哲学的核心问题竟被解释成认识论、辩证法和逻辑的一致性，而本体论或实践理性所关注的问题，如政治哲学、道德哲学、法哲学、宗教哲学、人道主义、异化和终极关怀等，似乎都成了与马克思哲

---

① 马克思恩格斯全集：第46卷上册．北京：人民出版社，1979：197.

② 马克思恩格斯全集：第4卷．北京：人民出版社，1958：491.

③ 哈贝马斯认为，《德意志意识形态》的第一部分的精确分析表明，马克思对相互作用和劳动的联系并没有做出真正的说明，而是在社会实践的一般的标题下把前者归结为后者，即把交往行为归结为工具的行为"（J. Habermas. *Technik und Wissenschaft als "Ideologie"*. Frankfurt a. M.：Suhrkamp Verlag, 1970：45）。毋庸讳言，哈贝马斯对马克思的实践和劳动概念的理解显然是错误的，这是因为他没有从本体论革命的意义上去理解马克思的哲学。

学无关的东西。人们完全忘记了马克思下面这段重要的论述：

> 实际上和对**实践的**唯物主义者，即**共产主义者**说来，全部问题都在于使现存世界革命化，实际地反对和改变事物的现状。①

综上所述，马克思哲学，尤其是他的实践概念和自由概念所遭到的普遍的误解表明，绝不能把马克思哲学从西方哲学传统，特别是康德哲学传统中割裂出来。事实上，马克思是西方哲学传统的伟大的批判者、扬弃者和继承者。马克思哲学的研究者只有恢复与西方哲学的研究者之间的创造性的对话，马克思在本体论领域里进行的划时代的革命的意义才能充分地向我们展示出来。

第四节　马克思与黑格尔 *

马克思主义诞生以来，马克思哲学与黑格尔哲学的关系问题一直是国际理论界讨论的热门话题，几乎每一个研究马克思哲学的人都会涉及这个话题。可是，遗憾的是，除了偶尔能见到的某些富于启发性的见解，人们对这个问题的认识在实质上几乎没有什么进展。

今天，我们之所以重提马克思哲学与黑格尔哲学的关系，并把它作为一个重大的理论问题进行探讨，不仅是因为随着马克思的大量遗著、手稿和笔记的面世，探讨这一问题的历史条件已经成熟，而且是因为对这一问题的理解直接规约着人们对马克思哲学的实质及其基本问题域的理解。在这个意义上，重新认识马克思哲学和黑格尔哲学的关系也就是重新认识马克思哲学。

普列汉诺夫和列宁的解释路线

谈到马克思哲学和黑格尔哲学的关系，我们不能不首先注意到普列汉诺夫和列宁在这个问题上的见解，因为这种见解至今仍然影响着我国理论界。

---

① 马克思恩格斯全集：第 3 卷．北京：人民出版社，1960：48.

* 本节原来的标题是《重新认识马克思的哲学与黑格尔哲学的关系》，原载《哲学研究》1995（3）。

众所周知，青年时期的普列汉诺夫曾是一个民粹主义者，当他流亡国外时，接触了马克思主义，逐渐成为坚定的马克思主义者。他曾到伦敦去拜访过恩格斯，并就一些理论问题与恩格斯展开过热烈的讨论。恩格斯高度赞扬了普列汉诺夫，肯定他理解并掌握了马克思主义。① 普列汉诺夫不仅翻译了马克思和恩格斯合著的《共产党宣言》，并为之作序，还翻译了恩格斯的《路德维希·费尔巴哈和德国古典哲学的终结》，并为之作序和作注。在《黑格尔逝世六十周年》《论一元论历史观之发展》等一系列论著中，普列汉诺夫论述了马克思与黑格尔的关系，也论述了他对马克思哲学实质的理解。

首先，普列汉诺夫指出：

> 谈论现代社会主义起源问题的人们，常常对我们说：马克思的哲学是黑格尔哲学的合乎逻辑的和必然的结果。这是正确的，但这是不完全的。很不完全的。马克思的承继黑格尔，正像丘比德的承继萨茨尔奴斯一样，是贬黜了后者的王位。马克思的唯物主义哲学的出现，是人类思想史上绝无仅有的一次真正的革命，是最伟大的革命。②

这段论述表明，普列汉诺夫坚信，马克思是通过唯物主义立场的确立而扬弃黑格尔的唯心主义哲学的。

其次，普列汉诺夫认为，马克思在一般唯物主义立场的基础上批判地改造了黑格尔的辩证法，从而形成了自己的哲学。他在谈到马克思的《哲学的贫困》一书的第二部分时这样写道：

> 在那个时候，马克思已经把辩证法（它在黑格尔那里有着纯粹唯心主义的性质，在蒲鲁东那里也保存了这样的性质）放在唯物主义的基础上面了。③

也正是基于这一思想，普列汉诺夫认为：

> 马克思和恩格斯的哲学不仅是唯物主义的哲学，而且是辩证的

---

① 约夫楚克，库尔巴托娃. 普列汉诺夫传. 北京：三联书店，1980：156.
② 普列汉诺夫哲学著作选集：第 2 卷. 北京：三联书店，1961：507.
③ 普列汉诺夫哲学著作选集：第 3 卷. 北京：三联书店，1962：159.

唯物主义。①

在这里，借助于"辩证的唯物主义"这一术语，普列汉诺夫强调的是马克思唯物主义的辩证性，其基本思路则是：马克思的哲学是由唯物主义（以费尔巴哈为媒介）和辩证法（以黑格尔为媒介）的结合而产生的。

最后，当普列汉诺夫把马克思哲学称为"辩证的唯物主义"的时候，拉布里奥拉则把马克思哲学称为"历史唯物主义"，这两个不同的术语的使用引起了米海洛夫斯基的困惑。普列汉诺夫为此而答复道：

> 因为辩证唯物主义涉及到历史，所以恩格斯有时将它叫作历史的。这个形容语不是说明唯物主义的特征，而只表明应用它去解释的那些领域之一。②

这一论述表明，普列汉诺夫实质上把历史唯物主义理解为辩证唯物主义在历史领域中的应用。这一基本思路后来在列宁和斯大林那里得到了明确的表述。

从上面的分析可以看出，普列汉诺夫关注的焦点始终集中在思维与存在的关系所引发的唯物主义和唯心主义的两军对阵及对唯心主义辩证法的改造中。他虽然涉猎过黑格尔的许多著作，如《逻辑学》《历史哲学》《法哲学原理》《精神现象学》《美学》等，但探讨的重心始终落在被黑格尔称为"概念的阴影王国"的《逻辑学》上。

我们再来看看列宁是如何理解并解释马克思和黑格尔的关系的。从列宁对约翰·普伦格博士的《马克思和黑格尔》一书的摘要和评论中可以看出，列宁十分重视对这一关系问题的探索。

首先，列宁认为，马克思和黑格尔的对立是唯物主义与唯心主义的对立。他说：

> 我总是竭力用唯物主义观点来阅读黑格尔：黑格尔是倒置过来的唯物主义（恩格斯的说法）——就是说，我大抵抛弃上帝、绝对、纯观念等等。③

---

① 普列汉诺夫哲学著作选集：第3卷．北京：三联书店，1962：79.
② 普列汉诺夫哲学著作选集：第2卷．北京：三联书店，1961：311.
③ 列宁．哲学笔记．北京：人民出版社，1993：86.

这段论述蕴含着这样的意思，即马克思和恩格斯都是从一般唯物主义的立场出发来阅读并批判黑格尔的。那么，究竟什么是一般唯物主义呢？列宁在另一处写道：

> 物质是第一性的。感觉、思想、意识是按特殊方式组成的物质的高级产物。这就是一般唯物主义的观点，特别是马克思和恩格斯的观点。①

列宁还进一步把由思维与存在关系引发的唯物主义和唯心主义的斗争上升到了路线斗争和党性原则的高度。

其次，列宁主张，黑格尔《逻辑学》的最高成就是辩证法，而马克思正是批判地利用了这一最高成就，所以列宁写道：

> 要继承黑格尔和马克思的事业，就应当辩证地**探讨**人类思想、科学和技术的历史。②

正是基于这样的思考，列宁反复强调马克思主义哲学就是辩证唯物主义。在十月革命胜利后，列宁甚至还建议成立"黑格尔辩证法唯物主义之友协会"。

最后，在普列汉诺夫那里初步表述出来的关于历史唯物主义是辩证唯物主义在社会历史领域中的应用的思想被列宁明确地表述为如下"推广论"：

> 马克思加深和发展了哲学唯物主义，而且把它贯彻到底，把它对自然界的认识推广到对**人类社会**的认识。马克思的**历史唯物主义**是科学思想中的最大成果。③

后来，斯大林的《论辩证唯物主义和历史唯物主义》一书以及书中关于"推广论"的更为明确的表述成了苏联、东欧和中国的哲学教科书中最经典的表述。

从列宁留下的哲学札记可以看出，列宁读过黑格尔的《逻辑学》《哲学史讲演录》《历史哲学》，也留意过《精神现象学》，但他读得最认真、思考得最深入的还是《逻辑学》。他还说过这样一句名言：

---

① 列宁选集：第 2 卷．北京：人民出版社，2012：51.
② 列宁．哲学笔记．北京：人民出版社，1993：122.
③ 列宁选集：第 2 卷．北京：人民出版社，2012：311.

不钻研和不理解黑格尔的**全部**逻辑学，就不能完全理解马克思的《资本论》，特别是它的第 1 章。因此，半个世纪以来，没有一个马克思主义者是理解马克思的！！①

这就告诉我们，马克思和黑格尔的关系本质上是马克思和黑格尔的逻辑学的关系，这一见解也对后来的研究者产生了深远的影响。

综上所述，按照普列汉诺夫和列宁的解释路线，黑格尔对马克思的影响主要是通过《逻辑学》，其次是通过《自然哲学》而产生的；由于费尔巴哈这一媒介，马克思回到了一般唯物主义的立场上，从而与黑格尔的唯心主义划清了界限；在此基础上，马克思又批判地改造了黑格尔的辩证法，从而创立了辩证唯物主义，把辩证唯物主义推广到历史领域，就产生了历史唯物主义。这就告诉我们，马克思哲学的基础和核心始终在一般唯物主义、辩证唯物主义那里。这样一来，对马克思哲学基础部分进行研究的问题域也被确定出来了。

这一问题域主要是由以下问题构成的：

1. 思维（意识）与存在、精神与物质（自然）之间的关系，即"哲学基本问题"；

2. 认识的起源、本质和辩证的发展过程；

3. 辩证法的基本规律和范畴；

4. 自然辩证法；

5. 逻辑、认识论和辩证法的一致性；

6. 真理的客观性，绝对真理和相对真理的辩证关系；

7. 哲学史上的唯物主义和唯心主义、辩证法和形而上学之争。

我们发现，这一问题域长期以来支配着苏联、东欧和中国哲学界，规约着哲学家们的思考方向和思考领域。

蕴含在马克思手稿中的潜在的解释路线

20 世纪二三十年代以来，随着马克思的遗著、手稿和笔记的陆续面世，随着研究活动的深入，上面我们已论述过的那种对马克思与黑格尔关系的传统的解释模式，以及在这一模式的基础上形成的对马克思哲学的实质和相应的问题域的理解也开始面临挑战。在新发表的马克思文

---

① 列宁. 哲学笔记. 北京：人民出版社，1993：151.

稿中，与理解马克思和黑格尔的关系最为密切的是以下四个文本。

一是马克思写于 1843 年，而由苏共中央马克思列宁主义研究院于 1927 年第一次用德文出版的《黑格尔法哲学批判》。这部手稿对黑格尔《法哲学原理》一书中的第 261—313 节做了全面的分析和批判。马克思手稿的第一页没有保留下来，所以，现在这个标题是由苏共中央马克思列宁主义研究院加上去的。而普列汉诺夫和列宁至多通过《德法年鉴》读到《〈黑格尔法哲学批判〉导言》一文，却不可能读过《黑格尔法哲学批判》这部手稿。这部手稿问世后受到了不少学者的高度重视。意大利的马克思主义者德拉·沃尔佩把这部手稿译为意文，并认为它是马克思的最重要的文本之一。特别是 1989 年以来，各国的马克思主义研究者在反省东欧剧变和苏联解体时普遍认为，社会主义社会必须重视法律，从而普遍加强了对马克思的法哲学思想，尤其是对《黑格尔法哲学批判》一书的研究。

二是马克思写于 1844 年 4—8 月，第一次全文发表在《马克思恩格斯全集》1932 年国际版第一部分第 3 卷的《1844 年经济学哲学手稿》。在这部手稿的哲学部分，马克思着重分析了作为黑格尔哲学的真正诞生地和秘密的《精神现象学》。恩格斯在《卡尔·马克思》一文中没有提到这一部手稿，普列汉诺夫和列宁当然都不可能读过这部手稿。正如《黑格尔法哲学批判》显示出马克思和黑格尔的《法哲学原理》一书之间的重要联系一样，《1844 年经济学哲学手稿》则表明了马克思和黑格尔的《精神现象学》一书之间的重要联系。《1844 年经济学哲学手稿》发表后立即在国际学术界掀起了轩然大波。法兰克福学派的代表人物之一马尔库塞于同年发表了题为《论历史唯物主义的基础》的长篇论文，指出：

> 马克思在 1844 年写的《1844 年经济学哲学手稿》的发表必将成为马克思主义研究史上的一个划时代的事件，这些手稿使关于历史唯物主义的起源、初始含义及整个"科学社会主义"理论的讨论置于新的基础之上，这些手稿也使人们能用一种更加富有成效的方法提出关于马克思和黑格尔之间的实际关系这个问题。[1]

在马尔库塞看来，《1844 年经济学哲学手稿》已经表明，在黑格尔

---

[1]　H. Marcuse. *Studies in Critical Philosophy*. Boston：Beacon Press，1973：3.

的著作中，马克思特别感兴趣的是《精神现象学》。

三是马克思和恩格斯写于 1845—1846 年，苏共中央马克思列宁主义研究院于 1932 年第一次以德文出版的《德意志意识形态》。这部手稿除第 2 卷第四章曾发表于《威斯特伐里亚汽船》杂志 1847 年 8 月号和 9 月号外，其余部分（缺第 2 卷第二、三章）特别是对理解马克思和黑格尔关系最为重要的第 1 卷第一章，普列汉诺夫和列宁都没有读过。由于这部手稿的主要目的是批判费尔巴哈、布·鲍威尔、施蒂纳的历史哲学理论，因而其中频繁地提及或引证了黑格尔的《精神现象学》《历史哲学》《法哲学》《宗教哲学》《哲学史讲演录》等著作。毫无疑问，这部手稿对我们重新理解马克思和黑格尔的关系有着极为重要的意义。

四是马克思的《1857—1858 年经济学手稿》，这部手稿于 1939 年和 1941 年曾以德文分两册在莫斯科出版，当时编者加的标题是《政治经济学批判大纲（草稿）》。显而易见，普列汉诺夫和列宁也未接触过这部手稿，它出版后曾引起国际学术界的广泛重视。阿尔弗莱特·施密特认为，它"对于理解黑格尔和马克思之间的关系来说是最为重要的，然而迄今未被人们利用过"[1]。在施密特看来，马克思的自然观不是抽象的、与人相分离的自然观，而是以社会实践为中介的自然观，因而在马克思与黑格尔的关系中，黑格尔的《精神现象学》和《法哲学》起着十分重要的作用。

西方马克思主义者的启示及未解决的问题

如果说新材料的发现促使人们对马克思与黑格尔的关系做出新的思考的话，那么，对黑格尔、马克思的深入研究也促使人们用新的目光来看待这两位大思想家之间的关系。我们首先注意到的是卢卡奇的研究成果，他在这方面的创造性探索主要可以归结为以下三点。

第一，在早期代表作《历史与阶级意识》（1923）中，卢卡奇明确地提出，马克思主义是一种社会理论。正是从这样的见解出发，卢卡奇十分重视对历史唯物主义的研究，并把它理解为资本主义社会的自我意识，而历史唯物主义的基本任务之一是批判"物化意识"（reified consciousness），确立无产阶级作为革命主体的自觉的阶级意识。

---

[1] A. Schmidt. *The Concept of Nature in Marx*. London：NLB，1971：17.

第二，在流亡苏联时写下的《青年黑格尔》（1948）这部名作中，卢卡奇说，黑格尔

> 是试图认真地把握英国工业革命的唯一的德国思想家，也是在古典经济学的问题和哲学及辩证法之间建立联系的唯一的人。①

卢卡奇深入地分析了青年黑格尔在《伦理体系》、《耶拿实在哲学》和《精神现象学》中对劳动、异化问题的论述，强调：

> 劳动的辩证法使黑格尔认识到，人类只能通过劳动走向上发展的道路，实现人的人性化和自然的社会化。②

这就告诉我们，一方面，青年黑格尔的思想，尤其是《精神现象学》对马克思的影响是巨大的；另一方面，在黑格尔和马克思那里，辩证法的最根本的含义不是体现在抽象的、与人相分离的自然中，而是体现在人改造自然的最基本的社会活动——生产劳动上。

第三，在深入钻研马克思的《1857—1858年经济学手稿》基础上撰写出来的《社会存在本体论》这部晚年巨著中，卢卡奇虽然肯定"自然存在"是"社会存在"的一般前提，从而重新肯定了恩格斯所倡导的自然辩证法，然而这部著作的研究重心始终落在社会存在问题上。在这部著作的第二部分中，卢卡奇列出的最重要的问题是劳动、再生产、意识形态、异化等。我们看到，卢卡奇的问题域与前面列出的传统的问题域之间存在着重大的差异。

从卢卡奇的思路出发，阿尔弗莱特·施密特对马克思与黑格尔的关系做出了进一步的探索。在《马克思的自然概念》（1962）这部著作中，一方面，施密特指出：

> 如果马克思的唯物主义像今天仍在苏联和东欧盛行的那样，只是作为一种抽象的意识形态的表白的话，那么它就与那种低劣的唯心主义没有什么区别了。不是物质的抽象本性，而是社会实践的具体本性才是唯物主义理论的真正主题和基础。③

这里强调的是马克思的唯物主义和一般唯物主义之间的根本差异。

---

① G. Lukacs. *Young Hegel*. Boston：The MIT Press, 1976：xxvi.
② G. Lukacs. *Young Hegel*. Boston：The MIT Press, 1976：327.
③ A. Schmidt. *The Concept of Nature in Marx*. London：NLB, 1971：39-40.

他启示我们，马克思绝不是通过对一般唯物主义的回归而与黑格尔的唯心主义相对立的。另一方面，施密特认为：

> 从实践上把客观主义与主观主义结合起来，构成黑格尔与马克思的劳动辩证法的特征，反映了现代知识论的基本立场。①

也就是说，应当从劳动辩证法的角度，即人与自然关系的角度来重新理解马克思和黑格尔的关系，理解自然辩证法。

综上所述，马克思的新手稿的问世与西方马克思主义者对马克思和黑格尔关系的新思考，使我们看到了黑格尔的《精神现象学》和《法哲学原理》对马克思的巨大影响，从而加深了这样的认识，即马克思始终关注的是社会历史和现实问题，因此，历史唯物主义才构成马克思哲学的基础、核心和出发点。然而，平心而论，西方马克思主义者对马克思和黑格尔关系的认识也有种种不足之处。

第一，争论的焦点常常集中在这样的问题上，即马克思和黑格尔的思想是基本一致的，还是完全对立的。黑格尔主义的马克思主义者、存在主义的马克思主义者和弗洛伊德主义的马克思主义者更多地关注马克思哲学和黑格尔哲学之间的联系，而新实证主义的马克思主义者、结构主义的马克思主义者则更多地强调马克思哲学和黑格尔哲学之间的对立。阿尔都塞甚至认为：

> 今天我们比任何时候都更应该看到，黑格尔的影子是一个幻影。为了把这个幻影赶回到黑夜中去，我们必须进一步澄清马克思的思想。②

由于争论的情绪化和表面化，对马克思和黑格尔关系的探讨总是深入不下去。

第二，没有结合马克思本人思想的演变来探讨他和黑格尔的关系，从而使整个讨论趋于简单化。

第三，没有阐明为什么普列汉诺夫和列宁把黑格尔对马克思的影响主要理解为《逻辑学》的影响，并主张从一般唯物主义立场出发去解读《逻辑学》。

---

① A. Schmidt. *The Concept of Nature in Marx*. London：NLB, 1971：115.
② L. Althusser. *For Marx*. London：NLB, 1977：116.

第四，对辩证唯物主义、历史唯物主义、自然辩证法等概念的界定和论述缺乏明晰性，从而体现出西方马克思主义者对马克思哲学的实质缺乏总体上的把握和说明。

我们对这一关系的重新理解

在对马克思哲学和黑格尔哲学关系问题的认识史和现状做了一番简略的回顾之后，现在我们已经有条件对这一关系，从而也对马克思哲学的实质做出新的说明了。为便于理解，我们将按下面的次序对这一问题展开论述。

第一，马克思本人是如何表述他和黑格尔哲学之间的关系的？

应当指出，马克思在这方面做过许多论述，就其代表性的表述而言，大致可以分为以下三个阶段。

阶段一是 1842 年之前。在这个阶段中，马克思的思想从总体上看仍然处于黑格尔的影响之下。比如，马克思在 1837 年 11 月 10—11 日写给父亲的信中说起：

> 在患病期间，我从头到尾读了黑格尔的著作，也读了他大部分弟子的著作。[1]

阶段二是从 1843 年到 19 世纪 40 年代末。在这个阶段中，马克思通过以费尔巴哈和国民经济学研究为媒介，从总体上对黑格尔哲学采取了批判的态度。在《德意志意识形态》中，马克思批评费尔巴哈、布·鲍威尔等人仍然在黑格尔体系的基地上活动：

> 对黑格尔的这种依赖关系正好说明了为什么在这些新出现的批判家中甚至没有一个人想对黑格尔体系进行全面的批判，尽管他们每一个人都断言自己已超出了黑格尔哲学。[2]

从《黑格尔法哲学批判》到《哲学的贫困》都蕴含着马克思对黑格尔哲学体系全面的、深刻的批判。

阶段三是从 19 世纪 50 年代到 60 年代。在这个阶段中，黑格尔哲学的影响逐渐衰退，以至于有些哲学家竟把他当作"死狗"而弃置一

---

[1]　马克思恩格斯全集：第 40 卷．北京：人民出版社，1982：16.
[2]　马克思恩格斯全集：第 3 卷．北京：人民出版社，1960：21.

旁。在这种情况下，马克思在撰写《资本论》之前，重新浏览了黑格尔的某些著作，并在《资本论》第二版跋中指出：

> 我要公开承认我是这位大思想家的学生，并且在关于价值理论的一章中，有些地方我甚至卖弄起黑格尔特有的表达方法。①

从上面这些有代表性的表述中，我们可以引申出以下两点结论：其一，马克思系统地研究过黑格尔的著作；其二，马克思哲学和黑格尔哲学的关系是批判继承的关系。无论是黑格尔主义的马克思主义者（如卢卡奇）致力于把马克思黑格尔化，还是结构主义的马克思主义者（如阿尔都塞）力图割断马克思和黑格尔之间的理论联系，他们的观点都是片面的，因而也都是错误的。

第二，为什么从《逻辑学》和《自然哲学》角度来理解黑格尔对马克思的影响会成为一种流行的理解方式？

平心而论，这样的理解方式也是有其理由的。我们先来看马克思与《逻辑学》的关系。在《黑格尔法哲学批判》中，马克思在分析黑格尔的泛逻辑神秘主义时指出：

> 整个法哲学只不过是对逻辑学的补充。②

尤其值得注意的是，马克思在 1858 年 1 月 14 日致恩格斯的信中提到关于《资本论》的准备性研究时写道：

> 完全由于偶然的机会——弗莱里格拉特发现了几卷原为巴枯宁所有的黑格尔著作，并把它们当做礼物送给了我，——我又把黑格尔的《逻辑学》浏览了一遍，这在材料加工的**方法**上帮了我很大的忙。如果以后再有功夫做这类工作的话，我很愿意用两三个印张把黑格尔所发现、但同时又加以神秘化的方法中所存在的**合理的东西**阐述一番，使一般人都能够理解。③

显然，《逻辑学》对马克思的影响是存在的，甚至像德拉·沃尔佩这样的学者在解读《黑格尔法哲学批判》时也认为，马克思这部著作的根本之处是通过对法哲学的基础——逻辑学的批判而确立了新的方法。

---

① 马克思.资本论：第1卷.北京：人民出版社，1975：24.
② 马克思恩格斯全集：第1卷.北京：人民出版社，1956：264.
③ 马克思恩格斯全集：第29卷.北京：人民出版社，1972：250.

然而，我们却不能由此而推断：对马克思来说，《逻辑学》是黑格尔最重要的著作。为什么呢？因为《逻辑学》留意的是与一切现实相分离的、绝对的、纯粹的知识，它既是逻辑理念自身的辩证运动，又是对这一运动的自我认识。然而，对于马克思来说，他关注的始终是人类社会的现实问题，他不愿意让自己的思路被引向抽象的、学院化的问题。所以，对马克思来说，《精神现象学》比《逻辑学》更为重要，"黑格尔的'现象学'尽管有其思辨的原罪，但还是在许多方面提供了真实地评述人类关系的因素"①。也正是基于同样的考虑，马克思强调，在剖析黑格尔哲学体系时，"必须从黑格尔的**《现象学》**即从黑格尔哲学的真正诞生地和秘密开始"②。

我们再来看黑格尔的《自然哲学》对马克思的影响。马克思的博士论文《德谟克利特的自然哲学和伊壁鸠鲁的自然哲学的差别》以及为撰写论文做准备的七本笔记和阅读黑格尔《自然哲学》时写下的"自然哲学提纲"的三个方案都能使我们看到这种影响。然而，我们能不能做出如下推断，即《自然哲学》对马克思有决定性的影响，从而得出结论说，马克思的唯物主义也就是向承认自然是第一性的一般唯物主义的回归呢？显然不能。如果真是这样的话，马克思哲学和以自然为基础的费尔巴哈的唯物主义也就没有什么区别了。马克思是为了研究伊壁鸠鲁的自然哲学而去解读黑格尔的《自然哲学》的，而他研究伊壁鸠鲁，并不是出于对其自然哲学的纯粹学术上的兴趣，而是因为伊壁鸠鲁是古代的启蒙思想家、自我意识哲学家，对他的研究是有利于当时德国的启蒙运动的。所以，当马克思在政治和哲学上面临更迫切的启蒙任务时，他甚至把博士论文的修订和出版工作也放到一边去了。③ 更何况，在解读黑格尔的《自然哲学》时，马克思并未留下真正具有实质意义的札记。

事实上，在马克思读过的黑格尔著作中，他留下最多札记、做过最系统研究和评论的是《法哲学原理》和《精神现象学》两本书。然而，马克思在这方面的两部重要手稿《黑格尔法哲学批判》和《1844 年经济学哲学手稿》，普列汉诺夫和列宁都未读过。因此，他们也就很容易从《逻辑学》和《自然哲学》的角度出发去理解马克思和黑格尔的关系了。

---

① 马克思恩格斯全集：第 2 卷．北京：人民出版社，1957：246.
② 马克思恩格斯全集：第 42 卷．北京：人民出版社，1979：159.
③ 马克思恩格斯全集：第 40 卷．北京：人民出版社，1982：286.

第三，黑格尔的《法哲学原理》究竟对马克思思想的形成和发展产生了哪些重大的影响？

在《〈政治经济学批判〉序言》中，当马克思回顾自己在《莱茵报》工作时期对有关物质利益的争议感到困惑时，他这样写道：

> 为了解决使我苦恼的疑问，我写的第一部著作是对黑格尔法哲学的批判性的分析，这部著作的导言曾发表在 1844 年巴黎出版的"德法年鉴"上。我的研究得出这样一个结果：法的关系正像国家的形式一样，既不能从它们本身来理解，也不能从所谓人类精神的一般发展来理解，相反，它们根源于物质的生活关系，这种物质的生活关系的总和，黑格尔按照十八世纪的英国人和法国人的先例，称之为"市民社会"，而对市民社会的解剖应该到政治经济学中去寻求。①

这段重要的论述表明，正是通过对黑格尔法哲学的批判性研究，马克思确立了两个重要思想：一个思想是，法的关系根源于物质的生活关系，这一思想构成马克思全部法哲学理论的基础；另一个思想是，对市民社会的解剖应当诉诸政治经济学。这样一来，对黑格尔《法哲学原理》中的"市民社会"学说的批判性思考成了马克思思想演变，尤其是转向政治经济学研究的关键。不仅如此，市民社会的概念还成了马克思创立的新世界观——历史唯物主义的核心概念，因为在他看来，"这个市民社会是全部历史的真正发源地和舞台"②。

《法哲学原理》对马克思的重大影响还表现在下面两点上。

其一，它使马克思认识到：

> **人**并不是抽象的栖息在世界以外的东西。人就是**人的世界**，就是国家，社会。③

因为黑格尔正是在家庭、市民社会和国家中来论述人的权利、义务和本质的。正是基于这方面的思考，马克思后来把人的本质理解为一切社会关系的总和。

其二，它启发马克思形成了政治经济学研究的根本方法。如前所

---

① 马克思恩格斯全集：第 13 卷．北京：人民出版社，1962：8.
② 马克思恩格斯全集：第 3 卷．北京：人民出版社，1960：41.
③ 马克思恩格斯全集：第 1 卷．北京：人民出版社，1956：452.

述，列宁认为，不理解黑格尔的《逻辑学》，就不可能理解马克思的《资本论》。其实，正如我们前面已引述过的马克思在 1858 年 1 月 14 日致恩格斯的信中所阐明的那样，《逻辑学》主要是"在材料加工的方法上"帮了马克思的忙，而马克思研究政治经济学的根本方法——"从抽象上升到具体的方法"主要来自《法哲学原理》所提供的启示。马克思在论述这种科学的研究方法时指出：

> 比如，黑格尔论法哲学，是从主体的最简单的法的关系即占有开始的，这是对的。①

马克思的《资本论》是这种研究方法的光辉典范。更不用说，《资本论》中关于占有、分工、契约、价值、人格、自由王国等概念的许多论述，或直接以批判的方式引证了黑格尔的《法哲学原理》，或间接地体现了这部著作的影响。在这个意义上，或许我们更应该说：不理解黑格尔的法哲学，就不可能真正地理解马克思的《资本论》乃至他的全部经济学说。

第四，黑格尔的《精神现象学》究竟对马克思思想的形成和发展产生了哪些重要的影响？

首先，在马克思看来，《精神现象学》的中心任务在于它抓住了"人的异化"这一核心问题，从而展开对整个社会、国家、宗教领域的批判。② 尽管这一批判被神秘化了，但它对马克思的启示是重大的。

其次，正是《精神现象学》中的"异化"和"劳动"概念启发了马克思，使他在考察国民经济学时提出了"异化劳动"这一概念。马克思后来对商品拜物教的批判也正是在异化劳动批判的基础上提出来的。

最后，马克思发现，"黑格尔的《**精神现象学**》及其最后成果——作为推动原则和创造原则的否定性的辩证法——的伟大之处首先在于，黑格尔把人的自我产生看作一个过程，把对象化看作失去对象，看作外化和这种外化的扬弃；因而，他抓住了**劳动的**本质，把对象性的人、现实的因而是真正的人理解为他**自己的劳动**的结果"③。这一发现之所以重要，是因为马克思看到了《精神现象学》中的辩证法和《逻辑学》中

---

① 马克思恩格斯全集：第 46 卷上册．北京：人民出版社，1979：39.
② 马克思恩格斯全集：第 42 卷．北京：人民出版社，1979：162.
③ 马克思恩格斯全集：第 42 卷．北京：人民出版社，1979：163.

的辩证法之间的差异。在《逻辑学》中，辩证法的承担者是逻辑理念，而在《精神现象学》中，辩证法的承担者是劳动，因而可以把这种辩证法表达为劳动的辩证法。尽管黑格尔只注意到劳动的积极方面，而未注意到其消极方面；尽管他唯一知道并承认的劳动是抽象的精神劳动，然而，《精神现象学》毕竟显示出人在劳动中的生成。这是《精神现象学》的伟大成果，马克思后来在谈到黑格尔的辩证法时指出：

> 在他那里，辩证法是倒立着的。必须把它倒过来，以便发现神秘外壳中的合理内核。①

这里说的"合理内核"并不是没有任何载体的、空洞的辩证法，而是劳动辩证法。当然，在马克思那里，劳动不再是抽象的精神劳动，而是从事物质生活资料生产的现实劳动。所以，施密特把马克思和黑格尔（《精神现象学》中）的辩证法称为劳动辩证法是卓有见地的。

从上面的分析可以看出，正如《法哲学原理》一样，《精神现象学》对马克思思想的形成和发展也有比《逻辑学》《自然哲学》更为重要的影响。

第五，马克思哲学的实质和问题域究竟是什么？

在阐述这一问题之前，我们有必要再来回顾一下马克思对黑格尔从逻辑学向自然哲学过渡的观点的批判。马克思认为，这种从抽象向具体的过渡是牵强附会的，并指出从逻辑学中引申出来的自然界必然是抽象的自然界：

> 被抽象地孤立地理解的、被固定为与人分离的**自然界**，对人说来也是**无**。不言而喻，这位决心进入直观的抽象思维者是抽象地直观自然界的。②

这就启示我们，不光唯心主义者黑格尔从逻辑学出发推演不出现实的自然界，即使唯物主义者把逻辑学颠倒过来，从世界统一于物质（而不是逻辑理念）的一般唯物主义观点出发去探讨自然界，这个自然界仍然是抽象的而不是现实的。道理很简单，因为它与人的活动是相分离的。所以，在马克思看来，唯有"在人类历史中即在人类社会的产生过

---

① 马克思. 资本论：第1卷. 北京：人民出版社，1975：24.
② 马克思恩格斯全集：第42卷. 北京：人民出版社，1979：178-179.

程中形成的自然界是人的**现实的**自然界"①。在费尔巴哈那里，自然界仍然是直观的对象，因而仍然是抽象的。这正说明了费尔巴哈虽然从一般唯物主义的立场出发批判了黑格尔的唯心主义哲学，但他并没有真正超越黑格尔。

我们丝毫不否认，马克思在摆脱黑格尔影响的过程中受到过费尔巴哈唯物主义的启迪，但绝不能由此断言，马克思是通过返回到一般唯物主义的立场而与黑格尔相对立的。在马克思思想转变的过程中，除了他的实践活动和费尔巴哈的影响这两个因素，还有两个理论因素不容忽视：一是通过对《法哲学原理》的批判性解读，发现市民社会是全部历史的真正发源地和舞台；二是通过对《精神现象学》和国民经济学著作的批判性解读，提出"异化劳动"的新概念，并创立以现实的人的劳动为载体或承担者的新的辩证法。正是这些因素的综合作用使马克思不是返回到一般唯物主义，而是直接创立了历史唯物主义这一划时代的新世界观。如果说逻辑学的倒转是一般唯物主义的话，那么，现象学和法哲学的倒转应当是历史唯物主义。

在《德意志意识形态》中，马克思曾经对新世界观有一个著名的概括②，这一世界观后来在《〈政治经济学批判〉序言》中得到了更具经典性的表述。那么，这种世界观即历史唯物主义，在马克思整个哲学学说中的地位和作用究竟如何呢？

正是在这个关系到马克思哲学实质的根本性问题上，我们与"推广论"的见解发生了分歧。按照这种见解，马克思先确立了一般唯物主义的立场，然后又批判地改造了黑格尔的辩证法，从而形成了以自然界为研究对象的辩证唯物主义，再把辩证唯物主义推广到历史领域，形成了历史唯物主义。也就是说，马克思哲学的基础是一般唯物主义和辩证唯物主义，历史唯物主义不过是它们引申出来的结果。这样一来，马克思哲学研究的重心就必然落在与历史领域相分离的一般唯物主义或辩证唯物主义的领域内，即落在抽象的物质或抽象的自然界上。于是，马克思哲学与旧哲学之间的界限就被消除了，因为亚里士多德在《物理学》中、霍尔巴赫在《自然体系》中正是以这种抽象的方式来谈论自然、物质、运动和时空的。

① 马克思恩格斯全集：第 42 卷．北京：人民出版社，1979：128.
② 马克思恩格斯全集：第 3 卷．北京：人民出版社，1960：42-43.

显然，从对黑格尔《逻辑学》的一般唯物主义倒转的基础上去理解马克思哲学是不符合马克思哲学的实质的。马克思说过：

> 那种排除历史过程的、抽象的自然科学的唯物主义的缺点，每当它的代表越出自己的专业范围时，就在他们的抽象的和唯心主义的观念中立刻显露出来。①

"推广论"的要害在于，历史唯物主义只是作为"推广"的结果而出现的，换言之，作为"推广"之基础的一般唯物主义和辩证唯物主义是"排除历史过程的"。

实际上，在马克思那里，历史唯物主义不是"推广"出来的结果，而是他全部学说的基础、核心和出发点。从历史唯物主义出发去解释自然，自然就不是与人相分离的"抽象的自然界"，而是"人化的自然界"和"历史的自然界"；从历史唯物主义出发去解释物质，就不会停留在"世界统一于物质"这类旧唯物主义的、空洞的说教中，而会致力于对现代历史条件下物质的普遍形态——商品的拜物教的批判；从历史唯物主义出发去解释认识论，认识论就不再是脱离一切历史条件、满足于谈论主体-客体关系的抽象认识论，而是成了社会认识论或历史认识论；从历史唯物主义出发去解释辩证法，辩证法的承担者就不再是抽象的物质或抽象的自然界，而是劳动或人化自然，易言之，马克思的辩证法是历史辩证法，具体言之，则是劳动辩证法或人化自然辩证法。②

一言以蔽之，按照历史唯物主义的要求，人们在考察一切问题之前，应该先行地澄清历史性，也正是在这个意义上，马克思写道：

> 我们仅仅知道一门唯一的科学，即历史科学。历史可以从两方面来考察，可以把它划分为自然史和人类史。但这两方面是密切相联的；只要有人存在，自然史和人类史就彼此相互制约。③

从上面的论述可以看出，就其实质而言，马克思哲学就是历史唯物主义，历史唯物主义是马克思探究一切问题的前提和出发点。在马克思的哲学体系中并不存在以抽象物质和抽象自然界为研究对象的辩证唯物

---

① 马克思. 资本论：第1卷. 北京：人民出版社，1975：410.
② 俞吾金. 论马克思的人化自然辩证法. 学术月刊，1992（12）.
③ 马克思恩格斯全集：第3卷. 北京：人民出版社，1960：20.

主义或自然辩证法。① 如果一定要保留"辩证唯物主义"这一概念，那就必须改变它的内涵，即把它理解为历史唯物主义的代名词，它的功能不过是显示历史唯物主义所蕴含的历史辩证法的维度；而"自然辩证法"则应改为"人化自然辩证法"，以显示人在实践活动中与自然的辩证关系。

进而言之，在马克思的哲学体系中，也不存在着一个一般唯物主义的基础。诚然，马克思有时也使用"唯物主义"的概念，甚至在《资本论》第二版跋中也谈论过他的"方法的唯物主义基础"②，但从《关于费尔巴哈的提纲》《德意志意识形态》等著作和他对抽象的唯物主义的大量批判中可以看出，马克思努力划清自己和一般唯物主义之间的界限，虽然马克思有时也使用"唯物主义"这种表达形式，但明眼人一看就知道，他实际上意指的是历史唯物主义。事实上，在马克思那里，历史唯物主义不但不是以一般唯物主义为基础的，相反，正是从历史唯物主义的基本理论出发，马克思才深刻地揭示了一般唯物主义的局限性。

如果承认历史唯物主义是马克思哲学的最本质的内涵，那么，思维与存在的关系也不可能是马克思哲学的基本问题了。这一问题实际上是在对黑格尔的相关论述做一般唯物主义的倒转的基础上提出来的，而撇开人和社会历史，"存在"和"思维"都不过是抽象的。马克思在分析黑格尔的"思维"概念时指出：

> 黑格尔为什么把思维同**主体**分离开来；但就是现在也已经很清楚：如果没有人，那么人的本质表现也不可能是人的，因此思维也不能被看作是人的本质表现，即在社会、世界和自然界生活的有眼睛、耳朵等等的人的和自然的主体的本质表现。③

从历史唯物主义出发，也就是从从事实际活动的、现实的人出发。这样，哲学基本问题就显现为以下两个方面的辩证的统一：一是人对自然的作用，二是人对人的作用。④ 基于这样的理解，不仅马克思和黑格尔关系中被遮蔽的一面，即马克思与《法哲学原理》和《精神现象学》

---

① "自然辩证法"（naturliche Dialektik）这一概念最早是杜林先生提出的，参见他于1865 年出版的《自然辩证法．科学和哲学的新的逻辑基础》一书。

② 马克思．资本论：第 1 卷．北京：人民出版社，1975：20.

③ 马克思恩格斯全集：第 42 卷．北京：人民出版社，1979：178.

④ 马克思恩格斯全集：第 3 卷．北京：人民出版社，1960：41.

的重要关系被揭示出来了，而且马克思哲学基础理论研究的问题域也将发生重大的转折，我们不妨列出这一问题域中最基本的问题：

1. 人和社会实践；
2. 社会结构：生产力（包括科学技术）与生产关系、市民社会与政治社会；
3. 劳动辩证法：劳动的异化与异化之扬弃；
4. 交往关系（人与人之间的关系）；
5. 人化自然（人与自然之间的关系）；
6. 意识形态与社会认识论；
7. 人的科学与自然科学、真理与价值、必然王国与自由王国的关系等。

这样，借助于对马克思哲学和黑格尔哲学关系的重新理解，我们对马克思哲学的实质和问题域也获得了新的认识。

第五节　马克思与费尔巴哈*

马克思哲学与费尔巴哈哲学的关系问题似乎是一个不成问题的问题。然而，一个多世纪以来，马克思哲学的解释者们正因为忽视了这个问题，拒绝对它进行认真的思考，从而付出了沉重的代价，即从根本上误解了马克思哲学的基础和实质。换言之，把马克思"费尔巴哈化"了。今天，只有廓清马克思与费尔巴哈关系上的种种传统的误解，使马克思从费尔巴哈的阴影中走出来，才有可能重塑马克思的理论形象。

马克思哲学"费尔巴哈化"的第一种形式

在传统的马克思哲学的解释者那里，最流行的一种误解是：马克思哲学是在批判地吸收了黑格尔哲学的"合理内核"（辩证法）和费尔巴哈哲学的"基本内核"（唯物主义）的基础上形成的。这种误解至今仍然充斥于各种哲学教科书中。我们认为，这一根本性的误解蕴含着这样一层意思，即把费尔巴哈的唯物主义理解为马克思哲学的理论前提。这

---

* 本节原来的标题是《让马克思从费尔巴哈的阴影中走出来》，原载《南京社会科学》1996（1）。

也就是我们所说的马克思哲学"费尔巴哈化"的第一种形式，即把马克思的历史唯物主义的基础理解为费尔巴哈的唯物主义。要言之，在这第一种形式中，"费尔巴哈化"等于"一般唯物主义化"。

有人也许会反对我们做这样的引申，理由是马克思并未站在纯粹的费尔巴哈的唯物主义的立场上，而是在这一立场中融入了被批判地改造过的黑格尔的辩证法。换言之，马克思哲学的基础不是费尔巴哈的唯物主义，而是辩证唯物主义。

这一辩解看起来是有力的，其实却是十分肤浅的。因为辩证唯物主义虽然使物质或自然界的发展得到了辩证的说明，但它却保留了费尔巴哈对物质或自然界的传统的、抽象的理解方式。马克思在批判费尔巴哈作为自己哲学的前提和基础的、与人的实践活动相分离的抽象的自然观时写道：

> 这种先于人类历史而存在的自然界，不是费尔巴哈在其中生活的那个自然界，也不是那个除去在澳洲新出现的一些珊瑚岛以外今天在任何地方都不再存在的、因而对于费尔巴哈说来也是不存在的自然界。①

按照马克思的思路，对费尔巴哈的唯物主义进行根本改造的办法是：把他的哲学的前提，即抽象的、与人的实践活动相分离的物质或自然界，改变为以人的实践活动为媒介的、具体的亦即现实的自然界。马克思通常把这样的自然界称为"人化的自然"或"历史的自然"。如果不改变物质或自然界的抽象性，即不从人的实践活动出发去观察并说明物质或自然界，那么即使人们一千次地把辩证法与抽象的物质或自然界联系起来，一千次地说明辩证唯物主义和传统唯物主义的本质差异，以下这个事实都不会有丝毫改变，即其哲学基础仍然是费尔巴哈式的唯物主义。

我们不妨分析一下马克思哲学在斯大林那里的经典性表达——"辩证唯物主义和历史唯物主义"。既然"辩证唯物主义"是以自然界为研究对象的，"历史唯物主义"是以人类社会为研究对象的，而"辩证唯物主义"又在"历史唯物主义"之前，所以，"辩证唯物主义"所研究的自然界完全是与人类社会、与人类的实践活动相分离的。易言之，辩

---

① 马克思恩格斯全集：第 3 卷．北京：人民出版社，1960：50.

证唯物主义热衷于谈论的是抽象的、"自身运动着的"自然界，是抽象的、带有形而上学诗意的物质（如世界统一于物质，物质是运动着的，物质运动是有规律的，时空是运动着的物质的存在形式，等等。这类抽象的表述完全可以在亚里士多德、狄德罗、霍尔巴赫、费尔巴哈的著作中找到）。用这样的方式去解释马克思哲学的基础理论部分，自然把整个马克思哲学都"费尔巴哈（一般唯物主义）化"了，说得宽泛一点，就是把它"旧唯物主义化"了。

要正确地理解马克思哲学的基础理论与费尔巴哈哲学的基础理论之间的本质差别，就要重新解读马克思下面这段重要的论述：

> 从前的一切唯物主义——包括费尔巴哈的唯物主义——的主要缺点是：对事物、现实、感性，只是从**客体**的或者**直观**的形式去理解，而不是把它们当作**人的感性活动**，当作**实践**去理解，不是从主观方面去理解。[①]

所以，马克思哲学绝不是在费尔巴哈式的唯物主义的基本立场上引申出来的，而是在对这一基本立场进行彻底改造的基础上，即在马克思所创立的实践唯物主义的基础上阐发出来的。如果说，传统唯物主义（包括费尔巴哈的学说在内）是以感性直观为本质特征的话，那么，马克思的唯物主义则是以实践活动为根本特征的，而实践活动是对感性直观的根本性的扬弃。明白这一点，就会抛弃"基本内核＋合理内核＝马克思哲学"的神话，从"费尔巴哈化"的马克思哲学走向马克思自己的马克思哲学。

马克思哲学"费尔巴哈化"的第二种形式

对马克思哲学与费尔巴哈哲学关系的另一种根本性的误解来自西方马克思主义者。这种误解的共同特点是以费尔巴哈的人本主义学说取代马克思哲学。这也就是我们所说的马克思哲学"费尔巴哈化"的第二种形式。要言之，在这第二种形式中，"费尔巴哈化"等于"人本主义化"，它主要表现为以下两种倾向。

第一种倾向是，把全部马克思哲学"费尔巴哈（人本主义）化"。比如，弗洛姆在他的名噪一时的《马克思关于人的概念》（1961）一书

---

① 马克思恩格斯全集：第 3 卷 . 北京：人民出版社，1960：3.

中这样写道：

> 马克思的哲学在《经济学—哲学手稿》中获得最清楚的表述，它的核心问题就是现实的个人的存在问题，人就是他实际上呈现出的那个样子，人的"本性"展现在历史之中。①

人所共知，《1844 年经济学哲学手稿》是马克思在青年时期写下的，当时马克思的思想在相当程度上还受到费尔巴哈的影响。如果认为马克思哲学在《1844 年经济学哲学手稿》中已"获得最清楚的表述"，那就等于：一方面，把《1844 年经济学哲学手稿》看作马克思的成熟的哲学著作，从而否认了马克思哲学还有一个发展的过程；另一方面，否认了马克思哲学与费尔巴哈的人本主义哲学之间存在着根本的差异。换言之，把马克思哲学"费尔巴哈（人本主义）化"了。

第二种倾向是，把青年马克思的哲学与费尔巴哈的人本主义哲学完全等同起来。众所周知，结构主义的马克思主义者阿尔都塞在《保卫马克思》（1965）一书中对上述倾向，即把马克思哲学，尤其是成熟时期的马克思哲学"费尔巴哈（人本主义）化"的倾向做过深入的批判，但他的批判又走向另一个极端。他认为《1844 年经济学哲学手稿》时期的马克思的思想还完全处在费尔巴哈的人本主义的问题框架的影响下，因而还是一种"意识形态"，还没有上升为哲学。阿尔都塞的初衷是反对把成熟时期的马克思哲学"费尔巴哈（人本主义）化"，但结果却把青年时期的马克思哲学完全"费尔巴哈（人本主义）化"了，即在青年马克思的哲学思想与费尔巴哈的哲学思想之间画上了等号。

为了正确地理解马克思哲学与费尔巴哈的人本主义哲学之间的关系，既要避免那种对青年时期的马克思与成熟时期的马克思不做区分的错误倾向，又要避免那种把这两个不同时期截然对立起来的、非此即彼的错误倾向。我们要从马克思哲学思想的现实发展史出发，为《1844 年经济学哲学手稿》时期马克思的哲学思想进行正确的定位。我们并不否认，在《1844 年经济学哲学手稿》中，费尔巴哈的人本主义学说对马克思还有相当的影响，但也必须注意到，通过对现实斗争的关注和对国民经济学的解读，马克思关于人的学说已经包含超越费尔巴哈人本主

---

① 复旦大学哲学系现代西方哲学研究室. 西方学者论《一八四四年经济学—哲学手稿》. 上海：复旦大学出版社，1983：15.

义学说的重要因素：一方面，费尔巴哈只是通过宗教本质的异化来说明人的本质的异化，也就是说，他关于异化的论述还停留在纯粹精神的领域中，而马克思则通过对国民经济学的批判提出了"异化劳动"的新概念，从而把对异化的批判引向现实的领域；另一方面，费尔巴哈的人本主义作为具有无神论倾向的人本主义，还仅仅是理论性的，而马克思当时信奉的人本主义已具有实践的倾向。如马克思所说：

> 正象无神论作为神的扬弃就是理论的人道主义的生成，而共产主义作为私有财产的扬弃就是对真正人的生活这种人的不可剥夺的财产的要求，就是实践的人道主义的生成一样。①

由此可见，乍看起来，阿尔都塞与弗洛姆的见解是相互对立的，实际上，他们都未厘清马克思哲学与费尔巴哈人本主义哲学之间的关系。不同的是，前者把青年马克思的哲学思想等同于费尔巴哈的人本主义，后者则把马克思的全部哲学思想（包括成熟时期的思想）都等同于费尔巴哈的人本主义。

让马克思从费尔巴哈的阴影中走出来

如何才能使马克思从费尔巴哈的阴影中走出来呢？要做到这一点，我们必须结合马克思哲学思想的发展史，从唯物主义学说和人的学说这两个方面搞清楚马克思与费尔巴哈之间的根本差异。

就唯物主义学说而言，毋庸讳言，费尔巴哈的哲学确实对马克思产生过一定的影响。但我们必须记住以下两点。

第一，马克思在接受费尔巴哈唯物主义的影响时是有所保留的。恩格斯在提到费尔巴哈的《基督教的本质》（1841）一书的出版使唯物主义重新登上王座时这样写道：

> 那时大家都很兴奋：我们一时都成为费尔巴哈派了。马克思曾经怎样热烈地欢迎这种新观点，而这种新观点又是如何强烈地影响了他（尽管还有种种批判性的保留意见），这可以从《神圣家族》中看出来。②

---

① 马克思恩格斯全集：第 42 卷．北京：人民出版社，1979：174.
② 马克思恩格斯选集：第 4 卷．北京：人民出版社，2012：228.

所以，说马克思受到费尔巴哈的唯物主义的影响并不等于说他已无保留地接受了费尔巴哈哲学的"基本内核"。

第二，不能武断地肯定在马克思哲学的发展史上存在着一个费尔巴哈的阶段。事实上，对于马克思哲学思想的发展来说，费尔巴哈归根到底是不重要的。在《〈政治经济学批判〉序言》中，马克思简略地回顾了自己的思想发展史；他本来的专业是法律，但他把它排在哲学和历史之后进行研究。1842—1843 年，他担任了《莱茵报》的主编，第一次遇到了要对物质利益发表意见的难事。关于林木盗窃和地产析分的讨论、关于自由贸易和保护关税的辩论促使他去研究经济问题。马克思这样写道：

> 为了解决使我苦恼的疑问，我写的第一部著作是对黑格尔法哲学的批判性的分析……我的研究得出这样一个结果：法的关系正像国家的形式一样，既不能从它们本身来理解，也不能从所谓人类精神的一般发展来理解，相反，它们根源于物质的生活关系，这种物质的生活关系的总和，黑格尔按照 18 世纪的英国人和法国人的先例，概括为"市民社会"，而对市民社会的解剖应该到政治经济学中去寻求。我在巴黎开始研究政治经济学，后来因基佐先生下令驱逐而移居布鲁塞尔，在那里继续进行研究。①

紧接着，马克思对自己的研究成果——历史唯物主义的基本理论进行了经典性的表述。值得注意的是，在对自己思想发展史的回顾中，马克思提到了黑格尔，但并没有提到费尔巴哈。事实上，费尔巴哈哲学的基础始终是与人的实践活动相分离的抽象的人和自然，他的美文学式的、富于挑战性的论著虽然给沉溺于醉醺醺的思辨的德国宗教界和哲学界带来了新的生机，但包含在这些论著中的见解与其说是深刻的，不如说是机智的。这些空泛的、抽象的说教并不能成为马克思思想发展的真正的动力。

从哲学上看，推动马克思思想发展的重要动力来自他对黑格尔著作，尤其是对《法哲学》和《精神现象学》的批判性解读。从马克思写下的《黑格尔法哲学批判》（1843）和《1844 年经济学哲学手稿》可以看出，马克思在解读黑格尔的著作时，关注的重心始终落在市民社会问

---

① 马克思恩格斯选集：第 2 卷. 北京：人民出版社，2012：2.

题上。在《德意志意识形态》中，马克思指出：

> 受到迄今为止一切历史阶段的生产力制约同时又反过来制约生产力的交往形式，就是**市民社会**。……这个市民社会是全部历史的真正发源地和舞台……①

正因为马克思始终关心的是市民社会的问题，所以青年马克思的哲学立场是通过他对现实斗争的参与和对国民经济学著作的批判性解读，从青年黑格尔式的历史唯心主义直接转化为历史唯物主义的，而根本不可能有一个接受费尔巴哈哲学的"基本内核"的所谓的中间阶段。道理很简单，因为费尔巴哈并不关心市民社会。在《关于费尔巴哈的提纲》中，马克思这样写道：

> **直观的**唯物主义，即不是把感性理解为实践活动的唯物主义，至多也只能做到对"市民社会"的单个人的直观。②

这就告诉我们，费尔巴哈的直观的唯物主义并不能帮助马克思对市民社会做出深刻的解剖，所以，这种唯物主义的立场对马克思来说，根本上是无用的。传统的哲学教科书认为，马克思的历史唯物主义是在费尔巴哈的直观的唯物主义的基础上引申出来的，这就从根本上误解了马克思哲学的基础和实质。

就人的学说而言，费尔巴哈哲学对马克思的影响同样是存在的。但值得注意的是，由于在马克思的思想背景中契入了对现实斗争的参与和对国民经济学的研究，所以马克思关于人的学说在起点上就与费尔巴哈的人本主义学说存在着差距。在《〈黑格尔法哲学批判〉导言》中，马克思不指名地批评了费尔巴哈，认为他停留在宗教是人的自我意识的见解上，"但人并不是抽象的栖息在世界以外的东西。人就是**人的世界**，就是国家，社会"③。在《詹姆斯·穆勒〈政治经济学原理〉一书摘要》中，马克思通过对国民经济学的研究，进一步认识到"人的本质是人的**真正的社会联系**"④。在《1844年经济学哲学手稿》中，虽然马克思有时还使用"类意识""类存在"这样的费尔巴哈式的术语，但他关于人

---

① 马克思恩格斯选集：第1卷. 北京：人民出版社，2012：167.
② 马克思恩格斯全集：第3卷. 北京：人民出版社，1960：5.
③ 马克思恩格斯全集：第1卷. 北京：人民出版社，1956：452.
④ 马克思恩格斯全集：第42卷. 北京：人民出版社，1979：24.

的论述在许多方面都已经超越了费尔巴哈。比如，马克思说"**个人是社会存在物**"，又说"**工业的历史和工业的已经产生的对象性的存在，是一本打开了的关于人的本质力量的书**，是感性地摆在我们面前的人的**心理学**"①。显然，这些从国民经济学批判中抽绎出来的观点在费尔巴哈的人本主义学说中是找不到的。在《神圣家族》中，虽然马克思指出：

> 费尔巴哈把形而上学的**绝对精神**归结为"**以自然为基础的现实的人**"，从而完成了**对宗教的批判**。同时也巧妙地拟定了**对黑格尔的思辨**以及**一切形而上学的批判的基本要点**。②

但是，在另一处，马克思又写道：

> 黑格尔的"现象学"尽管有其思辨的原罪，但还是在许多方面提供了真实地评述人类关系的因素。③

这表明，尽管马克思不赞同黑格尔的思辨唯心主义，但仍从其著作中吸取了许多有价值的东西。反之，费尔巴哈的人本主义虽然揭示出德国古典哲学的秘密——"以自然为基础的现实的人"，但他的著作并不能展现出人的丰富的社会历史内涵。

在《关于费尔巴哈的提纲》中，马克思用十分明确的语言表述了他关于人的学说与费尔巴哈的人本主义之间的本质差异：

> 费尔巴哈把宗教的本质归结于**人的**本质。但是，人的本质不是单个人所固有的抽象物，在其现实性上，它是一切社会关系的总和。④

费尔巴哈的贡献是把神学还原于人学，但他的人本主义完全撇开社会历史进程来观察人，因而这样的人仍然是抽象的、不现实的。在《德意志意识形态》中，马克思进一步揭示了费尔巴哈人本主义的秘密：

> 费尔巴哈谈到的是"人自身"，而不是"现实的历史的人"。⑤

从马克思上面的一系列论述可以看出，西方马克思主义者无论是把

---

① 马克思恩格斯全集：第 42 卷 . 北京：人民出版社，1979：122，127.
② 马克思恩格斯全集：第 2 卷 . 北京：人民出版社，1957：177.
③ 马克思恩格斯全集：第 2 卷 . 北京：人民出版社，1957：246.
④ 马克思恩格斯选集：第 1 卷 . 北京：人民出版社，2012：135.
⑤ 马克思恩格斯全集：第 3 卷 . 北京：人民出版社，1960：48.

费尔巴哈的人本主义哲学与青年时期的马克思的哲学混淆起来，还是与成熟时期的马克思的哲学混淆起来，都是错误的。

综上所述，一个多世纪以来，马克思哲学研究中存在的一个普遍的误解是：认为马克思的哲学是在费尔巴哈的唯物主义和人本主义立场的基础上推演出来的。这种误解完全忽视了马克思哲学与费尔巴哈哲学之间的本质差异。诚然，费尔巴哈哲学对马克思思想的发展提供过重要的启示（如把德国宗教和唯心主义哲学还原为人学、以感性对抗思辨等），但马克思思想发展的主要动力来自他对现实问题的关注，对黑格尔的《法哲学》和《精神现象学》的研究，对国民经济学的探讨。我们绝不应该夸大费尔巴哈在黑格尔与马克思之间的中介作用。按照我们的看法，在马克思思想的发展史上也并不存在着一个"费尔巴哈的阶段"。要言之，不应该用费尔巴哈哲学来解释马克思哲学，而应该用马克思哲学（实践唯物主义或历史唯物主义）来解释费尔巴哈哲学。

第二章　马克思与恩格斯的思想差异

　　长期以来，在马克思主义哲学研究的领域中存在着一个禁区，即难以深入地讨论马克思和恩格斯哲学思想之间存在的差异。其实，就马克思个人来说，他青年时期的思想与成熟时期的思想之间也存在着差异，更何况马克思和恩格斯是两个人，他们在学术研究上也有不同的侧重点，所以在哲学思想上存在着差异是十分自然的。事实上，后人发现并研究这种差异，正是为了更深入地理解并把握马克思哲学的本真精神。

第一节　知识论传统的侵蚀 *

　　人们常说，当前马克思主义哲学的研究已经取得了不少新的成果，而人们得出这样的结论的一个重要的依据是：在马克思主义哲学的研究中，许多新思潮、新术语已经取代了旧思潮、旧术语。这就造成了一种错觉，似乎哲学研究仅仅是思潮和术语的翻新。实际上，哲学研究的真正的、创造性的转折总是发生在一些基本的哲学观念的更新上，无批判的、故弄玄虚的思潮翻新和术语翻新不过是单纯的语言游戏而已。笔者认为，在马克思主义哲学的研究中，如何摆脱西方知识论哲学传统的影响就是一个基本的理论问题。只要这个问题还未得到深入的反思，不管人们对自己的研究成果做出多么高的评价，他们对马克思主义哲学的研

---

　　* 本节原来的标题是《知识论哲学的谱系及其对马克思主义哲学研究的影响》，原载《马克思主义与现实》1997（2）。

究始终还是在原地踏步。

西方知识论哲学的谱系

传统的马克思主义哲学的研究虽然常常自诩已经扬弃了马克思以前的西方哲学，然而事实上，它始终在西方哲学传统的轨道上滑行。这听起来似乎是荒谬的，但事实上如此。什么是西方哲学传统呢？我们认为，由苏格拉底肇始的知识论哲学是西方哲学的主导性传统。众所周知，苏格拉底提出了两个著名的口号：第一个口号是"我知道我什么也不知道"①，第二个口号是"美德即知识"。

如果仅仅从字面上看，第一个口号蕴含着两种对立的意思，假如这里着眼的是认知活动的结果，那就等于宣告认知活动实际上是不可能的，因为我们什么也不知道。但就这一层含义而言，这一口号显然是悖谬的：如果我知道我什么也不知道，那就表明，至少我知道了认知活动是不可能实现的，因此，实际上我并不是什么也不知道；如果我真的什么也不知道，那就不能说"我知道我什么也不知道"。不用说，这层含义是消极的，但苏格拉底并不是在这种消极的含义上提出这个口号的。具体地说，这个口号是就认知活动的开端而言的，它的真正的含义是积极的，它表明的是苏格拉底的不同寻常的求知热情：正因为我缺乏知识，我什么也不知道，所以我要去求知。在某种意义上，这个口号是哲学的发展转入知识论轨道的一个重要标志。

我们且慢一步考察由苏格拉底肇始的整个知识论哲学的谱系，先来理解一下他提出的第二个口号的含义。这个口号告诉我们，全部伦理学说都是从知识出发、以知识为前提的。也就是说，苏格拉底在知识和美德之间建立了联盟，以后的基督教道德是在这一联盟的基础上得以展开的。法国哲学家卢梭最早起来破坏这个联盟，在《论科学与艺术》这部成名作中，卢梭指出，人们的道德正是随着科学与艺术的发展而日益沦丧的。虽然这一见解过于偏激，但动摇了知识论哲学传统的根基。正是在卢梭的启发下，康德区分出"理论理性"（询问纯粹数学和纯粹自然

---

① 苏格拉底的这句名言"Ich weiss, dass ich nichts weiss"常被译为"自知自己无知"（全增嘏．西方哲学史：上册．上海：上海人民出版社，1983：123）。这种译法有两个问题：一是，原句中并没有 selbst（自己）这个反身代词；二是，原句中也没有"无知"这个名词，两个 weiss 都是动词第一人称。这种译法掩蔽了原句的逻辑问题。

科学的知识何以可能）和"实践理性"（主要探讨道德的基础和规范），从而从根本上瓦解了苏格拉底所建立的联盟。后来的新康德主义者继续沿着这个方向来扩大知识和德性之间的裂痕，存在主义者在这方面走得更远。不能否认，这一联盟的破坏是知识论哲学传统逐渐衰落的重要原因之一。

让我们再回到苏格拉底这个主题上来。作为对崇拜感觉的智者派哲学的一个反拨，苏格拉底的求知体现为对概念知识的追求，这一思想倾向深刻地影响了柏拉图，以至他提出了"可知世界"（即理念世界）和"可见世界"（即作为感觉对象的世界）的区分。在他看来，从"可见世界"中只能获得飘忽不定的"意见"，而"知识"必须从"可知世界"中获得，而真正的知识是关于"善"这一最高理念的知识。如果说，苏格拉底是知识论哲学的首倡者，那么，柏拉图则是知识论哲学的真正的奠基人，因为他为这种哲学提供了一个基地——理念世界。作为柏拉图的学生，亚里士多德虽然对理念学说有所批评，但也是知识论哲学的积极推进者。在《形而上学》的 A 卷中，他开宗明义地指出：

> 求知是人类的本性。[①]

人类从本性上看具有好奇心，从对自然万物的好奇而发问，从发问而寻求解答，于是形成了各种知识。

诚然，哲学是在人类生活发展到一定阶段才产生并发展起来的，但引发哲学思考的好奇心并不是无根的。归根到底，它根源于人类对自己的生存活动及意义的关注。因此，哲学不过是生存活动之手放出的一只风筝。或许它可以认为自己是绝对自由的、无拘无束的，但这不过是哲学家们经常陷入的一种幻觉而已。亚里士多德把哲学理解为求知，又把求知与人类面临的种种紧迫的生存问题分离开来，这就把哲学思考的全部注意力都吸引到知识论领域中去了。亚里士多德对知识论哲学的更重要的贡献是创制了形式逻辑，这就为整个理念世界的存在和发展提供了操作规则，从此，知识论哲学的传统就融入西方人的血液之中，成为西方哲学家从事一切思考活动的出发点。

如果说，中世纪经院哲学家关于逻各斯、名实关系和双重真理的讨

---

① J. Warrinton. *Aristotle's Metaphysics*. London：J. M. Dent & Sons Ltd.，1956：51.

论未能超越知识论哲学的问题域，那么，以笛卡尔和培根为肇始人的近代哲学则不但继承了这一传统，而且为它的发展提供了新的动力。培根提出了"知识就是力量"的口号，从而把认识论问题提升到哲学研究的中心位置上，并为这一问题的探讨提供了新工具——归纳逻辑。笛卡尔同样认为，哲学的根本使命是澄明知识的前提，从而使真正的、明白而清晰的知识得以发展。所以，黑格尔正确地指出：

> 笛卡尔哲学的精神是知识，是思想，是思维与存在的同一。①

为此，笛卡尔倡导一种普遍怀疑的方法，他的著名口号"我思故我在"便是这一方法的集中表现。不用说，这种方法也是为其视为核心的认识论服务的。作为英国经验论哲学的殿军的休谟也具有强烈的怀疑主义倾向，但与笛卡尔不同的是，休谟提出了"两种知识"的理论。一种是关于数和量的数学知识，另一种是感觉经验所提供的知识，后一种知识具有或然性。休谟的怀疑主义是对经院哲学乃至整个知识论哲学传统的巨大冲击，然而，这种冲击仍然是在维护知识论哲学的基础上展开的，休谟强调的只是知识的范围和界限，他并没有否认知识论哲学的研究方向。

作为唯理论、经验论哲学的批判者和综合者，康德把知识理解为先天感性的纯粹形式（时间、空间）、先天知性范畴和后天感觉材料结合的产物，知识仅限于经验的范围，超验的物自体则是不可知的。康德说：

> 我必须扬弃知识，为信仰开拓地盘。②

虽然康德从先验唯心主义的立场出发阐明了知识的界限，并高度重视对实践理性的研究，从而超越了休谟的经验论的偏狭的眼界。然而，康德和休谟一样，未从根本上摆脱知识论哲学的立场，相反，却为这种哲学建造了一个永恒的乐园— 现象世界或经验世界。以孔德、马赫和维也纳学派为代表的现代实证主义思潮直接继承了休谟和康德的思想，虽然其提出了"拒斥形而上学"的口号，但并未拒斥知识论哲学所倡导

---

① G. W. F. Hegel. *Vorlesungen ueber die Geschichte der Philosophie* Ⅲ. Frankfurt a. M.：Suhrkamp Verlag，1986：128.

② I. Kant. *Kritik der Reinen Vernunft* Ⅰ. Frankfurt a. M.：Suhrkamp Verlag，1988：BXXX.

的旨在求知的哲学观，并力图从逻辑、语言的角度进一步推进并完善这种哲学。

或许可以说，在康德的心目中，实践理性高于理论理性，然而在他的后继者那里，问题又倒转过来了，费希特的《知识学》、谢林的《先验唯心论体系》（先验唯心论是费希特意义上的知识学的一个分支）和黑格尔的《哲学全书》都是从属于知识论哲学传统的。当代法国的一些学者（如伊波利特）把黑格尔的《精神现象学》解释为存在主义思潮的源头之一，可是他们似乎忽略了一个重要的现象，即在这部著作中，意识运动的最高阶段是"绝对知识"。完全可以说，黑格尔是知识论哲学传统的集大成者，他不仅把这种哲学体系化了，而且创造了一种新的逻辑——辩证逻辑，从而把知识论哲学奠立在一种远比亚里士多德的形式逻辑和康德的先验逻辑更有宽容度的新逻辑或新语言之上。

由此可见，知识论哲学传统大致上有三种表现形式：一是以苏格拉底、柏拉图和亚里士多德为代表的古代形式，这一形式比较注重从本体论（实际上是本原论或宇宙起源论）上来阐发知识论哲学；二是以笛卡尔、培根、休谟、康德和黑格尔为代表的近代形式，这一形式比较注重从认识论、方法论上来阐发知识论哲学；三是以孔德、马赫和维也纳学派为代表的现代形式，这一形式延续了休谟、康德的思路，力图把知识论哲学保持在经验和现象的范围之内，并逐步转向对语言、逻辑这些客观知识的研究。当然，知识论哲学传统的这三种表现形式并不是截然可分的，它们常常是交织在一起的。

尽管研究者们千百次地阐明马克思主义哲学与一切旧哲学的本质差异，然而，他们从来没有认真地思考过，究竟马克思在哪些重大的问题上扬弃了旧哲学，而我们在哲学上的分类方法（指西方哲学、马克思主义哲学和中国哲学的三分）又把马克思主义哲学从整个西方哲学传统中割裂出来并对立起来了，这就使马克思主义哲学与传统哲学关系的课题被严严实实地遮蔽起来了。① 由于这一课题未得到专门的、深入的研究，知识论哲学传统的视域仍然从根本上规约着研究者们的思想，使他们自觉地或不自觉地从知识论哲学的基本立场出发来理解并阐释马克思主义哲学。换言之，他们不但没有领悟马克思主义哲学与知识论哲学传

---

① 俞吾金. 哲学研究与哲学学科分类. 光明日报，1995 - 05 - 04.

统之间的差异，而且把马克思主义哲学知识论哲学化了。我们不妨说，从马克思逝世以后，传统的马克思主义哲学研究的根本性的失误就在这里。在这个意义上，重新理解马克思哲学，也就是走出知识论哲学传统的误区。

知识论哲学受到的挑战

当知识论哲学传统在黑格尔那里达到光辉顶点的时候，它的悲剧性命运就已经开始了。除了我们前面提到过的以孔德为肇始人的实证主义思潮，对知识论哲学传统的前提进行挑战的主要是以下三大思潮。

一是以叔本华、尼采为代表的唯意志主义。在知识论哲学看来，人首先是一个认识着、思维着的主体，然后才是一个欲求着的主体。叔本华把这一知识论哲学的前提倒转过来了。在他看来，生存意志和欲求是人的本质，认识是为生存意志和欲求服务的，不是意志和欲求围绕认识而旋转，而是认识围绕意志和欲求而旋转。这一哥白尼式的倒转为西方哲学的发展打开了一个与知识论哲学传统迥然不同的问题域。叔本华认为，人的欲求是无限的，但欲求能够得到的满足却总是有限的。于是，人生必定表现为痛苦和无聊。为了摆脱痛苦和无聊，叔本华主张回到基督教的"解脱说"（否定生存意志）上去。众所周知，基督教的学说尤其是它的道德思想，从诞生之日起就是与知识论哲学传统联盟的。屈从于前者，归根到底也就是向后者妥协。虽然尼采也是唯意志主义的代表人物，但他对人生的理解正好与叔本华相反。他认为，尽管每个人的生命是短暂的，但换来的却是人类种族的繁衍和延续。所以，没有必要把人生理解为痛苦和无聊，相反，人生是快乐的，它充满了悲剧美。尼采从权力意志和超人的学说出发，不仅提出了"重估一切价值"的口号，从而摧毁了知识论哲学的世俗后援——基督教道德，而且返回到前苏格拉底时期，通过对酒神狄奥尼索斯精神的肯定，对苏格拉底和柏拉图开创的知识论哲学进行了无情的批判：

> 我把苏格拉底和柏拉图看作衰落的征兆，希腊解体的工具，伪希腊人，反希腊人。①

与叔本华不同，尼采以更自觉的态度否定并超越了知识论哲学传统。

---

① Nietzsche. *Der Fall Wagner u. a.* Berlin：Deutscher Taschenbuch Verlag, 1988：68.

二是以克尔凯郭尔为代表的早期存在主义。克尔凯郭尔是黑格尔知识论哲学的激烈的抨击者，他讽刺黑格尔虽然建造了一个包罗万象的、逻辑化的哲学体系，但在这个体系中，个人的生存、欲望和感情这样的最重要的问题都被撇开了。事实上，这些问题是知识所无法改变的，所以，萨特指出：

> 克尔凯郭尔是正确的：人类的悲伤、需要、情欲、痛苦是一些原初的实在，是既不能用知识克服，也不能用知识改变的。①

克尔凯郭尔从个人的生存状态出发，提出了"选择你自己"的口号来取代由苏格拉底说出来的特尔斐神庙的神谕"认识你自己"。然而，与尼采不同，他对苏格拉底的思想推崇备至，完全忽略了苏格拉底正是整个知识论哲学传统的开创者。克尔凯郭尔对知识论哲学传统的批判并不是系统的、深刻的，他不过是处于异化状态的现代生活的一个敏锐的感受者。

三是费尔巴哈的人本主义和马克思的实践唯物主义。费尔巴哈早年曾受黑格尔哲学的强烈影响，后来，他确立人本主义立场，摆脱知识论哲学传统的视域时，这样写道："以前对我说来生活的目的是思维，而现在生活对我则是思维的目的。"② 费尔巴哈人本主义的出发点是人，但不是思维着的人，而是欲求着的人，为此，他倒转了笛卡尔的著名命题：

> 人的最内秘的本质不表现在"我思故我在"的命题中，而表现在"我欲故我在"的命题中。③

费尔巴哈的新哲学虽然以知识论哲学传统所忽视的主题——人为基础，并且偶尔也把人理解为社会、文化、历史的产物，但从根本上看，他所说的"人"仍然是抽象的、直观的。所以，从这种新哲学中只能引申出关于"爱"的抽象的说教。马克思批评道：

> 费尔巴哈不满意**抽象的思维**而诉诸感性的**直观**；但是他把感性

---

① J. P. Sartre. *Search for A Method*. New York：Alfred A. Knopf，1963：12.
② 费尔巴哈哲学著作选集：上卷. 北京：商务印书馆，1984：250.
③ 费尔巴哈哲学著作选集：上卷. 北京：商务印书馆，1984：591.

不是看作**实践的**、人类感性的活动。①

马克思由此创立了实践唯物主义，他把现实的人的生存实践活动视为一切认识活动和知识的前提，从而从根基上超越了知识论哲学传统。他还从哲学的根本使命入手，阐述了自己的哲学和这一传统之间的本质差异，即知识论哲学传统注重的是"解释世界"，而他的哲学注重的则是用实践的方式来"改变世界"。② 上述三方面的挑战虽然有差异和侧重点，但其共同点则是批判知识论哲学传统的抽象的求知态度，力图把哲学扭转到对人类生存问题的探索上。

知识论哲学对马克思主义哲学的影响

我们前面提到的知识论哲学的三种表现形式对马克思主义哲学的研究都有根深蒂固的影响。

首先，我们先来考察一下，知识论哲学的现代表现形式是如何渗入马克思主义哲学的研究领域的。在考察这个问题之前，有必要先搞清楚作为马克思主义创始人的马克思和恩格斯与知识论哲学的现代表现形式——实证主义哲学的关系。③ 众所周知，孔德的《实证哲学教程》（1830—1842）问世后，在当时西方的学术界产生了重大的影响。这种影响也自然地波及了马克思和恩格斯。在《1844 年经济学哲学手稿》中，马克思把费尔巴哈称为"实证的批判者"（dem positiven Kritiker），把他的批判称为"实证的人道主义的批判"（die positive humanistische und naturalistische Kritik），并指出：

> 除了这些批判地研究国民经济学的作家以外，整个实证的批判（die positive Kritik），从而德国人对国民经济学的实证的批判，全靠**费尔巴哈**的发现给它打下真正的基础。④

与此同时，马克思又把那看起来似乎批判了一切，而实际上又把被

---

① 马克思恩格斯全集：第 3 卷 . 北京：人民出版社，1960：4 - 5.

② 俞吾金 . 超越知识论：论西方哲学主导精神的根本转向 . 复旦学报（社会科学版），1989（4）；生存的困惑：西方哲学文化精神探要 . 上海：上海文化出版社，1993.

③ 在我国的马克思主义哲学的研究中，迄今为止，这一关系问题仍未引起研究者们的重视。

④ 马克思恩格斯全集：第 42 卷 . 北京：人民出版社，1979：46；K. Marx. *Pariser Manuskript*e. Berlin：Dietz Verlag，1985：12.

批判者改变形式、保留下来的黑格尔哲学称为"**虚假的实证主义**"（des falschen Positivismus）或"**徒有其表的批判主义**"（scheinbaren Kritizismus）。① 从青年马克思的这些论述中可以看出：第一，他受到了实证主义思潮的影响；第二，他将实证主义作为从现实出发来批判神学和哲学的、具有进步意义的新的哲学思潮；第三，他肯定费尔巴哈是这一新哲学的代表人物。

然而，随着马克思思想的发展，他不仅扬弃了费尔巴哈的"实证的人道主义和自然主义"，而且扬弃了整个实证主义哲学。尽管马克思没有专门辟出篇幅批评实证主义哲学，但从其见解中可以窥见他对这一哲学理论的批判和超越：其一，实证主义把一切科学知识理解为现象和经验范围内的东西，拒绝讨论这一范围之外的任何东西，而马克思则强调，科学知识乃是对事物本质的洞见：

> 如果事物的表现形式和事物的本质会直接合而为一，一切科学就都成为多余的了……②

其二，实证主义的核心概念 positif③，既可解释为"实证的"，又可解释为"肯定的"，这表明实证哲学的宗旨乃是对现象或经验世界做肯定的观察和描述，这种哲学缺乏否定现存世界的力量，而这一力量正存在于马克思所信奉的合理形态的辩证法之中。马克思在谈到这种辩证法时指出：

> 辩证法在对现存事物的肯定的（positiven）理解中同时包含对现存事物的否定的（形容词为 negativ，但马克思此处使用的是名词 Negation。——引者注）理解，即对现存事物的必然灭亡的理解……④

从上面的考察可以看出，成熟时期的马克思的哲学思想与实证主义

---

① 马克思恩格斯全集：第 42 卷. 北京：人民出版社，1979：171；K. Marx. *Pariser Manuskripte*. Berlin：Dietz Verlag，1985：127.

② 马克思. 资本论：第 3 卷. 北京：人民出版社，1975：923.

③ 此处为法文，德文为 positiv，英文为 positive.

④ 马克思. 资本论：第 1 卷. 北京：人民出版社，1975：24. 中译本把 positiven 译为"肯定的"并没有错，但此处为了说明马克思与实证主义哲学的差别，宜按其严格的哲学含义译成"实证的"。

哲学有着根本性的分歧，如果说，前者的宗旨是对现存事物进行革命性的改造，那么，后者的使命不过是以肯定的方式来感受并描述现存事物。①

那么，恩格斯与实证主义哲学的关系究竟如何呢？恩格斯在《反杜林论》一书中批判传统的哲学观时指出，以往的全部哲学只剩下"形式逻辑和辩证法"，而"其他一切都归到关于自然和历史的实证科学（the positive science of nature and history）中去了"②。在《路德维希·费尔巴哈和德国古典哲学的终结》一书中，恩格斯强调，传统哲学已经在黑格尔那里终结了，所谓"绝对真理"已经被撇在一边了，哲学的任务是

> 沿着实证科学（der positiven Wissenschaften）和利用辩证思维对这些科学成果进行概括（Zusammenfassung）的途径去追求可以达到的相对真理。③

与马克思一样，恩格斯也没有对实证主义哲学做出系统的批评，但从他使用的术语可以看出：第一，他受到了实证主义思潮的影响。第二，他认为，哲学只剩下了形式逻辑和辩证法，其余一切都归入实证科学中去了。这样，恩格斯视为马克思两大发现之一的历史唯物主义也被实证科学化了。第三，哲学的使命是利用辩证思维对"这些科学成果进行概括"。这就等于说，哲学是将全部实证科学作为自己的前提的。于是，哲学本身也被实证科学化了。尽管恩格斯也对辩证法（包括否定之否定规律）予以高度的重视，并主张把辩证法引入自然、社会和人的认识过程中去，从而在一定程度上超越了实证主义哲学（主要是在认识论和方法论方面）。然而，既然他把哲学奠基于实证科学之上，并把它的基本使命理解为对这些科学的成果的概括，这样一来，科学性成了哲学之为哲学的根本标志，成了哲学追求的最高目标。于是，哲学从根基上，亦即从本体论上认可了实证哲学的合法性，忽略了对现存世界的批判和革命性改造是它的最根本的任务。我们这里说的"忽略"是指理论方面，不是指实践方面。恩格斯作为马克思主义的创始人之一，与马克

---

① 马尔库塞在《单向度的人》一书中对实证主义的这一本质特征做了充分的说明。

② 马克思恩格斯选集：第3卷. 北京：人民出版社，2012：400；Marx, Engels. *Ausgewaehlte Werke Band Ⅴ*. Berlin：Dietz Verlag，1989：32.

③ 马克思恩格斯选集：第4卷. 北京：人民出版社，2012：226；Marx, Engels. *Ausgewaehlte Werke Band Ⅵ*. Berlin：Dietz Verlag，1990：271.

思一样注重对现存世界的批判和革命性改造，况且，他对实证科学和哲学的科学性的倚重也是有原因的：他与马克思有分工，一方面，为了批判杜林的哲学思想，他长期从事对实证科学的研究；另一方面，为了捍卫和传播马克思主义，他在晚年除了整理《资本论》手稿，一项重要的工作就是把马克思哲学体系化，强调它的科学性，从而把它与形形色色的错误见解区分开来。然而，不管怎么说，实证主义已作为一种隐蔽的因素出现在马克思主义哲学中了。在马克思和恩格斯相继逝世之后，这种因素渐渐地发展起来了。

表现之一是在第二国际时期占主导地位的考茨基式的马克思主义。这种马克思主义片面地夸大了马克思学说的科学性，认为马克思既然已经发现了资本主义社会的运动规律，那就只要等待资本主义社会总崩溃时刻的到来就是了。显然，这种把马克思的学说归结为纯粹决定论的做法，必然会导致对革命实践活动的漠视乃至否定。柯尔施对这种考茨基式的马克思主义进行了严厉的抨击：一方面，他批评考茨基把马克思主义看作"一种纯粹科学的理论"，从而导致了对马克思主义的革命内容的取消；另一方面，他又指责考茨基用实证主义者马赫的认识理论取代了辩证法，从而满足于对既定事实的描述。① 在柯尔施看来，马克思学说的首要特征不是实证的、科学的，而是批判的、革命的。柯尔施的这些见解对法兰克福学派的"社会批判理论"的形成和发展产生了重要的影响。

表现之二是在第三国际时期形成起来的苏联官方教科书模式的马克思主义。这种马克思主义也大致规定了东欧和中国马克思主义哲学教科书的基本思路。这种模式的马克思主义的基本见解如下：

第一，哲学是关于世界观的学问，是一个具有自己特定内容的知识领域。所谓"学问""知识"云云，已置入了知识论哲学传统，尤其是实证哲学的基本见解，已暗含着对马克思主义哲学的实践功能的漠视。②

第二，马克思主义哲学是唯一科学的世界观。这里的问题是：一方

---

① L. Kolakowski. *Main Currents of Marxism* Ⅲ. Oxford：Oxford University Press，1978：319；T. Bottomore. *A Dictionary of Marxist Thought*. Cambridge：Harvard University Press，1983：249. 按照考茨基的观点，马克思主义是一种应用于社会的自然科学的唯物主义。

② 柯尔施在谈到马克思哲学时说，"列宁及其追随者以一种倒退的方式修正了它，即用知识中的主体与客体的关系之间的最狭隘的认识论或知识学的问题取代了它"（K. Korsch. *Marxism and Philosophy*. New York：Monthly Review Press，1970：133）。

面，片面地强调马克思哲学的科学性必然导致对其批判性的遗忘，导致马克思主义哲学的学院化；另一方面，"唯一科学的"这个修饰词不仅带有对实证科学的科学性的崇拜，而且必然导致马克思主义哲学（作为科学）与马克思以前的各种哲学学派（作为非科学或谬误）的绝对对立，从而把马克思主义哲学教条化。正如科拉科夫斯基在批评斯大林主义时所写出的等式一样：

> 这个等式是：真理＝无产阶级的世界观＝马克思主义＝苏联共产党的世界观＝党的领导发出的声音＝那些追随列宁的马克思主义观的最高领导。①

第三，马克思主义哲学是对自然知识、社会知识和思维规律知识的概括和总结。

这里的问题如下：一是颠倒了马克思主义哲学与实证科学之间的关系。马克思主义哲学是对一切实证科学知识前提的澄明，可在这些教科书的表述中，实证科学知识却成了马克思主义哲学的前提。二是自然科学知识、社会科学知识和思维规律知识之间的本质差异被抹煞了，似乎马克思主义哲学根本无须对历史上早已形成的各种知识理论，如休谟的"两种知识"理论、康德对理论理性和实践理性的区分等，表明自己的批判性见解。三是概括和总结涉及的是归纳方法，而这种方法正是从属于实证科学的。如果马克思主义哲学的研究方式仅限于概括和总结，岂不是把自己完全实证科学化了吗？这样一来，马克思主义哲学岂不丧失了面向未来的预测功能？近年来，虽然这种苏联教科书模式的马克思主义不断地遭到批评，但由于批评者的视域未突破知识论哲学传统，未先行地澄明马克思主义哲学与实证哲学之间的本质差异，所以这类批评并未从总体上超越被批评者的基本见解。②

表现之三是在西方马克思主义中出现的力图把马克思主义哲学实证

---

① L. Kolakowski. *Main Currents of Marxism* Ⅲ. Oxford：Oxford University Press，1978：4.

② 高清海教授主编的《马克思主义哲学基础》一书虽然卓有见地地强调哲学不仅是"知识体系"，而且是"观念形态"，可是在他那里，哲学的知识性和科学性仍然是根本的，所以他依然把马克思主义哲学理解为"科学的世界观认识论方法论的统一"。至于"知识体系"与"观念形态"之间的关系他也未做深入的论述。而在这个问题上，舍勒和曼海姆开创的知识社会学倒提供了一些有益的启示。

化、科学化的倾向。一是以意大利学者德拉·沃尔佩和科莱蒂为代表的新实证主义的马克思主义。1950 年，德拉·沃尔佩出版了《逻辑是一门实证科学》一书，否定了马克思与黑格尔之间的思想联系，主张把马克思哲学的传统追溯到休谟、伽利略和亚里士多德，他甚至把马克思主义称为"道德的伽利略主义"（moral Galileanism），并把马克思的辩证法称为"科学的辩证法"（scientific dialectic）、"现代科学的实验方法"。这样一来，新实证主义的马克思主义在强调马克思学说的科学性和实证性时滑向另一个极端，即否定了马克思学说批判并改造现实的革命作用。二是以法国学者阿尔都塞为代表的结构主义的马克思主义。这种马克思主义把以《资本论》为代表的成熟时期的马克思的思想作为"科学"而与以《1844 年经济学哲学手稿》为代表的、作为"意识形态"的青年马克思的思想对立起来。阿尔都塞甚至认为，马克思学说的科学性恰恰表现在他对一切人道主义学说的否定上。正是在这个意义上，他把马克思主义称为"理论上的反人道主义"（theoretical anti-human-ism）。① 这样一来，阿尔都塞就用马克思学说的科学性否定了它的人道主义的内涵。三是以 G. A. 柯亨为代表的分析的马克思主义。柯亨在其成名作《马克思的历史理论》一书中开宗明义，指出马克思是一个富于创造性的思想家，他没有时间系统地整理自己的思想，因而其著作中的一些基本概念并不始终是清晰的、严格的，这就需要借用 20 世纪分析哲学的方法，对其理论尤其是一些基本概念进行澄清。

> 目的是建构一个在最大程度上与马克思已说过的东西保持一致的、可靠的历史理论。②

不能否认，这一派马克思主义者在对马克思学说所做的文献学研究上，与以吕贝尔为代表的西方马克思学一样，是有积极贡献的，但其研究方式仍然具有把马克思主义哲学实证化、科学化的趋向。

---

① L. Althusser. *For Marx*. London：NLB，1977：299. 在阿尔都塞的学说产生广泛影响的 20 世纪 60 年代，以波普尔为代表的实证主义思潮与以阿多诺为代表的法兰克福学派之间就马克思主义哲学的本质、社会科学的方法等问题发生了激烈的争论。参见 T. W. Adorno. *The Positivist Dispute in German Sociology*. Boston：D. Reidel Publishing Company，1984：133。

② G. A. Cohen. *Karl Marx's Theory of History：A Defence*. Oxford：Clarendon Press，1978：ix.

其次，我们再来考察一下，知识论哲学的近代表现形式，即以笛卡尔和培根为肇始人的、注重认识论和方法论研究的知识论哲学又是如何渗入马克思主义哲学的研究领域的。

在论述这个问题之前，我们仍然需要对马克思、恩格斯与近代哲学的关系问题做一个简要的说明。马克思对近代哲学有广泛的了解和深入的研究，除了他批判德国古典哲学，尤其是黑格尔哲学的许多论著，他在与恩格斯合著的《神圣家族》一书中，对英法唯物主义做了系统的评述。从这些论著可以看出，马克思的主要兴趣集中在对近代哲学的思想基础①和方法论的研究上。在叙述培根的学说时，马克思指出：

> 按照他的学说，**感觉**是完全可靠的，是一切知识的**泉源**。科学是**实验的科学**，科学就在于用**理性方法**去整理感性材料。归纳、分析、比较、观察和实验是理性方法的主要条件。②

在这里，马克思注意到培根所倡导的自然科学研究方法，即"理性方法"（eine rationelle Methode）。马克思更重视的是哲学方法，尤其是辩证法。在1868年3月致路·库格曼的信件中，马克思这样写道：

> 黑格尔的辩证法是一切辩证法的基本形式，但是，只有**在剥去它的神秘的形式之后**才是这样，而这恰好就是**我的**方法的特点。③

在1873年发表的《资本论》第二版跋中，马克思进一步阐述了他的辩证法与黑格尔辩证法之间的联系和差别。马克思对黑格尔辩证法的改造集中在辩证法的载体上。在黑格尔那里，辩证法的载体是绝对精神，在马克思那里，辩证法的载体则是现实的人所从事的生产劳动。但在大多数情况下，马克思在提到方法问题时只是暗示出这一点，而并未从理论上做出明确的论述。这就给后来的研究者造成一个印象，似乎马克思总是把辩证法作为方法论单独地抽取出来讨论，而并不注重辩证法的载体或承担者。不管如何，近代哲学重视方法论的倾向对马克思产生了深刻的影响。

---

① 马克思并不是从一般哲学史家的学院化的眼光出发去研究近代哲学的，他的研究活动的根本目的是搞清楚英、法、德社会主义和共产主义思潮的理论前提，所以，他十分重视对近代哲学家的思想基础的批判性研究。

② 马克思恩格斯全集：第2卷. 北京：人民出版社，1957：163.

③ 马克思恩格斯选集：第4卷. 北京：人民出版社，2012：468.

在恩格斯那里，我们看到了他与近代哲学之间的更紧密的思想联系。如果说，马克思没有受到近代哲学的认识论中心主义的感染的话①，那么，在恩格斯的身上，我们却发现了这种影响。在《反杜林论》一书中，恩格斯提出了"人的认识的产物究竟能否具有至上的意义和无条件的真理权"②的问题。在《路德维希·费尔巴哈和德国古典哲学的终结》一书中，恩格斯更是把认识问题作为德国古典哲学的中心课题进行讨论。在论述黑格尔哲学的终结时，恩格斯写道：

> 他（虽然是不自觉地）给我们指出了一条走出这些体系的迷宫而达到真正地切实地认识世界的道路（wirklichen positiven Erkenntnis）。③

恩格斯不仅高度重视认识论，而且也高度重视方法论。在他看来，在各门实证科学夺去了传统哲学的地盘之后，哲学只剩下两个领域——形式逻辑和辩证法，这就使作为方法论的辩证法在哲学研究中获得了完全独立的、核心的位置。

这种认识论、方法论中心主义的倾向在列宁那里得到了充分的发展。列宁认为，认识论不仅是当今哲学研究的中心问题，也是整个哲学史研究的中心问题。因此，他直截了当地把哲学史理解为认识史；列宁还努力把认识论、逻辑和辩证法统一起来，在《黑格尔〈逻辑学〉一书摘要》中他强调，逻辑学是关于认识的学说，是认识论；在《谈谈辩证法问题》中他又指出，辩证法是活生生的、多方面的数目永远增加着的认识；在《黑格尔辩证法（逻辑学）的纲要》中，列宁主张，逻辑、辩证法和唯物主义的认识论不必用三个词，它们是同一个东西。这些见解在苏联模式的哲学教科书中进一步被加强并系统化，从而对东欧、中国甚至西方的理论界产生了重大的影响。一种思维范式形成了：马克思哲学从根本上说就是认识论，它探讨的核心问题是认识论、方法论（辩证法）、逻辑的一致性问题。这种归根到底滥觞于近代哲学的思维定式在

---

① 科莱蒂说："马克思主义并不是一种认识论，至少在马克思的著作中，反映论从任何基本方面看来都是不重要的。"（L. Colletti. *Marxism and Hegel*. London：NLB，1973：198）

② 马克思恩格斯选集：第3卷. 北京：人民出版社，2012：462.

③ 马克思恩格斯选集：第4卷. 北京：人民出版社，2012：226；Marx, Engels. *Ausgewaehlte Werke Band Ⅵ*. Berlin：Dietz Verlag，1990：271. 结合德文版，我将译文修改如下："他给我们指出了一条走出这些体系的迷宫而达到真正地切实地认识世界的道路……"

当代马克思主义哲学的研究中仍然拥有广泛的影响。

表现之一是以苏联哲学家科普宁、凯德洛夫为代表的"认识论主义"理论。在苏联，从 20 世纪 20 年代起，这种理论已经产生，主要是根据恩格斯和列宁的见解，把马克思主义哲学理解为以认识论为核心的哲学理论。到科普宁和凯德洛夫的时代，他们进一步结合思维科学和其他实证科学的研究成果来阐发认识论理论，遂使"认识论主义"产生了广泛的影响。科普宁认为，由于马克思列宁主义世界观是彻底的科学的世界观，因此它的全部要素（原理、原则、规律、范畴）都是作为方法和认识论起作用的。① 科普宁反对以图加林诺夫为代表的"本体论主义者"试图撇开认识论，单纯从本体论上来讨论外部世界的问题，他甚至指出：

> 整个科学的世界观就是人类认识的理论。②

尽管科普宁和凯德洛夫对"本体论主义"和实证主义均有批评，但他们并没有深入地反省自己的哲学与近代知识论传统之间的内在联系。

表现之二是在苏联哲学教科书的影响下，中国哲学界对马克思主义哲学的研究主要是在认识论和方法论领域中展开的。李达、博古、艾思奇等苏联马克思主义哲学教科书的早期翻译者和中国马克思主义哲学教科书的早期撰写者，都十分重视译述马克思主义哲学中关于认识论和方法论的部分，毛泽东于 1937 年发表的《实践论》和《矛盾论》主要涉及的也是认识论和方法论的问题，这从《毛泽东哲学批注集》中也可以看出来。这种主要从认识论、方法论的角度去理解并解释马克思主义哲学的倾向在当代中国哲学界仍然具有相当的影响。③ 近年来，关于价值和评价问题的讨论引起了越来越多的重视，这本来正是超越认识论中心主义思维范式的一个契机。不幸的是，这种思维范式的影响是如此根深蒂固，以至于我们发现，全部讨论仍然是在认识论范围内进行的。④

表现之三是法国哲学家阿尔都塞在《保卫马克思》一书中从认识论

---

① 科普宁. 马克思主义认识论导论. 马迅，章云，译. 北京：求实出版社，1982：19.

② 科普宁. 马克思主义认识论导论. 马迅，章云，译. 北京：求实出版社，1982：20.

③ 参见李达教授主编的《唯物辩证法大纲》（1978）、肖前教授等主编的《辩证唯物主义原理》（1981）和《马克思主义哲学原理》（1994）、高清海教授主编的《马克思主义哲学基础》（1985）、冯契教授主编的《马克思主义原理教程》（1988）等。

④ 陈新汉. 评价论导论：认识论的一个新领域. 上海：上海社会科学院出版社，1995.

出发来解释马克思哲学思想的发展。阿尔都塞从他的老师——研究科学史的加斯东·巴什拉那里借用了"认识论断裂"（epistemological break）这一术语，用来说明马克思哲学思想发展中的根本转折：

> 在马克思的著作中实际上有一个"认识论断裂"，据马克思本人说，这一断裂的位置就在他生前未出版过的、用于批判他过去的哲学的（意识形态的）信仰的那部著作《德意志意识形态》中。①

如前所述，在马克思著作中很少涉及认识论这一主题，而在阿尔都塞看来，马克思不仅在实际上重视认识论问题，而且在他的思想演化中还有一个"认识论断裂"。阿尔都塞对马克思哲学的研究虽然融入了结构主义这一新的方法，然而，近代认识论中心主义对他的影响也是显而易见的。

至于近代哲学蕴含的方法论导向对当代马克思主义哲学研究的影响就更广泛了，并且这种影响不是地域性的，而是世界性的。或许我们只要列出辩证法研究中的新名词就够了：总体辩证法、历史辩证法、理性辩证法、合理辩证法、主客体辩证法、具体辩证法、人学辩证法、科学辩证法、启蒙辩证法、否定辩证法、物质辩证法、分析辩证法等。虽然近代以来的以认识论和方法论研究为核心的知识论哲学传统对迄今为止的马克思主义哲学研究的影响最为深远，但马克思主义哲学研究的现状似乎表明，研究者们还远未达到要对这一传统进行全面的、深入的反省的自觉意识。

最后，让我们来考察一下，以本体论关注为核心的古代知识论哲学的表现形式又是如何渗入到马克思主义哲学的研究中来的。在古代知识论哲学的视域中，占主导地位的本体论形式是本原论或宇宙起源论。这种形式的本体论关注的是世界是由哪种或哪些基本要素构成的。

众所周知，马克思在青年时期深入地钻研过古代哲学，他的博士论文《德谟克利特的自然哲学和伊壁鸠鲁的自然哲学的差别》显示出他在这方面的深厚功底。马克思对古代哲学的研究表明，他关注的并不是世界的本原问题，而是自我意识的问题。他反对德谟克利特的哲学把一切

---

① L. Althusser. *For Marx*. London：NLB，1977：33.

都理解为必然的，赞成伊壁鸠鲁的"原子偏斜说"，因为这种学说肯定了偶然性的作用，从而也肯定了人的自由意志和自我意识的作用。

与马克思不同，恩格斯对世界的本原问题怀着强烈的兴趣。在他看来，这个问题不仅是古代哲学所要回答的最高问题，也是近代哲学乃至全部哲学都要回答的最高的问题。

> 因此，思维对存在、精神对自然界的关系问题，全部哲学的最高问题，像一切宗教一样，其根源在于蒙昧时代的愚昧无知的观念。但是，这个问题，只是在欧洲人从基督教中世纪的长期冬眠中觉醒以后，才被十分清楚地提了出来，才获得了它的完全的意义。①

哲学家们依照他们如何回答这个问题分成了两大阵营：凡断定精神对自然来说是本原的，组成唯心主义阵营；凡认为自然界是本原的，则属于唯物主义的各种学派。恩格斯这方面的见解对列宁产生了重大的影响。在《唯物主义和经验批判主义》一书中，列宁以这方面的见解为中心线索来展开论述，而这部著作又对以后的马克思主义哲学教科书产生了重大的影响。

于是，我们发现，以追问世界的本原为中心问题的知识论哲学的古代形式在传统的马克思主义哲学教科书中转换成一个新的问题系统。这一问题系统主要包括以下问题：1. 世界统一于什么？2. 在人类出现以前自然界是否存在？3. 意识起源于什么？4. 逻辑是否与历史一致？在这四个问题中，第一、二个问题关系到本体论，亦即古代哲学提出的世界的本原问题；第三个问题涉及认识论的基础，即要把人的全部意识还原到物质的基础上去；第四个问题涉及方法论，通过对逻辑与历史一致的肯定，把逻辑还原为历史，把历史还原为历史的起点，从而最终把方法论引向抽象的物质本体论这一基础。

综上所述，知识论哲学传统对马克思主义哲学研究的侵蚀是十分严重的，而这个问题几乎还没有引起理论界的充分重视。我们必须自觉地起来批判知识论哲学传统，舍此，就不能正确地把握马克思主义哲学的实质。

---

① 马克思恩格斯选集：第4卷. 北京：人民出版社，2012：230.

第二节　对费尔巴哈的定位[*]

我们对马克思哲学的探讨越是深入，就越感觉到有必要重新反思马克思和费尔巴哈之间的理论关系。实际上，不先行地澄清这一理论关系，从而澄清马克思哲学与一切旧唯物主义哲学之间的理论关系，我们就根本不可能真正地进入马克思哲学的视野。

恩格斯和列宁的见解

我们主要是通过恩格斯和列宁著作中的有关论述来理解马克思与费尔巴哈之间的关系的。在《路德维希·费尔巴哈和德国古典哲学的终结》一书中，恩格斯对马克思与费尔巴哈之间的理论关系进行了全面的论述，其基本见解可以表述如下：

第一，在黑格尔之后，对马克思哲学产生最大影响的是费尔巴哈。

> 他在好些方面是黑格尔哲学和我们的观点之间的中间环节……①

第二，费尔巴哈的最大功绩是直截了当地使唯物主义重新登上王座。

第三，正是因为马克思接受了费尔巴哈的唯物主义观点，他才最终摆脱了黑格尔唯心主义的影响。恩格斯写道：

> 同黑格尔哲学的分离在这里也是由于返回到唯物主义观点（die Rueckkehr zum materialistischen Standpunkt）而发生的。②

特别需要注意的是，"返回"（die Rueckkehr）这个词蕴含着这样一种见解，即马克思先是"返回"到费尔巴哈唯物主义的立场上，然后再把这种立场运用到一切知识领域，特别是经济和历史领域。恩格斯在回

　＊　本节原来的标题是《重新理解马克思哲学和费尔巴哈哲学的关系》，原载《马克思主义与现实》1996（1）。

　①　马克思恩格斯选集：第 4 卷．北京：人民出版社，2012：218.

　②　马克思恩格斯选集：第 4 卷．北京：人民出版社，2012：249. 注意此处的 Standpunkt 不应译为"观点"，而应译为"立场"，因为恩格斯在这里所强调的正是马克思返回到费尔巴哈唯物主义的基本立场上，而不是返回到费尔巴哈唯物主义的某些具体的观点上。

顾从笛卡尔到黑格尔和从霍布斯到费尔巴哈这一长时期内哲学的发展时，指出唯心主义哲学体系也越来越多地引入唯物主义的内容。

> 因此，归根到底，黑格尔的体系只是一种就方法和内容来说唯心主义地倒置过来的唯物主义。①

在他看来，正是马克思为我们指出了一条唯物主义地解读黑格尔著作的路径。恩格斯的这些论述对列宁产生了重大的影响。在《黑格尔〈逻辑学〉一书摘要》中，列宁在评论黑格尔的逻辑观念向自然界的转向时说：

> 唯物主义近在咫尺。恩格斯说得对，黑格尔的体系是颠倒过来的唯物主义。②

与恩格斯一样，列宁也认为，这种向唯物主义的返回是通过以费尔巴哈为媒介而实现的。因此，在《谈谈辩证法》一文中，列宁在论述到哲学发展史上的"圆圈"时，写道：黑格尔—费尔巴哈—马克思。

从这些论述中可以概括出列宁对马克思哲学与费尔巴哈哲学之间关系的基本认识：第一，费尔巴哈哲学是黑格尔哲学和马克思哲学之间的中间环节。如果说，恩格斯在这方面表述得还比较谨慎，只是说费尔巴哈"在某些方面"是黑格尔和马克思之间的中间环节，那么，列宁的上述提法则干脆去掉了这一保留条件，进一步突出了费尔巴哈的中介作用。第二，列宁用直截了当的、不容置疑的口吻指出，马克思是通过费尔巴哈而确立自己的唯物主义的立场的。第三，列宁同意恩格斯的看法，也主张从费尔巴哈的一般唯物主义的立场出发去解读黑格尔的著作。

在恩格斯和列宁对马克思哲学与黑格尔哲学关系的理解和解释中蕴含着如下结论：其一，费尔巴哈在哲学史上的最重要的功绩是恢复了唯物主义的权威，而正是这一点对马克思产生了决定性的影响；其二，费尔巴哈是介于黑格尔和马克思之间的唯一重要的或至少是最重要的思想媒介，马克思正是通过返回到费尔巴哈的唯物主义立场而与黑格尔的唯心主义传统彻底决裂的；其三，马克思哲学的基础和核心是一般唯物主

---

① 马克思恩格斯选集：第4卷．北京：人民出版社，2012：233.
② 列宁．哲学笔记．北京：人民出版社，1993：202.

义，马克思在其他知识领域里的一切见解都不过是把这种唯物主义加以运用和推广的结果。一般的哲学教科书正是从这些结论出发去理解马克思主义哲学的实质及其发展史的。

这种见解面临的挑战

如上所述，恩格斯和列宁主要是围绕唯物主义的思想路线这一中心点来理解并阐述马克思哲学与费尔巴哈哲学之间的内在联系的。但当我们深入地探讨马克思哲学思想发展史时，这种理解方式却遇到了挑战。

首先，马克思关注的并不是费尔巴哈的唯物主义，而是他对唯物主义（实在论）和唯心主义（唯灵论）的抽象对立的扬弃和超越。所以，费尔巴哈既不把自己的学说称为唯物主义，也不把它称为唯心主义，而是称为人本主义或人本学。这一点对青年马克思哲学思想的发展产生了一定的影响。所以，在《黑格尔法哲学批判》《1844 年经济学哲学手稿》《神圣家族》等著作中，马克思反复强调要扬弃唯物主义（实在论）和唯心主义（唯灵论）之间的抽象的对立，并肯定：

> 唯灵论和唯物主义过去在各方面的对立已经在斗争中消除，并为**费尔巴哈**永远克服……①

其次，在马克思看来，尽管费尔巴哈不愿意以唯物主义者自居，但他实际上还是一个唯物主义者，而马克思不愿认同的正是费尔巴哈的唯物主义。所以，马克思在《关于费尔巴哈的提纲》中开宗明义地指出：

> 从前的一切唯物主义（包括费尔巴哈的唯物主义）的主要缺点是：对对象、现实、感性，只是从**客体**的**或者直观**的形式去理解，而不是把它们当做**感性的人的活动**，当做**实践**去理解，不是从主体方面去理解。②

这段论述表明，马克思没有也不愿返回到费尔巴哈的唯物主义立场上去。

我们不妨把马克思这里的表述与列宁对费尔巴哈和马克思的哲学唯物主义的理解做一个比较。列宁在《唯物主义和经验批判主义》中这样

---

① 马克思恩格斯全集：第 2 卷．北京：人民出版社，1957：120．
② 马克思恩格斯选集：第 1 卷．北京：人民出版社，2012：133．

写道：

> 费尔巴哈承认自然界的客观规律性，同他承认我们意识所反映的外部世界、对象、物体、物的客观实在性是分不开的。费尔巴哈的观点是彻底的唯物主义观点。[①]

在另一处，列宁又指出，对物质第一性的承认，"就是一般唯物主义的观点，特别是马克思和恩格斯的观点"[②]。如果说，马克思关注的是自己的哲学立场与一般唯物主义（包括费尔巴哈的唯物主义）的哲学立场之间的差异，那么，列宁关注的则是它们的共同点。列宁的理解必定会导致如下结果，即把一般唯物主义立场理解为马克思哲学的基础和核心，并把马克思哲学的根本宗旨理解为对一般唯物主义的思想路线的推进或推广。

最后，马克思后来在叙述自己的哲学思想的发展和唯物史观的形成过程时，并没有提到费尔巴哈。在《〈政治经济学批判〉序言》中，马克思勾勒了自己思想发展的主要线索：黑格尔法哲学研究—市民社会研究（通过政治经济学批判）—唯物史观。显然，对于这一思想发展的主线索来说，费尔巴哈并不重要，因为他的唯物主义是以抽象的人和抽象的自然为基础的，他很少关注社会历史领域，正如马克思所批评的：

> 当费尔巴哈是一个唯物主义者的时候，历史在他的视野之外；当他去探讨历史的时候，他决不是一个唯物主义者。在他那里，唯物主义和历史是彼此完全脱离的。[③]

由此可见，尽管费尔巴哈的思想对马克思有一定的影响，但断定在马克思哲学思想的发展中存在着一个纯粹的费尔巴哈的唯物主义的阶段是缺乏依据的，把一般唯物主义的立场看作马克思哲学的基础和出发点也是不符合马克思思想发展的实际进程的。

费尔巴哈对马克思的实际影响

从上面的分析中能不能得出结论说，费尔巴哈对马克思哲学思想的发展是无足轻重的呢？我们的回答是否定的。我们否认的只是费尔巴哈

---

① 列宁选集：第2卷．北京：人民出版社，2012：116.
② 列宁选集：第2卷．北京：人民出版社，2012：51.
③ 马克思恩格斯全集：第3卷．北京：人民出版社，1960：51.

的抽象唯物主义对马克思的重大影响，而并不否认费尔巴哈的某些哲学见解为马克思思想的发展提供了重要的启示。

首先，费尔巴哈深刻地揭露了宗教和思辨哲学的本质。他指出，宗教是人的本质自我异化的产物，从而"证明了哲学不过是变成思想的并且经过思考加以阐述的宗教，不过是人的本质的异化的另一种形式和存在方式；从而，哲学同样应当受到谴责"①。尽管费尔巴哈把宗教和哲学的想象的世界归结于其世俗的基础之后就止步不前了，但马克思仍然认为这是费尔巴哈的伟大功绩，因为他为整个实证的批判奠定了基础。

其次，马克思认为，在黑格尔哲学中包含着三个因素：一是斯宾诺莎的实体，即形而上学地改装了的、脱离人的自然；二是费希特的自我意识，即形而上学地改装了的、脱离自然的精神；三是前两个因素在黑格尔那里的统一，即绝对精神。而绝对精神的秘密正是由费尔巴哈揭示出来的。

费尔巴哈把形而上学的**绝对精神**归结为**"以自然为基础的现实的人"**，从而完成了**对宗教的批判**。同时也巧妙地拟定了**对黑格尔的思辨**以及**一切形而上学的批判的基本要点**。②

尽管马克思后来批评费尔巴哈的"人"仍然是抽象的，他把人的本质理解为"类"也是不正确的，但在马克思看来，正是费尔巴哈的人本主义哲学为整个德国哲学的发展指明了出路。

最后，在德国哲学的抽象思辨之后，费尔巴哈又重新提出了感性的原则：

新哲学是光明正大的感性哲学。③

虽然费尔巴哈的"感性"具有直观的性质，但却在一定的程度上启发了马克思。

上面我们简略地考察了马克思与费尔巴哈的主要理论联系。一言以蔽之，这一联系的根本点是马克思以批判的方式继承了费尔巴哈关于异化和人本主义的学说，把费尔巴哈的仅仅停留在感性直观上的、抽象的人改变为从事实际活动的、现实的人，而这一改变又是以马克思对国民

① 马克思恩格斯全集：第42卷．北京：人民出版社，1979：158.
② 马克思恩格斯全集：第2卷．北京：人民出版社，1957：177.
③ 费尔巴哈哲学著作选集：上卷．北京：商务印书馆，1984：169.

经济学的批判性考察为前提的。

哲学研究之外的因素

在某种意义上，我们上面对马克思与费尔巴哈关系的考察还是抽象的、不完整的。为什么这么说呢？因为我们的考察仅仅停留在费尔巴哈身上。事实上，作为费尔巴哈同时代人的布·鲍威尔、赫斯等人都曾对马克思思想的形成和演化产生过影响。如果进一步扩大视野，我们就会发现，亚里士多德、伊壁鸠鲁、卢梭、休谟、康德、费希特等人也曾对马克思思想的形成和演化产生过重要的影响。在本节中，我们暂且不探究这些关系，因为还有一些超出纯粹哲学之外的更重要的因素需要先行地加以澄清。

首先，正如马克思在《〈政治经济学批判〉序言》中所指出的，他早期的学术兴趣主要集中在法和法哲学上。早在 1837 年 11 月给父亲的信中，马克思已提到自己正在建立一个适合于一切法的领域的法哲学体系：

> 我在前面叙述了若干形而上学的原理作为导言，并且把这部倒霉的作品写到了公法部分，约有三百印张。①

正是通过对法哲学，尤其是对黑格尔法哲学思想的深入研究，马克思的注意力转向市民社会，并得出了如下结论：

> 实际上，家庭和市民社会是国家的前提，它们才是真正的活动者……②

也正是对法哲学的研究，马克思站在与费尔巴哈完全不同的哲学起跑线上。费尔巴哈几乎很少谈论人类社会，"而是每次都求救于外部自然界，而且是**那个**尚未置于人的统治之下的自然界"③。所以，费尔巴哈的人本主义始终是以抽象的人为基础的。与此不同，马克思是从法哲学的视野中来探索人的问题的。众所周知，法哲学的核心问题是人与物（占有物）的关系和人与人的关系。因此，马克思在研究中很早就得出了如下结论：

---

①　马克思恩格斯全集：第 40 卷 . 北京：人民出版社，1982：10.

②　马克思恩格斯全集：第 1 卷 . 北京：人民出版社，1956：250 - 251.

③　马克思恩格斯全集：第 42 卷 . 北京：人民出版社，1979：369.

人并不是抽象的栖息在世界以外的东西。人就是**人的世界**，就是国家，社会。①

也正是法哲学的研究使马克思十分重视黑格尔的另一部著作——《精神现象学》，因为这部著作"包含着对宗教、国家、市民生活等整个整个领域的**批判的**要素，但还是通过异化的形式"②。这就告诉我们，探讨马克思哲学思想的形成和演化绝不能撇开其法哲学研究的背景。

其次，在考察马克思哲学思想的形成和演化时，我们也不能停留在单纯的观念分析的层面上，还必须考察马克思对现实生活的思考。事实上，马克思已对我们做了如下提示：

> 1842—1843 年间，我作为《莱茵报》的编辑，第一次遇到要对所谓物质利益发表意见的难事。莱茵省议会关于林木盗窃和地产析分的讨论，当时的莱茵省总督冯·沙培尔先生就摩泽尔农民状况同《莱茵报》展开的官方论战，最后，关于自由贸易和保护关税的辩论，是促使我去研究经济问题的最初动因。③

显然，《莱茵报》的工作实践也是马克思思想形成和演化中的一个决定性环节。

最后，我们还必须注意到马克思从 1844 年左右开始的国民经济学研究。在《1844 年经济学哲学手稿》的序言中，马克思写道：

> 我用不着向熟悉国民经济学的读者保证，我的结论是通过完全经验的以对国民经济学进行认真的批判研究为基础的分析得出的。④

人所共知，费尔巴哈对国民经济学并没有什么研究，所以其哲学批判绝不可能像马克思那样将这方面的研究作为基础。事实上，他们之间的思想差异很快就显示出来了。如果说，费尔巴哈仅仅在宗教的范围内讨论异化问题，那么，马克思则通过经济研究的契入，把注意力集中到异化劳动的问题上，从而把自己的哲学研究引向对整个资本主义社会的

---

① 马克思恩格斯全集：第 1 卷．北京：人民出版社，1956：452.
② 马克思恩格斯全集：第 42 卷．北京：人民出版社，1979：162.
③ 马克思恩格斯选集：第 2 卷．北京：人民出版社，2012：1-2.
④ 马克思恩格斯全集：第 42 卷．北京：人民出版社，1979：45.

批判性考察。从上面的论述可以看出，仅仅停留在纯粹哲学的范围内，并不能正确地说明马克思哲学思想的形成和演化。

避免简单化的结论

在对马克思哲学与费尔巴哈哲学关系的简要考察中，我们究竟能够得出哪些结论来呢？

第一，不能简单地说费尔巴哈哲学是黑格尔哲学和马克思哲学的中间环节。显然，在探讨马克思哲学思想的形成和演化时，仅仅注意到费尔巴哈的影响和作用是远远不够的。同时，我们必须注意到下面这些重要的环节：他的法哲学研究的背景、他对现实的物质利益问题的关注、他对国民经济学的研究。撇开这些重要的环节，必然会夸大费尔巴哈在黑格尔和马克思之间的中介作用，从而掩蔽马克思思想形成和演化的真实轨迹。

第二，在马克思哲学思想的形成和演化中，并不存在一个以一般唯物主义立场为特征的所谓费尔巴哈的阶段。事实上，马克思从来就没有返回到费尔巴哈的以抽象的自然界和抽象的人为前提的唯物主义立场上去。凭借其法哲学研究和现象学研究的背景，马克思的理论关怀的重点始终落在人类社会尤其是市民社会上。也就是说，费尔巴哈之所以引起马克思的兴趣，不是因为他的抽象的唯物主义的立场，不是因为他高谈自然界或物质世界在存在上的优先性，而主要是他关于异化和人本主义方面的思想。

第三，既然马克思从未返回到费尔巴哈式的唯物主义的立场上，他当然也就不可能对黑格尔的唯心主义哲学做一般唯物主义的倒转，即把黑格尔的思维或绝对精神倒转为抽象的物质或自然界。事实上，虽然费尔巴哈的哲学是将抽象的人和抽象的自然作为出发点的，但他的哲学中所蕴含的人本主义倾向却使他对黑格尔哲学做出了富有创新意义的倒转，正如我们在前面已经指出过的那样，这尤其表现在他把黑格尔的绝对精神解读为"以自然为基础的现实的人"的见解上，而恰恰是这一点启发了马克思。当然，归根到底，他对马克思思想的影响也不是决定性的。不久以后，马克思通过对国民经济学的深入钻研，很快得出了如下结论：

> 费尔巴哈把宗教的本质归结于**人**的本质。但是，人的本质不是

单个人所固有的抽象物，在其现实性上，它是一切社会关系的总和。①

通过这样的分析，我们对马克思哲学与费尔巴哈哲学的关系获得了崭新的理解。

研究马克思与费尔巴哈关系的意义

正如我们在前面早已指出过的那样，马克思哲学与费尔巴哈哲学的关系问题是一个长期以来未受重视但又极端重要的理论问题。我们认为，对这一关系问题的重新理解主要具有如下理论意义。

其一，绝不能在纯粹哲学的范围内来考察马克思哲学思想的演化，应当把这一演化置于马克思对现实物质利益的关注，置于他的法哲学、现象学和国民经济学研究的背景下来考察。如果说，法哲学和现象学方面的研究把马克思的注意力引向市民社会，那么，对现实物质利益的关注则促使他通过对国民经济学的批判性考察来解剖市民社会。马克思从不关注那些与人类社会，尤其是与市民社会相分离的、经院式的哲学问题。换言之，只有抓住市民社会这一中心点，才能正确地勾勒出马克思哲学思想形成和演化的基本线索。而市民社会恰恰是费尔巴哈哲学研究的界限，即他的研究止步不前的地方。所以，无论如何不能像恩格斯和列宁那样，夸大费尔巴哈在马克思哲学思想发展史上的地位和作用。

其二，绝不能把马克思哲学的形成和演化史描述为以下三个阶段：黑格尔或青年黑格尔主义式的唯心主义—费尔巴哈式的唯物主义—马克思自己创立的历史唯物主义。我们认为，第一个和第三个阶段的说法是能够成立的，至于第二个阶段则是不存在的。如前所述，我们丝毫不否认，费尔巴哈在某些方面对马克思思想产生过影响，但这并不等于我们必须接受这样的结论，即在马克思哲学的形成和演化史上，有一个向费尔巴哈的唯物主义立场的返回。如前所述，费尔巴哈的唯物主义是以抽象的人和抽象的自然为出发点的，而在马克思那里，由于其研究活动有一个法哲学、现象学和国民经济学的背景，所以马克思的思考始终落在市民社会上，而从未返回到费尔巴哈式的、抽象的自然观的基础上。即使在其思想仍未完全摆脱费尔巴哈影响的《1844年经济学哲学手稿》

---

① 马克思恩格斯选集：第1卷. 北京：人民出版社，2012：139.

中，马克思也已阐明了这样的见解：

> 被抽象地孤立地理解的、被固定为与人分离的**自然界**，对人说来也是**无**。①

更不用说马克思在《德意志意识形态》中对费尔巴哈的抽象的自然观和抽象的人的观点的批评了。所以，马克思的历史唯物主义是在批判和扬弃黑格尔或青年黑格尔主义式的唯心主义的基础上直接形成的。这一批判和扬弃的主要动力是马克思对现实物质利益的关注，对法哲学、现象学和国民经济学的研究，对费尔巴哈的异化和人本主义学说的批判性改造。一言以蔽之，在马克思哲学思想的发展史上，费尔巴哈的影响是存在的，但马克思确实从未返回到费尔巴哈式的唯物主义的立场上去。

其三，既然在马克思哲学思想的发展史上并不存在一个恩格斯和列宁所说的"一般唯物主义"的立场，这就告诉我们，马克思哲学的基础和核心绝不是一般唯物主义，历史唯物主义也绝不是把一般唯物主义"推广到"社会历史领域的结果。按照这种传统的理解，马克思哲学分裂为两大部分：一部分是由旧唯物主义者尤其是费尔巴哈奠定基础的一般唯物主义的学说，另一部分则是马克思本人创立的历史唯物主义学说，而历史唯物主义只是一般唯物主义在社会历史领域中的应用成果。这样一来，马克思的唯物主义与旧唯物主义之间的本质差异被救平了，马克思哲学革命的实质被掩蔽起来了。

实际上，在马克思哲学中，根本不存在一个一般唯物主义的基础，马克思哲学就是历史唯物主义（或实践唯物主义）。历史唯物主义就是自足的、完整的世界观，就是马克思的划时代的哲学革命性之所在，而这一世界观正是围绕着市民社会这一核心概念阐发出来的。

> 这种历史观就在于：从直接生活的物质生产出发来考察现实的生产过程，并把与该生产方式相联系的、它所产生的交往形式，即各个不同阶段上的市民社会，理解为整个历史的基础；然后必须在国家生活的范围内描述市民社会的活动，同时从市民社会出发来阐明各种不同的理论产物和意识形式，如宗教、哲学、道德等等，并在这个基础上追溯它们产生的过程。②

---

① 马克思恩格斯全集：第42卷．北京：人民出版社，1979：178.
② 马克思恩格斯全集：第3卷．北京：人民出版社，1960：42-43.

马克思的这一经典性的论述也印证了我们上面的见解，即对市民社会的研究构成马克思哲学思想演化的中心线索。这样，借助于对马克思哲学思想演化史的重新理解，特别是对马克思哲学与费尔巴哈哲学关系的重新理解，我们对马克思哲学革命的实质获得了新的认识。

第三节 《终结》和《提纲》的差异*

凡是熟悉马克思主义哲学发展史的人都知道，1888 年，恩格斯出版了他在哲学研究方面的代表性著作——《路德维希·费尔巴哈和德国古典哲学的终结》（本节中以下简称《终结》），并在书后附上了马克思写于 1845 年的《关于费尔巴哈的提纲》（本节中以下简称《提纲》），但恩格斯对《提纲》的文字做了一些改动，并把它命名为《马克思论费尔巴哈》。平心而论，在恩格斯做过改动的《马克思论费尔巴哈》和马克思的《提纲》原文之间并不存在实质性的差别，然而，我们在研究中发现，在恩格斯的《终结》和马克思的《提纲》所叙述的哲学思想之间却存在着一些重要的差异，这值得我们思考。我们认为，这些差异主要表现在以下三个方面。

从实践出发，还是从自然界出发？

在《提纲》中，马克思这样写道：

> 全部社会生活在本质上是**实践的**。凡是把理论引向神秘主义的神秘东西，都能在人的实践中以及对这种实践的理解中得到合理的解决。①

这段重要的论述启示我们，社会实践是全部社会生活的基础和核心，任何社会现象包括具有神秘主义倾向的理论文本在内，都可以通过对人们的社会实践的理解得到合理的说明。也正是在这个意义上，马克

　＊ 本节原来的标题是《论恩格斯与马克思哲学思想的差异：从〈终结〉和〈提纲〉的比较看》，原载《江苏社会科学》2003（4），中国人民大学复印报刊资料《哲学原理》2003（9）全文转载，《中国社会科学文摘》2003（6）摘要转载。

　① 马克思恩格斯选集：第 1 卷. 北京：人民出版社，2012：135-136.

思阐述了自己的实践唯物主义的立场与以前的一切唯物主义学说之间的本质差别：

> 从前的一切唯物主义（包括费尔巴哈的唯物主义）的主要缺点是：对对象、现实、感性，只是从**客体**的**或者直观**的形式去理解，而不是把它们当做**感性的人的活动**，当做**实践**去理解，不是从主体方面去理解。①

也就是说，旧唯物主义的出发点是"从客体或者直观的形式"出发去理解整个外部世界（包括全部社会现象），而马克思的实践唯物主义则主张"从主体方面"、从"实践"出发去理解这一切。正是出发点上的差异构成了马克思与旧唯物主义的哲学思想之间的本质差别。

在《终结》的序言中，虽然恩格斯把《提纲》称为"包含着新世界观的天才萌芽的第一个文献"②，但我们发现，恩格斯叙述哲学基本问题的出发点仍然与马克思的出发点之间存在着重要的差异。在《终结》的第二部分中，恩格斯开宗明义地写道：

> 全部哲学，特别是近代哲学的重大的基本问题，是思维和存在的关系问题。③

也许有人会辩解：恩格斯这里谈论的哲学基本问题并没有把马克思哲学蕴含在内。但这种辩解显然是站不住脚的，因为恩格斯认为，"全部哲学"都是以思维与存在的关系作为基本问题的，显然，在"全部哲学"这个术语中不可能不包含马克思哲学。

我们再来看看，恩格斯这里说的思维与存在关系的实质究竟是什么。他写道：

> 思维对存在、精神对自然界的关系问题，全部哲学的最高问题，像一切宗教一样，其根源在于蒙昧时代的愚昧无知的观念。④

也就是说，在恩格斯那里，"存在"相当于"自然界"，"思维"相当于"精神"。

---

① 马克思恩格斯选集：第 1 卷．北京：人民出版社，2012：133．
② 马克思恩格斯选集：第 4 卷．北京：人民出版社，2012：219．
③ 马克思恩格斯选集：第 4 卷．北京：人民出版社，2012：229．
④ 马克思恩格斯选集：第 4 卷．北京：人民出版社，2012：230．

那么，在思维与存在、自然界与精神的关系中，恩格斯的关切点究竟在哪里呢？他解释道：

> 哲学家依照他们如何回答这个问题而分成了两大阵营。凡是断定精神对自然界说来是本原的，从而归根到底承认某种创世说的人（而创世说在哲学家那里，例如在黑格尔那里，往往比在基督教那里还要繁杂和荒唐得多），组成唯心主义阵营。凡是认为自然界是本原的，则属于唯物主义的各种学派。
>
> 除此之外，唯心主义和唯物主义这两个用语本来没有任何别的意思，它们在这里也不是在别的意义上使用的。①

显而易见，恩格斯的关切点是从自然界（或存在）出发来解释精神（或思维），还是从精神（或思维）出发来解释自然界（或存在）。

作为唯物主义者，恩格斯是主张从自然界出发来解释精神的。也就是说，恩格斯和马克思在哲学的出发点问题上存在着不同的看法。也许有人会辩解：恩格斯这里说的自然界也是以人的实践活动为媒介的。确实，在有些场合下，如在《自然辩证法》中恩格斯也说过：

> 人的思维的最本质的和最切近的基础，正是**人所引起的自然界的变化**，而不单独是自然界本身；人的智力是按照人如何学会改变自然界而发展的。②

然而，在大多数场合下，恩格斯强调的是自然界自身的运动。在《自然辩证法》一书中，他也说过：

> 唯物主义的自然观不过是对自然界本来面目的朴素的了解，不附加以任何外来的成分，所以它在希腊哲学家中间从一开始就是不言而喻的东西。③

这里说的"不附加以任何外来的成分"显然也蕴含着对人的实践活动的拒斥。事实上，在《终结》中，恩格斯对这一点做了更明确的说明：

> 但是，社会发展史却有一点是和自然发展史根本不相同的。在自然界中（如果我们把人对自然界的反作用撇开不谈）全是没有意

---

① 马克思恩格斯选集：第4卷. 北京：人民出版社，2012：231.
② 恩格斯. 自然辩证法. 北京：人民出版社，1971：209.
③ 恩格斯. 自然辩证法. 北京：人民出版社，1971：177.

识的、盲目的动力，这些动力彼此发生作用，而一般规律就表现在这些动力的相互作用中。①

毋庸讳言，当恩格斯主张"把人对自然界的反作用撇开不谈"时，人的实践活动对自然界的影响也就从自然界中被抹掉了。

也正是在这个意义上，施密特评论道：

> 在恩格斯那里，被社会中介过的自然概念和独断的、形而上学的自然概念确实毫无联系地并存着。②

这个评论启示我们，恩格斯并没有深入地反思过马克思在《提纲》中叙述的实践唯物主义的出发点与一切旧唯物主义的出发点之间存在着的本质的差异。事实上，蕴含在马克思的实践唯物主义学说中的自然界必定是被人的实践活动中介过的自然界，早在《巴黎手稿》中马克思已经提出了"**人化的**自然界"的概念，并强调：

> 被抽象地孤立地理解的、被固定为与人分离的**自然界**，对人说来也是**无**。③

在批评阿·瓦格纳的政治经济学教科书时，马克思也说过：

> 在一个学究教授看来，人对自然的关系首先并不是**实践的**即以活动为基础的关系，而是**理论的**关系……但是，人们决不是首先"处在这种对**外界物**的理论关系中"。④

可见，马克思始终把人的实践活动作为哲学思考的出发点。正是在这个意义上，施密特指出：

> 在马克思看来，自然概念是人的实践的要素，又是存在着的万物的总体。⑤

同时，施密特也对恩格斯的自然观做出了如下评论：

---

① 马克思恩格斯选集：第4卷.北京：人民出版社，2012：253.
② A.施密特.马克思的自然概念.欧力同，吴仲昉，译.赵鑫珊，校.北京：商务印书馆，1988：44.
③ 马克思恩格斯全集：第42卷.北京：人民出版社，1979：178.
④ 马克思恩格斯全集：第19卷.北京：人民出版社，1963：405.
⑤ A.施密特.马克思的自然概念.欧力同，吴仲昉，译.赵鑫珊，校.北京：商务印书馆，1988：15.

在恩格斯那里，自然和人不是被首要意义的历史的实践结合起来的，人作为自然过程的进化产物，不过是自然过程的受动的反射镜，而不是作为生产力出现的。①

由于恩格斯主要坚持以非实践的，即排除人的作用的自然界出发来谈论哲学，所以，这种谈论方式本质上仍然停留在"从客体或者直观的形式"出发的旧唯物主义的思考方式之内。正如费尔巴哈在《关于哲学改造的临时纲要》中所说的：

> 观察自然，观察人吧！在这里你们可以看到哲学的秘密。②

显然，费尔巴哈也是从自然出发来谈论哲学问题的。尽管恩格斯在《终结》中批评费尔巴哈时说，"无论关于现实的自然界或关于现实的人，他都不能对我们说出任何确定的东西"③，但一旦恩格斯撇开人的实践活动这一被马克思所发现的新哲学的出发点，他是否有可能对自然和人的问题得出与旧唯物主义者完全不同的结论来呢？

从本体论维度理解实践，还是从认识论维度理解实践？

只要我们认真地解读《提纲》，就会发现，马克思首先是从本体论的维度出发来理解并阐发实践活动的。一方面，马克思批判了作为旧唯物主义的典型代表的法国唯物主义者所持有的环境或教育决定论的机械观念，指出：

> 环境的改变和人的活动或自我改变的一致，只能被看做是并合理地理解为**革命的实践**（revolutionaere Praxis）。④

也就是说，在人类社会中，环境或教育并不起着本体论意义上的前提性的作用，这个作用只能由革命的实践来承担。另一方面，马克思也批评了费尔巴哈的直观唯物主义的观念，指出：

> 费尔巴哈不满意**抽象的思维**而喜欢**直观**；但是他把感性不是看

---

① A. 施密特. 马克思的自然概念. 欧力同，吴仲昉，译. 赵鑫珊，校. 北京：商务印书馆，1988：50.

② 北京大学哲学系外国哲学史教研室. 十八世纪末—十九世纪初德国哲学. 北京：商务印书馆，1975：600.

③ 马克思恩格斯选集：第4卷. 北京：人民出版社，2012：247.

④ 马克思恩格斯选集：第1卷. 北京：人民出版社，2012：134.

做**实践的**、人的感性的活动。①

在马克思看来，费尔巴哈的感性直观是一种静态的直观，他没有把直观者理解为动态的、实践着的人。这也意味着肯定：直观并不是本体论上的初始性现象，相反，它是第二性的，是在人的实践活动的基础上得以展开的。正是人的实践活动决定着人可能会去直观甚至改变哪些对象。马克思还批评费尔巴哈不理解革命的、实践批判的活动的意义，因而他的全部思考活动只停留在宗教世界的范围内，他没有想到，应该把这个宗教世界归结为它的世俗的基础，而"对于这个世俗基础本身首先应当从它的矛盾中去理解，然后用消除矛盾的方法在实践中使之发生革命"②。正是有感于这种本体论意义上的实践意识的普遍匮乏，马克思指出：

> 哲学家们只是用不同的方式**解释**世界，问题在于**改变**世界。③

事实上，马克思一直是从本体论维度出发去理解实践活动的。早在《巴黎手稿》中，马克思就说过：

> 只有当物按人的方式同人发生关系时，我才能在实践上按人的方式同物发生关系。④

显而易见，马克思把人的实践活动看作理解人与物的关系的本体论的基础。马克思还把自己的学说作为"实践的人道主义"与无神论的"理论的人道主义"对立起来。⑤ 在《德意志意识形态》中，马克思写道：

> 这种活动、这种连续不断的感性劳动和创造、这种生产，是整个现存感性世界的非常深刻的基础，只要它哪怕只停顿一年，费尔巴哈就会看到，不仅在自然界将发生巨大的变化，而且整个人类世界以及他（费尔巴哈）的直观能力，甚至他本身的存在也就没有了。⑥

---

① 马克思恩格斯选集：第1卷．北京：人民出版社，2012：135．
② 马克思恩格斯选集：第1卷．北京：人民出版社，2012：138．
③ 马克思恩格斯选集：第1卷．北京：人民出版社，2012：136．
④ 马克思恩格斯全集：第42卷．北京：人民出版社，1979：124．
⑤ 马克思恩格斯全集：第42卷．北京：人民出版社，1979：174．
⑥ 马克思恩格斯全集：第3卷．北京：人民出版社，1960：50．

　　所有这些论述都表明，马克思不是从一般本体论的意义上来肯定实践活动的重要性，而是从生存论的本体论的意义上来强调这一点的。不用说，在马克思的实践概念中也蕴含着认识论的维度，但对他来说，首要的始终是本体论的维度。正是在这个意义上，马克思所创立的实践唯物主义本质上是本体论上的革命。

　　然而，在《终结》中，恩格斯对思维与存在或精神与自然界关系的思考始终蕴含着一个传统唯物主义的本体论立场。按照这一立场，与人的实践活动相分离的存在或自然界是第一性的。正是在这一基础上，恩格斯着重从认识论框架内来讨论思维与存在的关系问题，并引出实践问题。他这样写道：

　　　　但是，思维和存在的关系问题还有另一个方面：我们关于我们周围世界的思想对这个世界本身的关系是怎样的？我们的思维能不能认识现实世界？我们能不能在我们关于现实世界的表象和概念中正确地反映现实？①

恩格斯认为，大多数哲学家都对这个问题做出了肯定性的回答。

　　　　但是，此外，还有其他一些哲学家否认认识世界的可能性，或者至少是否认彻底认识世界的可能性。……对这些以及其他一切哲学上的怪论的最令人信服的驳斥是实践，即实验和工业。既然我们自己能够制造某一自然过程，按照它的条件把它生产出来，并使它为我们的目的服务，从而证明我们对这一过程的理解是正确的，那么康德的不可捉摸的"自在之物"就完结了。动植物体内所产生的化学物质，在有机化学开始把它们一一制造出来以前，一直是这种"自在之物"；一旦把它们制造出来，"自在之物"就变成为我之物了，例如茜草的色素——茜素，我们已经不再从地里的茜草根中取得，而是用便宜得多、简单得多的方法从煤焦油里提炼出来了。②

从这段重要的论述中我们可以引申出如下结论：

第一，恩格斯是在驳斥认识论中的不可知论的语境中引出实践问题

---

①　马克思恩格斯选集：第 4 卷．北京：人民出版社，2012：231.
②　马克思恩格斯选集：第 4 卷．北京：人民出版社，2012：232.

的。在他看来，像休谟、康德这样的哲学家都是认识论研究中的不可知论的典型代表，而对不可知论的最有力的驳斥则是实践。也就是说，当人们在实践中按照自己的目的复制出某一自然过程的时候，不可知论本身也就自行瓦解了。

第二，实践是认识论中的一个环节。如果说，认识就是使"自在之物"转化为"为我之物"的过程，那么，促使这一转化过程得到实现的便是人的实践活动。恩格斯的这一见解对后来的马克思主义哲学的解释者产生了重大的影响。列宁在《哲学笔记》中写道：

> 理论观念（认识）**和实践**的统一——要注意这点——而且这个统一**正是认识论中的**……①

然而，恩格斯显然没有注意到，在康德哲学的语境中，"自在之物"具有两方面的含义：就认识论的含义而言，它是感性刺激的来源和知性认识的界限；就本体论而言，它是实践理性的范导性假设。说"自在之物"可以转化为"为我之物"，也印证了恩格斯是在单纯认识论的语境中考察实践问题的。

第三，当恩格斯说"实践，即实验和工业"的时候，他并没有把马克思在《提纲》中提出的"革命的实践"考虑进去。尽管恩格斯在其他场合中涉及过这个问题，但在《终结》一书的语境中，他主要是从认识论角度出发去理解实践概念的。事实上，当恩格斯谈论从笛卡尔到黑格尔、从霍布斯到费尔巴哈这一长时期内哲学思想的发展时，也指出：

> 真正推动他们前进的，主要是自然科学和工业的强大而日益迅猛的进步。②

在这段论述中，恩格斯也撇开了革命的实践活动，如尼德兰革命、英国革命和法国革命对这些哲学家思想发展的重要影响。显然，恩格斯对实践活动的理解角度表明，他对马克思的《提纲》所蕴含的哲学革命的实质和意义还没有获得充分的认识。

从人的问题着眼，还是从纯粹思想的问题着眼？

在某种意义上，马克思的《提纲》也是他的新哲学观——实践唯物

---

① 列宁. 哲学笔记. 北京：人民出版社，1993：188.
② 马克思恩格斯选集：第4卷. 北京：人民出版社，2012：233.

主义的一份宣言书，所以《提纲》不仅是对费尔巴哈哲学思想的一种批判和清算，而且是对哲学研究领域的新的界定。马克思写道：

> 人的思维是否具有客观的［gegenständliche］真理性，这不是一个理论的问题，而是一个**实践的**问题。人应该在实践中证明自己思维的真理性，即自己思维的现实性和力量，自己思维的此岸性。关于思维——离开实践的思维——的现实性或非现实性的争论，是一个纯粹**经院哲学**的问题。①

人们通常认为，马克思这段话的主旨是强调：人的实践活动是检验理论性认识是否正确的标准。毋庸讳言，马克思的这段论述包含着这层意思，但更重要的是要看到，马克思对传统的哲学研究方式进行了透彻的批判。在他看来，撇开人的实践，在纯粹思维或思想领域中从事哲学研究，这样的研究必然会蜕变成经院哲学式的空谈。不用说，马克思的这一批判同时也蕴含着他对实践唯物主义这一新哲学观的研究方式的思考，即新哲学观不应该脱离人的问题，尤其是人的实践活动来探讨任何理论问题。

马克思对人的问题的思考并没有停留在对人的实践活动的考察上，在《提纲》中，他还指出：

> 费尔巴哈把宗教的本质归结于**人的**本质。但是，人的本质不是单个人所固有的抽象物，在其现实性上，它是一切社会关系的总和。②

在马克思看来，与传统的哲学观（包括传统的唯物主义者的观点在内）把人理解为抽象的、孤立的个体的见解不同，新哲学观的根本特征之一就是把人理解为社会存在物。早在《巴黎手稿》中，马克思就对人的本性和本质的问题（包括人的异化问题）表现出高度的关注。他指出：

> 首先应当避免重新把"社会"当作抽象的东西同个人对立起来。个人**是社会存在物**。因此，他的生命表现，即使不采取**共同的**、同其他人一起完成的生命表现这种直接形式，也**是社会生活的**

---

① 马克思恩格斯选集：第 1 卷 . 北京：人民出版社，2012：134.
② 马克思恩格斯选集：第 1 卷 . 北京：人民出版社，2012：135.

表现和确证。①

在马克思看来，要对人的本性、本质和异化问题得出批判性的洞见，就必须把人理解为社会存在物。在《〈黑格尔法哲学批判〉导言》中，马克思也指出：

> **人**并不是抽象的栖息在世界以外的东西。人就是**人的世界**，就是国家，社会。②

所有这些论述都表明，在马克思的视野里，哲学研究绝对不能撇开人的问题，而在探讨人的问题时又绝对不能撇开人置身于其中的社会关系，而费尔巴哈式的唯物主义的肤浅就表现在只能对单个人进行直观，既看不到社会关系对人的本质的塑造，也看不到它对人的行为的根本性的影响。

在上述思考的基础上，马克思进而指出：

> 旧唯物主义的立脚点是市民社会，新唯物主义的立脚点则是人类社会或社会的人类。③

在这里，"人类社会或社会的人类"的提法既体现出马克思的新唯物主义所蕴含的更为宽广的社会基础和解放全人类的伟大的历史使命感，也体现出马克思在探讨人的问题时，对一个特殊的、生机勃勃的阶级——无产阶级的热切关注和巨大希望。事实上，早在《〈黑格尔法哲学批判〉导言》中，马克思已经指出：

> 哲学把无产阶级当做自己的**物质**武器，同样地，无产阶级也把哲学当做自己的**精神**武器；思想的闪电一旦真正射入这块没有触动过的人民园地，**德国人**就会解放成为**人**。④

这些论述表明，《提纲》作为"包含着新世界观的天才萌芽的第一个文献"⑤，始终把人的问题视为新哲学研究的核心问题。

---

① 马克思恩格斯全集：第 42 卷．北京：人民出版社，1979：122 - 123.
② 马克思恩格斯全集：第 1 卷．北京：人民出版社，1956：452.
③ 马克思恩格斯选集：第 1 卷．北京：人民出版社，2012：136.
④ 马克思恩格斯全集：第 1 卷．北京：人民出版社，1956：467.
⑤ 马克思恩格斯选集：第 4 卷．北京：人民出版社，2012：219.

毫无疑问，在《终结》中，恩格斯在评论费尔巴哈的哲学思想时，也对他的人学观念做过一定的批评。他这样写道：

> 在费尔巴哈那里情况恰恰相反。就形式讲，他是实在论的，他把人作为出发点；但是，关于这个人生活的世界却根本没有讲到，因而这个人始终是在宗教哲学中出现的那种抽象的人。这个人不是从娘胎里生出来的，他是从一神教的神羽化而来的，所以他也不是生活在现实的、历史地发生和历史地确定了的世界里面；虽然他同其他的人来往，但是任何一个其他的人也和他本人一样是抽象的。①

显而易见，恩格斯对费尔巴哈的抽象的人学观念的批判和马克思的观点大致是接近的，然而，在对新哲学的思考中，他却没有为人的问题留下应有的空间。

在《终结》的结尾部分，在谈到马克思的历史唯物主义观点的时候，恩格斯写道：

> 这种历史观结束了历史领域内的哲学，正如辩证的自然观使一切自然哲学都成为不必要的和不可能的一样。现在无论在哪一个领域，都不再是从头脑中想出联系，而是从事实中发现联系了。这样，对于已经从自然界和历史中被驱逐出去的哲学来说，要是还留下什么的话，那就只留下一个纯粹思想的领域：关于思维过程本身的规律的学说，即逻辑和辩证法。②

在这段极为重要的论述中，我们可以引申出如下结论：

第一，在恩格斯看来，正如辩证的自然观取代了传统的自然哲学一样，马克思的历史观也取代了传统的历史哲学。由于这两种取代，哲学就从自然界和社会中被驱逐出来了。按照这一见解，马克思的历史观并不属于哲学的范围，那么，它应该属于什么学科呢？显然，它只能从属于历史这门实证性的学科了。马克思的历史观和传统的史学研究的唯一差别是它强调历史运动的辩证性。然而，如果马克思的历史观或历史唯

---

① 马克思恩格斯选集：第4卷．北京：人民出版社，2012：243.
② 马克思恩格斯选集：第4卷．北京：人民出版社，2012：264.

物主义不是哲学思想，而只是某一门实证科学中的新观念或新方法的话，它又如何对整个哲学社会科学发挥它的指导作用呢？要言之，在这一理解方式中，历史唯物主义这一新的、划时代的世界观被实证化了，它的普适性的意义被降低了。

第二，就马克思的新哲学观来说，虽然它蕴含着对传统的自然哲学和历史哲学的批判，但这绝不意味着，马克思主张把哲学研究与自然研究和社会研究分离开来。正如我们在前面已经指出过的那样，虽然马克思不赞成费尔巴哈以直观的方式去对待自然界，但他主张新哲学应该通过实践活动的媒介去观察和认识自然界。同样地，既然马克思把人看作社会存在物，把人的本质理解为一切社会关系的总和，把作为社会人类的无产阶级当作新哲学的立脚点，那么当然他也不会主张将哲学与社会分离开来。

第三，如果新的哲学研究面对的只是"一个纯粹思想的领域"，那么，马克思极为关注的人、人的本性和本质、人的异化与异化的扬弃这类重大的问题又放到哪个领域中去讨论呢？正如我们在前面已经指出过的那样，马克思在《提纲》中竭力加以避免的正是脱离人的实践活动的那种纯粹思维或纯粹思想式的争论，而按照恩格斯的设想，如果新哲学应该撇开自然界、社会、人和人的实践活动来探讨纯粹思想的问题，那么它如何避免马克思所担忧的"纯粹经院哲学"的结局呢？

综上所述，我们发现，在恩格斯的《终结》和马克思的《提纲》所蕴含的哲学思想之间存在着若干重要的差异。对这些差异视而不见或千方百计加以掩饰并不是马克思主义者所应有的实事求是的态度。事实上，正是恩格斯在《终结》中所阐发的思想对以后的马克思主义哲学的解释者们的思想产生了重大的影响。长期以来，东方学术界之所以把逻辑、辩证法和认识论的一致看作马克思哲学的最根本问题，正是《终结》的影响使然。事实上，在出版《终结》的时候，连恩格斯自己也没有注意到他自己和马克思的思想之间存在着的这些重要的差异。今天，结合东方社会现实生活中的经验教训，深入地反思恩格斯与马克思思想之间的差异，恢复马克思哲学的本真精神，无疑具有重大的理论意义和现实意义。

第四节　哲学基本问题的再认识[*]

在《路德维希·费尔巴哈和德国古典哲学的终结》一书中，恩格斯说过：

> 全部哲学，特别是近代哲学的重大的基本问题（Grundfrage），是思维和存在的关系问题（dem Verhaeltnis von Denken und Sein）。①

这个问题包含着以下两个方面：一是思维与存在何者为本原的问题（本体论）；二是思维与存在有无同一性的问题（认识论）。恩格斯关于哲学基本问题的理论曾对苏联、东欧和中国哲学界产生了广泛而持久的影响。我们通过研究，在《哲学基本问题所蕴含的方法论问题》② 一文中提出了一个新的想法，即哲学基本问题实际上蕴含着第三个方面：如果思维与存在具有同一性，它们究竟是如何同一的？这里实际上涉及方法论问题。显然，增加这第三个方面将使哲学基本问题的内涵更加丰富。

但在近年来的研究中，我们越来越深刻地认识到，仅仅把视野扩大到方法论上是不够的，必须从根基上对哲学基本问题做出新的反思。促使我们这样做的主要原因是，恩格斯关于哲学基本问题的理论主要是就马克思以前的西方传统哲学，特别是就西方哲学史上占主导地位的知识论哲学而言的。然而，在恩格斯学说的某些解释者那里，这种情形却发生了变化：一方面，他们认为，马克思哲学与西方传统哲学一样，其基本问题也是思维与存在的关系问题，这就敉平了马克思哲学与西方传统哲学，尤其是与知识论哲学之间的本质差异；另一方面，他们认为，思维与存在的关系问题也是当代西方哲学的基本问题，从而把凡是未论及这一问题的当代西方哲学理论一概斥为"回避哲学基本问题"或"抹煞哲

---

　　* 本节原来的标题是《关于哲学基本问题的再认识》，原载《北京大学学报》（哲学社会科学版）1997（2），也曾以日文发表在日本《唯物论研究》1997（1）。

　　① 马克思恩格斯选集：第4卷．北京：人民出版社，2012：229.

　　② 吴晓明，俞吾金，欧阳光伟．哲学基本问题所蕴含的方法论问题．中国社会科学，1986（1）.

学基本问题"的，这就把恩格斯在一定范围内使用的"哲学基本问题"这一概念唯一化、简单化了，从而铲平了当代西方哲学与近代西方哲学之间的重大差异。扩而言之，当他们以同样的方式去研究中国哲学时，也把中国哲学与西方哲学之间的本质差异取消掉了。

完全可以说，人们在哲学和哲学史研究中很难取得真正富有创新意义的进展，一个重要的原因是对哲学基本问题的误解。因此，在当前的研究中，对哲学基本问题做出新的反思具有十分重要的意义。

哲学元问题和哲学基本问题的关系

哲学基本问题是否就是哲学的最高问题呢？恩格斯认为，思维与存在、精神与自然的关系是"全部哲学的最高问题（die hoechste Frage der gesamten Philosophie）"①。在他看来，马克思以前的哲学家在从事哲学思考时，都无法绕过思维与存在的关系问题，在这个意义上可以说它是哲学基本问题。此外，既然"思维"与"存在"都是最抽象、最普遍的范畴，当然也可以把它们之间的关系问题理解为哲学的最高问题。总之，在确定的语境中，恩格斯的上述见解是有充分理由的。

然而，当我们引入类型理论来考察哲学时，哲学基本问题与哲学最高问题之间的重大差异就清楚地显示出来了。众所周知，哲学是相对于伦理学、政治学、经济学、美学等其他学科而言的，作为一门学科，哲学是唯一的。人们常说："存在着许多不同的哲学。"其实，这个说法是有语病的，因为实际上存在的是许多迥然各异的哲学模式、哲学类型、哲学流派或哲学体系，然而，哲学作为一门学科，却始终是唯一的。在这个意义上可以说，"一切哲学"、"全部哲学"或"所有的哲学"等提法也是有语病的，因为这样的提法暗含着下面的意思，即存在着许多不同的哲学。既然哲学是单一的，那么唯有像"一切哲学类型"、"全部哲学体系"或"所有的哲学流派"这样的表述才是合理的。仔细地分析起来，连"西方哲学""东方哲学""中国哲学""德国哲学"这样的提法也是有语病的。打个比方，物理学作为一门学科也是唯一的，如果谁使用"西方物理学""东方物理学""中国物理学""德国物理学"这一类概念，听起来一定是很滑稽的。当然，哲学与物理学不同，它在不同

---

① 马克思恩格斯选集：第 4 卷．北京：人民出版社，2012：230．

的民族和国家中会受到不同的文化背景的影响，从而表现出不同的风格和特征，但无论如何也不能说，在不同的国家或地区存在着不同的哲学。严格说来，我们应该把上述提法改为"哲学的西方模式""哲学的东方模式""哲学的中国类型""哲学的德国类型"等，然而，这样的表达方式又显得有点别扭。所以，我们不妨沿用"西方哲学""东方哲学""中国哲学""德国哲学"这样的习惯用法，但切不可自然而然地形成这样的观念，即世界上存在着许多不同的哲学。

　　人们在理解哲学基本问题和其他哲学问题时，之所以常常陷入误解，是因为他们把哲学与哲学的具体类型混淆起来了。比如，人们只能说思维与存在的关系问题是某一种哲学类型，如知识论哲学的基本问题，却不能说它是哲学的基本问题。关于思维与存在的关系问题和知识论哲学之间的内在联系，我们将在下面展开详细的讨论。在这里，我们所要探讨的是：如何把哲学与哲学的具体类型区分开来？显然，哲学与哲学的具体类型的差异是通过哲学观的确定而展示出来的。那么，哲学观又是如何确定的呢？众所周知，哲学观是通过对"什么是哲学？"这一问题的解答来确定的。不用说，人们关于哲学这门学科的一切其他问题的解答都取决于对这个问题的解答。在这个意义上可以说，"什么是哲学？"这一问题才是哲学的最高问题或哲学的元问题。澄清这一点，许多误解也就烟消云散了。

　　从上面的论述中可以明白，在哲学研究中，人们首先要回答的是哲学的元问题，即"什么是哲学？"的问题。一旦解答了这个问题，人们也就从抽象的、单一的哲学下降到某种具体类型的哲学中。比如，黑格尔在《小逻辑》第二节中写道：

　　　　一般说来，哲学首先可以定义为对对象的思维着的考察（den-kende Betrachtung der Gegenstaende）。①

　　在他看来，哲学是用概念去把握对象的特殊的思维方式。显然，黑格尔的哲学观是从属于知识论哲学传统的。又如，维特根斯坦在《逻辑哲学论》中说：

---

　　① G. W. F. Hegel. *Enzyklopaedie der Philosophischen Wissenschaft* Ⅰ. Frankfurt a. M. : Suhrkamp Verlag, 1986：41.

全部哲学就是"语言批判"（Sprachkritik）。①

不用说，他的哲学观是从属于语言哲学这种特殊类型的。再如，中国哲学家冯友兰说：

我所说的哲学，就是对于人生的有系统的反思的思想。②

显然，冯友兰的哲学又是从属于人生哲学这种特殊类型的。由此可见，正是通过对"什么是哲学？"的元问题的解答，哲学家们自觉地或不自觉地进入某种哲学类型。

这就告诉我们，只有在确定了某种哲学类型之后，才能谈论这种哲学类型的基本问题是什么。换言之，哲学基本问题并不是无前提的，它是在哲学元问题的基础上提出来的。哲学元问题是相对于哲学而言的，由于哲学是唯一的，所以哲学元问题也是唯一的。③ 与此不同，哲学基本问题则是相对于不同的哲学类型来说的。所以，哲学基本问题不是唯一的，有多少不同的哲学类型，就有多少不同的哲学基本问题。在这里，最易混淆的是：不同的人在谈论哲学基本问题之前，就已自觉地或不自觉地选择了某种哲学类型。所以，虽然他使用的术语是"哲学基本问题"，而实际上真正谈论的却是自己所信奉的某种哲学类型的基本问题。把思维与存在的关系问题理解为"哲学基本问题"的症结也正在这里。实际上，这个问题不是"哲学基本问题"，而仅仅是一种哲学类型——知识论哲学的基本问题。

弄清楚这一点之后，人们就不会把思维与存在的关系问题视为马克思哲学的基本问题了，也不会把不讨论思维与存在关系问题的当代西方哲学家一概斥为"回避哲学基本问题"或"抹煞哲学基本问题"的了，因为在某些哲学类型的语境中，并不需要讨论这一关系问题。如前所述，维特根斯坦作为语言哲学的创始人之一，把哲学理解为"语言批判"，对于这种哲学类型来说，其基本问题并不是思维与存在的关系问题，而是语词与对象、句子与原子事实的关系问题。又如，对于冯友兰

---

① L. Wittgenstein. *Werkausgabe Band 1*. Frankfurt a. M.：Suhrkamp Verlag，1984：26.

② 冯友兰. 中国哲学简史. 涂又光，译. 北京：北京大学出版社，1985：2.

③ 我们这里姑且做这样的假定，参见俞吾金. 再谈哲学的元问题. 学术月刊，1995（10）。

的哲学所从属的人生哲学类型来说，其基本问题也不会是思维与存在的关系问题，而是天人关系、知行关系问题。

综上所述，一旦我们引入了类型理论，把哲学（唯一性）与哲学的具体类型（多样性）区分开来，把哲学的元问题（唯一性）与不同类型的哲学的基本问题（多样性）区分开来，我们也就从根基上对所谓"哲学基本问题"获得了新的认识。

知识论哲学传统和思维与存在的关系

凡是稍稍熟悉西方哲学史的人都知道，以巴门尼德、苏格拉底、柏拉图和亚里士多德为肇始人的知识论哲学在西方哲学史上一直拥有支配性的影响。何谓知识论哲学？知识论哲学就是把哲学理解为单纯的求知活动。

亚里士多德在《形而上学》一书中开宗明义地说：

> 求知是人类的本性。①

当然，亚里士多德强调，哲学的求知不同于人类实用技术方面的求知，哲学知识出现在有闲暇的地方，哲学家们"探索哲理只是为想脱出愚蠢，显然，他们为求知而从事学术，并无任何实用的目的。这个可由事实为之证明：这类学术研究的开始，都在人生的必需品以及使人快乐安适的各种事物几乎全都获得了以后。这样，显然我们不为任何其他利益而找寻智慧；只因人本自由，为自己的生存而生存，不为别人的生存而生存，所以我们认取哲学为唯一的自由的学术而深加探索，这正是为学术自身而成立的唯一学术"②。在这里，亚里士多德的思想有两个模糊不清的地方：

第一，哲学作为一种独立的学术，是在一部分人有了充分的闲暇时间的基础上形成的，这当然是符合历史事实的。但哲学在闲暇中产生，并不意味着它只是一种没有任何实用目的的、单纯的求知活动，并不意味着它的整个思考活动与人的现实的生存活动是无关的。

第二，自由并不等于任性，每一时代的自由实现的程度都取决于人类实际的生存状况以及他们在生存中的相互关系。所以，每个人的生存

---

① 亚里士多德．形而上学．吴寿彭，译．北京：商务印书馆，1959：1.
② 亚里士多德．形而上学．吴寿彭，译．北京：商务印书馆，1959：5.

和其他人的生存都是交织在一起的，不管哲学家是否意识到了这一点，实际上哲学总是在人的生存活动的根基上展示出来的。

从亚里士多德对哲学的定位可以看出，在西方哲学产生的开端处，亚里士多德已把哲学理解为以单纯的求知活动为宗旨的知识论哲学。而在知识论哲学家看来，理性、思维和概念在人们的求知活动中起着根本性的作用。所以，这种类型的哲学家自然而然地把思维与存在的关系作为自己哲学的基本问题。

事实上，这方面的意识在亚里士多德之前已见端倪。巴门尼德在《论自然》的著作残篇中这样写道：

> （4）……第一条是：存在都存在，它不可能不存在。……因为不存在者你是既不能认识（这当然办不到），也不能说出的。（5）因为能被思维者和能存在者是同一的。（6）必定是：可以言说、可以思议者存在，因为它存在是可能的，而不存在者存在是不可能的。①

在巴门尼德看来，思维与存在是同一的，凡是可以思议的，也必定是存在的。这种见解，正如罗素所指出的：

> 在哲学上，这是从思想与语言来推论整个世界的最早的例子。②

在后面的论述中我们将会看到，把思维作为基础推论出整个存在是知识论哲学的基本思想倾向之一。

如果说，巴门尼德把思维与真理和感觉与意见对立起来，并肯定前者而贬斥后者，那么，智者学派作为一种主观主义和怀疑主义的哲学流派，则把两者的关系从根本上颠倒过来，并肯定后者而贬斥前者。智者学派的代表人物普罗塔哥拉认为，人（的感觉）是万物的尺度。显然，这种见解只承认主观意见而否定了客观真理。智者哲学的另一位代表人物高尔吉亚把这方面的见解发挥得更为彻底，他提出了以下三条著名的原则：

---

① 北京大学哲学系外国哲学史教研室．西方哲学原著选读：上．北京：商务印书馆，1981：31－32.

② 北京大学哲学系外国哲学史教研室．西方哲学原著选读：上．北京：商务印书馆，1981：56－57.

第一，无物存在；第二，如果有某物存在，人也无法认识它；第三，即便可以认识它，也无法把它告诉别人。①

这就从根基上否定了知识论哲学及思维与存在的关系问题。

面对这样的挑战，苏格拉底巧妙地运用"助产术"，通过一次次的辩论，把人们的认识从主观随意的感觉经验引向客观的概念知识。正如梯利指出的：

苏格拉底对知识和明确推理的思考怀有很强烈的信心，以至认为知识可以治百病。②

正是通过苏格拉底的努力，知识论哲学的根基被保住了，理性、思维和概念的权威被真正地确立起来了。但苏格拉底所做的主要工作是把理性、思维、概念从混沌的感觉经验中剥离出来，他还没有把它们理解为一个独立的王国。把理性、思维、概念理解为一个独立的王国，这种意向在他的学生——柏拉图那里终于被表达出来了。

柏拉图认为存在着两个世界：一为"可知世界"，亦即理念（或概念）世界，它是永恒不变的，从而也是最真实的；二为"可见世界"，亦即现象世界，它是变动不居的，从而也是最不真实的。要言之，"可知世界"是原本，而"可见世界"不过是"可知世界"的摹本而已。柏拉图的理念论是西方哲学史上第一个重要的知识论哲学体系。理念作为知识蕴含着思想与实在的一致性，亦即蕴含着思维与存在的一致性，但他并没有把巴门尼德关于思维与存在关系的论述接过来直接加以探讨。所以，黑格尔批评道：

柏拉图把理念了解为联系、界限和无限者，了解为一和多，了解为单纯者和殊异者，却没有把它了解成为思维和存在。③

亚里士多德作为柏拉图的学生，进一步修正并推进了他老师的理念论，特别是通过形式逻辑的创立，为理念或概念在人的思维过程中的正确运作奠定了基础。正如梯利所说：

①　北京大学哲学系外国哲学史教研室.西方哲学原著选读：上.北京：商务印书馆，1981：56-57.
②　梯利.西方哲学史：上册.葛力，译.北京：商务印书馆，1975：69.
③　黑格尔.哲学史讲演录：第4卷.贺麟，王太庆，译.北京：商务印书馆，1978：7.

> 亚里士多德的基本思想是，思维和存在是一致的，真理是思维和存在相符合。①

从此，知识论哲学借助于形式逻辑的力量而获得了不可动摇的地位。

西方中古时期的经院哲学本质上也是知识论哲学，不同的是，这个时期的求知活动是在基督教信仰的基础上展开的。众所周知，在经院哲学中，长期以来存在着唯名论与唯实论之间的争论。实际上，这一争论的实质就是思维（概念或共相）与存在（个别事物）的关系问题。唯名论者认为，共相只是名字，唯有个别事物才是存在的；而唯实论者则认为，共相并不只是名字，而是一种真实的存在。比如，唯实论者安瑟伦从上帝这一概念的完美性推出了上帝的存在，这就是著名的"上帝存在的本体论证明"。如前所述，这样的论证思路在巴门尼德那里已见端倪。黑格尔认为，安瑟伦"认识到了思维与存在这一最高的对立的统一"②。但在他那里，或者说在所有的经院哲学家那里，思维与存在的一致性不是通过思维或存在自身的运动展示出来的，而仅仅是理智的一种强行的假定。因此，黑格尔批评道：

> 在经院哲学里，思维和存在的本性并不是研究的对象——它们的性质只是被假定罢了。③

事实上，在近代西方哲学中，思维与存在的关系作为知识论哲学的基本问题才引起哲学研究者们的普遍关注。黑格尔说：

> 近代哲学并不是淳朴的，也就是说，它意识到了思维与存在的对立。必须通过思维去克服这一对立，这就意味着把握住统一。④

但对这种统一的追求却表现为两种方式：一是唯理论的方式，即从思维、内心出发去论证这种统一；二是经验论的方式，即从感觉经验出发去阐明思维与存在的一致性。笛卡尔作为唯理论的创始人，提出了"我思故我在"的著名命题，并在这一命题的基础上建立了近代知识论哲学体系。如果说，古希腊知识论哲学的着眼点是宇宙起源论，中古时期知

---

① 梯利．西方哲学史：上册．葛力，译．北京：商务印书馆，1975：96.
② 黑格尔．哲学史讲演录：第3卷．贺麟，王太庆，译．北京：商务印书馆，1959：296.
③ 黑格尔．小逻辑．贺麟，译．北京：商务印书馆，1980：140.
④ 黑格尔．哲学史讲演录：第4卷．贺麟，王太庆，译．北京：商务印书馆，1978：7.

识论哲学的着眼点是基督教教义，那么，近代知识论哲学的着眼点则是认识论和方法论。所以，黑格尔明确指出：

> 笛卡尔哲学的精神是认识，是思想，是思维与存在的统一。①

然而，无论是唯理论还是经验论所建造的知识论形而上学的大厦都在经验论哲学家休谟那里受到了严重的挑战。休谟从彻底的经验论哲学的立场出发，把传统形而上学认为具有普遍必然性的思维规则（如因果律）还原为主观上的心理习惯，从而从根本上摧毁了传统形而上学。

正是休谟的怀疑主义使康德从莱布尼茨和沃尔夫的独断论形而上学的迷梦中惊醒过来。然而，就基础理论而言，康德哲学非但没有离开知识论哲学的轨道，相反，却以理性批判的方式为知识论哲学的新发展奠定了基础。在《纯粹理性批判》中，康德从先验唯心论出发，强调把知识限制在现象和经验的范围内，反对对理性做超经验的运用，即去认识物自体。黑格尔认为：康德对安瑟伦关于"上帝存在的本体论证明"的反驳之所以受到欢迎，"无疑地大半是由于当他说明思维与存在的区别时所举的一百元钱的例子"②。但康德对理论理性的局限性及思维与存在之间的区别的片面强调表明，他实际上否认了思维与存在的同一性，他的哲学仍然停留在主观主义的阴影中。

后来，费希特、谢林和黑格尔起来批判康德的物自体理论，把思维与存在的统一作为自己的知识论哲学的前提。黑格尔写道：

> 只有思维与存在的统一，才是哲学的起点。③

作为西方知识论哲学传统的集大成者，黑格尔把自己哲学的最高目标看作对"绝对知识"的追求，并反复强调，近代西方哲学的根本使命是使思维与存在的对立得到和解。然而，费尔巴哈认为，在黑格尔那里，这种和解是神秘的、颠倒的，因为他把思维看作主体，把存在仅仅看作宾词。费尔巴哈针锋相对地写道：

> 思维与存在的真正关系只是这样的：存在是主体，思维是宾

---

① 黑格尔．哲学史讲演录：第 4 卷．贺麟，王太庆，译．北京：商务印书馆，1978：67.

② 黑格尔．小逻辑．贺麟，译．北京：商务印书馆，1980：140.

③ 黑格尔．哲学史讲演录：第 3 卷．贺麟，王太庆，译．北京：商务印书馆，1959：295.

词。思维是从存在而来的，然而存在并不来自思维。存在是从自身、通过自身而来的——存在只能为存在所产生。①

费尔巴哈还试图从自己的人本主义哲学出发，对知识论哲学进行改造。他说：

> 思维与存在的统一，只有在将人理解为这个统一的基础和主体的时候，才有意义，才是真理。②

然而，由于费尔巴哈所说的"人"归根到底是抽象的，所以他对黑格尔知识论哲学的批判始终是缺乏力度的。

从上面的论述可以看出，在西方知识论哲学的形成和发展过程中，柏拉图、亚里士多德、笛卡尔、休谟、康德和黑格尔起着特别重要的作用。在古代世界和中古世界，思维与存在的关系问题是通过一与多、一般与个别等形式间接地表现出来的，而在以笛卡尔和培根为肇始人的、注重反思的近代哲学中，这一关系问题才被哲学家们普遍地意识到了。但必须指出的是，这一关系问题并不是哲学的基本问题，而不过是一种特殊的哲学类型，即长期以来在西方哲学史的发展中占主导地位的知识论哲学的基本问题。

什么是马克思哲学的基本问题？

在这里，我们实际上面临着两个问题。第一个问题是：马克思是如何看待思维与存在的关系问题的？第二个问题是：思维与存在的关系问题是不是马克思哲学的基本问题？如果不是，那么马克思哲学的基本问题又是什么呢？

下面我们先来论述第一个问题。众所周知，青年马克思深入地钻研过黑格尔著作，所以黑格尔关于思维与存在的统一性的见解也对他产生过一定的影响。在博士论文的附录中，马克思论述到康德对安瑟伦的"上帝存在的本体论证明"的驳斥时，指出康德用想象中的一百元钱与真实的一百元钱的区别来驳斥这一证明是无效的：

> 如果有人自己想像着他有一百元钱，如果这个表象在他不是任

---

① 费尔巴哈哲学著作选集：上卷．北京：商务印书馆，1984：115.
② 费尔巴哈哲学著作选集：上卷．北京：商务印书馆，1984：181.

意的、主观的，如果他相信他的表象是真的，那末对他说来，这一百元想像着的钱和一百元真实的钱将有相同的价值。①

马克思的上述论述表明，黑格尔关于存在（真实的存在）与思维（想象的存在）的神秘同一的学说对他仍有一定的影响。

不久以后，当青年马克思接触到费尔巴哈的哲学思想，并致力于对国民经济学的研究之后，很快地认识到黑格尔式的"**存在**和**思维**的思辨的**神秘同一**"②的局限性。在《1844 年经济学哲学手稿》中，马克思已经认识到，作为想象的、观念的存在的思维与作为真实的、现实的存在的思维并不是一回事。在论述货币的作用时，他这样写道：

> 当然，没有货币的人也有**需求**，但他的需求只是一种观念的东西，它对我、对第三者、对另一个人是不起任何作用的，不存在的，因而对于我依然是**非现实的，无对象的**。以货币为基础的有效的需求和以我的需要、我的激情、我的愿望等等为基础的无效的需求之间的差别，是**存在**和**思维**之间的差别（der Unterschied zwischen Sein und Denken），是只在我心中**存在**的观念和那作为**现实对象**在我之外对我存在的观念之间的差别。③

在这里，马克思着重强调了思维与存在之间的差异，并且像费尔巴哈一样主张把被黑格尔颠倒的思维与存在之间的神秘关系再颠倒过来，即肯定存在是主体，思维是谓词，但他并没有否认思维与存在同一的可能性：

> 思维和存在虽有**区别**，但同时彼此又处于**统一**中。④

从国民经济学的眼光来看，货币正是实现这种统一的媒介。在费尔巴哈的人本主义思想的影响下，马克思还对黑格尔的"思维"概念提出了疑问：

> 黑格尔为什么把思维同**主体**分离开来；但就是现在也已经很清楚：如果没有人，那么人的本质表现也不可能是人的，因此思维也

---

① 马克思．博士论文．北京：人民出版社，1961：94.
② 马克思恩格斯全集：第 2 卷．北京：人民出版社，1957：245.
③ 马克思恩格斯全集：第 42 卷．北京：人民出版社，1979：154.
④ 马克思恩格斯全集：第 42 卷．北京：人民出版社，1979：123.

不能被看作是人的本质表现，即在社会、世界、自然界生活的有眼睛、耳朵等等的人的和自然的主体的本质表现。①

显然，脱离人的思维是抽象的。马克思还指出：

非对象性的存在物是**非存在物**〔*Unwesen*〕。②

从而肯定，不被人对象化的存在物的总和——存在实际上也是抽象和虚假的。总之，马克思已从唯物主义和人本主义的立场出发改造了黑格尔关于思维与存在关系的神秘学说，但当时他的思想还未完全从费尔巴哈的影响中摆脱出来。

在《关于费尔巴哈的提纲》一文中，马克思以下面这句名言宣告了自己的新的哲学观的诞生：

哲学家们只是用不同的方式**解释**世界，问题在于**改变**世界。③

这就表明：

第一，马克思的新哲学观是以"改变世界"为己任的，它本质上是实践唯物主义。

第二，这种实践唯物主义与传统的知识论哲学之间存在着根本的差异，后者的中心任务是"解释世界"，而前者的中心任务则是"改造世界"。

正是从这种新的哲学观出发，马克思对传统的知识论哲学的基本问题——思维与存在的关系问题进行了透彻的批判。首先，马克思指出了思维与存在关系问题的实质：

人的思维是否具有客观的〔gegenständliche〕真理性，这不是一个理论的问题，而是一个**实践的**问题。人应该在实践中证明自己思维的真理性，即自己思维的现实性和力量，自己思维的此岸性。关于思维——离开实践的思维——的现实性或非现实性的争论，是一个纯粹**经院哲学的**问题。④

马克思在这里说的"思维的真理性"或"思维的此岸性"也就是思维与

① 马克思恩格斯全集：第 42 卷．北京：人民出版社，1979：178．
② 马克思恩格斯全集：第 42 卷．北京：人民出版社，1979：168．
③ 马克思恩格斯选集：第 1 卷．北京：人民出版社，2012：136．
④ 马克思恩格斯选集：第 1 卷．北京：人民出版社，2012：134．

存在的同一性，这个问题本质上是实践问题，而传统的知识论哲学把哲学理解为单纯的求知活动，总是离开实践来讨论思维与存在的关系问题，结果必然导致经院哲学式的抽象的、烦琐的争论。其次，在知识论哲学的框架内，不管人们采用的是唯物主义立场（肯定存在第一性），还是唯心主义立场（肯定思维第一性），都不能正确地解决思维与存在的关系问题。马克思写道：

> 从前的一切唯物主义（包括费尔巴哈的唯物主义）的主要缺点是：对对象、现实、感性，只是从**客体**的**或者直观**的形式去理解，而不是把它们当做**感性的人的活动**，当做**实践**去理解，不是从主体方面去理解。因此，和唯物主义相反，唯心主义却把**能动的**方面抽象地发展了，当然，唯心主义是不知道现实的、感性的活动本身的。[①]

也就是说，在探讨思维与存在关系的传统思路中，唯物主义不满意抽象的思维而诉诸感性的直观，但却凝固在这种直观中而失去了能动性；反之，唯心主义继承了巴门尼德的传统，把一切存在都淹没在思维的黑洞中，但这种能动性却只具有纯粹精神的、抽象的特征。要言之，在这个知识论哲学的基本问题上，传统的唯物主义者和唯心主义者实际上都是失败者。

从上面的论述可以看出，马克思借助于自己的新哲学观的确立，从根本上超越了知识论哲学传统，从而也超越了这一哲学传统的基本问题——思维与存在的关系问题。所以，在马克思之后，不少哲学教科书把这一问题作为马克思哲学的基本问题提出来是缺乏理由的。事实上，马克思哲学作为实践唯物主义完全有着自己独特的基本问题。这也正是我们下面所要讨论的第二个问题，即马克思哲学的基本问题究竟是什么。

如前所述，马克思哲学本质上是实践唯物主义，而这个提法本身已把这种哲学的基本问题显示出来了。也就是说，马克思哲学的基本问题是实践问题。马克思说：

> 全部社会生活在本质上是**实践的**。凡是把理论引向神秘主义的

---

① 马克思恩格斯选集：第 1 卷．北京：人民出版社，2012：133．

神秘东西，都能在人的实践中以及对这种实践的理解中得到合理的解决。①

这一论述充分表明，在马克思的全部哲学理论中，实践居于基础和核心的位置上。众所周知，实践具有多种表现形式，而在这些形式中，最基本的是生产劳动，它是人类生存和发展的根本前提。实践概念蕴含着极为丰富的内涵，而它作为马克思哲学的基本问题，必然显示出以下两方面的内容：一是人与自然（物）的关系，二是人与人的关系。

如果我们稍稍留意一下马克思的著作，就会发现他多次论述到这个问题。在《1844年经济学哲学手稿》中，马克思在论述到共产主义时指出：

> 它是人和自然界之间、人和人之间的矛盾的**真正**解决，是存在和本质、对象化和自我确证、自由和必然、个体和类之间的斗争的真正解决。②

马克思这里的论述已超出传统知识论哲学的纯理论的视域，而融入了实践的维度，所以他把人和自然界之间、人和人之间的矛盾提到首要的位置上。在《德意志意识形态》的一个脚注中，马克思对这个问题做了更明确的表述：

> 到现在为止，我们只是主要考察了人类活动的一个方面——人们**对自然的作用**。另一方面，是**人对人的作用**……③

这就告诉我们，这两方面的作用构成了人类整个实践活动的两翼。马克思还进一步指出，这两翼并不是平行的，它们在人类的历史发展中是交织在一起的。他在论述古代社会时说：

> 人们对自然界的狭隘的关系制约着他们之间的狭隘的关系，而他们之间的狭隘的关系又制约着他们对自然界的狭隘的关系……④

这种狭隘观念反映在古代的自然宗教和民间宗教中，在马克思看来：

---

① 马克思恩格斯选集：第1卷. 北京：人民出版社，2012：135-136.
② 马克思恩格斯全集：第42卷. 北京：人民出版社，1979：120.
③ 马克思恩格斯全集：第3卷. 北京：人民出版社，1960：41.
④ 马克思恩格斯全集：第3卷. 北京：人民出版社，1960：35.

只有当实际日常生活的关系，在人们面前表现为人与人之间和人与自然之间极明白而合理的关系的时候，现实世界的宗教反映才会消失。①

这些论述告诉我们，实践作为马克思哲学的基本问题包含着两个方面（人与自然、人与人）、三重关系（人与自然之间、人与人之间、人与自然之间和人与人之间）。马克思哲学的基本阐释方向是通过对人与自然关系的改变来阐释人与人之间关系的改变。也正是在这个意义上，马克思把共产主义理解为"人和自然界之间、人和人之间的矛盾的真正解决"。由此可见，马克思哲学的基本问题与传统的知识论哲学的基本问题是截然不同的。不厘清这一点，我们就无法真正地进入马克思哲学的视野。

重新认识哲学基本问题的意义

通过类型理论的引入，哲学与哲学的具体类型、哲学元问题与哲学基本问题之间的差异被显示出来了，从而思维与存在的关系不再成为"哲学基本问题"，而是下降为一种特殊的哲学类型——知识论哲学的基本问题。同时，我们还阐明了，马克思哲学与知识论哲学之间存在着根本性的区别，马克思哲学作为实践唯物主义，其基本问题不是思维与存在的关系问题，而是实践问题。形成这些结论对我们的哲学研究究竟有什么意义呢？

首先，我们发现，当代西方哲学与近代西方哲学之间存在着重大的差异，而这一差异是与哲学家们对思维与存在关系的态度紧紧联系在一起的。如前所述，西方知识论哲学传统发端于古希腊，在近代欧洲才获得长足的发展。同样地，这一哲学类型的基本问题——思维与存在的关系问题，在近代哲学的发展中才获得典型的表现形式。黑格尔在论述刚从经院哲学中脱胎的近代哲学时写道：

这种最高的分裂，就是思维与存在的对立，一种最抽象的对立；要掌握的就是思维与存在的和解。从这时起，一切哲学都对这个统一发生兴趣。②

黑格尔的这段话表明，整个近代哲学都在知识论哲学的框架内思考，在

---

① 马克思．资本论：第1卷．北京：人民出版社，1975：96-97.
② 黑格尔．哲学史讲演录：第4卷．贺麟，王太庆，译．北京：商务印书馆，1978：6.

思维与存在的二元对立中挣扎。笛卡尔的心物二元论是最典型的例子，即使号称思维与存在同一的黑格尔哲学，实际上也是一种隐蔽的二元论。马克思在《黑格尔法哲学批判》一书中就对黑格尔哲学的这一特征做过反复的论述。然而，作为知识论哲学传统的集大成者的黑格尔的逝世既宣告了这一传统的陨落，也宣告了近代西方哲学的终结。

虽然当代西方哲学是在近代西方哲学的基础上形成和发展起来的，但在这两个时代的哲学之间存在着重大的差异。当代西方哲学的一个本质特征是超越了近代西方哲学的笛卡尔主义和黑格尔主义的倾向，即或者把思维与存在对立起来，或者在对立的基础上寻求同一的二元论倾向，力图把哲学奠基在一个确定的阿基米德点上。如唯意志主义的"意志"概念、现象学的"现象"概念、生命哲学的"生命"概念、存在主义的"生存"概念、实证主义和实用主义的"经验"概念、分析哲学的"语言"概念、过程哲学的"过程"概念、诠释学的"理解"概念、结构主义的"结构"概念等。这些概念既是当代西方哲学中各派哲学立论的出发点，又是它们各自的基本问题。所以，只要明白当代西方哲学的根本特征是扬弃近代西方哲学的明显的或隐蔽的思维与存在的二元论，也就不会简单地用"回避哲学基本问题""抹煞哲学基本问题"这样的套话去评论当代西方哲学。而这样的评论方式表明，评论者本身的观念还处于近代知识论哲学的问题框架中。事实上，评论者只有深入地领悟当代西方哲学的实质，才能超越近代西方哲学的视野，并对其局限性做出彻底的反思。

其次，我们对马克思哲学的实质获得了新的认识。我们发现，马克思哲学并不从属于近代西方哲学，而从属于当代西方哲学。马克思哲学与当代西方哲学中其他流派的共同点是扬弃了近代西方哲学关于思维与存在的二元论态度，从而为哲学提供了一个新的基点。在马克思那里，这个基点就是实践。

马克思哲学的某些解释者对马克思哲学的根本误解在于，从近代知识论哲学的理论框架出发去理解并解释马克思哲学，特别是把适合于近代哲学的思维与存在的关系问题套用到马克思哲学上去，这就把本来在性质上属于当代西方哲学的马克思哲学近代化了，或者换一种说法，误解了马克思哲学的实质，把它理解为一种热心于谈论存在与思维或自然与精神之间的形而上学关系的知识论哲学。按照这样的理解方式，马克思哲学与传统哲学，尤其是与知识论哲学之间的本质差异便被衩平了，马克思的实践唯物主义或历史唯物主义的划时代的贡献便被掩蔽起来了。于是，马克思哲学不是被曲解为只关心自然的先在性的自然哲学，就是被曲解为只关心范畴辩证法运动的逻辑学。

这就深刻地启示我们，在我们的哲学思维还停留在近代知识论哲学的框架内时，正确地理解马克思哲学的实质是不可能的。就马克思哲学的基本问题是实践问题，而实践问题又表现为人与自然、人与人两方面的历史关系来说，马克思哲学实质上是关于社会发展进程和规律、关于社会关系及其转换的社会哲学或法哲学。此外，认识到马克思哲学的基本问题不是思维与存在的关系问题，而是实践问题，也就从根本上解构了传统教科书关于"辩证唯物主义和历史唯物主义"的二元论体系模式，从而不仅仅把实践理解为马克思认识论的基础，更理解为马克思全部哲学思想的基础。这样一来，马克思哲学体系的内在统一性就获得了根本的保证。

最后，避免了哲学史研究中用思维与存在的关系问题来区分唯物主义和唯心主义、进步的政治倾向和反动的政治倾向的简单化的做法。如前所述，马克思并不认为，唯物主义一切都好，唯心主义一切都不好，他早就告诉我们，哲学思维的能动的方面更多地是唯心主义所发展的。他在论述霍布斯的机械唯物主义思想时甚至说：

> 唯物主义变得**敌视人了**。①

更重要的是，马克思还指出了"唯物主义"这一概念本身的局限性。在《德意志意识形态》中，他写道：

> 当费尔巴哈是一个唯物主义者的时候，历史在他的视野之外；当他去探讨历史的时候，他决不是一个唯物主义者。在他那里，唯物主义与历史是彼此完全脱离的。②

显然，马克思在这里指出的不光是费尔巴哈哲学的局限性，同时也是一切传统的唯物主义者的局限性。在马克思之前的一切唯物主义者，即使他们在自然观上正确地肯定了存在（或自然）的先在性，但由于他们思

---

① 马克思恩格斯全集：第2卷.北京：人民出版社，1957：164.

② 马克思恩格斯全集：第3卷.北京：人民出版社，1960：51.

考的存在是与社会历史相分离的，因而他们在历史领域里的根本思想倾向必然表现为唯心主义。也就是说，一进入历史领域，传统哲学中关于唯物主义和唯心主义的区分便失去了意义。这就表明，一旦我们站在马克思的划时代的哲学革命——实践唯物主义或历史唯物主义立场上，传统的知识论哲学的基本问题——思维与存在关系的全部局限性就清楚地显示出来了。此外，以思维与存在的关系问题为出发点来研究中国哲学，也必然会导致这一研究领域里的全部工作的简单化。一方面，中国哲学是以天人关系、知行关系、道器关系、理气关系等为自己的基本问题的。与西方哲学不同，中国哲学崇尚的是直觉，是整体把握，而不是抽象的、分析的思维方式；是人生哲学，而不是知识论哲学。所以用思维与存在两分的方式去研究中国哲学，必然会曲解中国哲学的本质。另一方面，思维与存在关系作为知识论哲学的基本问题，其重点始终落在自然观上，以此为出发点去研究中国哲学，必然会重视中国哲学的自然观而忽视其社会历史观。然而实际上，中国哲学的重点始终落在社会历史观上。只有以马克思的实践唯物主义或历史唯物主义为出发点去研究中国哲学，中国哲学的丰富宝藏才会真正向研究者展示出来。

第五节　抽象自然观的三种表现形式 *

随着现代化与科学技术的发展，人与自然的关系日益上升为哲学研究中的重大课题。然而，检视近年来发表的有关方面的论文，我们发现，抽象自然观的幽灵仍然到处游荡着。所谓"抽象自然观"，就是用非实践的方式来看待自然。换言之，就是把对自然的考察与人的目的性活动分离开来。显然，只要人们坚持这种自然观，他们实际上探讨的就不是真正的自然或现实的自然，而是虚假的自然或抽象的自然。而在今天，这样的自然在任何地方都是不存在的。这表明，人们在研究自然问题时，对其哲学基础还缺乏深入反思。特别需要指出的是，人们忽视了马克思这方面的思想资源。事实上，正是马克思不遗余力地批判了抽象自然观，把人们的整个思路引向现实的自然。

---

　* 本节原来的标题是《论抽象自然观的三种表现形式》，原载《上海交通大学学报》（哲学社会科学版）1994（4）。

德国哲学家施密特在其博士论文《马克思的自然概念》（1962）一书中试图通过对抽象自然观的批判来恢复马克思自然观的真谛，但由于他没有摆脱从斯大林主义那里接受的辩证唯物主义的思想框架，对抽象自然观的批判仍然是肤浅的、不系统的。此外，卢卡奇在其晚期著作《社会存在本体论》（1971）中以大量的篇幅讨论了自然问题。但与其早期著作《历史与阶级意识》（1923）相比，他的理论见解反而倒退了，陷入了抽象自然观的泥坑。至于我国理论界，人们既未想到要认真总结施密特、卢卡奇等人在自然观上的经验教训，也未想到应该对马克思的自然观做一番深入的研究，而是对一些新名词、新方法津津乐道，以为改变一下问题的提法，问题本身也就迎刃而解了。实际上，只要人们在基础理论上仍然自觉地或不自觉地受制于抽象的自然观，那么在自然观上的理论突破就仅仅是一种幻觉。

抽象自然观的第一种表现形式

抽象自然观的第一种表现形式是：强调自然的自我运动，排除出于任何目的对自然的干预。对这种表现形式不能简单地加以评述，而应当结合历史情境做出具体的分析。一般说来，强调自然的自我运动，相对于基督教的"神创说"来说，无疑是一个进步。恩格斯在评述 18 世纪上半叶自然科学的情况时指出：

> 这时的自然科学所达到的最高的普遍的思想，是关于自然界的安排的合目的性的思想，是浅薄的沃尔弗式的目的论，根据这种理论，猫被创造出来是为了吃老鼠，老鼠被创造出来是为了给猫吃，而整个自然界被创造出来是为了证明造物主的智慧。①

显而易见，无论是"神创说"，还是在"神创说"的基础上形成的"沃尔弗式的目的论"，其共同的特点都是把一种超自然的目的或意志引入到自然之中，当时牛顿提出的关于神的第一推动力的假设也是自然科学还被深深地禁锢在神学中的一个例子。

恩格斯又接着指出：当时哲学的最高荣誉是，它没有被同时代的自然科学的谬误引入迷途。

> 它——从斯宾诺莎一直到伟大的法国唯物主义者——坚持从世

---

① 马克思恩格斯选集：第 3 卷．北京：人民出版社，2012：850 - 851.

界本身说明世界，而把细节方面的证明留给未来的自然科学。①

在这里，"坚持从世界本身说明世界"也就是肯定自然是自我运动的。显然，这一想法与"神创说"或"沃尔弗式的目的论"是直接对立的。毋庸讳言，强调这一对立对于自然科学的研究摆脱宗教世界观的影响来说是有积极意义的，但它同时也蕴含着一个消极的、机械的观念，即把自然与任何目的性分离开来。那么，这种观念是否仅仅是斯宾诺莎和法国唯物主义者的观念呢？我们的回答是否定的。实际上，恩格斯本人也坚持同样的观念。

在《路德维希·费尔巴哈和德国古典哲学的终结》一书中，恩格斯在谈到人类社会的发展史时指出：

> 但是，社会发展史却有一点是和自然发展史根本不相同的。在自然界中（如果我们把人对自然界的反作用撇开不谈）全是没有意识的、盲目的动力，这些动力彼此发生作用，而一般规律就表现在这些动力的相互作用中。在所发生的任何事情中，无论在外表上看得出无数表面的偶然性中，或者在可以证实这些偶然性内部的规律性的最终结果中，都没有任何事情是作为预期的自觉的目的发生的。相反，在社会历史领域内进行活动的，是具有意识的、经过思虑或凭激情行动的、追求某种目的的人；任何事情的发生都不是没有自觉的意图，没有预期的目的的。②

---

① 恩格斯.自然辩证法.北京：人民出版社，1971：11.

② 马克思恩格斯选集：第4卷.北京：人民出版社，2012：253.当然，在有些场合下恩格斯也是看到人的活动对自然界的反作用的。比如，他在批判自然主义的历史观时曾经说过："自然主义的历史观（例如，德莱柏和其他一些自然科学家都或多或少有这种见解）是片面的，它认为只是自然界作用于人，只是自然条件到处在决定人的历史发展，它忘记了人也反作用于自然界，改变自然界，为自己创造新的生存条件。日耳曼民族移入时期的德意志'自然界'，现在只剩下很少很少了。地球的表面、气候、植物界、动物界以及人类本身都不断地变化，而且这一切都是由于人的活动，可是德意志自然界在这个时期中没有人的干预而发生的变化，实在是微乎其微的。"（恩格斯.自然辩证法.北京：人民出版社，1971：209）当恩格斯在另一处谈到人与动物的区别时指出，"动物仅仅利用外部自然界"，"而人则通过他所作出的改变来使自然界为自己的目的服务，来支配自然界"（恩格斯.自然辩证法.北京：人民出版社，1971：158，19）。为此，施密特批评说："值得注意的是，在恩格斯那里，被社会中介的自然概念与独断的形而上学的自然概念毫无关系地并存着。"（A. Schmidt. *The Concept of Nature in Marx*. London：NLB，1971：206）然而，从整体上看，排除人的目的性活动、强调自然自身运动的辩证法应该是恩格斯自然观中的主导思想。

在这里，恩格斯强调，社会历史是由有目的的人的活动构成的，但在研究自然界时，却可以"把人对自然界的反作用撇开不谈"。这就告诉我们，人的目的及其活动对自然界的影响是微乎其微的，甚至是可以忽略不计的。这段话表明，恩格斯的自然观与斯宾诺莎及法国唯物主义者的自然观在"坚持从世界本身说明世界"这一点上是完全一致的。我们的这一见解也可以从恩格斯下面的这段话中得到印证：

> 唯物主义的自然观不过是对自然界本来面目的朴素的了解，不附加以任何外来的成分，所以它在希腊哲学家中间从一开始就是不言而喻的东西。①

在恩格斯看来，马克思主义的自然观不同于以前的唯物主义自然观的地方，仅仅在于它批判地吸收了黑格尔辩证法的成果，自觉地强调了自然界自身的运动是辩证的。

然而，我们必须记住，恩格斯在自然界里所肯定的是自然辩证法，而不是人化自然辩证法。这两者的差异在于：前者关涉到排除一切目的性后自然自身运动的辩证法，后者则涉及人的目的、活动与自然界自身运动之间的辩证关系。显然，凡是读过恩格斯的《自然辩证法》一书的人都不会怀疑，他的自然辩证法是撇开人的目的和活动的自然界自身运动的辩证法。一个明明白白的道理是：费尔巴哈的神学批判理论的巨大意义还没有得到充分的理解。在《基督教的本质》（1841）一书中，费尔巴哈告诉我们，属神的东西与属人的东西之间的对立是虚幻的，真正地说来，人是基督教之上帝，人本学是基督教神学之秘密。也就是说，神的目的归根到底是人的目的的夸张的表达。事实上，"神创说"的实质是用一种神秘的语言表达了人的目的与自然之间的关系。所以，批判"神创说"，否定神的目的对自然的干预是完全正确的，但如果走向另一个极端，即在考察自然的运动时，完全撇开人的目的对自然的干预，把洗澡水和婴儿一起倒掉，那就只能导向一种抽象的自然观。

在《1844 年经济学哲学手稿》中，马克思把黑格尔从逻辑学中外化出来的自然界称为"抽象的自然界"，并批判道：

> 被抽象地孤立地理解的、被固定为与人分离的**自然界**，对人说

---

① 恩格斯. 自然辩证法. 北京：人民出版社，1971：177.

来也是**无**。①

在马克思看来，哲学所要探讨的不是抽象的自然，而是现实的自然，而现实的自然是与人的目的和活动交融在一起的，所以他再三申明，哲学考察的是人类活动的两个方面，"一个方面——人们**对自然的作用**。另一方面，是**人对人的作用**"②。有人也许会提出这样的疑问：马克思不也肯定自然界的"先在性"，即在人类诞生之前自然界就已存在了吗?③确实，马克思不但承认自然界是先于人类而存在的，而且强调，如果人类在今天突然毁灭了，自然界的这种先在性仍然会保持下去。但马克思在批判费尔巴哈的抽象自然观时指出：

> 这种先于人类历史而存在的自然界，不是费尔巴哈在其中生活的那个自然界，也不是那个除去在澳洲新出现的一些珊瑚岛以外今天在任何地方都不再存在的、因而对于费尔巴哈说来也是不存在的自然界。④

按照马克思的看法，他和费尔巴哈正在谈论的那个自然界，既不是人类诞生之前的自然界，也不是初民时期的自然界，而是在相当程度上已被人化的、现实的自然界。撇开这个现实的自然界，去侈谈人类诞生以前的自然界，是没有意义的。这里需要补充说明的是，自然科学家尤其是

① 马克思恩格斯全集：第 42 卷．北京：人民出版社，1979：178.

② 马克思恩格斯全集：第 3 卷．北京：人民出版社，1960：41.

③ 在列宁看来，自然界的先在性问题对唯心主义者说来，是"特别毒辣的"。然而，列宁忘记了，"唯物主义"或"唯心主义"这样的用语是在认识论的话语框架中给出的，因为没有人及人的思维活动的存在，上述两个用语都是没有意义的。也就是说，只要人们一进入认识论的话语框架，作为认识者和思维者的人总是已经存在。所以在这个框架中去设想一个未被人的认识或思维"污染"的自然界是没有任何意义的。

④ 马克思恩格斯全集：第 3 卷．北京：人民出版社，1960：50. 这段话引自马克思和恩格斯合著的《德意志意识形态》一书。正如奥古斯特·科尔纽指出的："在这部著作中，要明确指出哪一部分思想出于马克思，哪一部分思想出于恩格斯，那是很困难的。"（科尔纽．马克思恩格斯传：第 3 卷．北京：三联书店，1980：203）我们认为，在形式上做出这种区分确实是很困难的，但在内容上进行区分却是可能的。在把《德意志意识形态》与马克思和恩格斯的其他著作做了比较研究以后，我们认定，至少该书的第 1 卷第一章中的基本思想是属于马克思的。所以我们在这里和下面引证这一章中的观点时，都把他们理解为马克思的观点。显然，这些观点和恩格斯晚期著作，如《自然辩证法》《路德维希·费尔巴哈和德国古典哲学的终结》等比较起来，存在着差异。此处并不全面地探讨这些差异，而只注重对自然观上的差异做出必要的说明。

古生物学家，常常把人类诞生之前的自然界的化石和遗迹作为研究对象，但是存在两个问题：第一，一旦他们开始考察、研究那些对象，那个原来显得非常遥远的、人类诞生之前的自然界就突然被拉近、被对象化、被人化了；第二，人类并不是刚诞生的时候就有能力发现自然界的先在性，事实上，只有当人类的发展到达一定的社会历史阶段后，人类才能通过自己的科学实验活动（人的目的性活动的表现方式之一）大致推算出地球的年龄和人类诞生的时间。由此可见，就连人类诞生之前的自然界也是在后来人类改造自然界的目的性活动的基础上发现的。马克思自然观的出发点不是排除人的目的性活动的抽象的自然界的自我运动，而是人化自然，是人的目的性活动与自然变化交互关系作用下的现实的自然。

上面，我们分析了抽象自然观的第一种表现形式。这一分析表明，绝不能离开人的目的性来探讨自然自身的运动。事实上，人类社会越发展，人的目的对自然的干预就越严重，人的活动留在自然中的痕迹就越清楚。如果撇开这方面的因素，自然发展中出现的许多现象就无法索解了。

抽象自然观的第二种表现形式

抽象自然观的第二种表现形式是：把自然与历史对立起来，满足于撇开社会历史条件，泛泛地谈论自然，从而使自然实际上抽象化、虚假化和虚无化。

恩格斯在批判黑格尔的自然哲学时指出：

> 对自然界的非历史观点是不可避免的。根据这一点大可不必去责备 18 世纪的哲学家，因为连黑格尔也有这种观点。在黑格尔看来，自然界只是观念的"外化"，它不能在时间上发展，只能在空间扩展自己的多样性……①

我们知道，time（时间）的复数形式是 times（时代），把时间从自然的发展中排除出去，也必然会把体现人类历史不同发展阶段的时代排除出去，从而把自然与历史尖锐地对立起来。毋庸讳言，恩格斯对黑格尔自然观的批判是有充分理由的，然而，如前所述，由于恩格斯主张撇

---

① 马克思恩格斯选集：第 4 卷．北京：人民出版社，2012：235．

开人对自然的反作用来考察自然本身的辩证运动，所以自然的自我运动虽然被放进了时间之中，但人类史与自然史之间的互动关系却被割裂开来了。在这里，归根到底，自然与历史的关系仍然是对立的。正是在这个意义上可以说，恩格斯的自然观在某些基本的方面并没有超越黑格尔的自然哲学。

恰恰是马克思在这一方面迈出了一大步。在《1844 年经济学哲学手稿》中，马克思指出：

> **整个所谓世界历史**不外是人通过人的劳动而诞生的过程，是自然界对人说来的生成过程……①

这就是说，人的诞生与自然界的生成，通过人的劳动而交织在一起，构成了世界历史的发展。人类史和自然史不是对立的，而是统一于世界历史中的。正是从这样的前提出发，马克思写道：

> 在人类历史中即在人类社会的产生过程中形成的自然界是人的**现实的**自然界；因此，通过工业——尽管以**异化**的形式——形成的自然界，是真正的、**人类学的**自然界。②

在这里，马克思十分清楚地告诉我们，如果撇开人类社会发展史孤立地谈论自然史也只能是谈论抽象的自然史。事实上，社会并不在自然之外，社会不过是人与自然的本质上的统一。在《德意志意识形态》中，马克思在驳斥那种把自然与历史对立起来的观点时说，"好像人们面前始终不会有历史的自然和自然的历史"③。在该书的一个脚注中，马克思又写道：

> 我们仅仅知道一门唯一的科学，即历史科学。历史可以从两方面来考察，可以把它划分为自然史和人类史。但这两方面是密切相联的；只要有人存在，自然史和人类史就彼此相互制约。④

显然，这段论述与《1844 年经济学哲学手稿》中的论述的基本精神是完全一致的。

---

① 马克思恩格斯全集：第 42 卷．北京：人民出版社，1979：131.
② 马克思恩格斯全集：第 42 卷．北京：人民出版社，1979：128.
③ 马克思恩格斯全集：第 3 卷．北京：人民出版社，1960：49.
④ 马克思恩格斯全集：第 3 卷．北京：人民出版社，1960：20.

　　马克思不仅从理论上一般地论证了自然与历史、自然史与人类史之间的交互关系，而且进一步分析了不同的社会历史阶段人们在自然观上的差异。在人类诞生之初，自然作为一种完全异己的、有无限威力的力量与人类相对立，人类就像牲畜一样服从它的权力，马克思把这种对自然的纯粹动物般的意识称为"自然宗教"，并指出：

> 这里立即可以看出，这种自然宗教或对自然界的特定关系，是受社会形态制约的，反过来也是一样。这里和任何其他地方一样，自然界和人的同一性也表现在：人们对自然界的狭隘的关系制约着他们之间的狭隘的关系，而他们之间的狭隘的关系又制约着他们对自然界的狭隘的关系，这正是因为自然界几乎还没有被历史的进程所改变；但是，另一方面，意识到必须和周围的人们来往，也就是开始意识到人一般地是生活在社会中的。①

在这里，马克思以其深刻的洞见向我们揭示出人们之间在一定的社会历史阶段形成的相互关系与他们所拥有的自然观的内在联系。人们所处的社会历史阶段越是原始，他们之间的相互关系越是狭隘，他们的自然观也越带有自然崇拜的痕迹。当人类社会发展到商品经济阶段时，资本以其巨大的力量创造了一个新的社会阶段。

> 与这个社会阶段相比，以前的一切社会阶段都只表现为人类的**地方性发展**和**对自然的崇拜**。只有在资本主义制度下自然界才不过是人的对象，不过是有用物……②

这就告诉我们，人类社会发展的历史大致上可以划分为两个阶段：一是前资本主义阶段；二是资本主义阶段。在前一个阶段，人们对自然的基本态度是崇拜；在后一个阶段，人们反过来把自然作为自己的有用物，千方百计地榨取自然以满足自己的种种需要。

　　马克思的这些论述启示我们，撇开人类社会发展史，泛泛地谈论自然及其发展史是没有意义的。哪怕人们谈论的是自然自身运动的辩证法，但由于"自然自身"是排除一切目的因素和历史因素的，所以这个抽象躯体的辩证法仍然没有摆脱抽象自然观的思维框架。

---

①　马克思恩格斯全集：第3卷．北京：人民出版社，1960：35.

②　马克思恩格斯全集：第46卷上册．北京：人民出版社，1979：393.

施密特指出：

> 一开始就把马克思的自然概念同其他自然观区别开来的是马克思的自然概念的社会-历史性质。①

这句话说得非常好，因为它道出了马克思自然观的核心思想。当然，施密特在研究马克思的自然观时，没有进一步分析我们上面提到的马克思对人类社会发展史的两分及在这两个不同的阶段上人们自然观的差异；同时，由于他没有超出"辩证唯物主义"的传统思维框架，他也没有揭示出马克思的自然观与其历史唯物主义学说之间的内在联系。尽管如此，施密特的功绩还是不可埋没的，因为他冲破了苏联和东欧的哲学教科书长期以来倡导的抽象自然观，恢复了马克思自然观的本来面目。

与施密特不同的是，卢卡奇的早期著作表明他领悟了马克思自然概念的真谛。他反复重申"自然是一个社会范畴"②，并对以自然自我运动为基础的自然辩证法采取否定的态度。然而，晚年卢卡奇的观点却发生了根本性的变化，他在回顾《历史与阶级意识》这本书时说：

> 这本书的基本的本体论错误是，我只承认在社会中的存在才是真正的存在，由于自然辩证法被否认，马克思主义从无机自然推出有机自然，再从有机自然通过劳动范畴推出社会的那种普遍性就完全失去了。③

在《社会存在本体论》中，卢卡奇这样写道：

> 当我们和马克思一起把我们自己的社会存在方式的历史理解为一种不可逆的过程时，所有那些被人们称为自然辩证法的东西就显现为这种不可逆过程的前史。④

晚年卢卡奇是从发生学的观点出发来理解自然与社会的关系的，所以他十分重视人类诞生前的自然界的基础作用，注重自然自身的辩证运动，强调自然本体论是社会存在本体论的前提。这样一来，卢卡奇实际

---

① A. Schmidt. *The Concept of Nature in Marx*. London：NLB，1971：15.

② G. Lukacs. *History and Class Consciousness*. Cambridge：MIT Press，1971：234.

③ I. Eorsi. *Georg Lukacs：Record of A Life*. London：Verso，1983：77.

④ G. Lukacs. *Zur Ontologie des gesellschaftlichen Seins（1. Halbband）*. Darmann：Hermann Luchterhand Verlag GmbH & Co. KG，1984：214.

上就退回到抽象自然观的框架中去了，因为他力图返回到与人的目的性活动相分离的自然界中去。这就与以社会历史性为特征的马克思的自然观相去甚远了。值得注意的是，马克思研究自然的方法不是以时间的先后为基准的发生学方法，而是以现实的社会存在为出发点的历史唯物主义的方法。

上面，我们分析了抽象自然观的第二种表现形式。这一分析表明，绝不能脱离一切社会历史条件泛泛地谈论自然界。人们的自然观与他们的社会历史背景是密切相关的。只有在人类史和自然史的交互关系中研究自然，这样的自然才是真实的。

抽象自然观的第三种表现形式

抽象自然观的第三种表现形式是：把自然科学与人类的社会生活割裂开来，从而最终导致自然科学与人的科学的分离和对立。

晚年恩格斯对自然科学有很多研究，也充分肯定了自然科学的发现，特别是其划时代的发现对哲学发展的巨大的推动作用。然而，恩格斯所赞同的"纯粹自然科学的唯物主义"却蕴含着使自然科学与人类的社会生活相分离的倾向。在《路德维希·费尔巴哈和德国古典哲学的终结》中，恩格斯这样写道：

> 费尔巴哈说得完全正确：纯粹自然科学的唯物主义虽然"是人类知识的大厦的基础，但不是大厦本身"。因为，我们不仅生活在自然界中，而且生活在人类社会中，人类社会同自然界一样也有自己的发展史和自己的科学。①

这段话包含着下面两层意思：第一，恩格斯同意费尔巴哈的观点，认为纯粹自然科学的唯物主义是全部自然科学和社会科学知识的基础；第二，正像自然界有自己的科学和发展史一样，人类社会也有自己的科学和发展史，但恩格斯在这里没有说明这两类科学之间的内在联系。

那么，费尔巴哈所说的"纯粹自然科学的唯物主义"又是什么意思呢？恩格斯在同一部著作的另一处写道：

---

① 马克思恩格斯选集：第 4 卷．北京：人民出版社，2012：237.

> 我们自己所属的物质的、可以感知的世界，是唯一现实的；而我们的意识和思维，不论它看起来是多么超感觉的，总是物质的、肉体的器官即人脑的产物。物质不是精神的产物，而精神本身只是物质的最高产物。这自然是纯粹的唯物主义。但是费尔巴哈到这里就突然停止不前了。①

从上下文可以看出，"纯粹的唯物主义"与"纯粹自然科学的唯物主义"的意思相同，都强调世界是物质的、可以感知的，而精神则是物质的最高产物等。问题在于，费尔巴哈所达到的、恩格斯所赞成的这种"纯粹自然科学的唯物主义"，从其内容来看，正是与人类社会生活相分离的、抽象的自然科学的唯物主义。为什么这么说呢？因为这种费尔巴哈式的唯物主义是直观的唯物主义，它并没有把人理解为社会存在物，把自然理解为人化自然，也并没有把外部世界理解为人的本质力量的对象化，把五官感觉理解为以往全部世界历史的产物。一言以蔽之，它完全撇开人的社会生活，只是抽象地谈论着世界、物质、感觉、思维和精神。正如马克思所指出的：

> 那种排除历史过程的、抽象的自然科学的唯物主义的缺点，每当它的代表越出自己的专业范围时，就在他们的抽象的和唯心主义的观念中立刻显露出来。②

按照这种费尔巴哈式的唯物主义观点去看待自然科学与人的科学之间的关系，这两种科学也必定是相互分离的。在《路德维希·费尔巴哈和德国古典哲学的终结》中，一方面，恩格斯批判了自然哲学以幻想的联系取代现实的联系，主张用"辩证的自然观"（即自然辩证法）取代自然哲学；另一方面，恩格斯又批判了历史哲学、法哲学、宗教哲学等以头脑中臆造的联系取代历史事件中的现实的联系，主张用马克思的历史观取代历史领域内的哲学。然而，在这里，自然与历史、自然科学与人的科学仍然处在相互分离的状态下。

正是在马克思那里，我们看到了自然科学与人类社会生活的统一。在《1844年经济学哲学手稿》中，马克思指出：

---

① 马克思恩格斯选集：第4卷．北京：人民出版社，2012：234.
② 马克思．资本论：第1卷．北京：人民出版社，1975：410.

至于说生活有它的**一种**基础，**科学**有它的另一种基础——这根本就是谎言。①

事实上，自然科学已通过工业日益在实践上进入人的生活，改造人的生活，并为人的解放做准备；而工业作为人的本质力量的打开了的书本，是自然界同人之间，因而也是自然科学同人之间的现实的、历史的关系，所以

自然科学将失去它的抽象物质的或者不如说是唯心主义的方向，并且将成为**人的**科学的基础，正象它现在已经——尽管以异化的形式——成了真正人的生活的基础一样……②

正是从自然科学与人的社会生活的内在统一出发，马克思强调：

自然科学往后将包括关于人的科学，正象关于人的科学包括自然科学一样：这将是一门科学。③

在《德意志意识形态》中，马克思进一步批判了德国哲学家关于"纯粹的自然科学"的神话，指出自然科学也只是由于商业和工业的发展、由于人们的感性活动才获得材料并达到自己的目的的。事实上，如果撇开人类的社会生活和需求，自然科学的发展也就失去了自己的动力。

上面，我们分析了抽象自然观的第三种表现形式。这一分析表明，自然科学与人的社会生活的分离、自然科学与人的科学的分离正是费尔巴哈式的直观唯物主义或纯粹的自然科学的唯物主义使然。所以，要彻底消除抽象自然观的影响，就要恢复马克思自然观的本来面目，回到马克思的历史唯物主义的轨道上来。

第六节　两种不同的自由观*

自由观历来是我国哲学界讨论的一个重要课题。近年来，随着大量

---

① 马克思恩格斯全集：第 42 卷．北京：人民出版社，1979：128．
② 马克思恩格斯全集：第 42 卷．北京：人民出版社，1979：128．
③ 马克思恩格斯全集：第 42 卷．北京：人民出版社，1979：128．
＊ 本节原来的标题是《论两种不同的自由观》，原载《光明日报》1988 年 5 月 2 日。

翻译、介绍西方人本主义思潮的学术著作的出版，关于自由问题的讨论更加成了一个热点。可是，我们没有认真地对自由概念进行语义分析，没有严格地把认识论意义上的自由与人类学本体论意义上的自由区别开来，从而在理论上造成了不少误解和混乱。

认识论意义上的自由

在我国出版的辩证唯物主义教材中，几乎无例外地讨论到自由与必然的关系问题。这些讨论所得出的共同结论是：自由是对必然的认识和对客观世界的改造。我们不妨把这种自由观称为认识论意义上的自由观。

恩格斯在《反杜林论》一书中对这种自由观做了经典性的说明：

> 自由不在于幻想中摆脱自然规律而独立，而在于认识这些规律，从而能够有计划地使自然规律为一定的目的服务。……因此，意志自由只是借助于对事物的认识来作出决定的能力。因此，人对一定问题的判断越是**自由**，这个判断的内容所具有的**必然性**就越大；而犹豫不决是以不知为基础的，它看来好像是在许多不同的和相互矛盾的可能的决定中任意进行选择，但恰好由此证明它的不自由，证明它被正好应该由它来支配的对象所支配。因此，自由就在于根据对自然界的必然性的认识来支配我们自己和外部自然……①

在这段话中，恩格斯有三处使用了"认识"概念，一处使用了"不知"的概念。其实，"不知"不过是"认识"的一种否定的表达方式。恩格斯的上述论断表明，他主要不是从人的社会历史存在，如一定的政治观、宗教观、法律观和道德观的角度，而是从认识论的角度来讨论自由问题的。这尤其表现在他关于人对客观事物及其规律的认识越深入，判断也就越自由的见解上。

恩格斯认为，黑格尔是第一个正确地叙述了自由与必然之间关系的哲学家。这表明，他的自由观与黑格尔的自由观有着直接的联系。众所周知，黑格尔的自由观比较强调以下两个方面：第一，自由并不就是普通人所认为的任性或为所欲为；第二，未被认识的必然性是盲目的。这两方面的意思合起来也就是说：自由是对必然的认识。恩格斯上面的论

---

① 马克思恩格斯选集：第 3 卷 . 北京：人民出版社，2012：491 - 492.

述实际上是在唯物主义的基础上，对黑格尔的自由观所做的发挥。

毋庸讳言，这种认识论意义上的自由观的形成和提出具有自己的意义。它告诉我们，自由并不是在幻想中摆脱外在的必然性的束缚，相反，自由正是以外在的必然性为客观前提的。人们对客观事物的认识越深入，他们在判断、选择和决定上就越自由。不尊重并遵循客观规律的人迟早会在现实中失败。然而，认识论意义上的自由也有其明确的适用范围，它主要表明的是作为认识者的主体与客观事物及其规律的关系，主要涉及的是人们在科学技术的名义下改造外部自然界的实践活动，亦即人与自然之间的关系。如果把认识论意义上的自由观当作自由的唯一表现形式，把它加以绝对化并运用到其他场合去，那就可能引起理论上的混乱。

人类学本体论意义上的自由

本体论有各种各样的形式。传统的本体论以精神或物质为本体，这里说的人类学本体论意为以人的生存为本体和出发点的哲学学说。这种本体论在当代存在主义思潮中获得了典型的理论表现。人类学本体论意义上的自由观也就是从人的生存这一本体论现象出发，对自由概念做出规定，它主要涉及的是人们在政治、法律、宗教、道德方面的实践活动，亦即人与人之间的关系。

这种自由观在萨特的学说中表现得最为突出。萨特从"存在先于本质"这一存在主义的第一原理出发，指出：

> 没有决定论——人是自由的，人就是自由（Man is free-dom）。①

人的存在的特殊性正表现在"人是自由的"这一特征上，人是被判处为自由的。他是赤裸裸地被抛到这个世界上来的，他既无任何帮助，也无任何借口，他必须在自己的行动中，即一连串的选择中造就自己，确定自己的本质。

人类学本体论意义上的自由观的理论渊源，可以一直追溯到康德。康德把理性分为纯粹理性和实践理性，前者涉及认识论问题，实际上为认识论和科学技术实践意义上的自由划定了明确的界限；后者主要关联

---

① J. P. Sartre. *Existentialism and Humanism*. London：Eyre Methuen Ltd.，1978：34.

到道德、政治、法和宗教的问题，实际上涉及人类学本体论意义上的自由问题。康德说：

> 自由即是理性在任何时候都不为感觉世界的原因所决定。[①]

在这里，他突出的是作为道德实践主体的人的意志（即"实践理性"）的自决性。在康德看来，如果人的意志不是自由自决的，那就不可能对自己的行为承担道德责任。然而，在叔本华看来，康德所强调的意志自由仍然是不彻底的，因为他主张纯粹理性为意志立法，所以，意志仍然是受理性束缚的。叔本华认为，生命意志是本体，是第一性的，人的认识则是第二性的，是服务于生命意志的。这实际上肯定了人类学本体论意义上的自由比认识论意义上的自由更为根本。这一思想对海德格尔、萨特等人都产生了重大的影响。

总之，人类学本体论意义上的自由，强调的是个体在社会行为中的自我意识和不可推卸的责任感。离开这种自我意识和责任感，个体的历史性就被消解了，个人就成了一个抽象的认识容器。萨特的自由观所要突出的正是这种自我意识和责任感，所以，对他的自由观的得失应当从人类学本体论的角度进行考察和批评。

两种自由观的区别

人们常用认识论意义上的自由观去评论，甚至取代人类学本体论意义上的自由观，但由于这两种自由观在含义上的重大区别，这种做法只能引起理论上的混乱。

首先，这两种自由观的客观基础不同。认识论意义上的自由是以自然规律为基础的。恩格斯强调，他说的自然规律，不仅是指外部自然界的规律，而且是指支配人本身的肉体存在和精神存在的规律。但是，一方面，他没有深入讨论这些规律之间的差异，这里涉及的主要是它们的共同点；另一方面，他强调的重点始终是外部自然界的规律。所以，紧接着前面我们引证的那一段论述，恩格斯又写道：

> 因此，自由就在于根据对自然界的必然性的认识来支配我们自己和外部自然……[②]

---

① 康德. 道德形而上学原理. 苗力田，译. 上海：上海人民出版社，1986：107.
② 马克思恩格斯选集：第 3 卷. 北京：人民出版社，2012：492.

诚然，人类学本体论意义上的自由并不否认外部自然界的规律的存在。一个不会游泳的人如果跳到深水里去寻找什么"自由"，那么这种自由肯定是虚幻的，自然规律会准确无误地起作用，也就是说，他马上会被淹死。包括萨特在内，谁都不会怀疑这一点。然而，人类学本体论意义上的自由主要是以社会生活和人与人之间的关系作为自己的客观基础的。在自然界，自然规律可以脱离人的因素而起作用，而在社会生活中，一切活动都是在人的参与下才得以发生的。所以，一讨论到政治、法律、道德、宗教范围内的实践活动，我们就不得不诉诸本体论意义上的自由。

其次，这两种自由观所对应的主体的内涵不同。认识论意义上的自由所对应的是一个作为纯粹认识者的主体，因为认识论的目的是区分真假（即真理和谬误），要正确无误地揭示客观事物的真相，就必须排除主体的情感因素和价值因素的干扰。与此相反，本体论意义上的自由所对应的是一个寻求生存的社会主体。对于这样的主体而言，世界首先是作为意义的世界呈现在他的眼前的，即这个世界必须对他有用，必须能维持他的生存；只有在满足了这种基本的生存需要以后，他才可能以纯粹认识者的目光去系统地探索这个世界。所以，这样的主体不但不排除情感因素和价值因素，相反，其自由正关系到这样的因素。如果深入地分析下去，就会发现，即使作为纯粹认识者的主体，只要一跨进真实的社会生活中，尽管他研究的仍然是外部自然界的问题，还是会受到情感因素和价值因素的左右。哥白尼、伽利略、布鲁诺、哈维等人的遭遇就是明证。记得列宁还说过，几何公理要是触犯人们的利益，也是会被推翻的。在任何情况下，生存问题都是人类面对的首要问题。人类所寻求的根本自由是生存上的自由，至于人类所寻求的认识、理性和科学上的自由，归根到底是为生存上的自由服务的。

最后，对外部必然性的认识并不等于解决了生存上的自由问题。在单纯认识论意义上的自由的范围之内，我们可以说，人们对外部自然界规律的认识越深入，他们在改造世界的实践活动中就越自由。但我们绝不能轻易地把这一结论推广到人类学本体论的自由所属的范围中，即推广到人们的社会生活中。在实际生活中，自由与选择是含义极为丰富的概念，其中不仅蕴含着科学与认识论的问题，更重要的是蕴含着政治、宗教上的信念问题和道德、法律上的责任感问题。恩格斯说，犹豫不决是以不知为基础的，这里的"知"涉及的显然只是认识论问题。然而，在许多场合下，当人们处于犹豫不决的状态下时，并不是出于对外在必然性的无知，而是出于一种非常复杂的心理，特别是出于某种道德责任或宗教信仰方面的冲突。无知可以使人犹豫不决，知同样可以使人犹豫不决。假设一个通晓社会发展规律的革命者被捕了，他必须在一个小时内做出下面的选择：或者是变节以求生存，或者是牺牲自己以维护革命的利益。在这一小时中，如果他的思想出现过犹豫，我们能说这是出于他的无知吗？不，即使他对一切都知道得清清楚楚，他还会犹豫不决。因为这里的自由和选择问题远远超出了科学与认识论的范围，它触及的是生命、情感、道德责任感、政治或宗教信仰等重大问题。萨特在谈到克尔凯郭尔的学说时说：

> 克尔凯郭尔是正确的，人类的悲伤、需要、激情和痛苦是一些原生的实在，是知识既不能克服也不能改变的东西。①

这充分表明，仅仅停留在认识论意义上的自由是远远不够的。

---

① J. P. Sartre. *Search for A Method*. New York：Alfred A. Knopf，1963：12.

第三章　马克思哲学就是历史
唯物主义

　　有趣的是，人们喋喋不休地谈论着马克思哲学，却很少以下面这样的问题反躬自省：究竟什么是马克思哲学？正如我们在前面已经指出过的那样，在恩格斯、普列汉诺夫、列宁和斯大林的解释路线中，尤其是在普列汉诺夫开始明确地使用"辩证唯物主义"的概念以来，马克思哲学就成了辩证唯物主义的同义词，而历史唯物主义不过是把辩证唯物主义推广或应用到社会历史领域的结果。所以，就马克思哲学的实质而言，它就是"辩证唯物主义"，而就它的完整性而言，它也可以被称为"辩证唯物主义和历史唯物主义"。

　　显然，上述流行的理解方式耧平了马克思哲学与旧唯物主义之间的本质差别。为什么？道理很简单，因为辩证唯物主义是由费尔巴哈式的、以抽象物质观为基础的一般唯物主义（所谓基本内核）和被改造过的黑格尔的辩证法（所谓合理内核）构成的，不管辩证法如何神通广大，它也无法改变抽象物质观这一基础。也就是说，辩证唯物主义就其实质而言，是一种隐蔽的旧唯物主义。

　　与这种流行的理解方式不同，我们认为，马克思哲学革命的实质就是创立历史唯物主义，历史唯物主义绝不是辩证唯物主义推广或应用到社会历史领域的结果，而是马克思哲学的基础、核心和全部内容。要言之，马克思哲学就是历史唯物主义，成熟时期的马克思从来没有提出过历史唯物主义以外的任何哲学理论。

第一节　历史唯物主义的两种概念 *

众所周知，历史唯物主义是马克思的两个伟大的发现之一。历史唯物主义与马克思哲学的关系问题是一个极为重要的理论问题。这一问题曾经引起广泛的讨论，但迄今为止并未取得实质性的进展。目前学术界流行的两种见解是：

第一种，马克思哲学即辩证唯物主义和历史唯物主义，历史唯物主义是把辩证唯物主义的原理推广到社会历史领域的结果。

第二种，历史唯物主义是马克思哲学的基础和核心。

第二种见解确实与第一种见解有较大的区别，但问题在于，第二种见解与第一种见解一样把历史唯物主义理解为仅仅适用于社会历史领域的学说，而且并未阐明作为马克思哲学的基础和核心的历史唯物主义与其他非基础和非核心部分之间的联系。尽管第二种见解比第一种见解更接近于对马克思哲学的本真含义的把握，但归根到底，这两种见解都窄化了历史唯物主义的理论内涵，从而在一定程度上掩蔽了马克思哲学的划时代的革命的贡献。

我们在这里提出的第三种见解是：历史唯物主义是马克思的划时代的哲学革命。成熟时期的马克思并没有提出过历史唯物主义以外的任何其他的哲学理论。换言之，历史唯物主义就是马克思哲学。这样一来，我们所使用的历史唯物主义概念就获得了新的内涵。为了阐明我们的见解与上述两种见解之间的本质差异，为了使历史唯物主义即马克思哲学的最重要的贡献得以凸显，我们提出了关于历史唯物主义的两种不同的概念，即把上述两种见解所涉及的历史唯物主义称为"狭义的历史唯物主义概念"，而把我们所主张的历史唯物主义称为"广义的历史唯物主义概念"。下面，我们将就这一主题展开具体的论述。

何谓"狭义的历史唯物主义概念"？

什么是"狭义的历史唯物主义概念"呢？我们把那种认为历史唯物

---

* 本节原来的标题是《论两种不同的历史唯物主义概念》，原载《中国社会科学》1995（6）。

主义仅仅适用于社会历史领域的观念称为"狭义的历史唯物主义概念"。这里涉及的社会历史领域也是狭义的，它对应于人们从未认真地反思过的哲学的"世界"（由自然、社会、思维这三大部分组成）概念中的"社会"部分。也就是说，"狭义的历史唯物主义概念"仅仅适用于这一"世界"图景中的"社会"部分。这一概念通过传统的哲学教科书至今仍在学术界拥有支配性的影响。之所以如此，是因为它与人们早已熟悉并接受的"推广论"是一起叙述出来的。

众所周知，所谓推广论，也就是把历史唯物主义理解为一般唯物主义或辩证唯物主义推广到社会历史领域的结果，它的形成、发展是有一个过程的。在《路德维希·费尔巴哈和德国古典哲学的终结》一书中，当恩格斯谈到马克思对黑格尔哲学的改造时写道：

> 同黑格尔哲学的分离在这里也是由于返回到唯物主义观点而发生的。……不过在这里第一次对唯物主义世界观采取了真正严肃的态度，把这个世界观彻底地（至少在主要方面）运用（durchgefuehrt，此词也可译为"贯彻""实行"。——引者注）到所研究的一切知识领域里去了。①

这段论述包含着两层意思。第一层意思是：马克思哲学的基础部分是唯物主义；第二层意思是：必须把唯物主义的世界观"运用"到一切知识领域（包括社会历史领域）中。所以，恩格斯实际上已经提出了这样的见解，即历史唯物主义是唯物主义在社会历史领域中的运用。当然，恩格斯所说的"唯物主义"是指现代唯物主义，而按他在《反杜林论》一书中的说法，现代唯物主义本质上是辩证的。因此，恩格斯虽然使用过"唯物主义辩证法"的术语，而未使用过"辩证唯物主义"的概念，但已为这一概念的提出奠定了思想基础。这里已显露出一种倾向，即把马克思哲学的结构理解为两个层面：一是基础层面——现代唯物主义，对应于"世界"概念中的"自然"部分；二是应用层面——历史唯物主义，对应于"世界"概念中的"社会"部分。这从《路德维希·费尔巴哈和德国古典哲学的终结》《反杜林论》等著作的结构也可以看出来，恩格斯总是先讨论与自然界相关的一般哲学问题，然后再讨论社会历史领域里的哲学问题。

---

① 马克思恩格斯选集：第4卷．北京：人民出版社，2012：249.

普列汉诺夫作为马克思主义学说的积极的传播者，进一步阐明了恩格斯对马克思哲学的理解模式。他说：

> 我们用"辩证唯物主义"这一术语，它是唯一能够正确说明马克思的哲学的术语。①

在解释辩证唯物主义和历史唯物主义的关系时，他又指出：

> 因为辩证唯物主义涉及到历史，所以恩格斯有时将它叫作历史的。这个形容语不是说明唯物主义的特征，而只表明应用它去解释的那些领域之一。②

显然，在普列汉诺夫看来，马克思哲学的基础层面是辩证唯物主义，应用层面则是历史唯物主义。如果说，普列汉诺夫还没有把辩证唯物主义和历史唯物主义的关系作为马克思哲学的核心问题提出来进行讨论的话，那么，在列宁那里，这个问题的重要性已经充分地显露出来。在《唯物主义和经验批判主义》这部著作中，列宁开宗明义地指出：

> 马克思和恩格斯几十次地把自己的哲学观点叫做辩证唯物主义。③

在肯定马克思哲学的基础层面是辩证唯物主义之后，列宁进而又写道：

> 马克思和恩格斯……所特别注意的是修盖好唯物主义哲学的上层，也就是说，他们所特别注意的不是唯物主义认识论，而是唯物主义历史观。④

列宁的见解是十分清楚的。他把马克思哲学比喻为一座"建筑物"，辩证唯物主义是它的基础部分，而历史唯物主义则是它的"上层"部分。列宁的《唯物主义和经验批判主义》一书的结构也是先谈辩证唯物主义（以自然界为对象），后谈历史唯物主义（以社会历史领域为对象）。应当指出，把历史唯物主义理解为辩证唯物主义在社会历史领域里的"推广"和"运用"，这不是列宁偶尔表达的一个观点，而是他的

---

① 普列汉诺夫.论一元论历史观之发展.博古，译.北京：三联书店，1961：198.
② 普列汉诺夫哲学著作选集：第2卷.北京：三联书店，1961：311.
③ 列宁选集：第2卷.北京：人民出版社，2012：12.
④ 列宁选集：第2卷.北京：人民出版社，2012：225.

一贯思想。在《马克思主义的三个来源和三个组成部分》一文中，列宁指出：

> 马克思加深和发展了哲学唯物主义，而且把它贯彻到底，把它对自然界的认识推广到对**人类社会**的认识。马克思的**历史唯物主义**是科学思想中的最大成果。①

在《卡尔·马克思》一文中，列宁又发挥道：

> 发现唯物主义历史观，或者更确切地说，把唯物主义贯彻和推广运用于社会现象领域……②

这样一来，"推广论"的雏形在列宁那里已经形成了。

列宁的上述见解在斯大林那里得到了更明确的表述。斯大林这样写道：

> 历史唯物主义就是把辩证唯物主义的原理推广去研究社会生活，把辩证唯物主义的原理应用于社会生活现象，应用于研究社会，应用于研究社会历史。③

从此，"推广论"就成了人们理解马克思哲学的固定的模式。这种模式不仅影响了苏联、东欧和中国哲学界的马克思哲学的研究者，而且在这个范围之外的研究者那里也产生了广泛的影响。比如，考茨基早在出版于1927年的《唯物主义历史观》一书中已经指出：

> 历史唯物主义是应用到历史上的唯物主义。④

就是在号称富于独创性的"西方马克思主义者"那里，这种理论也拥有一定的影响，如赖希的著作《辩证唯物主义和精神分析》（1929）、施密特的论文《论辩证唯物主义中历史和自然的关系》（1965）等。

综上所述，在"推广论"的视野中，历史唯物主义只不过是辩证唯物主义在社会历史领域中的"推广"或"运用"。也就是说，这里的历史唯物主义概念只是与传统的"世界"概念中的"社会"部分相对应的

---

① 列宁选集：第2卷．北京：人民出版社，2012：311.
② 列宁选集：第2卷．北京：人民出版社，2012：425.
③ 联共（布）党史简明教程．北京：人民出版社，1975：116.
④ 考茨基．唯物主义历史观：第1分册．上海：上海人民出版社，1964：20.

"狭义的历史唯物主义概念"。

"狭义的历史唯物主义概念"的困难

现在让我们进一步来考察，这个"狭义的历史唯物主义概念"的理论困难在哪里，它究竟能否像传统的哲学教科书的编写者所声称的那样，把马克思哲学的最本质的内容充分展示出来。

首先，我们来探讨一下：从一般唯物主义或辩证唯物主义出发，是否一定能在社会历史领域里确立历史唯物主义的观点？我们的回答是否定的。在展开我们的论述之前，有必要先来阐明一下"一般唯物主义"这一概念的含义。列宁是这样表述的：

> 物质的存在不依赖于感觉。物质是第一性的。感觉、思想、意识是按特殊方式组成的物质的高级产物。这就是一般唯物主义的观点，特别是马克思和恩格斯的观点。[①]

在列宁看来，费尔巴哈坚持的也是一般唯物主义的观点。确实，当费尔巴哈考察自然的时候，他是一个纯粹的唯物主义者，然而，一进入社会历史领域，他却用宗教的变化去解释社会历史的变迁，从而成为历史唯心主义者了。正如马克思所批评的：

> 当费尔巴哈是一个唯物主义者的时候，历史在他的视野之外；当他去探讨历史的时候，他决不是一个唯物主义者。在他那里，唯物主义和历史是彼此完全脱离的。[②]

这就告诉我们，从一般唯物主义的立场出发，不但推广不出历史唯物主义，而且由于一般唯物主义坚持的是抽象的、与社会历史相分离的哲学立场，因而在考察社会历史时，必然会陷入历史唯心主义的立场。

那么，把辩证唯物主义理论应用于社会历史领域，是否会得出历史唯物主义的结论呢？我们认为，这同样是不可能的。如前所述，辩证唯物主义是以自然界为研究对象的，而我们的世界概念又是按照自然、社会、思维的次序而展示出来的。既然在我们的世界图式中，自然置于社会之前，而人以及人的活动只能以社会的方式显示出来，那就是说，我

---

① 列宁选集：第2卷. 北京：人民出版社，2012：51.
② 马克思恩格斯全集：第3卷. 北京：人民出版社，1960：51.

们所考察的自然是一个脱离人及人的活动的、抽象的自然。辩证唯物主义的对象正是这样一个抽象的自然。所以，在辩证唯物主义领域中，人们所谈论的"存在"也就是指与人的活动相分离的、抽象的物质。然而，在社会历史领域里，一切都发生了变化。人们在这个领域里谈论的"社会存在"蕴含着人、人的目的和人的活动。把一般唯物主义转化为辩证唯物主义（其研究对象仍然是脱离人的），并把它引入充斥着人的目的和动机的社会历史领域，是不可能推导出历史唯物主义的结论来的。因为这一推导在起点上就是抽象的，而从抽象的前提出发是得不出具体的结论来的。（注意：这与"从抽象到具体"的研究方法完全是两回事。）

显然，与历史唯物主义的基本立场相契合的只可能是"人化的自然"或"历史的自然"，而不可能是与人相分离的、抽象的自然；只可能是作为人的生产活动的要素（如原料、工具、产品等）出现的物质的具体形态，而不可能是与人相分离的、抽象的物质。要言之，虽然辩证唯物主义把唯物主义辩证化了，但由于作为辩证法的承担者的物质世界或自然界仍然是以抽象的、前人类社会的方式表达出来的，所以它在历史领域中的应用是不可能引申出历史唯物主义的结论来的。

其次，在"狭义的历史唯物主义概念"中，历史唯物主义被理解为马克思哲学这一建筑物的"上层"，或者换一种说法，被理解为马克思哲学中的"最高的"或"最后的""成果"。也就是说，历史唯物主义的基本理论不是马克思哲学中的基础部分，而是被推广出来的部分；不是马克思在考察一切问题时的出发点，而仅仅是他在研究历史领域时引申出来的局部的结论。这样一来，历史唯物主义在哲学发展史上的划时代的革命作用被窄化和弱化了，甚至被掩蔽起来了，因为我们仍然把它理解为第二性的、"推广"出来的"成果"，仍然把哲学史上由来已久的一般唯物主义或至多把已经辩证化了的一般唯物主义，即辩证唯物主义作为基础置于历史唯物主义之前。按照这样的方式去理解马克思哲学，必然会错失它的实质。

最后，通过"狭义的历史唯物主义概念"，马克思哲学被实证化了，它向人们展示出来的只是它的应用价值，而且就应用价值而言，也只能用于狭义的社会历史领域。这里涉及对马克思的一段重要论述的理解。在《德意志意识形态》中，马克思写道：

思辨终止的地方，即在现实生活面前，正是描述人们的实践活动和实际发展过程的真正实证的科学（positive Wissenschaft）开始的地方。……对现实的描述会使独立的哲学（Die Selbstaendige Philosophie）失去生存环境，能够取而代之的充其量不过是从对人类历史发展的观察中抽象出来的最一般的结果的综合（Zusammen-fassung）。①

在这段话中，马克思强调，作为历史学的"实证的科学"将取代"思辨"哲学；而"从对人类历史发展的观察中抽象出来的最一般的结果的综合"（以下简称"综合"）则将取代"独立的哲学"。人们常常把马克思的这段话理解为：在社会历史领域里，哲学已经终结了，代之而起的只是作为"实证的科学"的历史学。这就把马克思哲学即历史唯物主义实证化了。实际上，马克思在这里拒斥的并不是一切哲学，而主要是以黑格尔为代表的历史哲学，马克思在上面说的"思辨"和"独立的哲学"指的正是这种历史哲学。那么，历史哲学终结之后，是否只剩下作为实证科学的历史学了呢？马克思的回答是否定的。马克思上面所说的"综合"正是实证的、经验的历史学赖以为前提的历史唯物主义的基本理论。不用说，历史唯物主义是一种崭新的哲学学说，是我们研究一切其他领域（不仅仅是传统意义上的、狭义的社会历史领域）的理论前提。"狭义的历史唯物主义概念"把历史唯物主义束缚于狭义的社会历史领域，这就必然使它实证科学化，失去深刻的哲学内涵。

在以卢卡奇为肇始人的"西方马克思主义"思潮的影响下，苏联、东欧和中国哲学界对"推广论"的认识和批评渐渐明朗化。20世纪80年代以来，中国哲学界形成了一种颇有影响的新见解。这种见解逆转了"推广"的方向，强调历史唯物主义是马克思哲学的基础和核心。原来在辩证唯物主义部分讨论的认识论、方法论、范畴论等都应在历史唯物主义的基础上重新加以讨论。这不能不说是在重新理解马克思哲学上的一个极为重要的进展。

然而，这种"基础和核心论"最终并未超越"狭义的历史唯物主义概念"，因为：

第一，这种理论虽然反对把历史唯物主义看作辩证唯物主义在社会

---

① 马克思恩格斯全集：第3卷．北京：人民出版社，1960：30-31．

历史领域中的应用，但仍然坚持认为历史唯物主义是对应于传统意义上的社会历史领域的。

第二，如果把历史唯物主义称为马克思哲学的"基础和核心"，那么马克思哲学中的非基础和非核心的部分又是什么呢？能否把上面说的认识论、方法论、范畴论称为非基础和非核心的部分呢？如果是，岂不是把历史唯物主义的内容窄化了吗？

第三，这种见解主张保留原初意义上的辩证唯物主义概念。这样一来，一方面，"推广论"的理论失误不能得到根本的清理；另一方面，人们的理论视野仍然停留在"狭义的历史唯物主义概念"内，无法深入地领悟马克思哲学的实质。

何谓"广义的历史唯物主义概念"？

上面的论述表明，只要人们停留在"狭义的历史唯物主义概念"上，他们就不可能理解马克思的划时代的哲学革命的真正的实质和意义。在我们看来，马克思哲学应当是"广义的历史唯物主义概念"。"广义的历史唯物主义概念"是指：第一，历史唯物主义不仅适合于传统意义上的社会历史领域，而且同时适合于其他一切领域，是我们研究一切领域的前提性理论；第二，历史唯物主义不仅是马克思哲学的"基础和核心"，而且是全部马克思哲学。它本身就蕴含着自己的认识论、方法论、范畴论。要进入"广义的历史唯物主义概念"，必须先从理论上澄清下列问题。

第一个问题是：历史唯物主义的世界整体图景是什么？如前所述，"推广论"认为，世界是由三个部分即自然、社会和思维构成的；"基础和核心论"并不反对这三个部分的划分，它要求更改的只是它们的结构和次序，即把上述结构改写为社会、自然和思维。不可否认，这一改写具有重要的理论意义，因为前者从抽象的、与人相分离的自然出发去考察一切，后者则从社会历史领域出发去考察一切。但不管如何，世界的整体图景已经被破坏了，因为我们把社会与自然、思维割裂开来了。换言之，我们这里谈论的"社会"概念仍然是一个狭义的"社会"概念，而在马克思那里，"社会"概念是广义的，是蕴含自然、人和人的思维活动在内的。在《1844 年经济学哲学手稿》中，马克思写道：

> **社会**是人同自然界的完成了的本质的统一，是自然界的真正复活，是人的实现了的自然主义和自然界的实现了的人道主义。①

在马克思看来，社会并不是人的思维与自然之外的某个东西，它本身就是人（当然也包括人的思维）与自然的统一体。马克思又说：

> **整个所谓世界历史**不外是人通过人的劳动而诞生的过程，是自然界对人说来的生成过程……②

所以，马克思的广义的社会概念显示出一个完整的世界图景，而"广义的历史唯物主义概念"所要展示的也正是这样的世界图景。一旦这一完整的世界图景通过马克思的"社会"或"社会生活"的概念而显示出来，狭义的"社会"概念和"狭义的历史唯物主义概念"也就从理论上被扬弃了。

第二个问题是：历史唯物主义强调的究竟是怎样的历史性？所谓历史性就是社会历史特性，它是人、人的思维和活动、人所面对的感性世界得以展示的境域。对于"狭义的历史唯物主义概念"来说，历史性只在传统意义上的社会历史领域内才有效。所以，当人们运用"狭义的历史唯物主义概念"去考察自然时，由于撇开了自然的历史性，必然陷入一种抽象的唯物主义的观念。正如马克思所指出的：

> 那种排除历史过程的、抽象的自然科学的唯物主义的缺点，每当它的代表越出自己的专业范围时，就在他们的抽象的和唯心主义的观念中立刻显露出来。③

这种对历史性作用的限制乃至消解也表现在认识论、方法论和范畴论研究中。一方面，人们把这三论和自然观并列在一起，放在辩证唯物主义部分加以讨论，而这些讨论又是以"前历史唯物主义"的方式来展开的；另一方面，在考察这三论的时候，人们也像考察自然一样抽掉了历史性，从而使这三论也被抽象化了。

具体而言，认识论的考察由于忽视了认识主体的社会历史特征，因而变形为抽象的认识论；方法论的考察由于忽视了辩证法承担者的社会

---

① 马克思恩格斯全集：第42卷．北京：人民出版社，1979：122.
② 马克思恩格斯全集：第42卷．北京：人民出版社，1979：131.
③ 马克思．资本论：第1卷．北京：人民出版社，1975：410.

历史内涵，因而变形为抽象的诡辩；范畴论的考察由于忽视了范畴得以抽引出来的现实社会关系，因而变形为概念游戏。在《唯物主义和经验批判主义》一书中，列宁总是撇开认识主体的社会历史性来谈论认识主体对外部世界的感觉与思考，所以柯尔施批评说：

> 列宁总是从一个抽象的认识论的立场上来阐述这些关系。他从不在意识的社会——历史形式的同样的平面上来分析知识，从不把它作为一种历史的现象，作为任何既定时代社会经济基础的意识形态方面的"上层建筑"加以探讨。①

与此不同的是，对于"广义的历史唯物主义概念"来说，历史性不仅适合于传统意义上的社会历史领域，而且适合于一切领域。

当我们从"广义的历史唯物主义概念"出发去考察自然时，历史性就契入自然之中，自然不再是与人相分离的抽象物，而是成了"人化的自然""历史的自然"。所以马克思说：

> 在人类历史中即在人类社会的产生过程中形成的自然界是人的**现实的**自然界；因此，通过工业——尽管以**异化**的形式——形成的自然界，是真正的、**人类学的**自然界。②

同样地，自然科学也将失去它的抽象物质的或者不如说是唯心主义的方向，人们将历史地考察它如何通过工业日益从实践上进入人的生活，改造人的生活，并为人的解放做准备。要言之，自然科学和人的科学将成为一门科学。这样，我们就不会脱离人的实践活动去考察所谓"自然界自身"是怎样运动的，而是通过实践活动的媒介去考察人与自然的关系是如何发展的；我们也不会撇开一切历史条件去谈论自然科学研究的课题和成果，而是致力于研究自然科学同人之间的现实的历史关系。

同样地，由于历史性的先行契入，前面提及的三论也不再是抽象的了。就认识论而言，它不再把认识主体视为抽象的认识容器，一味地朝历史的开端处去询问认识究竟起源于什么，它的根本任务是在认识过程展开之前，先行地澄清认识主体和认识对象的社会历史属性，换言之，

---

① K. Korsch. *Marxism and Philosophy*. New York：Monthly Review Press，1970：134.

② 马克思恩格斯全集：第 42 卷．北京：人民出版社，1979：128.

把整个认识活动奠基于人的社会实践活动之上。

举例来说，马克思认为，统治阶级的思想在每一时代都是占统治地位的思想。

> 例如，在某一国家里，某个时期王权、贵族和资产阶级争夺统治，因而，在那里统治是分享的，那里占统治地位的思想就会是关于分权的学说，人们把分权当作"永恒的规律"来谈论。①

如果我们撇开历史背景，只是从抽象的认识论出发去讨论"分权"的问题，就会纠缠在一些空洞的概念上，根本无法把握这场讨论的实质。只有先行地澄明任何认识活动的社会历史内涵，才可能正确地考察这些认识活动。就方法论而言，人们不再把辩证法单独地抽取出来进行论述，也不再把它与它的抽象的承担者——与人相分离的物质或自然结合起来进行论述，而是把辩证法和它的真正的载体——人类的生存实践活动结合起来进行论述。这样一来，我们的方法论就不会满足于以抽象的方式去讨论对立面的同一性、斗争性等经院哲学式的问题，而是把异化劳动及异化劳动之扬弃作为方法论的中心课题来讨论。就范畴论而言，我们也不会抽象地、脱离一切社会历史内容地去讨论诸如原因与结果、内容与形式、现象与本质、偶然与必然、可能与现实等关系，而是关注范畴与现实的社会关系之间的内在联系。正如马克思在论述经济范畴时指出的那样：

> 经济范畴只不过是生产的社会关系的理论表现，即其抽象。②

总之，一旦人们进入"广义的历史唯物主义概念"的视野，历史性的先行澄明就成了他们从事一切研究活动的根本前提。

第三个问题是：在"广义的历史唯物主义概念"的视野里，如何看待辩证唯物主义这一概念？我们认为，这一概念面临着两种选择：如果它保留原来的含义，即以与人相分离的、抽象的自然界为研究对象，那么它就没有必要继续存在下去。正如我们在前面已经指出过的，把抽象的辩证法和抽象的唯物主义叠加起来，绝不是马克思本人的哲学立场。这样做必然会敉平马克思哲学与一切旧唯物主义哲学之间的本质差异。

---

① 马克思恩格斯全集：第 3 卷. 北京：人民出版社，1960：52 - 53.
② 马克思恩格斯选集：第 1 卷. 北京：人民出版社，2012：222.

如果这一概念要继续存在下去，它就必须改变自己的含义。也就是说，它必须成为广义的历史唯物主义的同义词。在这个意义上，辩证唯物主义就是广义的历史唯物主义。有人也许会问：既然是同义词，辩证唯物主义概念的保留还有什么意义呢？我们认为，不但有意义，而且其意义还是十分重要的，那就是通过这一概念来凸显广义的历史唯物主义的辩证性质。

马克思本人曾对辩证法做过许多重要的论述，在他的诸多论述中，下面这段话具有特别重要的意义：

> 黑格尔的《现象学》及其最后成果——作为推动原则和创造原则的否定性的辩证法（der Dialektik der Negativitaet）——的伟大之处首先在于，黑格尔把人的自我产生看作一个过程，把对象化看作失去对象，看作外化和这种外化的扬弃；因而，他抓住了**劳动的本质**，把对象性的人、现实的因而是真正的人理解为他**自己的劳动**的结果。①

通过这段话，马克思告诉我们：第一，他强调的辩证法不是以抽象的物质世界或抽象的自然界为承担者的辩证法，而是以人类的生存实践活动——劳动为承担者和主体的辩证法，人类的历史就是在这种劳动的辩证法的基础上展示出来的；第二，他强调的辩证法是"否定性的辩证法"。也就是说，辩证法就其实质而言是批判的和革命的，它并不崇拜外部世界的任何现存的东西，而并不只用肯定的态度去描述外部世界，而是用批判的眼光审查一切，哪怕是人们早已通过教化而接受的传统的信念。所以，马克思在谈到自己的合理形态的辩证法时指出：

> 辩证法在对现存事物的肯定的理解中同时包含对现存事物的否定的理解，即对现存事物的必然灭亡的理解……②

从上面的论述可以看出，保留作为"广义的历史唯物主义概念"的同义词的辩证唯物主义概念是必要的，因为它可以凸显马克思哲学的批判性和革命性，从根本上抵御把马克思哲学实证化的各种企图；而且从本质上看，"广义的历史唯物主义概念"所蕴含的"历史性"与作为这

---

① 马克思恩格斯全集：第 42 卷．北京：人民出版社，1979：163．
② 马克思．资本论：第 1 卷．北京：人民出版社，1975：24．

一概念的同义词的辩证唯物主义概念所蕴含的"辩证性"也完全是一致的。

第四个问题是：如何看待"广义的历史唯物主义概念"与实践唯物主义概念的关系？我们认为，实践唯物主义概念所凸显的"实践性"与"广义的历史唯物主义概念"所凸显的"历史性"，以及与这一概念同义的辩证唯物主义概念所凸显的"辩证性"都具有同样的始源性，而且它们相互之间是不能分离的，不能说其中哪个概念是另外两个概念的基础。它们指称的都是马克思哲学，不过是从不同的侧面加以指称罢了。显然，把实践唯物主义概念作为"广义的历史唯物主义概念"的同义词保留下来，具有同样重要的意义。

其一，如前所述，"广义的历史唯物主义概念"的统一的世界图景是通过实践活动展示出来的。马克思说：

> 全部社会生活在本质上是**实践的**。凡是把理论引向神秘主义的神秘东西，都能在人的实践中以及对这种实践的理解中得到合理的解决。①

在这里，马克思并没有说"社会生活"是以实践活动为基础的（有些人由于误解了马克思的意思而把实践唯物主义理解为历史唯物主义的基础，但这样一来，就把历史唯物主义本身所包含的实践原则抽取掉了，从而使它成了一种支离破碎的东西），实际上马克思要说的是：实践活动是蕴含在"社会生活"中的，换言之，"社会生活"的统一的世界图景正是通过实践活动展示出来的。这正是马克思哲学不同于传统哲学的重要地方。如果说，旧唯物主义学说通过抽象的物质来统一世界图景，那么，形形色色的唯心主义学说则是通过抽象的理念、精神或意志来统一世界图景的。而马克思不同于它们的地方正在于，他主张从实践活动出发去展示世界的整体图景。事实上，正是在实践活动的视野中，自然、社会（狭义的）、思维这三者的抽象的、并列的关系被扬弃了，"社会生活"的统一性和完整性得到了确证。

其二，正是通过实践的概念，马克思揭示了一切意识、观念和文本的意向性。也就是说，一切意识、观念和文本都是与人的实践活动联系在一起的，不管它们表现得多么神秘、多么不可思议，人们都可以通过

---

① 马克思恩格斯选集：第1卷．北京：人民出版社，2012：135-136.

对它们所意向的实践活动的回溯，揭示出它们的本质内涵。

其三，更为重要的是，马克思哲学改变世界的根本宗旨也是通过实践活动显示出来的。马克思哲学与一切旧哲学的根本差异正在于，旧哲学仅仅停留在解释世界上，而马克思则认为，改变世界才是新哲学面临的根本任务。应当看到，虽然"广义的历史唯物主义概念"是从历史的生存实践活动出发去透视一切的，但从概念本身看来，"实践性"并不像实践唯物主义概念那样能直接地显示出来。基于上述原因，保留实践唯物主义概念仍然是必要的。

综上所述，只有进入"广义的历史唯物主义概念"的视野，才能弄清楚马克思哲学的基本立场和一系列哲学概念之间的内在联系，才能彻底地澄清以往理论研究中出现的种种思想混乱及对马克思哲学的根深蒂固的误解。

"广义的历史唯物主义概念"的意义

在对"狭义的历史唯物主义概念"和"广义的历史唯物主义概念"之间的差异做了深入的考察之后，现在我们有条件来说明提出"广义的历史唯物主义概念"的理论意义了。

首先，"广义的历史唯物主义概念"的提出将使我们比较彻底地突破传统教科书体系的框架，在哲学研究上真正地向前迈进。近年来，关于马克思哲学体系的改革有过多次讨论，也发表过不少论著，在许多重要问题，如本体论、真理与价值关系、认识与评价关系、异化与人道主义等问题上，获得了新的见解。尽管如此，我们对马克思哲学体系的认识从根本上还未突破"推广论"的框架，而"广义的历史唯物主义概念"的引入，将帮助我们跳出传统的思维模式，在历史唯物主义和马克思哲学的关系上获得新的理解。

其次，"广义的历史唯物主义概念"的提出将使我们对历史唯物主义在人类思想发展史上所实现的划时代的革命获得新的理解。在"推广论"的视野里，马克思哲学的基础部分仍然是一般唯物主义或辩证唯物主义，而历史唯物主义不过是它的基础部分在社会历史领域里的应用性成果。这样一来，马克思的划时代的哲学革命的意义被埋没了，马克思哲学与传统哲学之间的本质差异被敉平了。因为我们仍然站在传统哲学的基地上，不加批判地使用着传统哲学留下来的概念，如世界、自然、物质、思维、存在、主体、客体、唯物主义、唯心主义等。即使人们把辩证唯物主义（原初意义上的）理解为马克思在哲学上的新的创造，但由于他们总是撇开物质的具体形态（如商品）的社会历史特征（如拜物教），抽象地谈论世界的物质性，所以他们仍然只是在传统哲学的旧框架内理解马克思哲学。"基础和核心论"虽然对于"推广论"来说是一个进展，但由于其未摆脱"狭义的历史唯物主义概念"的影响，也未对上面提到的这些基本概念进行系统的、新的反思，所以归根到底仍然低估了马克思哲学的革命意义。从"广义的历史唯物主义概念"出发，我们将会发现，历史唯物主义不仅为一切哲学研究澄明了前提，也为我们理解以往的乃至当代的全部哲学学说提供了钥匙。总之，历史唯物主义是哲学领域里的一场根本性的革命，它从根本上改变了人们的思维方式。

最后，"广义的历史唯物主义概念"的提出将为我们展示出一个崭新的哲学研究的问题域。在先行地澄明历史性的前提下，我们将重新反思一切传统的、我们早已习以为常的哲学问题，如世界观、自然观、物质观、本体论、认识论、辩证法、范畴论、哲学基本问题等。随着这些反思的不断深入，马克思哲学的本真的理论形象将清晰地展现在我们的面前。

第二节　历史唯物主义的命运[*]

马克思的划时代的哲学革命——历史唯物主义是在 19 世纪 40 年代中期形成并发展起来的。这一崭新的哲学观在世界范围内产生了无与伦比的重大影响，但它的发展绝不是一帆风顺的，而是充满了坎坷和曲折。对唯物史观的真精神以及它在马克思的整个哲学体系中的地位和作用的认识迄今为止仍然存在着种种错误的见解。

今天，社会主义事业在一些国家遭受了巨大的挫折。应该如何看待近几年来发生的一系列重大的历史事件？应该如何总结社会主义事业遭受挫折的经验教训？我们的回答是：必须回到马克思的历史唯物主义的

---

[*] 本节原来的标题是《关于唯物史观及其历史命运的思考》，原载《学术月刊》1994（7）。

真精神上去。也就是说，只有澄明历史唯物主义的基本立场，排除机械决定论，特别是历史唯心论的种种谬见的影响，才能促使社会主义事业沿着健康的轨道向前发展。所以，重温马克思的历史唯物主义的基本理论和历史命运，深刻认识我们面临着的紧迫的历史使命，具有特别重要的理论意义和现实意义。

"总体决定"、"阶段决定"和"经济关系决定"

在《德意志意识形态》中，马克思对历史唯物主义的基本原理做了初步的表述，尽管马克思采用了"物质生产""交往关系"等新术语，但这些术语的内涵及其与旧术语之间的关系还不是十分清晰。在《〈政治经济学批判〉序言》中，马克思则完全运用自己的范畴体系对历史唯物主义做了经典性的论述。马克思说：

> 物质生活的生产方式制约着整个社会生活、政治生活和精神生活的过程。不是人们的意识决定人们的存在，相反，是人们的社会存在决定人们的意识。①

马克思的上述论断是历史唯物主义的核心思想，但正如恩格斯在1893 年致弗·梅林的信中所说的那样，由于当时探讨的重点是从作为基础的经济事实中引申出政治观念、法权观念和其他意识形式，在一定程度上忽视了对观念之间的相互联系及观念对现实的反作用问题的论述，以致马克思学说的某些追随者把历史唯物主义理解为"经济唯物主义"或"经济决定论"。

比如，拉法格在《卡尔·马克思的经济唯物主义》（1883）一文中认为：

> 人类社会的民事的和政治的制度、宗教、哲学体系和文学都是植根于经济环境里。它们在经济的土壤里获得自己盛衰的因素。历史哲学家应当在经济的环境里——也只有在这中间——找出社会进化和革命的基本原因。②

这里明显地具有把历史唯物主义简单化、机械化的倾向。

---

① 马克思恩格斯选集：第 2 卷．北京：人民出版社，2012：2.
② 拉法格．唯心史观和唯物史观．王子野，译．北京：三联书店，1965：39.

正是针对这种不断增长着的错误倾向，恩格斯在 1890 年致约·布洛赫的信中对历史唯物主义的基本理论做出了新的表述。他这样写道：

> 根据唯物史观，历史过程中的决定性因素**归根到底**是现实生活的生产和再生产。无论马克思或我都从来没有肯定过比这更多的东西。如果有人在这里加以歪曲，说经济因素是**唯一**决定性的因素，那么他就是把这个命题变成毫无内容的、抽象的、荒诞无稽的空话。经济状况是基础，但是对历史斗争的进程发生影响并且在许多情况下主要是决定着这一斗争的**形式**的，还有上层建筑的各种因素……①

恩格斯还认为，历史是许多单个意志相互冲突的产物，"每个意志都对合力有所贡献，因而是包括在这个合力里面的"②。

恩格斯的上述论断表明，只有用辩证的眼光去看待整个历史过程，才可把握马克思的唯物史观的基本精神。问题的关键在于，第二国际、第三国际，甚至迄今为止的许多理论家都认为恩格斯的上述论断就是对历史唯物主义理论的完整表述，这就使辨明这个问题成为正确理解历史唯物主义的关键。

我们认为，恩格斯的上述论断主要是针对那种把历史唯物主义变形为机械决定论的错误倾向而发的，而并不是对历史唯物主义的完整表述。应该说，恩格斯在这里论述的还只是观察、分析一般历史进程的两个层面：第一个层面是"总体决定"的层面，即所有相互作用、相互冲突着的因素共同决定历史事变和进程；第二个层面是"经济关系决定"的层面，即不管历史现象如何错综复杂，经济关系总是在根本层面上发生作用。在这里，恩格斯并未涉及他和马克思对具体的历史事变的分析。

众所周知，马克思分析具体历史事变的最经典的著作是《路易·波拿巴的雾月十八日》。恩格斯在 1885 年为马克思这部著作的第三版所写的序言中指出：

> 他对活生生的时事有这样卓越的理解，他在事变刚刚发生时就

---

① 马克思恩格斯选集：第 4 卷．北京：人民出版社，2012：604.
② 马克思恩格斯选集：第 4 卷．北京：人民出版社，2012：606.

对事变有这样透彻的洞察，的确是无与伦比。①

具体的历史事变总是瞬息万变的，在历史事变的不同发展阶段上，来自历史总体的不同要素会相继跃居主导地位，所以，光凭上面提到的分析一般历史过程的两个层面，碰到鲜活的、具体的历史事件时，我们仍然会茫然失措，"否则把理论应用于任何历史时期，就会比解一个简单的一次方程式更容易了"②。在对具体的历史事变的分析中，对每一发展阶段的决定性因素的发现和把握，构成历史唯物主义的基本环节之一，也构成历史辩证法的活的灵魂。所以列宁说：

> 辩证法要求从相互关系的具体的发展中来全面地估计这种关系，而不是东抽一点，西抽一点。③

毛泽东在《矛盾论》中关于主要矛盾和矛盾的主要方面的论述，是对历史唯物主义的这一基本环节的卓越论述和创造性的发展。由此看来，被完整地、正确地理解的马克思的历史唯物主义应是由以下三个层面组成的综合性理论。

第一个层面是"总体决定"。这一层面要求人们看到各种因素在历史事变和进程中的交互作用，从而具有一种高于局部和各个因素的总体性的、全局性的眼光。但是如果停留在这个层面上，说所有的因素都在历史事变和进程中发生作用，就等于什么也没有说，因为那些在历史事变和进程中起主导作用的因素尚未被抽绎出来。

第二个层面是"阶段决定"。也就是说，要从历史事变和进程的各个发展阶段中抉出决定不同阶段的基本发展方向的主导性因素，即通过对历史事变和进程的具体分析，比较深入地把握各发展阶段的主要矛盾和主要问题。但光停留在这个层面上又容易被错综复杂的偶然性迷惑，从而失去对历史事变和进程的最深刻的基础的领悟。

第三个层面是"经济关系决定"。在某些情况下，经济关系的因素也会直接出现在第二个层面上，作为历史事变和进程中的某一阶段的主导性因素显现出来。在这种情况下，经济关系同时在第二、第三个层面上发挥作用。但在更多的情况下，经济关系则在第三个层面上发挥着间

---

① 马克思恩格斯选集：第 1 卷 . 北京：人民出版社，2012：666.
② 马克思恩格斯选集：第 4 卷 . 北京：人民出版社，2012：604.
③ 列宁选集：第 2 卷 . 北京：人民出版社，2012：416.

接的、彻底的作用。

因此，只有辩证地把握这三个层面的关系，才谈得上完整地、准确地理解马克思的历史唯物主义，才谈得上把握马克思主义哲学的真精神。在分析活生生的历史事变时，如果只坚持第三个层面，那是机械的经济决定论的观点，如果不承认第三个层面，那是历史唯心论的观点；如果只坚持第二个层面，就有可能陷入偶因论的观点，如果完全撇开第二个层面，那至多只能成为一个公式主义者，活的历史完全在视野之外；如果只坚持第一个层面，那还仅仅停留在对历史的初步的、整体的知觉上，如果完全撇开第一个层面，就会陷入因素论的窠臼中。这充分表明，历史唯物主义同时也就是辩证唯物主义，只有把上述三个层面辩证地综合起来，才能真正通达历史唯物主义的境界。

列宁以后的三个发展路向

马克思和恩格斯相继去世后，在第二国际的理论家那里，历史唯物主义面临的最根本的危险是被曲解为机械的经济决定论。这种理论只从第三个层面上来观察和分析历史事变和进程，完全不顾其他因素，如政治斗争、观念意识、人的活动的作用等，使人成了客观经济法则的盲目崇拜者和消极的旁观者。

这一错误的理论曾受到第二国际著名理论家拉布里奥拉、普列汉诺夫等人的批判。拉布里奥拉指出：

> 问题不在于只是发现和确定社会基础，然后把人变成已经不是由天意，而是由经济范畴操纵的傀儡。……简单说来，要写的是历史，而不是历史的骨架子。要叙述历史事件的过程，而不要抽象化，要记叙和解释整个的历史，而不是仅仅把它分解为一些单个因素并分析这些因素。①

普列汉诺夫也批判了民粹派的经济唯物主义观点，主张"用社会生活的综合观点来代替因素论这一社会分析的成果"②。这表明，像拉布

---

① 拉布里奥拉. 关于历史唯物主义. 杨启潾，孙魁，朱中龙，译. 北京：人民出版社，1984：136-137.

② 拉布里奥拉. 关于历史唯物主义. 杨启潾，孙魁，朱中龙，译. 北京：人民出版社，1984：161.

里奥拉、普列汉诺夫这样的理论家，力图综合第三个层面和第一个层面来理解历史唯物主义。他们既肯定了经济因素在根本层面上的决定作用，又主张从总体决定的层面上来把握历史事变和进程。然而，遗憾的是，他们都停留在对历史事变和进程的抽象的分析上，忽略了对历史事变的具体分析，即忽略了我们上面提到的第二个层面。所以，像普列汉诺夫、考茨基这样的理论家，一遇到第一次世界大战这样活生生的历史事变，立刻丧失了理论上的洞察力，堕落为机会主义者和沙文主义者。

与他们不同，列宁不仅把握着第一、第三个层面，而且也以卓越的政治家和哲学家的敏感牢牢地把握着第二个层面，即对具体的历史事变的本质和各发展阶段的主导性因素能迅速而准确地加以理解和掌握。列宁一再强调：

> 马克思主义的精髓，马克思主义的活的灵魂：对具体情况作具体分析。①

所以，列宁不但没有在当时俄国的异常复杂的历史事件中迷失方向，反而不失时机地把帝国主义国家之间的不义战争转化为国内战争，领导布尔什维克和工人群众取得了十月革命的伟大胜利。实践表明，列宁是马克思的历史唯物主义理论的真正继承者。列宁逝世以后，历史唯物主义的发展又面临着新的路向和新的挑战。

第一个路向是以斯大林为代表的东方社会主义国家的理论家对历史唯物主义的研究。如前所述，斯大林把历史唯物主义理解为辩证唯物主义"推广"到社会历史领域的结果，而斯大林的辩证唯物主义又是以抽象的、与人和社会相分离的自然或物质世界为对象的，正如我们在前面已经分析过的那样，从这样的见解出发，不但"推广"不出历史唯物主义，而且不可避免地会陷入历史唯心主义的泥淖之中。

第二个路向是以卢卡奇、柯尔施、葛兰西及法兰克福学派的成员为代表的西方马克思主义者对历史唯物主义的研究。卢卡奇、葛兰西和柯尔施作为西方马克思主义的早期代表，在总结中、西欧革命失败的经验教训时，主要批判了第二国际的马克思主义者仅仅拘执于历史唯物主义的第三个层面的经济宿命论的错误观念，提倡历史唯物主义的第一个层面，即总体决定层面的重要性。卢卡奇说：

---

① 列宁选集：第 4 卷．北京：人民出版社，2012：213.

总体性的范畴，整体对部分的无所不在的优先性，是马克思从黑格尔那里接受过来，而又卓越地把它转化为一个全新科学的基础的方法论的实质。①

尽管肯定历史唯物主义的第一个层面是必要的，但在这样做的时候，"左"的政治倾向又导致了他们理论上的失误：一方面，他们把第一个层面看作比第三个层面更根本、更优先的层面；另一方面，在总体范畴的背后，他们主要强调的是"阶级意识"或"意识形态"的因素。这两方面合起来，必然导致以意识和意志的作用为基础的历史唯心主义。

卢卡奇等人的思想对法兰克福学派产生了重要的影响。到了哈贝马斯那里，竟以晚期资本主义社会的重要特征——国家干预经济和社会生活为主要的理由，宣称马克思的历史唯物主义的基本理论已经过时，主张"重建历史唯物主义"。哈贝马斯显然忽略了马克思下面这段重要的论述：

在存在**国家**（在原始公社等之后）——即**政治上**组织起来的社会——的地方，国家决不是**第一性的**；它不过**看来**如此。②

也就是说，即使在晚期资本主义社会中，国家也不是第一性的，它对社会生活及经济生活的干预方式和干预程度归根到底仍然是由经济关系的实际状况和需要决定的。夸大国家权力的作用正是以意志和意识为中心的历史唯心主义泛滥的必然结果。

第三个路向是以卡尔·波普尔为代表的实证主义理论家对历史唯物主义的研究。波普尔在《历史决定论的贫困》（1944—1945）、《开放社会及其敌人》（1945）、《猜想与反驳》（1963）等著作中对马克思的历史唯物主义提出了全面的批评和挑战。波普尔认为，马克思强调观念发生和发展的社会条件，特别是经济条件，这是对的，但他又认为：

马克思的经济主义——他强调经济背景是任何一种发展的最终基础——是错误的，事实上是站不住脚的。我认为社会经济清楚地表明，在某些情况下观念的影响（也许得到宣传的支持）可能超过

---

① G. Lukacs. *History and Class Consciousness*. Cambridge：MIT Press，1971：27.
② 马克思恩格斯全集：第45卷. 北京：人民出版社，1985：645.

并取代经济力量。何况，即使说不了解经济背景就无法充分了解精神发展，那么，如果不了解例如科学或宗教观念的发展，至少也同样无法了解经济发展。[①]

波普尔试图以历史发展进程中各种因素都处于相互影响和相互作用中为理由，把经济因素和其他各种因素等量齐观，从而消除掉经济因素的基础性的、根本层面上的作用。[②]

波普尔显然忘记了马克思的历史唯物主义所揭示的一个简单的事实，即人们首先必须吃、喝、住、穿，然后才能从事政治、科学、艺术、宗教等活动。在马克思和恩格斯看来，历史进程中的各个因素之间的相互作用是不言而喻的，全部问题在于，这种相互作用并不是无条件的、任意的，而是在归根到底不断为自己开辟道路的经济必然性基础上的互相作用。抽掉历史唯物主义的第三个层面，把历史进程中的一切因素等量齐观，必然导致偶因论，导致对历史运动法则的否定。

从上面的论述可以看出，在俄国十月革命之前，历史唯物主义遭受的主要危险是被曲解为机械的经济决定论；在十月革命之后直到当代，历史唯物主义遭受的主要危险则是被曲解为历史唯心主义。历史唯物主义的命运启示我们，维护马克思的历史唯物主义的基本理论，批判历史唯心主义的种种错误观念，是当前理论工作者面临的重要任务之一。

历史唯物主义在中国的命运

历史唯物主义在中国的命运同样是坎坷曲折的。十月革命一声炮响，给中国送来了马克思列宁主义。当时李大钊、陈独秀等人都撰文讴歌历史唯物主义在俄国取得的伟大胜利。中国共产党成立之后，其早期领导人对历史唯物主义的理解还不是深入的。在长征途中我党确立了毛泽东的领导地位，这才使情况发生了根本性的变化。毛泽东不仅有丰富的革命实践斗争经验，而且有极高的理论天赋。他撰写的一系列论著，尤其是《矛盾论》《新民主主义论》等，显示出他对马克思的历史唯物主义基本理论的卓越的理解和创造性的把握。

在《矛盾论》中，毛泽东批判了机械唯物论的观点，指出：

---

① 波普尔. 猜想与反驳：科学知识的增长. 傅季重，纪树立，周昌志，等译. 上海：上海译文出版社，1986：473.

② 结构主义的马克思主义者阿尔都塞的"多元决定论"也具有同样的错误倾向。

诚然，生产力、实践、经济基础，一般地表现为主要的决定的作用，谁不承认这一点，谁就不是唯物论者。然而，生产关系、理论、上层建筑这些方面，在一定条件之下，又转过来表现其为主要的决定的作用，这也是必须承认的。①

这就是说，绝不能用一种固定的公式去套社会历史过程。这一过程是活生生的、瞬息万变的，是由诸多矛盾构成的复杂总体。在过程发展的每一阶段上，都会有某一历史因素、某一矛盾跃居到主导地位上，对其他因素、其他矛盾产生决定性的影响。所以，毛泽东反复强调：

离开具体的分析，就不能认识任何矛盾的特性。我们必须时刻记住列宁的话：对于具体的事物作具体的分析。②

这些思想表明，毛泽东和列宁一样，完整地把握了马克思的历史唯物主义的真精神，亦即正确地把握了历史唯物主义三个层面之间的活生生的辩证关系。在毛泽东那里，历史唯物主义同时就是辩证唯物主义，是对活生生的社会历史过程的深刻洞察和把握。中国革命的胜利表明，毛泽东是马克思和列宁的历史唯物主义理论的卓越继承者。

在对生产资料私有制的社会主义改造基本完成后，中国进入了全面建设社会主义的新时期。1956 年 9 月通过的中共八大关于政治报告的决议明确指出：社会主义在我国已经基本上建立起来，国内的主要矛盾已经不再是无产阶级与资产阶级的矛盾，而是人民对于经济文化迅速发展的需要同当前经济文化不能满足人民需要的状况之间的矛盾。从这一新时期所面临的主要矛盾出发，政府的中心工作无疑是领导全国人民集中力量搞经济建设，实现国家工业化，满足人民日益增长的物质文化需要。中共八大制定的政治路线是正确的，它体现出中国共产党对马克思的历史唯物主义基本理论的深刻领悟。遗憾的是，这一政治路线在实践中并没有得到认真的贯彻。从 20 世纪 50 年代后期起，由于毛泽东对国际国内的阶级斗争状况做了扩大化的估计，政府的工作重心一直停留在上层建筑特别是意识形态的领域里。

谬论之一是"意识形态中心论"。"四人帮"批判所谓"唯生产力论"，鼓吹"宁要贫穷的社会主义，不要富裕的资本主义"，把观念看作

---

① 毛泽东选集．北京：人民出版社，1964：300.
② 毛泽东选集．北京：人民出版社，1964：292.

全部历史活动的基础，并从观念的所谓正确与否出发去评判一切、裁决一切，完全背弃了列宁下面的重要论断：

> 劳动生产率，归根到底是使新社会制度取得胜利的最重要最主要的东西。①

他们鼓吹所谓"斗私批修""在灵魂深处闹革命"，用"左"的言辞掩饰对历史唯物主义基本理论的无知；从根本上颠倒了经济基础和意识形态、现实和观念之间的关系。马克思早就告诫我们：

> 意识的一切形式和产物不是可以用精神的批判来消灭的，也不是可以通过把它们消融在"自我意识"中或化为"幽灵"、"怪影"、"怪想"等等来消灭的，而只有实际地推翻这一切唯心主义谬论所由产生的现实的社会关系，才能把它们消灭；历史的动力以及宗教、哲学和任何其他理论的动力是革命，而不是批判。②

这就是说，仅仅停留在"灵魂深处闹革命"或单纯的精神批判上，既不可能消除旧的传统观念，也不可能形成正确的先进观念。只有大力发展生产力，再辅以思想意识形态领域里的努力，才可能从根本上消灭旧观念。

谬论之二是"政治权力决定论"。马克思在批判梅恩的历史唯心主义观点时曾经指出，梅恩的基本错误在于"把**政治优势**——不管它的具体形式如何或者它的各种因素的总和如何——当作某种驾于社会之上的、以自身为基础的东西"③。这就是说，在全部社会生活中，政治权力绝不是第一性的、独立的因素。政治不过是经济的集中表现，政治权力归根到底是在生产方式和交往方式的现实基础上形成的。所以，"这些现实的关系决不是国家政权创造出来的，相反地，它们本身就是创造国家政权的力量"④。诚然，政治权力在历史进程中的重要作用不能否认，但是它的结构、力量和行使的方式与限度归根到底是受经济关系制约的。马克思说：

> 归根到底，小农的政治影响表现为行政权支配社会。⑤

---

①　列宁选集：第 4 卷 . 北京：人民出版社，2012：16.

②　马克思恩格斯全集：第 3 卷 . 北京：人民出版社，1960：43.

③　马克思恩格斯全集：第 45 卷 . 北京：人民出版社，1985：647.

④　马克思恩格斯全集：第 3 卷 . 北京：人民出版社，1960：377-378.

⑤　马克思恩格斯选集：第 1 卷 . 北京：人民出版社，2012：763.

马克思的这一论断深刻地揭示了"政治权力决定论"这一历史唯心主义见解的社会根源与经济根源。这充分表明，要巩固和发展社会主义社会的政治领导权，最根本的还是要解决好经济建设的问题。撇开经济基础，抽象地谈论政治权力的重要性，甚至不顾客观规律，只凭权力意志办事，必定会在现实生活中碰壁。

谬论之三是"天才创造历史论"。根据这样的理论，伟大人物或天才的动机、性格、气质和才能对历史进程起着根本性的决定作用。

这当然不是什么新观点。帕斯卡在《思想录》里就提出过一个著名的见解：假如克利奥帕特拉的鼻子生得短一点，全部世界历史将会重写。诚然，我们也认为，伟大人物在历史上的重要作用是不容忽视的，但那种把世界历史视为伟大人物手中玩物的见解显然是错误的。假如克利奥帕特拉是个丑八怪，世界历史发展的根本方向也是不会改变的；假如哥伦布在摇篮里夭折，美洲大陆还是会被发现的。伟大人物的历史活动并不是随心所欲的，归根到底是在社会物质生活条件的基础上展开的。马克思在谈到天才艺术家拉斐尔时说：

> 和其他任何一个艺术家一样，拉斐尔也受到他以前的艺术所达到的技术成就、社会组织、当地的分工以及与当地有交往的世界各国的分工等条件的制约。像拉斐尔这样的个人是否能顺利地发展他的天才，这就完全取决于需要，而这种需要又取决于分工以及由分工产生的人们所受教育的条件。①

天才的艺术家如此，伟大的政治家也如此，"他们个人的权力的基础就是他们的生活条件"②。也就是说，伟大人物或天才在历史上发挥作用的方式和限度归根到底取决于他们置身于其中的物质生活条件。

历史唯物主义既然把现实生活的生产和再生产看作全部历史的基础，因而也必然把现实生活的生产和再生产的个体——人民群众看作历史的真正的创造者。也正是在这个意义上，恩格斯指出：

> 如果要去探究那些隐藏在——自觉地或不自觉地，而且往往是不自觉地——历史人物的动机背后并且构成历史的真正的最后动力的动力，那么问题涉及的，与其说是个别人物，即使是非常杰出的

---

① 马克思恩格斯全集：第 3 卷．北京：人民出版社，1960：459.
② 马克思恩格斯全集：第 3 卷．北京：人民出版社，1960：378.

人物的动机，不如说是使广大群众、使整个整个的民族，并且在每一民族中间又是使整个整个阶级行动起来的动机……①

显然，离开恩格斯在这里所指出的历史唯物主义的研究轨道，势必把历史看作伟人、天才和国家元首的活动场所，而人民群众只能在历史事变中充当不起眼的舞台台柱。这种"天才创造历史论"归根到底是小农心态的一种反映。

在 1978 年召开的中共十一届三中全会上，中国共产党从理论上清理了"文化大革命"中的种种历史唯心主义的谬见，做出了把工作重心转移到经济建设中去的重大战略决策。这表明在指导思想上我们又回到了历史唯物主义的轨道。

简短的结论

回顾历史唯物主义在其发展进程中的遭际和命运，我们深切地感受到：

第一，坚持马克思的历史唯物主义的基本理论是繁荣并发展社会主义事业的根本保证。历史一再昭示我们，当我们沿着历史唯物主义的理论轨道前进时，我们的事业就欣欣向荣；当我们偏离历史唯物主义的理论轨道时，我们的事业就会遭受挫折。如果说，1978 年开始的实践标准问题的大讨论是马克思的历史唯物主义在中国复兴的一个先兆，那么，在社会主义事业在某些国家遭受巨大挫折的今天，全面地理解并把握历史唯物主义的基本精神，认真地总结经验教训，看清前进的道路，就具有特别重要和紧迫的意义。

第二，坚持以经济建设为中心，不断改善人民群众的物质文化生活，是历史唯物主义在社会主义历史时期的最根本的体现。在马克思看来，物质生产的领域是一个必然王国，不管人类社会发展到怎样的新阶段，"这个领域始终是一个必然王国。在这个必然王国的彼岸，作为目的本身的人类能力的发展，真正的自由王国，就开始了。但是，这个自由王国只有建立在必然王国的基础上，才能繁荣起来"②。这就是说，即使在未来的共产主义社会中，真正的自由也不是任性，而是在遵循经

---

①　马克思恩格斯选集：第 4 卷. 北京：人民出版社，2012：255 - 256.

②　马克思. 资本论：第 3 卷. 北京：人民出版社，1975：927.

济运动的客观规律，巩固和发展这一必然王国的基础上达到的。所以，坚持以经济建设为中心，绝不是权宜之计，而是贯穿整个社会主义历史时期的根本任务。

第三，只有同时把历史唯物主义理解为辩证唯物主义，才能把握住"总体决定"、"阶段决定"和"经济关系决定"这三个层面之间的活生生的、辩证的关系。也就是说，历史辩证法并不是某种和历史唯物主义相分离的东西，而是历史唯物主义的生命和灵魂。坚持具体问题具体分析是马克思的全部学说的活力之所在。

第三节　历史唯物主义的四个里程碑[*]

人们常常把邓小平误解为"没有理论的务实派"。其实，邓小平不仅继承了马克思、列宁、毛泽东关于历史唯物主义的基本理论，而且以大无畏的革命气概，在新的历史条件下，对历史唯物主义做出了重大的发展。如果说，马克思、列宁、毛泽东分别代表了历史唯物主义发展的第一、第二、第三个里程碑，那么完全可以说，邓小平代表了历史唯物主义发展的第四个里程碑。只有充分认识这一点，才能理解邓小平理论的深厚的哲学基础以及它在中国历史乃至世界历史上的划时代的意义。

马克思与第一个里程碑

唯物史观这一划时代的新哲学观的诞生是与马克思对黑格尔及青年黑格尔派的批判分不开的。在青年马克思生活时期，黑格尔的客观唯心主义的思想体系正占据着德国哲学的王座。1831年，黑格尔因患霍乱而遽然逝世，于是，以他的名字命名的整个学派陷入了解体和纷争之中。在这一过程中，出现了以施特劳斯和布·鲍威尔为代表的、思想比较激进的青年黑格尔派。虽然这一派的成员都断言自己已经超出了黑格尔哲学，然而，实际上他们从来没有真正离开过黑格尔哲学的基地。

他们远离当时德国的现实，迷恋黑格尔的思想世界，以为只要批判并扬弃了某些不合时宜的观念，现实世界也就随之改观了，马克思辛辣

---

[*] 本节原来的标题是《唯物史观的四个里程碑：从马克思到邓小平》，原载《复旦大学学报》1993（1），中国人民大学复印报刊资料《哲学原理》1993（3）全文转载。

地讽刺了这种荒谬的见解：

> 有一个好汉一天忽然想到，人们之所以溺死，是因为他们被**关于重力的思想**迷住了。如果他们从头脑中抛掉这个观念，比方说，宣称它是宗教迷信的观念，那末他们就会避免任何溺死的危险。他一生都在同重力的幻想作斗争，统计学给他提供愈来愈多的有关这种幻想的有害后果的证明。这位好汉就是现代德国革命哲学家们的标本。[①]

在马克思看来，不仅观念的转变不等于现实世界的转变，而且只有运用实践的手段转变了现实世界之后，才真正谈得上观念世界的根本转变。易言之，观念不是现实的真理，只有现实才是观念的真理。

青年黑格尔派从黑格尔的思想方式出发，还把国家权力看作人们的物质生活、生产方式和交往方式的创造者。马克思驳斥说：

> 这些现实的关系决不是国家政权创造出来的，相反地，它们本身就是创造国家政权的力量。[②]

乍看上去，国家权力是一种独立的、至高无上的力量，实际上，它的形式、内涵和作用的范围归根到底都取决于一定历史时期的物质生活方式。不是意识、观念、法的精神和国家权力决定着现实生活和物质生产，而恰恰是后者从根本上制约着前者的产生、发展和转变。

正是通过对黑格尔和青年黑格尔派的批判，马克思创立了历史唯物主义，并在《德意志意识形态》（1845—1846）一书中做出了初步的表述：

> 这种历史观就在于：从直接生活的物质生产出发来考察现实的生产过程，并把与该生产方式相联系的、它所产生的交往形式，即各个不同阶段上的市民社会，理解为整个历史的基础；然后必须在国家生活的范围内描述市民社会的活动，同时从市民社会出发来阐明各种不同的理论产物和意识形式，如宗教、哲学、道德等等，并在这个基础上追溯它们产生的过程。[③]

---

① 马克思恩格斯全集：第3卷.北京：人民出版社，1960：16.
② 马克思恩格斯全集：第3卷.北京：人民出版社，1960：377-378.
③ 马克思恩格斯全集：第3卷.北京：人民出版社，1960：42-43.

在 1859 年发表的《〈政治经济学批判〉序言》中，马克思从"人们的社会存在决定人们的意识"的著名论断出发，全面地阐述了历史唯物主义的基本理论。在马克思看来，人们在社会生产中必然会形成与一定的社会生产力相适应的生产关系，这些关系的总和构成上层建筑和意识形态赖以存在的经济基础。社会生产力发展到一定阶段，便同现存的生产关系发生冲突，于是，社会革命不可避免地来临了，随着经济基础的变更，全部上层建筑也会或快或慢地发生变革。

众所周知，历史唯物主义是在马克思批判黑格尔和青年黑格尔派（包括费尔巴哈）、深入研究资本主义社会的基础上提出来的。它一经形成，马克思又把它运用到对资本主义以前的社会形态的分析中，并提出了"三大社会形态"的著名理论。这一理论不仅为我们理解西方社会的演化提供了重要的启示，也为我们解开东方社会演化之谜提供了一把钥匙。与此同时，马克思以唯物史观为指南，深入地探讨了资本主义社会的经济关系，发现了剩余价值的秘密，从而奠定了科学社会主义的理论基础，阐明了无产阶级在现代社会阶级斗争中的地位和作用。在《哥达纲领批判》（1875）中，马克思把共产主义社会划分为初级阶段和高级阶段，肯定了初级阶段在经济、道德和精神方面还带着从旧社会脱胎的痕迹，因而仍将实行商品交换和按劳分配的原则。不用说，这些论述也为科学社会主义的实践指明了方向。

马克思还在世的时候，就已经对自己学说的庸俗追随者表示不满，他常常说：

> 我只知道我自己不是马克思主义者。[①]

马克思于 1883 年逝世后，历史唯物主义遭到了来自机械唯物论的严重曲解，恩格斯在致约·布洛赫的信（1890）中指出：

> 根据唯物史观，历史过程中的决定性因素**归根到底**是现实生活的生产和再生产。无论马克思或我都从来没有肯定过比这更多的东西。如果有人在这里加以歪曲，说经济因素是**唯一**决定性的因素，那么他就是把这个命题变成毫无内容的、抽象的、荒诞无稽的空话。[②]

[①] 马克思恩格斯选集：第 4 卷．北京：人民出版社，2012：599.
[②] 马克思恩格斯选集：第 4 卷．北京：人民出版社，2012：604.

无疑地，恩格斯的上述论断在一定程度上维护了马克思的历史唯物主义理论的纯洁性。不管如何，最重要的第一步已经迈出去了，历史唯物主义的创立是人类思想史上最伟大的革命。从此以后，历史不再是神话了，它已昂首进入科学的殿堂。

列宁与第二个里程碑

在列宁生活的时代，马克思和恩格斯批判黑格尔与青年黑格尔派的历史唯心主义的最重要、最系统的著作《德意志意识形态》尚未面世。在某种意义上，列宁以一种与马克思和恩格斯相类似的方式独立地批判了当时在俄国思想界广为流行的历史唯心主义的观点，从理论和实践两方面捍卫、丰富和发展了马克思的历史唯物主义学说。

在《什么是"人民之友"以及他们如何攻击社会民主主义者?》(1894) 一书中，列宁驳斥了民粹主义者米海洛夫斯基对历史唯物主义的种种曲解，强调历史唯物主义在马克思那里最初是作为一种假设提出来的，《资本论》问世后，它就由假设上升为科学。历史唯物主义的基本方法是从社会生活的各个领域中划分出经济领域，从一切社会关系中划分出生产关系，并把它当作决定其余一切关系的原始的、基本的关系。这些论述表明，列宁一开始就敏锐地、准确地把握了历史唯物主义的基本精神。

在《唯物主义和经验批判主义》(1908，以下简称《唯批》) 一书中，列宁不仅从一般唯物主义的立场出发驳斥了马赫主义、新康德主义、内在论、经验批判主义的种种谬论，而且从历史唯物主义的基本立场出发，批判了以波格丹诺夫为代表的"社会存在与社会意识相等同"的历史唯心主义观点:

> 社会意识**反映**社会存在，这就是马克思的学说。反映可能是对被反映者的近似正确的复写，可是如果说它们是同一的，那就荒谬了。意识总是**反映**存在的，这是**整个**唯物主义的一般原理。看不到这个原理与社会意识**反映**社会存在这一历史唯物主义的原理有着直接的和**不可分割**的联系，这是不可能的。①

尽管列宁在这里未对意识、存在、社会意识、社会存在这些概念的

---

① 列宁选集:第 2 卷. 北京:人民出版社，2012:219.

内涵，特别是社会存在是否蕴含意识的问题进行深入的论述，从而其批评具有某种简单化的倾向，但从根本点上来看，列宁捍卫了马克思的历史唯物主义的基本立场。

值得注意的是，在评价列宁的哲学思想时，人们常常注重他的《哲学笔记》（1914）而忽视他的《唯批》。实际上，《唯批》在列宁哲学思想中的地位远比《哲学笔记》重要，《唯批》与马克思和恩格斯的《德意志意识形态》一样，是从根本上清理思想路线的著作。不同的是，马克思清理的是以黑格尔和青年黑格尔派为代表的种种历史唯心主义的错误见解，列宁清理的则是以经验批判主义为代表的种种唯心主义的，尤其是历史唯心主义的错误观点。实际上，清理思想路线好比"去蔽"，不把思想观念中的种种阻碍人们看到现实生活的"遮蔽物"去掉，现实生活就永远在人们的视野之外，坚持历史唯物主义就成了一句空话。正是在这个意义上，马克思把自己的世界观称为"真正批判的世界观"①。

这就启示我们，历史唯物主义并不是一种自然而然可以达到的立场，它是通过批判并清理错误的思想路线而达到的。从哲学上看，清理思想路线属于本体论范围的事情，是基础性的工作，如果撇开这一基础性的工作去谈论方法论问题尤其是辩证法的问题，辩证法就有可能流于诡辩。由此观之，最根本的问题是端正思想路线，真正站到马克思的历史唯物主义的立场上。列宁在哲学研究中抓住的正是这个基本点，所以，避开《唯批》，孤立地研究《哲学笔记》，《哲学笔记》就成了无根的浮萍。换言之，必须依托《唯批》所开拓的唯物主义，尤其是历史唯物主义的思想基地来认识《哲学笔记》的价值。当然，我们也必须看到，列宁在论述历史唯物主义时，过多地强调了一般唯物主义的奠基作用，即把历史唯物主义仅仅理解为把一般唯物主义推广或应用到社会历史领域的结果，这就在理论上留下了一个危险，即忽视了马克思的历史唯物主义与旧唯物主义之间存在着的根本性的差异。而正是这一点，对斯大林的哲学思想产生了严重的影响。

在《哲学笔记》中，列宁曾这样评价黑格尔的《逻辑学》：

在黑格尔这部**最唯心的**著作中，唯心主义**最少**，唯物主义

---

① 马克思恩格斯全集：第 3 卷．北京：人民出版社，1960：261.

最多。①

在批评黑格尔的《历史哲学讲演录》中关于日常需要和实践活动的论述时，列宁又称：黑格尔在这里已经有历史唯物主义的萌芽。

这充分表明，列宁从不离开唯物主义，尤其是历史唯物主义的基础来讨论方法问题，他坚持从当时俄国的社会现实出发来运用并发展历史唯物主义。

首先，列宁以历史唯物主义为指南，分析了世界资本主义的发展，认为资本主义已进入帝国主义阶段，由于各帝国主义国家在政治、经济发展上的不平衡，又由于第一次世界大战这一历史的契机，社会主义革命有可能在资本主义发展较慢的俄国率先夺取胜利。其次，列宁着重探讨了俄国革命中面临的最重要的问题——国家问题，从历史唯物主义的基本立场出发，阐明了国家的实质及无产阶级革命的根本目的。再次，从国家作为阶级统治的暴力机关这一本质特征出发，列宁强调了武装起义的必要性。所有这些论述都为俄国十月革命的胜利提供了理论准备。十月革命以后，在社会主义实践中，列宁又从历史唯物主义的基本理论出发，提出了实行新经济政策、发展生产力、鼓励商品生产、反对官僚主义等一系列重大举措，然而，列宁的过早逝世使他来不及形成一套关于社会主义建设的总体理论。

列宁逝世后，斯大林虽然主观上也想努力搞好苏联社会主义，但他没有像列宁那样认真地清理思想路线，逐步陷入历史唯心主义的泥坑，导致了苏联社会主义的巨大挫折。不管怎样，列宁的伟大贡献是不可磨灭的，正是在列宁那里，社会主义由理论转化为现实。列宁当之无愧地标志着历史唯物主义发展中的第二个里程碑。

毛泽东与第三个里程碑

正如《德意志意识形态》和《唯批》是清理思想基地的重要著作一样，毛泽东的《实践论》（1937）也起着同样的作用。从 1921 年到 1937 年，中国共产党已走过了 16 个年头。其间，由于"左"、右倾机会主义的干扰，革命事业遭受了巨大的挫折。在这种情况下，清理思想路线，回到马克思的历史唯物主义的轨道上来，就成了当时面临的一个

---

① 列宁.哲学笔记.北京：人民出版社，1993：203.

重大问题，《实践论》正是为此目的而作。毛泽东写道：

> 我们的结论是主观和客观、理论和实践、知和行的具体的历史的统一。反对一切离开具体历史的"左"的或右的错误思想。①

在毛泽东看来，经验主义与教条主义的错误都是不尊重具体历史，要端正思想路线，就要重新回到马克思的历史唯物主义的基本立场上来，从实际出发，实事求是，发现中国革命的规律并用以指导革命斗争。在《实践论》出版的同年，毛泽东又出版了《矛盾论》，他像列宁一样，认为历史唯物主义同时就是辩证唯物主义，历史过程是一个活生生的、辩证发展的过程：

> 诚然，生产力、实践、经济基础，一般地表现为主要的决定的作用，谁不承认这一点，谁就不是唯物论者。然而，生产关系、理论、上层建筑这些方面，在一定条件之下，又转过来表现其为主要的决定的作用，这也是必须承认的。②

总之，不能用机械的、僵死的目光去看待社会历史的发展。在这里，特别需要提到的是毛泽东关于主要矛盾和矛盾的主要方面的学说，这一学说丰富了历史辩证法的内涵，创造性地发展了马克思的历史唯物主义理论，为中国新民主主义革命的胜利奠定了理论基础。新中国成立是人类历史上最伟大的事件之一，作为新中国的缔造者，毛泽东的历史影响是巨大的，他的哲学思想堪称历史唯物主义发展的第三个里程碑。

毛泽东历来重视历史唯物主义的作用。早在 1921 年致蔡和森的信中他已经指出：

> 唯物史观是吾党哲学的根据。③

1943 年，在致胡乔木的信中他又写道：

> 请你就延安能找到的唯物史观社会发展史，不论是翻译的，写作的，搜集若干种给我。④

---

① 毛泽东选集．北京：人民出版社，1964：272.
② 毛泽东选集．北京：人民出版社，1964：300.
③ 毛泽东书信选集．北京：人民出版社，1983：15.
④ 毛泽东书信选集．北京：人民出版社，1983：217.

1948 年，毛泽东在致吴晗的信中对他写的《朱元璋传》做了高度评价，并勉励他进一步用历史唯物主义的理论来研究历史问题。1965 年，毛泽东在致章士钊的信中写道：

> 大问题是唯物史观问题，即主要是阶级斗争问题。①

尽管毛泽东十分重视历史唯物主义这一思想基础，然而，从 20 世纪 50 年代后期起，他对历史唯物主义的基本精神的理解已出现了偏差。他把历史唯物主义的一些重要的理论观点教条化地理解为阶级斗争理论。诚然，阶级和阶级斗争是历史唯物主义的基本内容之一，但是，更为根本的是生产问题、经济问题。即使是阶级和阶级斗争，也只是与生产发展的一定阶段相联系。把历史唯物主义片面地理解为阶级斗争，导致了阶级斗争在实践中的扩大化，导致了"文化大革命"的爆发。

总体来看，毛泽东在理论上和实践上的贡献都是巨大的，如果没有他按照历史唯物主义理论制定出一条正确的思想路线，中国革命或许至今仍然在黑暗中徘徊。仅就一个统一的新中国的诞生而言，毛泽东的功绩已可彪炳千秋。然而，晚年毛泽东的失误也表明，在完成了第一次创造（新民主主义革命）之后，他的思想范式未能超出第一次创造，即仍然坚持"以阶级斗争为纲"的思维模式，从而导致了他在第二次创造（社会主义建设）中的失误。

邓小平与第四个里程碑

邓小平对历史唯物主义的基本理论的恢复也是从清理思想路线开始的。"四人帮"被粉碎后，虽然"文化大革命"结束了，但是极左的、教条主义的思想路线仍然拥有很大的市场，其典型的表现是"两个凡是"观念的流行。早在 1977 年 5 月的一次谈话中，邓小平就从坚持历史唯物主义的高度上批判了这种错误的观念：

> 这是个重要的理论问题，是个是否坚持历史唯物主义的问题。彻底的唯物主义者，应该像毛泽东同志说的那样对待这个问题。马克思、恩格斯没有说过"凡是"，列宁、斯大林没有说过"凡是"，毛泽东同志自己也没有说过"凡是"。②

---

① 毛泽东书信选集．北京：人民出版社，1983：602.
② 邓小平文选：第 2 卷．北京：人民出版社，1994：38 - 39.

1978年5月，《光明日报》发表了特约评论员的文章《实践是检验真理的唯一标准》，从而在全国范围内掀起了一场清理、批判教条主义的思想运动。当这场运动遭受巨大压力时，邓小平又站出来讲话，顶住了压力，使它得以顺利地进行下去。这场大讨论从根本上摧毁了"两个凡是"的错误观念，恢复了实事求是这一历史唯物主义的基本精神。正是在这一基本精神的基础上，邓小平提出了建设有中国特色的社会主义理论，从而为中国的社会主义建设时期的发展奠定了理论基础。邓小平对历史唯物主义的贡献主要表现在以下方面。

第一，形成了以经济建设和发展生产力为中心的基本路线。

早在1978年，邓小平已经指出：

> 按照历史唯物主义的观点来讲，正确的政治领导的成果，归根结底要表现在社会生产力的发展上，人民物质文化生活的改善上。如果在一个很长的历史时期内，社会主义国家生产力发展的速度比资本主义国家慢，还谈什么优越性？[①]

在邓小平看来，社会主义、共产主义理应建立在社会生产力的高度发展和物质财富极大丰富的基础上，贫穷不是社会主义，而是社会主义必须加以消灭的一种现象。我们过去的一个严重教训是，在社会主义改造基本完成后，仍然搞"以阶级斗争为纲"这一套，忽视了社会生产力的发展。如果继续沿着这样的老路走下去，社会主义就会站不住脚。于是，在中共十一届三中全会上，以邓小平为首的党中央果断地做出了把工作重心转移到经济建设中来的重大战略决策。此后，邓小平又多次强调，除爆发大规模战争外，始终要抓住经济建设、发展生产力这个中心，并在此基础上提出了"一个中心，两个基本点"的基本路线。在1992年的南方谈话中，邓小平进一步强调，坚持基本路线要一百年不动摇。在他看来，只有这样，国家才会长治久安，中国才会大有希望。

第二，提出了改革也是解放生产力的重要思想。

按照历史唯物主义的理论，要发展社会生产力，就必须对僵化的、已经不适应于生产力发展的经济体制进行改革。除了改革，中国没有别的道路可走。就其深远的意义而言，改革是一场革命，然而它并不是"文化大革命"那样的革命，而是社会主义制度的自我完善。改革作为

---

① 邓小平文选：第2卷．北京：人民出版社，1994：128.

一场深刻的革命不仅促进了生产力的发展，而且解放了生产力。这样一来，邓小平为在社会主义社会内解决生产力和生产关系、经济基础和上层建筑的矛盾指明了一条新的、正确的道路。

第三，确定了判断姓"社"姓"资"的客观标准。

在改革开放的过程中，必定会出现学习和利用资本主义条件下的某些经济形式、手段和方法的问题，但有的人却指责说，这是走资本主义道路，并尖锐地提出：凡事都要问一问姓"社"姓"资"。显然，如果不能正确地看待这个问题，改革开放和现代化都无法深入下去。邓小平从历史唯物主义的基本精神出发，科学地解答了这个问题。早在 1980 年 8 月，在回答意大利记者法拉奇关于"你是否认为资本主义并不都是坏的？"这一问题时，邓小平说：

> 要弄清什么是资本主义。资本主义要比封建主义优越。有些东西并不能说是资本主义的。比如说，技术问题是科学，生产管理是科学，在任何社会，对任何国家都是有用的。我们学习先进的技术、先进的科学、先进的管理来为社会主义服务，而这些东西本身并没有阶级性。[1]

邓小平告诉我们：一是从历史发展的进程来看，资本主义总要优越于封建主义；二是资本主义社会中的某些东西，如科学、技术、管理方法等是没有阶级性的，是能够为我们所用的。与此同时，邓小平也对社会主义的内涵做出了新的解释。他肯定社会主义的原则，第一是发展生产，第二是共同致富。这就启发我们，一是不能把那些本来姓"社"的东西错误地判定为姓"资"的东西而加以排斥，二是不能把那些本身无所谓姓"社"姓"资"的东西错误地判定为姓"资"的东西而加以否定。在南方谈话中，邓小平进一步提出，判断姓"社"姓"资"，主要要看是否有利于发展社会主义生产力，是否有利于增强社会主义国家的综合国力，是否有利于提高人民的生活水平。邓小平的这些重要论述从历史唯物主义的高度排除了前进道路上的思想障碍，为中国社会的大发展提供了理论指导。

第四，提出了社会主义市场经济的新概念。

长期以来，我国经济学界存在着一种流行的见解，即认为资本主义

---

① 邓小平文选：第 2 卷．北京：人民出版社，1994：351.

是搞市场经济的，社会主义是搞计划经济的，这就把计划经济和市场经济机械地对立起来了。实际上，离开市场导向来搞计划经济，必然导致经济体制的僵化，从而阻碍社会主义生产力的发展。邓小平从历史唯物主义的基本理论出发，对这一传统观念提出了挑战。早在 1979 年会见美国《不列颠百科全书》副总编吉布尼时，他就已经指出：说市场经济只限于资本主义社会，肯定是不正确的，社会主义为什么不可以搞市场经济？在 20 世纪 80 年代，邓小平又屡屡强调，要把计划经济与市场意识结合起来。在南方谈话中，邓小平进一步指出：计划经济不等于社会主义，资本主义也有计划，市场经济不等于资本主义，社会主义也有市场，从而形成了"社会主义市场经济"的新概念。邓小平的这些重要的论述，不光是对马克思主义的政治经济学理论的新发展，也是对历史唯物主义基本理论的新发展。

第五，形成了"一国两制"的新构想。

这一新构想是为解决中国大陆和台湾的和平统一问题而设计出来的，后来在解决香港、澳门问题时，产生了广泛的国际影响。它是邓小平结合中国的具体情况，创造性地运用历史唯物主义理论，解决国内遗留下来的政治问题的结果。1984 年，邓小平在会见英国首相撒切尔夫人时说：

> 如果"一国两制"的构想是一个对国际上有意义的想法的话，那要归功于马克思主义的辩证唯物主义和历史唯物主义，用毛泽东主席的话来讲就是实事求是。这个构想是在中国的实际情况下提出来的。[①]

中国面临的实际问题是用和平方式还是用非和平方式解决港澳台问题，首先是香港问题。如用和平方式，在解决香港问题时，就必须兼顾三方面的实际情况，允许香港继续实行资本主义，保留自由港和金融中心的地位，否则就会造成许多后遗症，不利于香港的繁荣和发展。无疑地，今后解决台湾问题，也要采用"一国两制"的办法。这一新构想的提出，不仅表明邓小平把历史唯物主义的原则立场和辩证法的灵活性巧妙地结合起来了，而且表明他以独创性的方式发展了马克思主义的国家学说，为其他社会主义国家解决同类问题提供了范例。

总之，邓小平理论作为历史唯物主义发展的第四个里程碑是当之无

[①] 邓小平关于建设有中国特色社会主义的论述专题摘编. 北京：中央文献出版社，1992：314.

愧的。如果说，马克思创立了历史唯物主义，从而形成了科学社会主义的伟大学说，列宁和毛泽东在理论与实践上创造性地丰富并发展了历史唯物主义，使社会主义由理想变为现实，那么，邓小平的划时代贡献则是：在创造性地理解历史唯物主义的基础上，创立了建设有中国特色的社会主义理论，从而找到了一条有效地建设并发展社会主义社会的新道路。在这方面，邓小平的影响是无与伦比的。可以断言，历史越向前发展，邓小平理论的重要性就越将显现出来，而他对历史唯物主义理论的巨大贡献也必定会得到越来越多的人的肯定。①

第四节　历史唯物主义的当代叙述方式 *

传统的历史唯物主义的叙述体系包含着三个理论前设：资源和生产发展的无限性；科学技术只具有生产力的功能，其历史作用始终是进步的和革命的；科学技术不是意识形态。当代西方哲学家对这三个理论前设提出了挑战，尤其是通过对科学技术的另一个功能——意识形态功能的揭示，使历史唯物主义的叙述方式发生了如下变化：一是生态学语境的切入；二是对生产力本质和历史作用的重新认定；三是对意识形态概念的重新表述；四是对"社会存在决定社会意识"命题的重新诠释。本节尝试从改变历史唯物主义叙述方式的角度对科学技术的当代发展及其双重功能所蕴含的挑战做出积极的回应。

三个理论前设

当我们检讨传统的历史唯物主义的叙述体系，尤其是与科学技术相关的叙述命题时，我们发现，在这一叙述体系中，存在着三个从未引起人们深入反思的理论前设。

第一个理论前设是：地球上的资源是无限的，人类改造自然的生产活动也可以无限制地进行下去。在某种意义上可以说，这一理论前设是"非生态学的"（non-ecological），亦即它没有考虑到人类在无限发展的生产过程中可能面临的总体性的生态危机。

---

① 俞吾金 . 邓小平：在历史的天平上 . 上海：上海人民出版社，1994.

* 本节原来的标题是《从科学技术的双重功能看历史唯物主义叙述方式的改变》，原载《中国社会科学》2004（1），《中国社会科学文摘》2004（1）全文转载。

众所周知，在写于 1859 年的《〈政治经济学批判〉序言》中，马克思曾对历史唯物主义的基本理论做出了经典性的叙述。在这一经典性的叙述中，马克思以十分简洁的语言论述了生产力和生产关系、社会存在和社会意识、经济基础和上层建筑、社会变革和意识形态等问题，但并没有涉及在当代生态学的研究中才被充分课题化的那些重要的问题，如生产、增长和发展的极限问题，地球资源和人口负载的有限性问题，生存环境的污染问题等。在马克思的叙述语境中，没有出现这些问题是很自然的，也是完全可以理解的，因为当时资本主义的发展还处在自由竞争的阶段，人类可能面临的生态危机几乎还完全处在被掩蔽的状态下。

在 24 年后的《在马克思墓前的讲话》（1883）中，恩格斯在叙述马克思的历史唯物主义的基本理论时，生态学的问题也仍然没有被课题化。恩格斯这样写道：

> 正像达尔文发现有机界的发展规律一样，马克思发现了人类历史的发展规律，即历来为繁芜丛杂的意识形态所掩盖着的一个简单事实：人们首先必须吃、喝、住、穿，然后才能从事政治、科学、艺术、宗教等等；所以，直接的物质的生活资料的生产，从而一个民族或一个时代的一定的经济发展阶段，便构成基础，人们的国家设施、法的观点、艺术以至宗教观念，就是从这个基础上发展起来的，因而，也必须由这个基础来解释，而不是像过去那样做得相反。①

显然，在恩格斯的这篇讲话中仍然蕴含着这样的理论前设，即地球上的资源是无限的，人类所从事的物质生活资料的生产也是可以无限地向前发展的。② 在 19 世纪 80 年代，虽然资本主义正从自由竞争阶段向

---

① 马克思恩格斯选集：第 3 卷. 北京：人民出版社，2012：1002.

② 应该指出，恩格斯在一定程度上已经意识到生态问题。他写道："我们不要过分陶醉于我们对自然界的胜利。对于每一次这样的胜利，自然界都报复了我们。……美索不达米亚、希腊、小亚细亚以及其他各地的居民，为了想得到耕地，把森林都砍完了，但是他们梦想不到，这些地方今天竟因此成为荒芜不毛之地，因为他们使这些地方失去了森林，也失去了积聚和贮存水分的中心。"（恩格斯. 自然辩证法. 北京：人民出版社，1971：158）恩格斯还提到阿尔卑斯山的意大利人对松林的砍伐、马铃薯在欧洲的传播所引发的问题等，然后指出："我们对自然界的整个统治，是在于我们比其他一切动物强，能够认识和正确运用自然规律。"（恩格斯. 自然辩证法. 北京：人民出版社，1971：159）从这些论述可以看出，恩格斯已经认识到人类在统治自然的过程中可能陷入的麻烦。一方面，他对人"统治"自然这一点并没有提出异议；另一方面，对生态问题的忧虑，在恩格斯的全部理论叙述，包括他对历史唯物主义基本理论的叙述中，始终处于边缘化的状态。

垄断阶段发展，但生态危机还未上升为一个总体性的、根本性的课题。比如，在恩格斯的语境中，吃、喝、住、穿这些人类的基本活动还没有受到环境污染所引发的种种后果的影响，然而，在环境极度污染的今天，地球上的相当一部分人甚至连"喝水"和"呼吸空气"都已经成为严重的问题。显而易见，所有这些生态方面的问题在晚年恩格斯的时代并没有上升为重大的、触目的问题。事实上，即使是 20 世纪编写出来的关于历史唯物主义的大部分教科书，也没有对地球资源和人类生产、增长与发展的有限性做出认真的反思。

第二个理论前设是：科学技术从属于生产力的范畴，正如生产力始终起着进步的、革命的作用一样，科学技术也始终是一种进步的、革命的力量。

在《资本论》第 1 卷（1867）中，马克思曾经指出：

> 劳动生产力是由多种情况规定的，其中包括：劳动者的平均的熟练程度、科学和它在技术上（technologischen）应用的发展水平、生产过程的社会联合、生产资料的规模和效能，以及自然关系（Naturverhaeltnisse）。①

毋庸讳言，在这段重要的论述中，马克思把科学技术的功能置于生产力的范围之内。在他看来，科学技术，尤其是技术上的重要的发明物，甚至还是区别不同社会形态中生产力发展水平的重要标志。正是在这个意义上，他在《哲学的贫困》（1847）中写道：

> 手推磨产生的是封建主的社会，蒸汽磨产生的是工业资本家的社会。②

然而，作为西方人文主义传统的伟大继承者，马克思也意识到了科学技术在资本主义生产中必然会形成负面的作用。他发现，在资本主义大工业的生产中，机器成了生产剩余价值的手段，而工人则成了机器的

---

① *Marx Engels Werke*（*Band 23*）. Berlin：Dietz Verlag，1973：54；马克思 . 资本论：第 1 卷 . 北京：人民出版社，1975：53. 德语形容词 technologisch 在中文版中被译为"工艺上"，此处译为"技术上"，使其含义更为明确；德语复合名词 Naturverhaeltnisse 在中文版中被译为"自然条件"，此处译为"自然关系"，因为在德语中，Verhaeltnisse 的通常含义是"关系"，而 Bedingung 的通常含义才是"条件"。

② 马克思恩格斯选集：第 1 卷 . 北京：人民出版社，2012：222.

附庸：

> 变得空虚了的单个机器工人的局部技巧，在科学面前，在巨大的自然力面前，在社会的群众性劳动面前，作为微不足道的附属品而消失了；科学、巨大的自然力、社会的群众性劳动都体现在机器体系中，并同机器体系一道构成"主人"的权力。①

在这里，马克思已经暗示我们，在资本主义生产关系中，科学技术完全有可能成为一种支配和压抑劳动者的统治形式。马克思还指出：

> 机器劳动极度地损害了神经系统，同时它又压抑肌肉的多方面运动，侵吞身体和精神上的一切自由活动。甚至减轻劳动也成了折磨人的手段，因为机器不是使工人摆脱劳动，而是使工人的劳动毫无内容。②

事实上，晚年马克思对资本主义社会的异化、物化现象的批判也始终包含着这一维度，即对蕴含在科学技术中的负面因素的警惕。

马克思逝世以后，恩格斯进一步阐发了马克思的科学技术观，认为马克思"把科学首先看成是历史的有力的杠杆，看成是最高意义上的革命力量"③。恩格斯还指出：

> 在马克思看来，科学是一种在历史上起推动作用的、革命的力量。任何一门理论科学中的每一个新发现，即使它的实际应用甚至还无法预见，都使马克思感到衷心喜悦，但是当有了立即会对工业、对一般历史发展产生革命影响的发现的时候，他的喜悦就完全不同了。④

在恩格斯看来，马克思不但关注科学的发展，更关注科学技术在工业中的应用。然而，我们发现，恩格斯主要是从正面价值的角度去理解马克思所说的科学技术的，特别是他关于科学是"最高意义的革命力量"的说法充分体现出这一点，即他并没有注意到马克思就科学技术的负价值的存在所发出的预警。

---

① 马克思. 资本论：第 1 卷. 北京：人民出版社，1975：464.
② 马克思. 资本论：第 1 卷. 北京：人民出版社，1975：463.
③ 马克思恩格斯全集：第 19 卷. 北京：人民出版社，1963：372.
④ 马克思恩格斯全集：第 19 卷. 北京：人民出版社，1963：375.

在恩格斯的阐释方式的影响下，关于作为生产力的组成部分的科学技术具有进步的、革命作用的见解，在以后的马克思主义的哲学教科书和马克思历史理论的研究专著中几乎成了一种定见。以考茨基为代表的第二国际的领袖们通过对科学技术的革命作用的过度诠释，形成了一种所谓"科学的马克思主义"（the scientific Marxism）的学说。正如本·阿格尔所指出的：

> 科学的马克思主义的自我批评的独特特征是，不介入政治争论：因为科学的马克思主义者认为革命会自然发生，具有像万有引力定律一样的必然性。考茨基的困境在于，他的科学的马克思主义限制了他，使他对认为周围正在酝酿着的革命力量无所作为。①

在考茨基看来，既然科学技术作为一种革命的力量会推动历史前进，何必还要去组织工人进行革命斗争呢？这种所谓"科学的马克思主义"把马克思的充满活力的历史唯物主义理论曲解为一种单纯的科学技术决定论。这种曲解在当代思想界仍然有重大的影响。比如，美国学者威廉姆·肖就把马克思的历史理论称作"技术决定论"（technological determinism）。② 又如，在我国读者中广有影响的、由肖前等人主编的《历史唯物主义原理》也对科学技术的进步的、革命的作用做过充分的发挥：

> 科学是人类自觉活动的指路明灯和强大力量，它照亮了征服自然和改造社会的进程，推动着历史的前进。科学的价值随社会的发展而与日俱增，社会越进步，脑力劳动和科学知识的重要性就越突出，科学的职能和影响就越大。科学的发展和应用已成为巨大的社会事业，是当代技术发展、经济发展和社会发展的不可或缺的环节，全部社会生活都要在科学的指引下进行改造。③

通过这样的权威性的诠释方式，作为生产力的科学技术的进步的、革命的作用就成了传统的历史唯物主义叙述体系中的一个基本的理论前设。

---

① 阿格尔. 西方马克思主义概论. 慎之，等译. 北京：中国人民大学出版社，1991：123.

② W. H. Shaw. *Marx's Theory of History*. California：Stanford University Press，1978：166.

③ 肖前，李秀林，汪永祥. 历史唯物主义原理. 北京：人民出版社，1983：309.

第三个理论前设是：作为观念形态或理论形态的科学技术并不属于意识形态的范围。或者换一种说法，科学技术并不具有意识形态的功能。

如果按照前面引证的马克思在《资本论》第1卷中关于"科学、巨大的自然力、社会的群众性劳动都体现在机器体系中，并同机器体系一道构成'主人'的权力"的论述，科学技术通向意识形态功能的道路似乎是畅通的，然而，马克思这方面的论述并没有引起他的后继者们的充分重视。他们习惯于在社会意识中把意识形态与科学技术分离开来并尖锐地对立起来。比如，肖前等人认为：

> 自然科学虽然是社会意识的一种形式，而且是十分重要的形式……但它却不能作为某一社会形态的标志，不具备作为社会经济形态和政治制度之反映的社会意识形态的本质特征。……因此，自然科学不属于社会意识形态的范畴。[①]

在他们看来，艺术、道德、政治法律思想、宗教、哲学和其他社会科学才属于社会意识形态的范畴，而自然科学和技术则作为一种正确的、具有进步和革命意义的因素与社会意识形态相对立。在这样的诠释方式和叙述方式中，科学技术和意识形态完全处于绝缘的状态下，它不但成了进步性和革命性的标志，也成了合理性和合法性的标志。从此以后，自然科学意义上的"科学性"就成了对任何人文社会科学理论的最高赞誉。与此同时，蕴含在科学技术中的科学主义、实证主义或客观主义的思维方式也在传统的历史唯物主义的叙述体系中迅速地蔓延开来。

西方学者的挑战

在当代西方哲学，尤其是社会哲学的发展中，我们前面提到的传统历史唯物主义叙述体系的三个理论前设都面临着挑战。这些挑战是沿着以下三条不同的路径来展开的。

其一，胡塞尔、海德格尔对现代科学技术的进步的、革命的历史作用的质疑。

胡塞尔反思和批判的重点落在自然科学上。在《欧洲科学的危机和

---

① 肖前，李秀林，汪永祥. 历史唯物主义原理. 北京：人民出版社，1983：260.

先验现象学》（1936）中，他不无忧虑地指出：

> 19 世纪的下半叶，现代人的整个世界观都受到实证科学的规
> 定，并使自己受到实证科学所造就的"繁荣"的迷惑。这种独特性
> 表明，对于那些真正的人来说，极为重要的问题被轻描淡写地抹去
> 了。只看重事实的科学造成了只看重事实的人。……我们常听说，
> 在我们生活的危难中，实证科学对我们什么也没有说。它从原则上
> 排除了这样一个问题，即整个人类的存在有无意义的问题，而对于
> 我们这个不幸的时代来说，解答这个与人的命运的转变休戚相关的
> 问题已经迫在眉睫。①

在胡塞尔看来，欧洲科学的繁荣同时是它陷入危机的一个标志，因
为它只关注事实而不关注人类的命运和生活的意义。那么，这种局面是
如何造成的呢？胡塞尔认为，从伽利略用数学的方式构想世界以来，人
们的全部思考已经习惯于以这样的理念世界为出发点，并逐渐遗忘了前
科学的、直接感知的、与生存活动息息相关的生活世界："早在伽利略
那里，一个以数学的方式构成的理念的世界已经取代了这个唯一现实
的、通过知觉现实地被给予的、被经验到并可能被经验到的世界——我
们的日常生活世界，这是值得重视的最重要的世界。"② 在胡塞尔看来，
伽利略既是发现的天才，又是掩盖的天才。他发现的是数学化的理念世
界，他掩盖的则是真实的生活世界。只有当人们穿破实证科学的客观
的、理念的外壳，深入地探索生活世界的真理时，存在的意义才会向他
们敞开。正是通过对欧洲科学危机的深刻反思，胡塞尔对科学在历史上
的进步和革命作用提出了严峻的挑战。

如果说胡塞尔的反思主要集中在自然科学上的话，那么海德格尔的
省思则主要体现在对现代技术的批判上。在《技术之追问》（1950）中，
海德格尔区分了两种技术：一种是传统的"手工技术"（handwork
technology）；另一种是"现代技术"（modern technology）。③ 他认为，

① E. Husserl. *Die Krisis der europaeischen Wissenschaften und die transzendentale Phaenomenologie*. Hamburg：Felix Meiner Verlag，1982：4.

② E. Husserl. *Die Krisis der europaeischen Wissenschaften und die transzendentale Phaenomenologie*. Hamburg：Felix Meiner Verlag，1982：52.

③ M. Heidegger. *Question Concerning Technology*. New York：Happer Clophon Books，1977：5.

与手工技术比较，现代技术是一种完全不同的、全新的东西。如果人们继续把现代技术当作"某种中性的东西"（something neutral），那就表明他们对它的本质完全茫然无知。① 那么，现代技术的本质究竟是什么呢？海德格尔认为，虽然现代技术同传统的手工技术一样，也包含着人对自然的解蔽和改造，但其性质已经发生根本性的变化。

> 现代技术的本质在我们称为座架（enframing）的东西中显现出来。②

什么是座架呢？按照海德格尔的看法，座架包含着两方面的含义：一方面是人对自然的支配和强制；另一方面是一部分人对另一部分人的支配和强制。实际上，这和马克思关于科学技术构成"'主人'的权力"或资本主义社会中存在着异化和物化现象的说法是十分接近的。海德格尔指出：

> 哪里为座架所支配，哪里就存在着最高意义上的危险。③

他甚至认为，现代技术已经把人连根拔起，人类已面临深渊，只有一个上帝可以救渡人类。海德格尔对现代技术的批判是对当代精神世界发出的重要的预警，对他同时代和以后的思想家产生了重大的影响。

其二，马尔库塞和哈贝马斯对现代科学技术的意识形态功能的揭示。

韦伯认为，资本主义社会的合理化是同科学技术的进步的制度化不可分割地联系在一起的。④ 马尔库塞进一步发挥了韦伯的见解，强调技术的进步和技术所蕴含的合理性不但体现在资本主义社会的经济活动和社会活动中，而且已经扩展到资本主义社会的整个统治制度之中。正是在这个意义上，他指出：

---

① M. Heidegger. *Question Concerning Technology*. New York：Happer Clophon Books，1977：4.

② M. Heidegger. *Question Concerning Technology*. New York：Happer Clophon Books，1977：23.

③ M. Heidegger. *Question Concerning Technology*. New York：Happer Clophon Books，1977：28.

④ J. Habermas. *Technik und Wissenschaft als "Ideologie"*. Frankfurt a. M.：Suhrkamp Verlag，1970：48.

技术的合理性已经成为政治的合理性。①

在揭示现代技术所造成的严重的异化现象时，马尔库塞不但沿着海德格尔的思路指出技术中性的观念不再能够维持下去，而且提出了"技术拜物教"（technological fetishism）②的新概念。尤为重要的是，他意识到：

也许技术理性的概念本身就是意识形态。③

马尔库塞对韦伯思想的诠释对哈贝马斯产生了重大的影响。他写道：

正如我认为的那样，马尔库塞的基本观点——技术和科学今天也具有统治的合法性功能——为分析已经改变了的局面提供了钥匙。④

然而，哈贝马斯并没有停留在马尔库塞的结论上，他对科学技术的双重功能做出了更为明确的、系统的表述。

在哈贝马斯看来，19世纪末以来，技术和科学的性质发生了重大的变化。一方面，"技术和科学成了第一生产力（ersten Produktivkraft）"⑤；另一方面，技术和科学本身也成了意识形态。在《作为"意识形态"的技术与科学》（1968）中，哈贝马斯着重分析了科学技术的意识形态功能及其对历史唯物主义学说提出的挑战。他指出：

一方面，技术统治的意识与一切以往的意识形态相比，"更少有意识形态的特征"；因为它并没有那种不透明的、迷惑人的力量，而那种力量掩盖着人们的利益。另一方面，当今的那种占支配地位的、使科学成为偶像的，因而变得更加透明的背景意识形态（Hintergrundideologie），比起老式的意识形态来说，显得更难以

---

① H. Marcuse. *One-Dimensional Man*. Boston：Becon Press，1966：xvii.

② H. Marcuse. *One-Dimensional Man*. Boston：Becon Press，1966：235.

③ J. Habermas. *Technik und Wissenschaft als "Ideologie"*. Frankfurt a. M.：Suhrkamp Verlag，1970：49－50.

④ J. Habermas. *Technik und Wissenschaft als "Ideologie"*. Frankfurt a. M.：Suhrkamp Verlag，1970：74.

⑤ J. Habermas. *Technik und Wissenschaft als "Ideologie"*. Frankfurt a. M.：Suhrkamp Verlag，1970：79.

抗拒和更为宽泛，因为它不仅通过掩蔽实际问题的方式，为既定阶级的局部统治利益做辩护，压制另一个阶级的局部解放的需求，而且遏制其寻求解放的种族利益。①

在哈贝马斯看来，这种新的意识形态的核心取消了技术和实践之间的差别，即取消了工具理性和实践理性之间的差别。而既然意识形态学说是马克思的历史唯物主义理论的重要内容，这就需要对历史唯物主义做出新的解释。正是在这个意义上，哈贝马斯提出了"重建历史唯物主义"的口号。

其三，西方生态学家和未来学家对科技发展与生存危机的新反思。

从20世纪70年代起，罗马俱乐部连续出版了12份报告，就生产力和科学技术高度发展的背景下出现的人类生存总危机的问题做出了深入的反思。在第一份报告《增长的极限》（1972）中，作者德内拉、乔根和丹尼多斯提出了资源、生产、增长和发展的限度问题，从而从根本上动摇了传统的非生态学的观点。在第二份报告——《人类处在转折点》（1974）中，作者米萨诺维克和帕斯托尔进一步指出：

> 人类必须正视现实，大量的危机已经构成世界发展中遇到的一种"危机综合征"，应该把这些危机作为一个整体采取互相协调的多种措施加以解决。这场全球性危机程度之深、克服之难，对迄今为止指引人类社会进步的若干基本观念提出了挑战。这些基本观念在过去为人类进步铺平了道路，但也最终导致了目前的这种状况。目前，人类正处在转折点上，必须做出抉择，是沿着老路继续走下去，还是开辟一条新的道路。如果人类要探索新的发展道路，那么必须对若干旧的观念重新进行评价。②

他们所指的旧观念，不光包括增长、发展、进步及环境与资源可以无限地被剥夺或取用的观念，而且也包含对科学技术的历史作用的重新认识：

> 生活在地球上的人类，第一次感到限制的必要性，必须限制经

---

① J. Habermas. *Technik und Wissenschaft als "Ideologie"*. Frankfurt a. M. : Suhrkamp Verlag, 1970: 88 - 89.

② 米萨诺维克，帕斯托尔. 人类处在转折点. 刘长毅，李永平，孙晓光，译. 北京：中国和平出版社，1987：9.

济和技术的发展，或者至少改变其发展道路。[1]

他们认为，人类和自然的关系不应该是控制和被控制的关系，应该是和谐的共处关系，而要建立这种新型的关系，就必须对科学技术的历史作用重新加以反思。

未来学家阿尔温·托夫勒提出了"我们不允许技术在社会里横冲直闯"[2] 的口号，并强调：

> 对于任何新技术，我们都要更加认真地看一看它给大自然带来的潜在的副作用。无论我们提议使用一种新的能源，一种新的材料，或一种新的化工产品，我们都必须确定它将怎样改变我们赖以生存的微妙的生态平衡。而且我们必须预测它们对遥远的未来和远方可能产生的间接影响。[3]

另一位未来学家约翰·奈斯比特在《大趋势：改变我们生活的十个新方向》（1982）中指出：

> 我们必须学会把技术的物质奇迹和人性的精神需要平衡起来。[4]

显然，生态学家和未来学家提出的"极限"概念是发人深省的。我们必须深刻地认识到，人类的欲望和需要是无限的，但能够满足这种欲望和需要的资源与环境永远是有限的。事实上，历史唯物主义的叙述体系无法对当代人类面对的生态危机保持沉默。

确立新的叙述方式

当代西方学者的新思考，特别是他们对科学技术的双重功能的揭示，对传统的历史唯物主义的叙述体系提出了严峻的挑战。我们必须从当今时代的高度出发，对这些挑战做出认真的回应。在做出回应前，有必要先对以下三种错误的观点进行批评。

---

[1] 米萨诺维克，帕斯托尔. 人类处在转折点. 刘长毅，李永平，孙晓光，译. 北京：中国和平出版社，1987：128.

[2] 托夫勒. 未来的震荡. 任小明，译. 成都：四川人民出版社，1985：487.

[3] 托夫勒. 未来的震荡. 任小明，译. 成都：四川人民出版社，1985：486.

[4] 奈斯比特. 大趋势：改变我们生活的十个新方向. 梅艳，译. 姚琮，校. 北京：中国社会科学出版社，1984：39.

第一种观点认为，在马克思的思想中，缺乏回应现代科学技术问题的思想资源。比如，阿尔温·托夫勒认为：

> 不能借助马克思主义去了解高技术世界的现实。今天，用马克思主义来诊断高技术社会的内部结构，就象在有了电子显微镜的时代，还是只用放大镜。①

显然，这一观点是缺乏根据的。事实上，马克思对现代科学技术的统治作用的预言，对异化、物化和拜物教的批判等，都为人们重新反思现代技术的作用提供了重要的思想资源。

第二种观点认为，马克思的思想，尤其是历史唯物主义的理论中，虽然包含着某些合理的因素，但必须对它们进行重构。哈贝马斯认为：

> 复兴马克思主义是没有必要的，我们所谓的重构（Rekon-struktion）就是把一种理论拆开，并以新的方式再把它组合起来，以便更好地达到它自己已经确立的目标。②

其实，在某种意义上可以说，哈贝马斯对历史唯物主义的重构是以曲解历史唯物主义为前提的。他试图以交往理性，即实践理性的维度去补充历史唯物主义，然而，马克思作为西方人文主义传统的伟大批判者和继承者，他创立的历史唯物主义恰恰体现出实践理性发展的新的高度。对这一点，海德格尔比哈贝马斯看得更加清楚。在《关于人道主义的通信》（1947）一文中，他这样写道：

> 不管人们以何种立场来看待共产主义学说及其基础，从存在的历史的观点看来，一种对有世界历史意义的东西的基本体验已经在共产主义中确定不移地说出来了。③

海德格尔甚至认为，马克思通过对异化问题的深入反思，其历史观远远优于胡塞尔和萨特，"所以现象学和存在主义都没有达到可以和马

---

① 托夫勒. 预测与前提：托夫勒未来对话录. 粟旺，胜德，徐复，译. 北京：国际文化出版公司，1984：200.

② J. Habermas. *Rekonstruktion des historischen Materialismus*. Frankfurt a. M.：Suhrkamp Verlag, 1982：9.

③ M. Heidegger. *Ueber den Humanismus*. Frankfurt a. M.：Vittorio Klostermann, 1975：27－28.

克思主义进行一个创造性的对话的这一维度”①。

　　第三种观点与上面的两种观点正好相反，它完全无视现代科学技术的双重功能及其对历史唯物主义的叙述体系提出的严重挑战，依然以教条主义的方式，从马克思的文本出发来表述其历史唯物主义的理论。②

　　我们认为，对现代科学技术的双重功能及由此而引发的一系列问题所提出的挑战，既不能采取鸵鸟政策加以回避或只在边缘化的意义上涉及，也不能低估历史唯物主义自身的理论潜力。在我们看来，“重建历史唯物主义”的口号是错误的，因为历史唯物主义所揭示的基本真理并没有过时。事实上，在当今的时代条件下，我们仍然需要坚持历史唯物主义的基本立场和基本原理，在这个基础上，我们所能做的，就是对它的叙述方式进行必要的改变和调整。

　　首先，新的历史唯物主义的叙述体系必须把由科学技术的高度发展所产生的生态学的语境作为一个理论前设安置下来。也就是说，在叙述历史唯物主义的基本理论——生产力和生产关系、经济建设和上层建筑的关系之前，必须先行地叙述这些关系可能得以展开的生态学的语境。

　　正如马克思早已指出的那样：

　　　　一切人类生存的第一个前提也就是一切历史的第一个前提，这个前提就是：人们为了能够“创造历史”，必须能够生活。但是为了生活，首先就需要衣、食、住以及其他东西。因此第一个历史活动就是生产满足这些需要的资料，即生产物质生活本身。③

　　从这段论述可以看出，在马克思生活的时代，生态危机还是一个被遮蔽着的问题。换言之，人的需要的无限性同外部世界资源的有限性及人的生产活动和科技发展所引发的环境问题之间的冲突还没有在人们的意识中被课题化。所以，马克思还看不到生态危机对人的生存构成的潜

　　① M. Heidegger. *Ueber den Humanismus*. Frankfurt a. M.：Vittorio Klostermann，1975：27.

　　② 比如，张奎良教授的作品《马克思的哲学思想及其当代意义》（黑龙江教育出版社，2001年）虽然新见迭出，但他并没有从现代科技的双重功能及生态危机的视角出发，重新透视马克思的历史唯物主义的叙述体系；辛敬良教授的《唯物史观与现时代》（海天出版社，1996年）虽然注意到了现代科学技术发展所引发的生态问题，但在他关于历史唯物主义的整个叙述体系中，这个问题仍然只具有边缘化的意义。

　　③ 马克思恩格斯全集：第3卷. 北京：人民出版社，1960：31.

在的威胁。

在今天的条件下，人的欲望通过科学技术的媒介使生态危机成了一个绕不过去的问题。实际上，只要人的欲望不受约束，人的需要的无限性与外部世界资源的有限性之间就必然会发生冲突，这一冲突又必然会导致生态危机。这就启示我们，为了生存下去，当代人必须在自己所有的思考和活动中先行地置入生态学的语境，在叙述历史唯物主义的理论体系时也不能例外。毋庸讳言，在今天，只有从生态学的语境出发来叙述历史唯物主义的理论体系，这种叙述才是现实的而不是抽象的。何以言之呢？因为既然在生态学的语境中，生产、增长、发展都是有限度的，那么撇开这些限度，盲目地谈论生产力和生产关系、经济基础和上层建筑关系的存在和发展显然是抽象的、无意义的。

其次，新的历史唯物主义的叙述体系必须对生产力的本质和历史作用重新进行评价。如前所述，在传统的历史唯物主义的叙述体系中，"生产力是人征服自然的力量"[①]，而科学技术作为一种无条件的进步的、革命的力量，是从属于生产力的范围的，尤其是现代科学技术在生产力中的地位变得越来越重要，正如哈贝马斯所指出的，现代科学技术已经成为第一生产力。明眼人一看就知道，科学技术的进步性、革命性与生产力的进步性、革命性之间存在着某种互动的、相互强化的关系。然而，当人们通过现代科学技术的媒介去征服自然时，却导致了严重的生态危机的发生，从而对科学技术的进步性和革命性提出了疑问。在当代人的反思中，现代科学技术不仅成了种种负面价值的载体，而且也成了一种人类无法加以有效控制的、统治性的力量，成了一种新的意识形态。

现代科学技术的这种本质性的变化启示我们，不能再把生产力定义为"征服自然的力量"了，也不能再把自然理解为人类可以无限地加以开发和索取的对象了。必须在生态学的语境中重新理解并确定生产力的本质，既把它理解为人与自然和谐相处的一种能力，也必须在生态学的语境中重新诠释生产力的历史作用，绝不能以无条件的、抽象的方式来谈论生产力的进步性和革命性，而应该结合人类的总体上的生存环境，对生产力的历史作用做出具体的分析和说明。

再次，新的历史唯物主义的叙述体系必须对意识形态的实质、结构

---

① 肖前，李秀林，汪永祥. 历史唯物主义原理. 北京：人民出版社，1983：87.

和特征做出新的说明。正如我们在前面已经指出过的那样，在传统的历史唯物主义的叙述体系中，作为观念形态的科学技术与意识形态处于分离的、对立的状态。然而，通过马尔库塞和哈贝马斯的著作，科学技术的另一个重要的功能——意识形态功能被揭示出来了，这样一来，传统的意识形态概念必须以新的方式加以叙述。

一是意识形态的实质发生了变化，即人们不能像过去那样简单地断言意识形态是遮蔽真实情况的"虚假的意识"。虽然政治法律思想、哲学、宗教、道德、艺术等意识形式在一定的程度上仍然保留着这样的倾向，但科学技术作为意识形态却不是"虚假的意识"，而是反映自然规律的正确的认识。二是意识形态的结构也发生了相应的变化。如果说，政治法律思想、哲学、宗教、道德、艺术等在意识形态的表层结构中发挥作用，那么，科学技术作为"背景意识形态"则在意识形态的深层结构中发挥作用。三是意识形态的特征也发生了相应的变化。如果说，政治法律思想、哲学、宗教、道德、艺术等常常以公开的方式为统治阶级的根本利益辩护的话，那么，科学技术作为意识形式通常表现出价值上的中立性，它影响人们思想的方式也是潜移默化的。所有这些都要求我们对意识形态问题及它在历史唯物主义理论中的地位和作用做出新的阐释。

最后，新的历史唯物主义的叙述体系必须对"社会存在决定社会意识"的基本命题做出新的诠释。在传统的历史唯物主义的叙述体系中，社会存在与社会意识常常被割裂开来并对立起来。而科学技术的双重功能表明，它既属于生产力（社会存在的范围），又属于意识形态（社会意识的范围），从而解构了社会存在与社会意识之间的抽象的对立。实际上，社会存在作为物质资料的生产方式包含着生产者，而所有的生产者从事生产活动的时候都是受其意识和目的支配的。也正是在这个意义上，卢卡奇把生产劳动乃至人的一切实践活动都理解为目的性和因果性的统一，并指出：

> 社会存在与意识的形而上学的对立，与马克思的本体论完全是相冲突的，在马克思的本体论中，每一种社会存在都与意识的行为（即与选择的确定）不可分割地联系在一起。①

---

① Georg Lukacs. *Zur Ontologie des gesellschaftlichen Seins*（1. *Halbband*）. Darmann：Hermann Luchterhand Verlag GmbH & Co. KG，1984：675.

因而在社会存在的基础部分中就蕴含着社会意识，社会意识并不外在于社会存在，相反，它本身就是社会存在的一个组成部分。也就是说，"社会存在决定社会意识"的基本命题应该在整体决定部分的意义上重新得到叙述，而作为沟通这一整体和部分之间的重要媒介之一则是科学技术。①

综上所述，科学技术的双重功能的发现必然会导致历史唯物主义叙述方式的重大改变。无论是在对现代科学技术的哲学意义的反思中，还是在对历史唯物主义理论的当代意义的阐发中，这一课题的重大意义都将反复呈现出来。

---

① 为什么这里说的是"重要媒介之一"？是因为社会心理、社会性格等重要的因素也从不同的侧面起着媒介作用。

中　篇

马克思哲学的基本概念

第四章　马克思哲学的基本概念（I）

在马克思哲学中，是否存在着一个本体论？扩而言之，马克思的划时代的哲学革命的意义应该从本体论的角度去把握，还是应该从认识论或方法论的角度去把握？显然，这些问题都是有争议的。我们的见解是，马克思哲学不但蕴含着一个本体论，而且这一本体论构成马克思哲学的基础部分。毋庸讳言，马克思的划时代的哲学革命的意义首先应该从本体论的角度去把握。一旦达到这样的认识，马克思哲学在哲学发展史上的地位和作用也就得到了充分的肯定和评价。

第一节　本体论的基本概念 *

近年来，对马克思本体论思想的探讨已经成为哲学基础理论研究中的一个热点，这确实是一项返本开新式的工作，将对今后的整个哲学研究产生重大的影响。然而，在中国的传统思维方式和语境中讨论问题，一个严重的不足是对所论及的基本概念缺乏深入的分析和严格的界定。在对马克思本体论思想的研究中，同样存在着这种情况。为了实质性地推进这方面的研究，有必要对这一讨论必定会涉及的下面这些基本概念的内涵做出明确的界定。本节尝试在这方面做一些工作，以求教于学界同仁。

---

　* 本节原来的标题是《马克思本体论研究中的一些基本概念》，原载《哲学动态》2001
（10）。

形而上学，还是知性形而上学的思维方法？

有人也许会问：讨论本体论问题，为什么要把形而上学扯进来呢？显然，提问者缺乏基本的哲学素养。因为在传统哲学中，本体论不过是形而上学的一个组成部分，要弄明白本体论的含义，必须先搞清楚形而上学的含义是什么。

众所周知，"形而上学"（metaphysics）是亚里士多德的一部哲学著作的名称，后人安德罗尼柯在编纂亚氏著作时，把放在物理学后面的那部分称作"metaphysics"，即"物理学之后"。亚氏把"物理学"称为"第二哲学"，把讨论"存在者之为存在者"，即探讨事物终极原因的那部分学问称为"第一哲学"。所以，metaphysics 也就相当于亚氏的"第一哲学"。后来，笛卡尔写了《第一哲学沉思录》，他所谓"第一哲学"也就是探讨事物终极原因的形而上学。他在《哲学原理》一书中还强调，哲学就如一棵树，其中形而上学是根，物理学是干，别的一切科学就是干上生出来的枝。在这个比喻中，我们发现，笛卡尔把哲学理解为一门包罗万象的学问，而形而上学则是哲学的基础部分。在之后的发展中，沃尔夫概括了前人和同时代人的研究成果，进一步把形而上学的内容具体化了。正如梯利所指出的：

> 沃尔夫根据灵魂的两种机能，即认识和嗜欲，把科学分成为理论的和应用的两种。前者包括本体论、宇宙论、心理学和神学，这都属于形而上学；后者包括伦理学、政治学和经济学。……逻辑是一切科学的导论。①

沃尔夫这里说的"科学"也就是哲学，他把形而上学视为哲学的理论部分，而这一部分又可进一步细分为本体论、宇宙论、心理学和神学。康德在《纯粹理性批判》和《未来形而上学导论》、黑格尔在《小逻辑》中所批判的形而上学概念基本上都是沃尔夫意义上的。

从上面的论述可以看出，传统意义上的形而上学构成哲学的基础理论，它由本体论、宇宙论、心理学和神学四个部分组成。我们知道，黑格尔在《小逻辑》中把康德以前的形而上学称为"知性形而上学"，并批评其思维方法是机械的、非此即彼的。深受黑格尔思想影响的恩格斯

---

① 梯利. 西方哲学史：下册. 葛力，译. 北京：商务印书馆，1979：146.

在《反杜林论》中进一步演绎了黑格尔的思想：

> 在形而上学者看来，事物及其在思想上的反映即概念，是孤立的、应当逐个地和分别地加以考察的、固定的、僵硬的、一成不变的研究对象。他们在绝对不相容的对立中思维；他们的说法是："是就是，不是就不是；除此以外，都是鬼话。"①

在恩格斯看来，与这种形而上学的思维方式不同的是，"辩证法在考察事物及其在观念上的反映时，本质上是从它们的联系、它们的联结、它们的运动、它们的产生和消逝方面去考察的"②。

在这里，形而上学问题的讨论出现了新的转折：第一，恩格斯没有像黑格尔那样，把"康德以前的形而上学"和"康德以来的形而上学"区分开来③；第二，受到近代哲学片面地注重认识论、方法论思想倾向的影响，恩格斯没有深入考察传统形而上学的内容，他着重批判的只是知性形而上学的思维方法，并使之与辩证法对立起来。传统的马克思主义哲学的研究者们深受恩格斯思想的影响，加之他们常常缺乏西方哲学史方面的素养，所以他们完全撇开了传统的形而上学的内容，而仅仅把形而上学理解为一种与辩证法对立的、非此即彼的思维方法。④

因此，要对本体论的问题有一个准确的认识，就有必要先把传统哲学意义上的形而上学概念与恩格斯以来的、作为一种思维方法的形而上学概念严格地区分开来。也就是说，我们必须超越近代西方哲学片面地重视认识论、方法论的思维框架，才不会把形而上学问题仅仅还原为一个思维方法上的问题。记得黑格尔在分析形而上学研究出现的衰微状况时曾经说过：

> 一个有文化的民族竟没有形而上学——就像一座庙，其他各方

---

① 马克思恩格斯选集：第3卷.北京：人民出版社，2012：396.
② 马克思恩格斯选集：第3卷.北京：人民出版社，2012：397.
③ 实际上，经过康德的批判，特别是康德的"先验辩证论"，康德以来的形而上学不再像以前的知性形而上学一样，用非此即彼的方式看待一切。在黑格尔那里，形而上学和逻辑学直接等同起来了，更是超出了传统的知性形而上学的思维方式。
④ 在理论界，甚至出现了这样的看法，既提倡本体论的研究，又否定形而上学的研究。显然，持这种看法的人并没有从哲学的基础理论这一内涵上去理解形而上学，而仅仅把它看作黑格尔和恩格斯所批评的知性形而上学的错误的思维方法。

面都装饰得富丽堂皇，却没有至圣的神那样。①

由此可见，必须把作为哲学基础理论的形而上学概念与人们在马克思主义哲学研究的语境中通常理解的、作为非此即彼的思维方法的形而上学概念严格地区分开来。事实上，形而上学不能也不应该被还原为一种单纯的思维方法，只有把它理解为哲学的基础理论，作为形而上学的组成部分的本体论研究的重要性和必要性才会显露出来。

本体论，还是世界观？

如前所述，在近代哲学片面地注重认识论、方法论的思想倾向的影响下，传统的马克思主义哲学的研究者们通常把形而上学理解为一种单纯的、错误的思维方法加以抛弃。在这样的背景和语境下思考问题，作为形而上学的组成部分的本体论也就失去了自己的存在价值和意义，全部哲学研究也就在认识论和方法论的视域内展开了。然而，那些不喜欢使用形而上学、本体论这样的概念的马克思主义哲学的研究者们仍然无法回避传统哲学在形而上学的名义下所进行的哲学基础理论的研究。

为了从这个僵局中走出来，他们决定用"世界观"的概念来取代形而上学，特别是本体论的概念。乍看起来，他们与传统的哲学观念似乎已经进行了"彻底的决裂"，但他们的主观想象并没有使他们真正地脱离传统哲学研究的地基。事实上，他们使用的世界观的概念相当于形而上学中的"宇宙论"。正如黑格尔在《小逻辑》中所指出的：

> 形而上学的第三部分是宇宙论，探讨世界，世界的偶然性、必然性、永恒性、在时空中的限制，世界在变化中的形式的规律，以及人类的自由和恶的起源。②

既然世界观相当于形而上学中的宇宙论，而宇宙论又不过是形而上学中的一个部分，那么它当然是无法取代形而上学概念的。同样地，它也无法取代本体论的概念。因为在传统的形而上学中，本体论是最基础的部分，它探讨的是存在的真理和意义，是为其他三个部分——心理学、宇宙论和神学奠定基础的，也是它们无法取代的。事实上，以往关

---

① 黑格尔. 逻辑学：上卷. 杨一之，译. 北京：商务印书馆，1981：2.
② 黑格尔. 小逻辑. 贺麟，译. 北京：商务印书馆，1980：104.

于世界观问题的探讨之所以十分肤浅，就是因为这一讨论是脱离本体论的基础来展开的。

现在，我们再来看看，传统的马克思主义哲学的研究者们谈论的世界观的实质和困境究竟是什么。平心而论，他们并没有把"世界"理解为一个基础性的、十分重要的哲学概念，而仅仅是从自然科学的宇宙起源论或自然哲学的本原论的角度出发来理解世界概念的。也就是说，他们只是从时间在先的意义上关注世界是如何发生的，而并不重视从逻辑在先的意义上来思考世界的本质是什么。所以在传统的马克思主义哲学教科书中，世界是一个如海德格尔所批评的那样完全被"跳"过去的现象。要言之，他们关心的并不是世界的本质，而是世界是如何发生的。总之，重大的哲学基础理论在这里被实证化了，被转化为一个轻飘飘的、边缘化的问题。

如果我们真正从哲学上、从逻辑在先的角度出发来思考问题，那么世界观研究的真正的困难就会显露出来。首先，传统的马克思主义哲学的研究者们通常把世界理解为一个整体，把世界观理解为关于整体世界的观念。但是，每个人都只是世界的一个部分，部分能够把握整体吗？康德认为，当人们运用知性范畴去把握世界时，必然会陷入二律背反；维特根斯坦认为，世界的意义在世界之外，它是无法说出来的。其次，当传统的马克思主义哲学的研究者们喋喋不休地谈论世界的起源、人的诞生、人和世界之间的关系时，他们谈论的只是自然科学意义上的世界，而不是哲学意义上的世界。因为哲学意义上的世界不但无法与人分离，而且它本身就是人的生存活动的展示方式。也正是在这个意义上，海德格尔的基础本体论强调，作为人之存在的"此在"（Dasein）是"在世界之中的存在"（das In-der-Welt-Sein）。海氏用连字符来表达"此在"概念，就是要表明，世界与人是不可分离地关联在一起的。在哲学上，我们既不能离开人来谈论世界，也不能离开世界来谈论人。而传统的马克思主义哲学的研究者们在"辩证唯物主义"部分谈论"世界"，在"历史唯物主义"部分谈论"人"，这就完全把人与世界分离开来了，也就是说，他们与真正的世界概念失之交臂了。

由此可见，一方面，世界观的概念无法取代形而上学，尤其是本体论的概念；另一方面，没有真正的本体论意义上的、对存在意义的先行的领悟，世界观始终只是自然科学意义上的概念，而不是哲学概念。

存在，还是存在者？

自从恩格斯在《路德维希·费尔巴哈和德国古典哲学的终结》一书中提出"思维和存在的关系问题"，并把它视为全部哲学特别是近代哲学的基本问题之后，传统的马克思主义哲学的研究者们对这个问题无不青睐有加。但令人困惑不解的是，存在问题属于本体论研究的领域，既然摈弃了本体论的研究，为什么又要谈论存在问题呢？在这样的思维格局中谈论存在问题，这个问题必定会落入认识论的窠臼中，事实上也正是如此。所以，传统的马克思主义哲学的研究者们真正关心的问题是：思维和存在究竟有没有同一性？换言之，人的思维究竟是不是能够认识和把握存在？如果能认识，那就是可知论者；如果不能认识，那就是不可知论者。在这里体现出来的仍然是近代哲学片面地重视认识论和方法论的思想倾向。令人遗憾的是，由于人们只是从认识论的角度出发来思考存在问题，所以，本体论角度的研究就始终被搁置起来了。这一搁置造成的最大后果是存在问题没有得到深入的反思，人们把存在与存在者不加区分地等同起来了。

事实上，在海德格尔之前，传统西方哲学也充斥着把存在与存在者等同起来的倾向。具体地说来，人们在探讨存在问题时，出现了如下偏差：一是把存在理解为某一个存在者，即用谈论某一个存在者的方式来谈论存在问题。正如海德格尔所说的，"存在者的存在本身不'是'一个存在者"①。二是把存在理解为所有存在者的总和。这种理解方式仍然没有摆脱把存在存在者化的倾向。三是把存在理解为最高的种概念，从逻辑学上看，这样的概念是无法定义的，所以存在本身是无法加以探讨的，只能通过对存在者的探讨来接近存在。这里同样存在着误解。正如海德格尔所说的：

> 存在的不可定义性并没有取消存在的意义问题，而是要我们正视这个问题。②

---

① M. Heidegger. *Sein und Zeit*. Tuebingen：Max Niemeyer Verlag，1986：6. 有趣的是，我们发现，即使在海德格尔以后，人们仍把存在与存在者简单地等同起来。卢卡奇的《社会存在本体论》就是一个典型的例子。他说，人们只能追猎存在着的兔子，采集存在着的草莓等，但他忘记了，存在着的兔子、存在着的草莓并不等于兔子的存在和草莓的存在。

② M. Heidegger. *Sein und Zeit*. Tuebingen：Max Niemeyer Verlag，1986：4.

由于把存在存在者化，哲学研究就被实证科学化了。另外，在对存在者的探讨中，人们也没有把人这种特殊的存在者和人以外的其他存在者区分开来，甚至把人这种特殊的存在者也统一在以物的方式表现出来的存在者中，这就完全抹煞了人与物之间的差异。由于人是存在意义的唯一的询问者，当人们说"世界统一于物质"，从而把人与物之间的差异完全铲平的时候，哲学研究中的本体论维度也就完全被封闭起来了。所以，重要的是认识存在和存在者之间的差异，在存在者中则要认识人这种存在者和人之外的其他存在者之间的差异；重要的是撇开认识论和方法论的维度，进入本体论的维度中，存在的本质和意义才能真正地被揭示出来。

"自在之物"，还是"为我之物"？

众所周知，康德所提出的"自在之物"的概念是形而上学，尤其是本体论发展史上的一个关键性的概念。如何理解这个概念呢？恩格斯在《路德维希·费尔巴哈和德国古典哲学的终结》一书中写道：

> 对这些以及其他一切哲学上的怪论的最令人信服的驳斥是实践，即实验和工业。既然我们自己能够制造出某一自然过程，按照它的条件把它生产出来，并使它为我们的目的服务，从而证明我们对这一过程的理解是正确的，那么康德的不可捉摸的"自在之物"就完结了。动植物体内所产生的化学物质，在有机化学开始把它们一一制造出来以前，一直是这种"自在之物"；一旦把它们制造出来，"自在之物"就变成为我之物了，例如茜草的色素——茜素，我们已经不再从地里的茜草根中取得，而是用便宜得多、简单得多的方法从煤焦油里提炼出来了。①

毋庸讳言，恩格斯的这段论述也是从认识论上着眼的，即人们只要认识了一个对象并能在实践中把它制造出来，康德的自在之物也就完结了。恩格斯的这一见解对马克思主义哲学的研究者们产生了极为重要的影响。然而，在康德那里，自在之物指的是上帝、自由和灵魂不朽，它们是从属于超验的本体论领域的，它们具有如下三个特征：第一，它们显现出来的现象是感性认识的来源；第二，它们是理论理性认识的界限；

---

① 马克思恩格斯选集：第 4 卷．北京：人民出版社，2012：232．

第三，它们是实践理性的范导性的假设。这就告诉我们，自在之物是不可能转化为为我之物的，因为为我之物所能达到的只是自在之物显现出来的现象，却达不到自在之物本身，达不到超验的本体论的领域。换言之，自在之物是不可知的，是理论理性越不过去的界限，它们只适合于实践理性。如果认为自在之物可以转化为为我之物，理论理性和认识论势必取代实践理性和本体论。长期以来，由于这种不合理的取代，认识论和方法论成了全部哲学研究的中心，而与实践理性相关的政治哲学、法哲学、道德哲学和宗教哲学却长期得不到重视。这正是我们的哲学研究退回到康德以前的一个明证，也是我们从未认真地消化康德哲学的一个明证。① 事实上，为我之物的概念只能在经验的、现象的范围内使用，要探讨自在之物，绝不能借助于理论理性和认识论，而只能诉诸实践理性和本体论。

上面，我们就本体论研究和马克思本体论研究必定会涉及的一些基本概念做了初步的梳理，希望这样的梳理能够澄清一些基础性的问题和观点，从而为马克思本体论思想的研究提供有益的借鉴。

第二节　本体论的思路历程*

近年来，西方学者胡塞尔、海德格尔、伽达默尔等人的本体论研究对国内理论界产生了一定的影响，尤其是在卢卡奇的晚年巨著《社会存在本体论》的影响下，国内马克思哲学的研究也开始转入本体论思考的方向。

检视一下已发表的论文就会发现，对马克思的本体论学说大致上存在着以下几种不同的理解模式：一是物质本体论；二是物质-实践本体论；三是实践本体论；四是社会存在本体论。我们在这里不打算针对上述各种理解模式来阐明自己的见解，我们只是想就上述各种理解模式共同忽视的问题——马克思本体论学说的演化做一初步的探讨。事实上，

---

① 另外，在这里，恩格斯也是从认识论的角度出发来使用"实践"概念的，而康德则是从本体论的角度出发来使用"实践"概念的。

* 本节原来的标题是《马克思哲学本体论思路历程》，原载《学术月刊》1991（11），中国人民大学复印报刊资料《哲学原理》1992（1）全文转载。

这方面的探讨正是我们正确地理解马克思本体论学说的先决条件之一。

人所共知的一个事实是：马克思很少提到"本体论"这一概念，但这绝不等于说，马克思的哲学没有本体论的基础。诚如奎因指出的，任何哲学体系都有自己的"本体论承诺"（ontological commitments），马克思哲学当然也不例外。我们经过深入的考察发现，马克思的本体论学说经历了以下五个不同的发展阶段：自我意识本体论、情欲本体论、实践本体论、生产劳动本体论和社会存在本体论。下面，我们将逐一加以论述。

自我意识本体论

马克思的"自我意识本体论"主要体现在他 1842 年以前的论著中，尤其体现在他的博士论文中。当时的马克思作为青年黑格尔主义者，其思想深受黑格尔和布·鲍威尔的影响，因而"自我意识"的概念成了他孜孜不倦地追求理性和自由的精神表征物。

众所周知，在康德的批判哲学中，现象界和本体界的划分是一个根本的原则。前者是经验范围的东西，后者则是超验范围的东西，人们运用知性范畴所能认识的只是经验的东西，而不是超验的东西。这就是说，本体或物自体是人的认识所无法通达的。在康德那里，本体，具体地说，就是灵魂、自由和上帝，它们是不可知的，但又是人的实践理性的先导。

黑格尔建立了现象和本质之间的辩证关系，从而扬弃了现象界和本体界、经验界和超验界之间的对立，用认识可以通达的绝对理念取代了康德的不可知的本体或物自体。黑格尔哲学作为绝对唯心论，实际上就是绝对理念本体论。黑格尔学派解体后，施特劳斯抓住了"实体"的原则，布·鲍威尔则抓住了"自我意识"的原则，发生了激烈的争论。青年马克思从康德、费希特哲学中感受到那种追求理性和自由的理想主义，从而倾向于"自我意识"的原则。不用说，马克思的博士论文就是他重视"自我意识"的确证。

马克思在其博士论文的新序言草稿中指出，伊壁鸠鲁派、斯多葛派和怀疑派"是**自我意识哲学家**"①。这三派"自我意识"的哲学，是黑

①　马克思恩格斯全集：第 40 卷. 北京：人民出版社，1982：286.

格尔在哲学史研究中的基本观点。但是，黑格尔又强调，其中的怀疑派哲学更多地体现了"自我意识"的觉醒，而伊壁鸠鲁只是对古代的原子论学说做出了进一步的说明而已："伊壁鸠鲁的本质，事物的真理，和留基波与德谟克利特一样，乃是原子与虚空。"① 也就是说，黑格尔并没有充分认识并评价蕴含在伊壁鸠鲁哲学中的"自我意识"理论的地位和作用。

马克思认为，伊壁鸠鲁的原子论是典型的弘扬自我意识的哲学：

> **正如原子不外是抽象的、个别的自我意识的自然形式，感性的自然也只是客观化了的、经验的、个别的自我意识，而这就是感性的自我意识。**②

马克思还发现了伊壁鸠鲁的自然哲学优于德谟克利特的自然哲学的地方，即伊壁鸠鲁肯定了偶性的作用，肯定了原子的偏斜运动，从而高扬了"自由意志"和"自我意识"的作用。

马克思的博士论文表明，当时他的哲学思想处于黑格尔和布·鲍威尔的影响下，马克思信奉的是自我意识本体论。因为马克思不仅把"自我意识"看作原子和自然的基础，而且把它理解为本体论意义上的存在的根基。

马克思认为，康德在《纯粹理性批判》中对上帝存在的本体论证明的驳斥是缺乏说服力的。康德非但没有驳倒上帝存在的本体论证明，反而加强了这个证明。马克思主张从另外的角度来理解上帝存在的本体论证明的实质：

> 对神的存在的证明不外是**对人的本质的自我意识存在的证明，对自我意识存在的逻辑说明**，例如，本体论的证明。当我们思索"存在"的时候，什么存在是直接的呢？自我意识。③

在马克思看来，"自我意识"是一种直接的始源性的存在，是所有

---

① 黑格尔. 哲学史讲演录：第 3 卷. 贺麟，王太庆，译. 北京：商务印书馆，1959：60.

② 马克思恩格斯全集：第 40 卷. 北京：人民出版社，1982：233.

③ 马克思恩格斯全集：第 40 卷. 北京：人民出版社，1982：285. 另参见贺麟先生翻译的单行本. 中央编译局把 Gott 译为"神"不妥，应按贺译本译为"上帝"，因为"神"可以复数的形式出现，而"上帝"则是唯一的。

其他存在的基础。在这个意义上，上帝存在的本体论证明的实质就是自我意识存在的本体论证明，因为归根到底，上帝也是由自我意识创造出来的。

虽然青年马克思的自我意识本体论仍然带着黑格尔的唯心主义的痕迹，但它具有深刻的哲学内涵，它肯定了哲学本体论的真正根基在人身上，在自我意识中。

情欲本体论

马克思关于"情欲本体论"的论述主要出现在《1844 年经济学哲学手稿》中。当时马克思的思想主要处于费尔巴哈的影响之下，而费尔巴哈人本主义哲学的基本特点是用"感性""情欲"这样的概念来对抗醉醺醺的思辨。他写道：

> 人的最内秘的本质不表现在"我思故我在"的命题中，而表现在"我欲故我在"的命题中。①

在费尔巴哈看来，"欲"是人的存在的最根本的前提，因而具有始源性的、本体论的意义。

在《1844 年经济学哲学手稿》中，马克思强调，黑格尔所说的"自我意识"实际上是人，人并不是纯粹思维的、精神性的存在物，人是对象性的、感性的存在物，因为人能感受痛苦，所以人是有情欲的存在物，"激情（die Leidenschaft）、热情（die Passion）是人强烈追求自己的对象的本质力量"②。与费尔巴哈一样，马克思把"情欲"提升到本体论的高度，但由于契入了国民经济学的研究，马克思思考这个问题的视野比费尔巴哈远为开阔、深远。马克思指出：

> 人的**感觉**、激情等等不仅是在［狭隘］意义上的人类学的规定，而且是真正**本体论的**本质（自然）肯定。③

就是说，情欲不只是人类学中规定人的主观情感的范畴，它不仅自身是

---

① 费尔巴哈哲学著作选集：上卷．北京：商务印书馆，1984：591.

② 马克思恩格斯全集：第 42 卷．北京：人民出版社，1979：169. 此处的"激情"应译为"情欲"，"热情"应译为"激情"，"自己"应译为"他"。

③ 马克思恩格斯全集：第 42 卷．北京：人民出版社，1979：150. 此处的德语名词 Wesen 不应译为"本质"，应译为"存在"。

一种本体论的存在，而且是对它的对象——自然界的存在的一种本体论确证。马克思又说：

> 只有通过发达的工业，也就是以私有财产为中介，人的激情的本体论本质（das ontologische Wesen der menschlichen Leidenschaft）才能在总体上、合乎人性地实现……①

在人与自然的直接联系中，人的情欲是不可能完全地、合乎人性地得到实现的，这样的实现必须借助于发达的工业和私有财产的媒介，而工业和私有财产正是情欲，即人的本质力量打开了的书本。费尔巴哈则囿于自然主义的眼光，并没有把工业和私有财产看作人的情欲的本体论存在充分展开的必要条件。

马克思还进一步分析了货币作为财产的最普遍的象征，在情欲与对象、生活与生活资料、人与人的存在之间的媒介作用。

> 货币的力量多大，我的力量就多大。货币的特性就是我——货币持有者的特性和本质力量。因此，我**是**什么和我**能够**做什么，这决不是由我的个性来决定的。②

如果我是丑的，货币能使我变为美的；如果我是邪恶的，货币能使我变为善良的；如果我是无能的，货币能使我变成万能的。总之，货币是人的本质力量的真正的延伸，是使人的欲望由想象过渡到实在的真正的创造力。

如果说，在博士论文中马克思坚持的是自我意识本体论的思想，在论述康德对上帝存在的本体论证明的驳斥时，他强调想象的一百塔勒与实在的一百塔勒具有同样的价值，那么，在《1844年经济学哲学手稿》中，马克思已把自己的立场转移到情欲本体论上，看到了想象与实在之间的差异。他写道：

> 以货币为基础的有效的需求和以我的需要、我的激情、我的愿望等等为基础的无效的需求之间的差别，是**存在**（Sein）与**思维**（Denken）之间的差别，是只在我心中**存在**的观念和那作为**现实对**

---

① 马克思恩格斯全集：第42卷. 北京：人民出版社，1979：150. 此处的 Wesen 也应译为"存在"。

② 马克思恩格斯全集：第42卷. 北京：人民出版社，1979：152.

象在我之外对我存在的观念之间的差别。①

这就告诉我们，思维中的东西还不是真正存在着的东西，只有通过货币的媒介作用，情欲的本体论存在才能真正得到实现。

在《1844年经济学哲学手稿》中，由于马克思还未完全摆脱费尔巴哈人本主义哲学的影响，其基本立场表现为情欲本体论，表现为人的本质力量本体论。然而，应该看到，当时马克思的不少思想已经超出了情欲本体论的范围。首先，马克思把人理解为社会存在物，马克思对工业、财产、货币的重视也表明，他关注的始终是社会存在的问题。其次，马克思也十分重视实践的作用，他强调：

> **理论的**对立本身的解决，**只有**通过**实践**方式，只有借助于人的实践力量，才是可能的。②

这表明，马克思并不满足于费尔巴哈的感性直观式的哲学思想。最后，马克思还深入地探讨了劳动在现实的人的形成过程中的作用，分析了异化劳动的产生、结果及其扬弃的条件。马克思的这些重要的见解蕴含着推动他的本体论学说继续向前演进的思想酵素。

实践本体论

马克思关于"实践本体论"的思想集中体现在《关于费尔巴哈的提纲》一文中。如前所述，在《1844年经济学哲学手稿》中，马克思尚未完全摆脱费尔巴哈人本主义哲学的影响，因而总是从人的本质出发来讨论各种问题，所谓"情欲"就是人的本质力量的一种表现方式。在《关于费尔巴哈的提纲》中，马克思开始明确地批判费尔巴哈的思想，特别是他关于人的本质的思想，从而形成了自己的实践本体论的新学说。马克思指出：

> 费尔巴哈把宗教的本质归结于**人的**本质。但是，人的本质不是单个人所固有的抽象物，在其现实性上，它是一切社会关系的总和。③

---

① 马克思恩格斯全集：第42卷．北京：人民出版社，1979：154.
② 马克思恩格斯全集：第42卷．北京：人民出版社，1979：127.
③ 马克思恩格斯选集：第1卷．北京：人民出版社，2012：135.

费尔巴哈从直观的唯物主义出发，撇开社会历史联系来思考人的本质，从而把人的本质理解为"类"，理解为一种内在的、无声的、把许多个人纯粹自然地联系起来的共同性。显然，从这样的人的本质出发，至多只能做到对市民社会的单个人的直观，不可能揭示出社会的内在矛盾和实际的运动法则。既然人的本质在其现实性上是一切社会关系的总和，那就应当着眼于社会生活本身来探寻其本体论上的根基。这个根基，按照马克思的说法就是"实践"。

首先，马克思指出，实践是人的全部理论和认识的基础：

> 全部社会生活在本质上是**实践的**。凡是把理论引向神秘主义的神秘东西，都能在人的实践中以及对这种实践的理解中得到合理的解决。①

这表明，马克思的思想已与以黑格尔为代表的德国唯心主义思潮彻底划清界限，认识到社会生活的本质内容不是精神的而是实践的。人的实践活动不仅是人的精神活动和思维活动的基础，也是检验人的思维是否具有客观真理性的标准。

其次，属人世界或周围世界不外是人的实践活动的产物。马克思写道：

> 从前的一切唯物主义（包括费尔巴哈的唯物主义）的主要缺点是：对对象、现实、感性，只是从**客体**的**或者直观**的形式去理解，而不是把它们当做是感性的人的活动，当做**实践**去理解，不是从主体方面去理解。②

也就是说，以往的唯物主义者总是用抽象物质的眼光去看待周围的事物乃至整个属人世界，因而把人的活动与周围世界的形成分离开来并对立起来了。实际上，周围世界正是人的实践活动的产物。虽然唯心主义者肯定了人的精神活动的积极作用，但这种肯定也只是停留在抽象的精神层次上，他们并不理解现实的实践活动本身。比如，在黑格尔那里，劳动不过是抽象的精神劳动的代名词，所以，唯心主义者同样不能对世界的本质做出合理的说明。

---

① 马克思恩格斯选集：第 1 卷．北京：人民出版社，2012：135 - 136.
② 马克思恩格斯选集：第 1 卷．北京：人民出版社，2012：133.

最后，马克思强调，革命的实践活动是改变环境（物质力量和精神力量的统一物）的根本前提。18 世纪的唯物主义者片面地把人理解为环境和教育的产物，但忘记了环境也正是由人改变的。否认人的活动是受动性和能动性的统一，也会导致唯心主义和神秘主义的观念。正是革命的实践活动才是扬弃人和环境对立的真正前提。费尔巴哈致力于把宗教世界归结于世俗基础，但在做完这一工作以后，他又提出了以"爱"为核心的新宗教，从而又退回到宗教世界中去了。他没有意识到，更重要的工作是深入地分析世俗基础的自我分裂和自我矛盾，并通过革命实践的途径来解决这一矛盾，从而最终消除宗教世界。这充分表明，费尔巴哈并不理解革命的、实践批判活动的意义。

马克思不仅把实践理解为属人世界的基础，而且把它作为自己哲学思想的根本标志：

> 哲学家们只是用不同的方式**解释**世界，问题在于**改变**世界。①

实践本体论的形成标志着马克思的新世界观的形成，也正是在这个意义上，恩格斯把马克思的《关于费尔巴哈的提纲》称作"包含着新世界观的天才萌芽的第一个文献"②。尽管马克思本人没有使用过"实践本体论"这样的概念，但他当时的一系列论述的实质表明，这一本体论的存在是毋庸置疑的。

生产劳动本体论

实践本体论形成之后，马克思全部哲学思想的发展都没有离开过这一基本立场。在《德意志意识形态》中，马克思一再重申，意识的一切形式和产物是不可能用精神的批判来消灭的，历史的动力以及一切意识形态发展的动力是革命实践，而不是批判。

> 对**实践的**唯物主义者（den praktischen Materialisten），即**共产主义者**说来，全部问题都在于使现存世界革命化，实际地反对和改变事物的现状。③

马克思之所以在"唯物主义者"这个词的前面加上"实践的"这一定

---

① 马克思恩格斯选集：第 1 卷. 北京：人民出版社，2012：136.
② 马克思恩格斯选集：第 4 卷. 北京：人民出版社，2012：219.
③ 马克思恩格斯全集：第 3 卷. 北京：人民出版社，1960：48.

语，正是为了表明，他的立场不同于以物质本体论或感性直观本体论为基础的一切旧唯物主义者。

既然马克思坚持的是实践本体论的立场，这里又提出"生产劳动本体论"究竟是什么意思呢？我们的回答是，马克思在《德意志意识形态》中形成的生产劳动本体论是其实践本体论思想的进一步深化。因为人的实践活动具有多种多样的形式，马克思作为革命者所强调的改造现存世界的革命实践是最重要的实践形式之一。然而，这种实践形式并不是任意的、随时都可以发动起来的，它的成熟与否取决于一种最基本的实践形式，即生产劳动。

> 这种活动、这种连续不断的感性劳动和创造、这种生产，是整个现存感性世界的非常深刻的基础，只要它哪怕只停顿一年，费尔巴哈就会看到，不仅在自然界将发生巨大的变化，而且整个人类世界以及他（费尔巴哈）的直观能力，甚至他本身的存在也就没有了。①

在这段重要的论述中，马克思表达了三层意思：

第一，生产劳动是属人的自然界变化和发展的本体论前提。在马克思看来，如果抽象地谈论自然界，自然界确实具有某种先于人类历史而存在的优先性；如果具体地谈论自然界，即以人的生产劳动为媒介来谈论自然界，自然界就表现为"人化自然"或"历史的自然"，而这样的自然界存在的前提正是人的生产劳动。

第二，生产劳动是整个人类世界存在和发展的本体论前提。马克思认为，一切人类生存的第一个前提也就是一切历史的第一个前提，即人们为了能够创造历史，必须能够生活；为了能够生活，首先需要解决衣、食、住等问题。因此，第一个历史活动就是生产满足这些需要的生活资料，因为离开人的生产劳动，整个人类世界便无法存在。

第三，生产劳动是现实的人生存、交往和发展的本体论前提。"实体""人的本质""自我意识""唯一者"等，所有这些概念的现实基础，正是每个个人和每一代人通过连续不断的生产劳动而传承下来的生产力、资金和社会交往关系的总和。只要人们谈论的不是"抽象的人"，而是"现实的人"，他们就不得不追溯其得以生存的前提——生产劳动

---

① 马克思恩格斯全集：第 3 卷. 北京：人民出版社，1960：50.

的一定的历史形式。

据此，马克思的生产劳动本体论进一步深化了实践本体论的内涵，成了他阐释一切社会现象的基本出发点。实际上，马克思的生产劳动本体论滥觞于《1844 年经济学哲学手稿》，而在《德意志意识形态》中得到了更明确的表述。不用说，马克思关于"生活的生产"、"意识的生产"、"思想的生产"、"精神生产"以及后来的"艺术生产"等提法都是在生产劳动本体论的基础上形成并发展起来的。在这个意义上，我们也可以把马克思的整个哲学思想称为广义生产理论。

社会存在本体论

马克思的"社会存在本体论"在《1844 年经济学哲学手稿》中已见端倪，在《1857—1858 年经济学手稿》和《资本论》中则得到了充分的展开。社会存在本体论正是他在生产劳动本体论的基础上深入解剖资本主义社会现实的产物。

马克思关于"社会存在"的论述是以分析资本主义社会的生产劳动的产物——商品价值的两重性为出发点的。马克思指出：

> 价值的第一个形式是**使用价值**，是反映个人对自然的关系的日用品；价值的第二个形式是与使用价值**并存**的**交换价值**，是个人支配他人的使用价值的权力，是个人的社会关系……①

在这里，使用价值对应的是商品的自然存在，交换价值对应的则是商品的社会存在。由于资本主义的生产劳动是以交换价值为目的的，因而

> 产品成为商品；商品成为交换价值；商品的交换价值是商品内在的货币属性；商品的这个货币属性作为货币同商品相脱离，取得了一个同一切特殊商品及其自然存在形式相分离的一般社会存在……②

显然，"社会存在"概念是相对于"自然存在"的概念而言的。狭义的"自然存在"指的是商品的自然属性，广义的"自然存在"也包括人的自然属性（饮食男女）和自然科学作为研究对象的整个自然界；狭义的

---

① 马克思恩格斯全集：第 46 卷上册．北京：人民出版社，1979：124-125．
② 马克思恩格斯全集：第 46 卷上册．北京：人民出版社，1979：91-92．

"社会存在"指交换价值、货币、资本等，广义的"社会存在"则指人和物（商品）所处的一切社会关系。马克思认为，社会存在并不是在任何社会形态中都是无条件地占主导地位的：

> 在土地所有制处于支配地位的一切社会形式中，自然联系还占优势。在资本处于支配地位的社会形式中，社会、历史所创造的因素占优势。①

在资本主义以前的生产方式中，自然作为巨大的异己的力量与人相对峙，当时普遍流行的"自然崇拜"的观念表明了自然存在的优先性；在资本主义生产方式中，自然被降低为人的使用价值，甚至连作为直接生存源泉的土地耕作，也变成纯粹依存于社会关系的间接的生存根源。所以马克思说：

> 一切关系都是由社会决定的，不是由自然决定的。②

马克思还指出，以交换价值为生产目的的资本主义制度从一开始已包含着对个人的强制：

> 个人只有作为交换价值的生产者才能存在，而这种情况就已经包含着对个人的自然存在的完全否定，因而个人完全是由社会所决定的……③

人的生产劳动是人改造自然的一种活动，人在改造自然时必定要结成一定的社会关系。在资本主义生产方式之前，尤其是在分工和交换还没有发展起来的原始公社中，人们之间的社会关系在相当程度上仍然是一种自然的血缘关系，人们也直接消费从生产劳动中获得的产品。在资本主义生产方式中，生产劳动的直接目的是用于交换，而交换必须在社会中进行，因而交换价值、货币、资本和随之而发展起来的一切社会存在形式成了雇佣劳动得以实现的必不可少的伴生物。社会存在的所有形式和生产劳动本身一样具有本体论上的先在性。反之，在资本主义生产方式中，物和人的自然存在由于与社会存在相分离，也就显得越来越间接、越来越不重要了。所以，社会存在本体论是马克思研究资本主义生

---

① 马克思恩格斯全集：第46卷上册. 北京：人民出版社，1979：45.
② 马克思恩格斯全集：第46卷上册. 北京：人民出版社，1979：234.
③ 马克思恩格斯全集：第46卷上册. 北京：人民出版社，1979：200.

产劳动及其方式的重要成果。当然，我们也必须指出，马克思本人并没有使用过"社会存在本体论"的概念，但在他成熟时期的著作中，尤其是在《1857—1858 年经济学手稿》中，这一基本的思想倾向处处都显露出来。也正是基于对这部手稿的基本思想的理解和解释，卢卡奇晚年撰写了《社会存在本体论》一书，用以指谓马克思哲学，而古尔德则撰写了《马克思的社会本体论》一书。①

简要的结论

综上所述，在马克思的哲学视野里，"自我意识本体论"和"情欲本体论"是不成熟的，后来被马克思抛弃了；从"实践本体论"到"生产劳动本体论"再到"社会存在本体论"，体现了马克思本体论学说的不断发展和深化。生产劳动是实践的基本形式，社会存在又是生产劳动，尤其是资本主义的生产劳动得以进行的前提。这三种本体论学说各有其特定的含义，不能相互取代，也没有必要以非此即彼的态度去对待它们。

一般说来，马克思哲学作为改造客观世界的革命理论，可以称为"实践本体论"，它主要凸显的是革命的、批判的实践活动在整个人类历史发展中的本体论上的优先性；马克思哲学作为批判地解释客观世界的理论，就其一般形式而言，可称为"生产劳动本体论"。这种本体论表明，生产劳动或物质生活资料的生产是人类全部历史的第一个前提，无疑具有本体论上的优先性；就马克思哲学作为探索人的社会生活的深层结构而言，又可称为"社会存在本体论"。毋庸讳言，任何社会形态的生产劳动都有与之相应的社会存在形式，但只有在资本主义社会中，社会存在才和自然存在相分离，其本体论上的优先性才得到了充分的展现。

从根本上看，"社会存在本体论"是马克思批判地解释资本主义社会的深层结构理论。在这个意义上，我们可以把马克思的"社会存在本体论"称作基本本体论，因为"社会存在"是看不见摸不着的，所以"社会存在本体论"是超验的，其宗旨是研究者在从事任何研究活动之前，必须以逻辑在先的方式澄明自己的历史性。马克思关于"人体解剖

---

①　俞吾金 . 古尔德《马克思的社会本体论》评析 . 马克思主义与现实，1995（1）.

对于猴体解剖是一把钥匙"① 的名言说的正是这个意思。而"实践本体论"和"生产劳动本体论"则是一般本体论，由于"实践"和"生产劳动"都是人们经验生活的组成部分，是看得见摸得着的，所以这两种本体论都是经验的，其宗旨是在考察社会现象时，分离出社会现象中的基础经验层（由实践活动构成，而在实践活动中，最根本的层面则是生产劳动），并从这一基础经验层出发，对其他经验层做出阐释。毋庸讳言，一般本体论又是以基本本体论为基础的。

第三节　本体论的本质属性*

当我们沿着本体论的思路探讨马克思哲学时，常常会遭到来自各方面的质疑。这些质疑并不是空穴来风，是需要我们认真地加以对待的。

马克思是否使用过"本体论"的概念？

在前面的论述中，我们有两处提到马克思对本体论问题的论述：一处是在马克思的博士论文中，马克思在谈到康德对上帝存在的本体论证明的驳斥时，指出康德从区分真实的塔勒和想象的塔勒入手来驳斥这一证明是苍白无力的：

与此相反，康德所举的例子倒反而会加强本体论的证明。真实的银元与想像中的神灵具有同样的存在。②

而人的所有的想象都出于人的自我意识，正是在这个意义上，马克思发挥道：

上帝存在的证明或者不外是对于本质的人的自我意识的存在的证明，自我意识的存在的逻辑说明。例如，本体论的证明。③

在马克思看来，既然上帝不过是人的自我意识的产物，那么，从逻辑上看，自我意识才是真正的本体论上的存在。这两段引文都表明，马克思

---

① 马克思恩格斯全集：第 46 卷上册．北京：人民出版社，1979：43.

* 本节原来的标题是《再论马克思的哲学本体论》，原载《哲学战线》1995（1）。

② 马克思．博士论文．北京：人民出版社，1961：94.

③ 马克思．博士论文．北京：人民出版社，1961：94－95.

至少关注过"上帝存在的本体论证明"这一哲学史上的著名的论题，并表明了自己的见解。

如果撇开马克思在上面对本体论问题的直接讨论不管，那么，在《1844年经济学哲学手稿》的"货币篇"中，马克思也有如下提法：一是"对本质（自然界）的真正本体论的肯定"；二是"人的情欲的本体论的本质"①。这两段引文也充分表明，马克思并不像某些信口开河的研究者所说的那样从来没有使用过本体论的概念。

那么，除了我们上面提到的这些地方，马克思在其他场合中还使用过"本体论"的概念吗？经过我们的研究，至少可以说，马克思还在下面两个场合中使用过这个概念。

第一个场合在马克思的《伊壁鸠鲁哲学·笔记一》中。马克思这样写道：

> 一般为了阐明伊壁鸠鲁哲学及其内在辩证法的思想进程，重要的是要注意到，尽管原则是某种想象的、对于具体世界是以存在形式表现出来的东西，但辩证法，即这些本体论的规定（dieser ontologischen Bestimmungen）自身已失去本质性的绝对事物的一种形式的内在实质，只能这样地显示出来：由于这些规定是直接的，一定会同具体世界发生不可避免的冲突；在它们和具体世界的特殊关系中揭示出来，它们只是具体世界的观念性的一种想象的、对于本身来说是外在的形式，并且不是作为前提，而只是作为具体东西的观念性而存在着。因此，它们的规定本身是不真实的，是自我扬弃的。②

从上下文的关系可以看出，马克思在这里提到的"本体论的规定"是指"必然性""联系""差别""运动"这样一些属于辩证法探讨范围的概念。一方面，马克思指出，由于这些"本体论的规定"只是具体世界在观念上的一种想象的表述方式，因而它们既不是真实的，也不可能成为具体世界的前提；另一方面，马克思也肯定了伊壁鸠鲁哲学的重要性，正是通过对这些"本体论的规定"的辩证的表达，他提出了"原子偏斜

---

① 马克思. 1844年经济学—哲学手稿. 北京：人民出版社，1979：103. 此处的"本质"应译为"存在"。

② 马克思恩格斯全集：第40卷. 北京：人民出版社，1982：38-39.

说"，从而肯定了人的自由意志的作用。

第二个场合在马克思的《伊壁鸠鲁哲学·笔记二》中。马克思在提到早期希腊哲人时，指出：

> 这些哲人因此一方面只在最片面、最一般的本体论规定（den einseitigsten allgemeinsten ontologischen Bestimmungen）中表现绝对的东西，而另一方面他们本身又是一种自我封闭的实体在现实中的显露……①

马克思在这里提到的早期希腊哲人主要是指泰勒斯、阿那克西米尼、阿那克西曼德等人，而这里说的"最片面、最一般的本体论规定"指的正是这些哲人提出的"水""气""无限者"等。他们力图用这样的规定去阐明整个宇宙，在这样做的时候，他们也抹平了自己作为人的存在和其他物质实体之间的差异。马克思认为，从诡辩学派和苏格拉底开始，潜在地也从阿那克萨哥拉开始，情况才发生了变化，逐渐觉醒的主观精神才成了哲学的原则。

从上面两个例子可以看出，虽然青年马克思使用的是"本体论的规定"这样的概念，但这样的表述不正是以对哲学本体论的认可作为前提吗？诚然，从我们目前已经掌握的材料可以看出，成熟时期的马克思（包括晚年马克思）没有再使用过"本体论"的概念，并且马克思本人也没有明确地说明为什么他后来不使用这个概念了。但是，马克思在《德意志意识形态》中写下的这段话或许可以为我们解除这方面的困惑提供一把钥匙：

> 对哲学家们说来，从思想世界降到现实世界是最困难的任务之一。**语言**是思想的直接现实。正像哲学家们把思维变成一种独立的力量那样，他们也一定要把语言变成某种独立的特殊的王国。这就是哲学语言的秘密，在哲学语言里，思想通过词的形式具有自己本身的内容。从思想世界降到现实世界的问题，变成了从语言降到生活中的问题。②

尽管马克思只有在青年时期使用过"本体论"的概念，但对马克思

---

① 马克思恩格斯全集：第40卷．北京：人民出版社，1982：66.
② 马克思恩格斯全集：第3卷．北京：人民出版社，1960：525.

这方面的思想进行深入的探讨，从而弄清马克思思想发展的基本线索是有意义的。

后人能否研究马克思的本体论思想？

在马克思本人未系统地、明确地表述自己的本体论见解的情况下，后人是否能对马克思这方面的思想进行研究和阐发呢？我们的回答是肯定的。当代美国哲学家奎因曾经提出了著名的"本体论承诺"的思想。根据这一思想，任何一个理论体系总会做出某物（可以是物质性的事物、精神性的事物，也可以是这两种事物的结合）存在的本体论承诺，即使某个研究者从根本上是不赞成乃至否定本体论这样的提法的，他也无法逃避乃至否定他自己自觉地或不自觉地做出的本体论承诺。

虽然"本体论承诺"的思想是奎因最早明确地提出来的，但是这一思想的基本精神在马克思的博士论文中已见端倪。马克思这样写道：

> 一定的国家对于异国的特定的神灵来说，就同理性的国家对于一般神灵来说一样，就是一个这个神灵停止其存在的地方。①

举例来说，基督教的上帝只有在信奉这一宗教的信徒中才是存在的，一旦离开这些信徒，到了另一些信奉伊斯兰教、佛教或其他宗教的信徒那里，上帝的存在就成了一个悬而未决的问题。由此可见，上帝的存在仅仅是信奉基督教的人们所做的本体论承诺。

在马克思看来，不管何种东西，不管这种东西是如何子虚乌有，只要它被一些人接受并现实地影响着他们的思想和行为，那么，对于这些人来说，它的存在就在本体论意义上被验证了。用这样的思想来反观马克思哲学本身，我们发现，虽然马克思很少使用本体论的概念，但他仍然做出了本体论上的承诺。

然而，在某些马克思哲学的研究者那里，流行着一种奇怪的逻辑，即只有马克思本人明确地表示他赞成什么观念，后人才能对这一观念进行研究。换言之，当我们研究马克思的思想时，只能无条件地根据马克思对自己思想的表述为准。显然，如果这个逻辑成立的话，那么我们的研究工作真是太轻松了：只要把每个被研究者关于其思想的宣言读一遍就行了。但即使是这样，问题还会产生。比如，海德格尔和雅斯贝尔斯

---

① 马克思．博士论文．北京：人民出版社，1961：94．

都不承认自己是存在主义者，但不少研究者还是把他们看作存在主义思潮的主要代表人物；又如，施密特和哈贝马斯都不承认自己是法兰克福学派的成员，但许多研究者仍然认定他们是法兰克福学派的重要成员。如果按照上述逻辑，这些研究者岂非都在胡说八道吗？事实上，每一个具有健全理智的人都会明白，我们在研究某个人的思想时，固然应当重视他本人对自己思想的表述，但更应当重视他实际上说了什么和做了什么。在这个意义上，我们完全可以说，虽然成熟时期的马克思没有继续使用"本体论"的概念，但这并不等于后人不能从本体论的视角出发去叙述成熟时期的马克思的哲学思想。

当然，肯定研究者能够按照自己的方式来叙述马克思的哲学思想，并不等于说研究者可以信口开河，把自己的主观的想法随意地加诸马克思。事实上，肯定马克思哲学中蕴含着一个本体论的维度，不光是因为青年马克思使用过这个概念，也不光是因为马克思在哲学上的任何陈述都会做出相应的"本体论的承诺"，更为重要的是，在成熟时期的马克思的哲学视野中，这种本体论的思考进路确确实实地存在着。也许正是基于对这种思考进路的共鸣，卢卡奇的《社会存在本体论》和古尔德的《马克思的社会本体论》才都会把成熟时期的马克思的本体论思想作为自己探讨的对象。

何谓马克思本体论的本质属性？

当我们承认马克思具有本体论思想时，马克思提到过的所有概念是否都具有本体论上的优先性呢？我们的回答是否定的。反之，当我们闭口不谈马克思的本体论思想，甚至对它采取完全否认的态度时，我们自己是否实际上也可能撇开了一切本体论思想的立场呢？我们的回答同样是否定的。

人所共知，在传统的马克思主义哲学教科书中，"世界观"的概念取代了本体论的概念，人们还进一步把"世界观"表述为关于世界的学问。然而，认为更换一个名词就能改变问题的实质是一种天真的诡辩。事实上，传统的马克思主义哲学教科书正是以物质本体论为自己的基础的。当它们强调世界统一于物质时，不就已经置身于这样的本体论中了吗？所以，尽管传统教科书闭口不谈本体论，但绝不表明它们已然摆脱了任何本体论。实际上，人们至多只能摆脱某种类型的本体论，但永远无法摆脱一切本体论，因为这种本体论的思维方式是内蕴于他们的全部思考活动之中的。他们与我们的全部差异只在于，他们是以不自觉的方式从本体论出发思考问题，而我们则是自觉地把任何问题都置于本体论的视野之中。

在前面的论述中，我们曾经提出，马克思的本体论经历了"自我意识本体论"、"情欲本体论"、"实践本体论"、"生产劳动本体论"和"社会存在本体论"这五个不同的发展阶段，并断言，成熟时期的马克思已经抛弃了前面两种本体论的形式，而保留了后面三种本体论的形式。基于这样的见解，我们又进而指出，在后面三种形式的本体论中，"社会存在本体论"是基本本体论，由于"社会存在"是看不见摸不着的，因而这种本体论是超验的，其宗旨是研究者在从事任何研究活动之前，必须以逻辑在先的方式，先行地澄清自己的历史性；而"实践本体论"和"生产劳动本体论"则是一般本体论，由于"实践"和"生产劳动"都是人们经验生活的组成部分，是看得见摸得着的，所以，这两种本体论都是经验的，其宗旨是在考察社会现象时，分离出社会现象中的基础经验层，并从这一基础经验层出发对其他经验层做出阐释。毋庸讳言，一般本体论是以基本本体论为基础的。

现在，我们面临的关键问题是：何谓马克思本体论的本质属性？我们认为，要认识这一点，就应该从马克思的基本本体论——社会存在本体论契入。事实上，马克思真正重视的正是隐蔽在一切实践活动背后的、超验的社会存在。比如，商品的交换价值、货币、资本、经济形式等等。马克思在《资本论》第一版序言中曾经写道：

> 分析经济形式，既不能用显微镜，也不能用化学试剂。二者都必须用抽象力来代替。①

事实上，只有当我们的探索触及社会存在概念时，才真正地进入马克思本体论的论域。

然而，值得注意的是，卢卡奇对社会存在本体论的论述也存在着诸多问题。其一，他强调自然存在本体论是社会存在本体论的基础，这就使社会存在失去了那种把自己的意义赋予全部存在物（包括自然存在物）的统一性和普遍性，相反，这种统一性落到了自然存在的身上，而

---

① 马克思．资本论：第1卷．北京：人民出版社，1975：8.

自然存在本体论实质上也就是抽象的物质本体论。这就在某种程度上又退回到旧唯物主义的立场上去了。其二，他把超验的社会存在误解为经验性的实践活动，因此其社会存在本体论不过是一种隐蔽的实践本体论。其三，社会存在概念同样具有丰富的内涵，容易有各种不同的阐释，从而导致马克思本体论的模糊性。所以，在对马克思本体论的研究中，我们既要从社会存在本体论入手，又不能停留在这种本体论的表述方式上，必须深入下去，以最确定、最明晰的方式把马克思本体论的本质属性表达出来。

于是，我们不得不继续追问这样一个问题，即在马克思使用的社会存在概念中，其本质要素究竟是什么呢？我们不妨认真地解读马克思下面的这些论述。在《关于费尔巴哈的提纲》一文中，马克思写道：

> 人的本质不是单个人所固有的抽象物，在其现实性上，它是一切社会关系的总和。①

在马克思看来，只有全面地把握一个人的社会关系，才能准确地认识他的本质。在《雇佣劳动与资本》一文中，马克思进一步指出：

> 人们在生产中不仅仅影响自然界，而且也互相影响。他们只有以一定的方式共同活动和互相交换其活动，才能进行生产。为了进行生产，人们相互之间便发生一定的联系和关系；只有在这些社会联系和社会关系的范围内，才会有他们对自然界的影响，才会有生产。②

而每个人借以进行生产的社会关系，也就是"社会生产关系"（die gesellschaftlichen Produktionsverhaeltnisse），而社会生产关系正是使人的最基本的实践活动——生产劳动得以展开的本体论前提。列宁非常清晰地阐明了在马克思那里社会生产关系的基础性作用，他指出，马克思

> 从社会生活的各种领域中划分出经济领域，从一切社会关系中划分出**生产关系**，即决定其余一切关系的基本的原始的关系。③

从上面的论述可以看出，马克思不但从"社会存在"的概念深入作为

---

① 马克思恩格斯选集：第1卷．北京：人民出版社，2012：135.
② 马克思恩格斯选集：第1卷．北京：人民出版社，2012：340.
③ 列宁选集：第1卷．北京：人民出版社，2012：6.

"社会存在"本质的"社会关系"概念，而且进一步从"社会关系"的概念上深入作为"社会关系"的基础和核心的"社会生产关系"概念。也正是在这个意义上，马克思指出：

> 在一切社会形式中都有一种一定的生产决定其他一切生产的地位和影响，因而它的关系也决定其他一切关系的地位和影响。这是一种普照的光，它掩盖了一切其他色彩，改变着它们的特点。这是一种特殊的以太，它决定着它里面显露出来的一切存在的比重。①

由此，我们认为，马克思的社会存在本体论，就其本质属性而言，是"社会生产关系本体论"。正是社会生产关系决定着社会关系中的其他部分，决定着一切存在者的比重，而马克思的划时代的哲学革命的实质也就是创立历史唯物主义，而历史唯物主义的基础和核心就是社会生产关系本体论。

第四节　本体论的当代比较*

在当代西方哲学中，海德格尔的《存在与时间》的问世标志着本体论和存在问题研究的复兴，而卢卡奇的《社会存在本体论》则把当代本体论研究和马克思的思想资源贯通起来，特别强调了马克思率先提出的"自然存在"与"社会存在"概念的重要性。本节围绕存在、自然存在和社会存在概念各自的含义及相互之间的关系，对海德格尔、卢卡奇和马克思的本体论思想展开了比较研究。本节提出的新见解是：第一，海德格尔之失在于不重视"社会存在"的概念，没有沿着"共在"的思路做纵深的思考，也没有把先天的"基础本体论"与后天的经验世界准确地贯通起来。第二，卢卡奇之失在于把自然本体论理解为社会存在本体论的基础，从而赦平了马克思哲学与旧唯物主义之间的根本差异。第三，古代本体论的一般特征是从自然存在出发去解释存在和社会存在，当代本体论的一般特征则是从社会存在出发去解释存在和自然存在。在

---

① 马克思恩格斯全集：第 46 卷上册．北京：人民出版社，1979：44.

* 本节原来的标题是《存在、自然存在和社会存在：海德格尔、卢卡奇和马克思本体论思想的比较研究》，原载《中国社会科学》2001（2）。

这个意义上，当代本体论本质上是社会存在本体论。第四，马克思哲学实质上是社会存在本体论，确切地说，是社会生产关系本体论。

在当代哲学研究，特别是本体论①研究中，"存在"、"自然存在"和"社会存在"这三个概念被十分频繁地加以使用，尤其是"存在"这个术语，随着海德格尔研究的兴起，它几乎成为人文社会科学各研究领域中的常用词。可是，人们在使用这些概念的时候，却很少深入地去思考，它们的确切含义是什么，它们相互之间的关系是什么，仿佛这些概念的含义和关系都是自明的，我们无须再加以深究。然而，哲学与常识的根本差异正在于，哲学的思考是从人们从不怀疑的、自明的东西入手的。正如海德格尔所指出的：

> 如果"自明的东西"，而且只有"自明的东西"，即康德所说的"通常理性的秘密判断"应当成为并且始终是分析工作（即"哲学的事业"）的突出课题的话，那么在哲学基本概念的范围内，尤其涉及"存在"这个概念时，求助于自明性就是一种可疑的方法。②

所以，与其在哲学研究上夸夸其谈，还不如对这些通常在理性上以为是自明的概念进行一番刨根究底的追问，或许可以在本体论探讨中获得一些新的识见。

海德格尔对"存在的意义"的探究

在 1927 年出版的《存在与时间》这部重要的著作中，海德格尔别开生面地提出了"存在的意义"（der Sinn von Sein）这一问题。为什么

---

① 在当今中国哲学界，一个十分流行的做法是把 Ontologie 这个德语单词译为"存在论"，而不译为"本体论"。这从 Ontologie 这个词的词源和它所意指的内容来看，都有一定的道理。但这些道理能否成为"存在论"这一译法的充分理由呢？我觉得还是可以斟酌的。况且，"存在论"和"存在"这两个词有时也会凑在一起，造成翻译上的困难。如卢卡奇的著作 *Zur Ontologie des gesellschaftlichen Seins*，我们通常译为《社会存在本体论》，但如果把其中的 Ontologie 译为"存在论"，那么这本书的名字就成了《社会存在存在论》了。港台的学者则倾向于把 Ontologie 译为"存有论"，但这种译法也会引起误解，因为在"存有论"的译法中，既有"存在"（Sein）的含义在内，又有"有"（Haben）的含义在内，而 Haben 和 Sein 这两个词在德语中的含义是有重大区别的。比如，德国学者弗洛姆的一部著作的名称是 *Haben order Sein*，人们把它译为《占有还是存在》，这本书是专门讨论"占有"和"存在"之间的差异的。所以，我们在这里仍然把 Ontologie 译为"本体论"。毋庸讳言，"本体论"这一译法也存在着一些问题，需要加以说明。但限于本节的题旨，我们只能另文论及了。

② M. Heidegger. *Sein und Zeit*. Tuebingen：Max Niemeyer Verlag，1986：4.

海德格尔要提出这个问题呢？因为在他看来，在当代哲学研究中，虽然出现了形而上学的复兴，但这个使古代哲学家的思想不得安宁的形而上学的基础问题，即"存在的意义"的问题，却以其表面上的自明性逸出了人们的视野，甚至被牢牢地遮蔽起来。

为什么会形成这样的局面呢？海德格尔认为，除表面上的自明性阻挠着人们去深思这个问题外，还有如下两个重要的原因。

一是人们通常认为，"存在"（Sein）这个概念是最具普遍性的概念，即最高的种概念。但海德格尔不同意这样的看法，他认为存在的普遍性不是种的普遍性。如果存在者在概念上是按照种、类来进行区分和联系的话，那么存在并不是对存在者的最高领域的界定。换言之，存在不是存在者的最高的种概念，按照中世纪的本体论的表述方式，存在是"一个'超越者'（ein 'transcendens'）"。这里的"超越者"的含义是，存在这一概念不能用适合于存在者的种、类的区分和联系加以论定。在这个意义上，最普遍的概念绝不等于最清楚的概念。事实上，在海德格尔看来，"宁可说'存在'这个概念是最晦暗的概念"①。

二是人们通常抱有这样的见解，即"存在"这个概念是无法定义的。因为从传统逻辑学的眼光看来，给一个对象下的定义，也就是对象所属的最近的种概念，加把这个对象与同种的其他对象区分开来的属差。但是，存在既然是一个最高的、最普遍的概念，在它之上不可能存在任何种概念，那就等于说它是不可定义的，而对不可定义的对象我们又如何进行探讨呢？海德格尔也不同意这种流行的见解。在他看来，存在概念不可定义，并不等于说它不构成任何问题，也不等于说我们无法对它进行探讨。我们应该得出来的结论反倒是：存在不是类似于存在者的某种东西，所以用来规定存在者的传统逻辑的下定义的方式，虽然在一定的范围内是正当的，但这种方式并不适用于存在。因为就连传统逻辑本身也是植根于始源性的东西——古希腊的本体论的，而存在概念同样是始源性的东西，所以它不属于传统逻辑发挥作用的领域，而属于作为传统逻辑基础的本体论研究的范围。也正是在这个意义上，海德格尔这样写道：

> 存在的不可定义性并没有取消存在的意义问题，而是要我们正

---

① M. Heidegger. *Sein und Zeit*. Tuebingen：Max Niemeyer Verlag，1986：3.

视这个问题。①

从海德格尔上面的论述中可以发现，阻挠人们对存在的意义问题进行深入探究的最核心的思想障碍是，人们把存在者与存在简单地等同起来，把适用于探讨存在者问题的传统逻辑与适用于探讨存在问题的始源性的本体论简单地等同起来。所以海德格尔强调：

> 存在者的存在本身不"是"一个存在者。(Das Sein des Seienden 'ist' nicht selbst ein Seiendes.)②

在肯定存在和存在者之间的差异的基础上，海德格尔还向那种力图救平"人"这种特殊的存在者与其他存在者之间的差异的观念提出了挑战，他主张把"存在者"（Seienden）区分为以下两大部分：一是作为人的存在的"此在"（Dasein）③；二是其他存在者。而在所有的存在者中间，只有此在才能询问存在的意义。那么，此在究竟通过什么样的方法去询问存在的意义呢？海德格尔说得很明白：

> 使存在从存在者中显露出来，并对存在本身进行解释，这是本体论的任务。④

是不是古代以来的各种本体论学说都有资格成为询问存在的意义的

---

① M. Heidegger. *Sein und Zeit*. Tuebingen：Max Niemeyer Verlag，1986：4.

② M. Heidegger. *Sein und Zeit*. Tuebingen：Max Niemeyer Verlag，1986：6.

③ Dasein 这个德语单词在黑格尔的《逻辑学》中出现时，贺麟先生把它译为"定在"，因为黑格尔只是把 Dasein 理解为一种规定性的存在，并没有通过这个概念来揭示人这种特殊的存在者与其他存在者之间的差异；但当 Dasein 这个词在海德格尔的著作中出现时，熊伟先生把它译为"亲在"。熊伟先生的译法是有其道理的，因为 Dasein 由副词 da 和名词 Sein 构成。Da 在汉语中可以译为"那里"（相当于英语中的 there），也可以译为"这里"（相当于英语中的 here）。Dasein 译为"亲在"是要说明，只有人这种存在者才是最亲近"存在"（Sein）的，但这里的"亲"毕竟有意译的成分在内，所以把 Dasein 译为"此在"是比较合适的，因为"此"的意义充分体现在 da 这个副词上。但人们或许会问，海德格尔为什么不直接用"人"（Mensch）这个明白易懂的概念来取代 Dasein 呢？海德格尔是这样解答的："在'人是什么'这个问题能够从哲学上被讨论以前，必须先使那先天的东西显露出来。此在的生存论分析先于任何心理学、人类学，更不用说生物学。"（M. Heidegger. *Sein und Zeit*. Tuebingen：Max Niemeyer Verlag，1986：45）也就是说，"人"这个概念是与后天的即经验的心理学、人类学、生物学这些学科联系在一起的。海德格尔的此在本体论则是先于所有这些经验性的学科并为它们奠定基础的，所以海德格尔才借助于 Dasein 这一概念来展开他的先验的分析工作。我们之所以在这里详尽地阐明这个问题，是因为围绕着这个概念存在着许多误解。

④ M. Heidegger. *Sein und Zeit*. Tuebingen：Max Niemeyer Verlag，1986：27.

方法呢？海德格尔的回答是否定的。在他看来，传统的本体论理论不但不能通达存在的意义问题，反而由于它们看不到存在与存在者之间的差异，把这个问题严严实实地遮蔽起来了。他告诉我们：

> 本体论只有作为现象学才是可能的。①

在他看来，现象学是一个方法概念，它的最根本的原理是"面向事物本身"（zu den Sachen selbst），即不是按照传统哲学的历史追溯的方法或逻辑推论的方法去认识事物，而是按照事物自身显现的方式去看待事物，而这里所说的"事物"（Sach）也就是存在。

在海德格尔看来，只有通过"现象学本体论"（phaenomenologische Ontologie）这样的研究方法，隐蔽着的存在的意义才会显现出来；而存在的意义并不在远处，它通过此在的先天的生存结构而显现出来。他认为，此在就是"在世界之中存在"（das In-der-Welt-Sein），而这种存在本质上又是与"他人"（Andere）"共在"（Mitsein）的。从生存论上看，"烦"（Sorge）是此在在世的先天性结构，正如海德格尔所说的：

> 烦作为始源性的结构整体在生存论上先天地处于此在的任何实际的"行为"和"境况"之前。②

而在"烦"的整体结构中隐藏着"畏"（Angst），"畏"之所畏归根到底是"死"（Tod），"死是此在刚一存在就承担起来的一种去存在的方式。'一个人刚一降生就老得足以去死'"③。在这个意义上可以说，此在之存在本质上是"向死之存在"（das Sein zum Tode）。

海德格尔认为，此在在世具有两种不同的样式：一种是"本真的"（eigentlich），另一种是"非本真的"（uneigentlich）。后者在生存中依从"常人"（das Man）的生活样式，满足于模仿和闲谈，从而陷入"沉沦"（Verfallen）状态之中；前者则正视"烦"之生存结构，在"向死之存在"中唤起"良知"（Gewissen），从而自觉地为"自由"（Freiheit）而进行"决断"（Entschlossenheit）。在他看来，此在的本真性的生存也就是存在的意义，而存在的意义又是在本真的"时间性"（Zeitlich-

---

① M. Heidegger. *Sein und Zeit*. Tuebingen：Max Niemeyer Verlag, 1986：35.

② M. Heidegger. *Sein und Zeit*. Tuebingen：Max Niemeyer Verlag, 1986：193.

③ M. Heidegger. *Sein und Zeit*. Tuebingen：Max Niemeyer Verlag, 1986：245.

keit）和"历史性"（Geschichtlichkeit）的基础上显示出来的。所以

> 只有当死、罪责、良知、自由和有终性同样始源地共居于一个
> 存在者的存在中，就像共居于烦中，这个存在者才能以命运的方式
> 生存，即才能在其根据中是历史性的。①

上面，我们简要地论述了海德格尔在其代表作《存在与时间》一书中对存在的意义这一问题的探索。我们认为，这一探索具有重要的理论意义。首先，海德格尔通过对存在与存在者之间的差异的揭示，对西方哲学传统的基础——本体论做出了深刻的反思和批判。正如比梅尔所指出的：

> 如果说勒内·笛卡尔力图做的是为哲学寻找一个不可动摇的基
> 础，那么，海德格尔所做的恰恰是对这个基础提出疑问。②

正是通过这一卓有成效的批判，海德格尔使我们的哲学思考深入一个始源性的层面。其次，海德格尔对传统的批判并没有停留在单纯否定的阴影中，他提出了"现象学本体论"的新理论；由于他把这种新的本体论理解为其他一切本体论的基础，所以这种本体论也可以称作"基础本体论"（die Fundamentalontologie）。特别要注意的是，海德格尔这里说的"基础"这个词包括"先天主义"（der Apriorismus）的含义在内，因为在他看来，"'先天主义'是任何一种科学的哲学领悟自身的方法"③。事实上，也只有运用这种先天主义的方法，哲学研究才不会纠缠在人类学、心理学的层面上，才能揭示出真正始源性的现象，并得出具有普遍必然性的结论来。最后，海德格尔揭示了同样始源的、先天的时间性和历史性。正是凭借本真的时间性和历史性，存在的意义才得以凸显出来。

但是，海德格尔的探索也存在着误区。他对此在在世的"本真的"样式和"非本真的"的样式的区分显露出其哲学的精英主义倾向。在他看来，人类历史的发展系于那些能唤起"良知"并下"决断"的精英人物的腰带上。所以，按照萨弗兰斯基的看法，海德格尔在纳粹获得政权的第一个年头里，就完全被希特勒迷住了。他在 1933 年 11 月 3 日发表

---

① M. Heidegger. *Sein und Zeit*. Tuebingen：Max Niemeyer Verlag, 1986：385.

② 比梅尔. 海德格尔. 刘鑫，刘英，译. 北京：商务印书馆，1996：3.

③ M. Heidegger. *Sein und Zeit*. Tuebingen：Max Niemeyer Verlag, 1986：50.

的《向德国大学生的呼吁书》的结语中指出：

> 你们的存在规则既不是什么原理，也不是什么"理念"，唯有
> 领袖本人"是"今天和未来的德国的现实和它的法律。①

这种精英哲学的另一个侧面是对多元主义的民主制度的蔑视，而这种蔑视正体现在他对所谓"常人"政治的指责中。另外，海德格尔的"基础本体论"是一种始源性的、先天主义的理论，如何把它与瞬息万变的经验生活连接起来，这个课题并没有进入他的视野，他仅限于强调，始源性的东西是经验性的东西的基础。所以萨弗兰斯基指出：

> 海德格尔的基础本体论——包括他的本己本真性哲学含有如此
> 的不确定、可塑性，以致为政治上作多种不同的选择提供了广阔
> 空间。②

最后，海德格尔探讨存在问题的入手处是此在，而此在作为人的存在指的是个体。尽管他强调个体在生存中总是处于"共在"的状态中，但在生存的决定性问题上，每个个体都必须单独处理。在这里，个体仍然是中心。直到他在后期著作中把世界理解为"天"（der Himmel）、"地"（die Erde）、"神"（die Goettlichen）、"有朽者"（die Sterblichen，即人）的"四重整体"（das Geviert），这种此在或个体的中心主义才得到某种程度的遏制。

在《存在与时间》一书中，尽管海德格尔没有沿着存在、自然存在和社会存在之间的关系的思路进行思考，但他的别具一格的探索方式毕竟为存在问题研究的复兴开辟了道路。

卢卡奇对存在、自然存在和社会存在关系的反思

在某种意义上，正是海德格尔、哈特曼、萨特等人关于存在问题的研究启发了卢卡奇，使他走上了本体论探索的道路。与海德格尔不同，卢卡奇对本体论的思考融入了马克思哲学的元素，特别是马克思的

---

① 萨弗兰斯基.海德格尔传：来自德国的大师.靳希平，译.北京：商务印书馆，1999：316.
② 萨弗兰斯基.海德格尔传：来自德国的大师.靳希平，译.北京：商务印书馆，1999：229.与海德格尔不同的是，中国儒家讲"经"与"权"的关系。"经"是先于经验的、普遍性的处世原则；"权"即权变，涉及在瞬息万变的经验生活中如何灵活地运用"经"。

《1857—1858 年经济学手稿》的元素，从而其关注的重点更多地落到"存在"、"自然存在"和"社会存在"概念的关系上。在卢卡奇看来，他的社会存在本体论的使命是双重的。一方面，它要纠哈特曼本体论之弊，因为哈特曼没有在自然存在本体论的基础上发挥出社会存在本体论；另一方面，它也要纠海德格尔、萨特之弊，因为他们只讲社会存在本体论，而完全抽去了作为社会存在本体论的基础的自然存在本体论。他坚持认为，只有在与自然存在的关系中，社会存在的含义才能真正地被把握。《社会存在本体论》是卢卡奇晚年未完成的巨著。① 正是在这部著作中，他对存在、自然存在和社会存在的关系进行了系统的论述。

首先，卢卡奇认为，存在可以划分为三大类型，即"无机自然"（anorganische Natur）、"有机自然"（organische Natur）和"社会"（Gesellschaft）。他指出：

> 我们的考察首先要确定社会存在的本质和特征。然而，仅仅为了能够更明智地论述这样一个问题，就不应该忽视一般的存在问题，确切地说，不应该忽视这三大存在类型（无机自然、有机自然、社会）之间的联系和差别。如果没有把握这种联系及其动力，也就不能阐述真正的社会存在本体论问题，更不用说按照这种存在的性质相应地解决这类问题了。②

为什么卢卡奇要把存在划分为三大类型呢？因为在他看来，人的诞生、成长乃至生命的终结，都与人从属于有机界这一事实相关联，而人的生命的新陈代谢又是离不开无机界的，所以这三大存在类型具有"共存性"（Koexistenz），亦即它们是相互联系、相互交错、相互影响的。为了论述的简便，卢卡奇也经常把"无机自然"和"有机自然"合称为"自然存在"（das naturliche Sein）；把"社会"称为"社会存在"（das gesellschaftliche Sein）。在这个意义上也可以说，他的"存在"概念是

---

① 卢卡奇从 1964 年开始撰写《社会存在本体论》，1970 年确诊癌症，从而被迫中止了这部著作的写作和修改计划。他于 1971 年 6 月 5 日逝世后，由于这部著作篇幅浩大，其中有几章作为单行本出版，并被译为英文出版。后来，路希特汉特出版社（Luchterhand Verlag）把这部著作分成两卷，作为卢卡奇全集的第 13 卷、第 14 卷分别出版于 1984 年和 1986 年，两卷共 1459 页。

② G. Lukacs. *Zur Ontologie des gesellschaftlichen Seins*（*1. Halbband*）. Darmann: Hermann Luchterhand Verlag GmbH & Co. KG，1984：8.

由"自然存在"与"社会存在"一起构成的。

其次，卢卡奇认为，"自然存在"是"社会存在"的基础。卢卡奇强调：

> 只有把存在的基本属性始终理解为历史发展过程中的本质性的环节，而且——按照与其存在的类型相适应的、特定的历史性——把这些属性置于批判性考察的中心，才能真正地回归到存在本身。①

也就是说，存在本身的秘密深藏于不同存在类型的历史发展过程中。所以，与海德格尔不同，卢卡奇主张运用历史学的、发生学的方法来探讨存在问题。在他看来，自然科学研究的成果早就表明，地球上最早存在的是无机物；而由无机物组成的无机自然发展到一定的阶段才产生有机物，从而形成有机自然；而有机自然发展到一定的阶段才产生人，并形成与人相关的社会存在。虽然人在其社会生活中获得了某种超无机界和超有机界的生存方式，但这并不等于人已经割断了与无机界和有机界的联系。在某种意义上，人永远是自然存在物；同样地，虽然人可以通过对自己的周围世界和生活方式的改变不断地把社会存在方面的规定性覆盖到自己的自然属性上去，但这种自然属性在人身上是不会消失的。所以，相对于整个社会存在来说，人们只能说"自然限制的退却"（ein Zurueckweichen der Naturschranken），不能说"自然限制的消失"（einem Verschwindenlassen der Naturschranken）。② 正是从这种历史学的、发生学的视角出发，卢卡奇指出：

> 人作为生物学意义上的生物，其肉体的再生产始终是每一种社会存在的本体论基础。③

扩而言之，不管人类社会发展到什么样的历史阶段，自然存在始终是社会存在的基础。所以卢卡奇坚持：

① G. Lukacs. *Zur Ontologie des gesellschaftlichen Seins*（*1. Halbband*）. Darmann：Hermann Luchterhand Verlag GmbH & Co. KG，1984：35.

② G. Lukacs. *Zur Ontologie des gesellschaftlichen Seins*（*1. Halbband*）. Darmann：Hermann Luchterhand Verlag GmbH & Co. KG，1984：13.

③ G. Lukacs. *Zur Ontologie des gesellschaftlichen Seins*（*2. Halbband*）. Darmann：Hermann Luchterhand Verlag GmbH & Co. KG，1984：205.

社会存在本体论只能建立在自然本体论（Naturontologie）之上。①

最后，卢卡奇认为，社会存在的本质特征是"目的性"（Teleologie）。在社会存在中，人的实践尤其是劳动始终占据着基础的、核心的位置，而正是"劳动把目的性和因果性（Kausalitaet）的二元基础作为统一的、相互之间的关系引入到存在中，而在劳动产生之前，自然界只有因果过程。……这样一来，改造现实的目的性设定这一模式，就成了人的每一个社会实践的本体论基础。然而，自然界的情形则相反，它只有单纯的因果关联、因果过程等等，没有任何类型的目的性关联、目的性过程等等"②。正是目的性构成了社会存在的基本特征，而它的其他特征，如价值性、历史性等也都可以从目的性中引申出来。按照卢卡奇的看法，在社会存在所包含的所有的社会存在物中，"实践"（Praxis）尤其是作为"第一实践"的"劳动"（Arbeit）始终起着基础的、核心的作用，而意识、观念等虽然也是社会存在物，却是在人们的实践过程中形成并发展起来的。同样地，目的性也构成了社会存在与自然存在之间的根本差别。在自然界中，由于只有因果性而没有目的性，所以它至多只能达到"无声的合类性"（stumme Gattungsmaessigkeit）；而在社会中，人们不仅能够自觉地意识到自己的"类本质"，而且能够用有声的语言把它表达出来。

卢卡奇的社会存在本体论及他对存在、自然存在和社会存在关系的探讨是有其积极意义的。一方面，他的探索没有停留在存在概念上，而是通过类型理论的引入，把存在分为自然存在（无机自然、有机自然）和社会存在两大类，从而以自己的方式提出并解答了自然存在与社会存在的关系问题；另一方面，他特别重视社会存在，并把它视为自己的本体论思想的核心部分。这样一来，他就把当代本体论研究与马克思的思想资源沟通起来了。这无疑是卢卡奇在存在问题研究史上做出的卓越贡献。

然而，卢卡奇的探索也存在着严重的问题。首先，他对自己所探索

---

① G. Lukacs. *Zur Ontologie des gesellschaftlichen Seins*（1. *Halbband*）. Darmann：Hermann Luchterhand Verlag GmbH & Co. KG，1984：472.

② G. Lukacs. *Zur Ontologie des gesellschaftlichen Seins*（1. *Halbband*）. Darmann：Hermann Luchterhand Verlag GmbH & Co. KG，1984：14－15.

的存在、自然存在和社会存在等概念的内涵都没有明确的界定。他喋喋不休地重复着各种见解，却缺乏明晰的、简洁的表述。在《社会存在本体论》中，他甚至没有把自然存在与自然存在物、社会存在与社会存在物的概念严格地区分开来。比如，他说人们只能追猎一只存在的兔子，只能采集存在的草莓等等。但他忘了，"一只存在的兔子"并不等于兔子的存在，"存在的草莓"也不等于草莓的存在。在讨论存在这类高度抽象的概念时，怎么能把它与具体的存在物简单地等同起来呢？这至少显露出卢卡奇的朴素实在论的观点。其次，他运用历史学的、发生学的方法来反思自然存在与社会存在之间的关系，从而突出了自然存在的基础作用，反而把社会存在的根本性作用弱化了。最后，他不是把社会存在本体论作为他全部思考的基础，反而强调社会存在本体论的基础仍然是自然存在本体论，这就退回到旧唯物主义的立场上去了。

存在、自然存在和社会存在之间的关系这一如此重大的课题竟在卢卡奇的手中轻轻地滑过去了。然而，值得庆幸的是，卢卡奇把当代哲学关于存在问题的思考接上了马克思思想的源头活水，这就为后人的研究提供了极为重要的启发。

马克思对存在、自然存在和社会存在关系的思索

虽然理论界对马克思的本体论学说，尤其是这一学说所涉及的存在、自然存在和社会存在的概念做了一定的探索，但由于这些探索深受传统哲学教科书的影响，没有先行地弄清楚马克思哲学的实质和基本特征，所以很难引申出符合马克思本意的结论来。

我们认为，马克思哲学的实质不是自然哲学，而是实践哲学；不是历史哲学，而是经济哲学；不是逻辑学，而是法哲学。传统的自然哲学以静观的方式去探讨自然界，而马克思的实践哲学则通过人的实践活动的媒介作用去研究自然界[1]；传统的历史哲学侈谈人类历史发展的一般规律，而马克思的经济哲学则注重对资本主义社会的经济发展规律的研究[2]；传统的黑格尔式的逻辑学研究的是概念之间的辩证关系，而马克

---

[1] 俞吾金. 论马克思的人化自然辩证法. 学术月刊，1992（12）；论抽象自然观的三种表现形式. 上海交通大学学报（哲学社会科学版），1999（4）.

[2] 俞吾金. 历史性和历史主义. 光明日报，1995－09－07；马克思哲学是历史哲学吗?. 光明日报，1995－12－07；经济哲学的三个概念. 中国社会科学，1999（2）.

思的法哲学注重的则是对资本主义社会中人与人、人与物之间的法的关系做哲学探讨。①

在搞清楚马克思哲学的实质的基础上，其基本特征也就自然而然地映入了我们的眼帘。一是实践性。马克思哲学不仅肯定生产劳动是人的实践活动的最基本形式，而且强调改造世界的革命实践活动的必要性。二是历史性。马克思哲学不仅肯定当代资本主义社会这一历史形态是最根本的研究对象，而且强调对资本主义以前的一切社会形态的研究都要基于对当代资本主义社会的历史性的领悟。马克思反复重申的观点是：

> 人体解剖对于猴体解剖是一把钥匙。反过来说，低等动物身上表露的高等动物的征兆，只有在高等动物本身已被认识之后才能理解。②

三是人文性。马克思哲学，特别是他的本体论不是课堂上关于"存在"这一抽象概念的逻辑推演，而是对人的异化了的生存状态的深刻批判，对人的尊严、自由、解放和价值的热切关怀。③

弄明白马克思哲学，尤其是其本体论的实质和基本特征之后，现在我们有条件来探讨马克思对存在、自然存在和社会存在这三个概念所做出的原创性的探索了。

首先，马克思不赞成以抽象的方式谈论存在问题，他提出了"想象的存在"（das vorgestellte Sein）和"现实的存在"（das wirkliche Sein）这两个新概念。所谓"想象的存在"就是单纯主观方面的需要、激情和愿望；所谓"现实的存在"就是已经达成的感性的存在。比如，我因不能步行而想坐邮车，但如果我身上没有钱，那么我的这种愿望不过是"想象的存在"；如果我有钱并且已经坐上了邮车，那么我的愿望就成了一种"现实的存在"。正是在这个意义上，马克思强调，货币是真正的

---

① 列宁在《哲学笔记》中提出了一个著名的观点："不钻研和不理解黑格尔的**全部**逻辑学，就不能完全理解马克思的《资本论》，特别是它的第 1 章。因此，半个世纪以来，没有一个马克思主义者是理解马克思的!!"（列宁.哲学笔记.北京：人民出版社，1993：191）而我们的看法则是：不钻研和不理解黑格尔的《法哲学》和《现象学》，就不能完全理解马克思的《资本论》。参见俞吾金.重新认识马克思哲学和黑格尔哲学的关系.哲学研究，1995（3）。

② 马克思恩格斯全集：第 46 卷上册.北京：人民出版社，1979：43.

③ 《太阳报》通讯员约翰·斯温顿在采访马克思时，曾向马克思提出了"什么是存在?"的问题。他写道："对我问的'什么是存在?'这个问题他严肃而郑重地回答说：'斗争!'"（马克思恩格斯全集：第 45 卷.北京：人民出版社，1985：722）

创造力，它使"想象的存在转化为现实的存在"①。在这里，马克思把货币理解为"想象的存在"和"现实的存在"之间的媒介，这充分表明，他不是从传统哲学而是从经济哲学出发来思索存在概念的。

在马克思看来，"想象的存在"不过是抽象的观念，不过是阴影的王国。同样地，当人们以脱离人的感性活动和具体事物的方式来谈论"物质"和"物"的概念时，这些概念也不过是"想象的存在"或抽象的观念。马克思在批判黑格尔的唯心主义观点时指出：

> 同样明显的是，自我意识通过自己的外化所能设定的只是物性，即抽象的物（ein abstraktes Ding）、抽象物（ein Ding der Abstraktion），而不是现实的物（wirkliches Ding）。②

在这里，马克思同样区分出"抽象的物"与"现实的物"的概念。在《巴黎手稿》的另一处，马克思批评了那种把自然科学与人的活动分离开来的、"抽象物质的（abstrakt materielle）或者不如说唯心主义的方向"③，坚决反对以传统哲学的抽象方式谈论"物质"（Materie）、"物性（Dingheit）"、"物"（Ding）或"事物"（Sache）这样的概念，他强调：

> 只有当事物按照人的方式与人发生关系时，我才可能在实践上按人的方式与事物发生关系。④

在《关于费尔巴哈的提纲》中，马克思以更明确的口吻指出：

> 迄今为止一切唯物主义（包括费尔巴哈的唯物主义）的缺点是：对对象、现实性、感性，只是以对象的或直观的方式去理解，而未把它们当作人的感性活动，即实践（Praxis），不是从主体方面去理解。⑤

显而易见，马克思在这里完全用实践哲学的具体的眼光取代了传统自然哲学的抽象的眼光。而在他那里，既然最基本的实践活动是人的生产劳

---

① K. Marx. *Pariser Manuskripte*. Berlin：Dietz Verlag，1985：111.

② K. Marx. *Pariser Manuskripte*. Berlin：Dietz Verlag，1985：123.

③ K. Marx. *Pariser Manuskripte*. Berlin：Dietz Verlag，1985：89. 事实上，当传统的哲学教科书脱离人的活动和社会生活，奢谈所谓"世界的物质性"时，它们已经悄悄地踏上了这种"抽象物质的或者不如说是唯心主义的方向"。

④ K. Marx. *Pariser Manuskripte*. Berlin：Dietz Verlag，1985：86.

⑤ *Marx Engels Werke（Band 3）*. Berlin：Diets Verlag，1969：5.

动，所以其实践哲学与经济哲学完全是一致的。

其次，马克思从经济哲学和法哲学的眼光出发，把资本主义社会形态中的"现实的物"理解为"商品"（Ware），"商品首先是一个外在的对象，一个靠自己的属性来满足人的各种需要的物"①。作为"现实的物"，商品取得了"两重存在"（eine doppelte Existenz）：一是商品的使用价值，即"自然存在"（natuerliches Dasein 或 Naturdasein）；二是商品的交换价值，即"纯经济的存在"（ein rein oekonomisches Dasein）或"社会存在"（das gesellschaftliche Dasein）。值得注意的是，马克思很少用 Sein，而主要是用 Dasein（黑格尔意义上的"定在"，海德格尔意义上的"此在"）或 Existenz（海德格尔意义上的"生存"）这样的概念来表示"自然存在"和"社会存在"，其目的也许是尽量避免传统形而上学的抽象术语。

按照马克思的看法，"在土地所有制处于支配地位的所有社会形式中，自然关系还是占优势的。在资本占统治地位的社会形式中，社会、历史所创造的因素占支配地位"②。

在前一种社会形式中，土地被看作不依赖于人的自然存在；但在后一种社会形式中，土地则成了劳动的要素，"一切关系都是由社会决定的，不是由自然决定的"③。马克思强调，在资本主义社会中，商品交换是商品生产的根本目的，而商品交换又是通过货币的媒介来进行的，所以货币是一种特殊的商品，它"表现为与商品的自然存在形式相分离的社会存在形式"④。同样地，资本、价值等也都表现为纯粹的社会存在。

在马克思看来，商品拜物教的特点就是不理解商品的社会存在所具有的神奇力量，而把这种力量误解为商品的自然存在的功能。人们一旦

---

① *Marx Engels Werke*（Band 23）. Berlin：Dietz Verlag，1973：49. 商品同时也是财富，而财富在一定的法的关系中表现出自己的归属，从而引申出占有、让渡、合同等法的关系。在这个意义上，经济哲学与法哲学总是勾连在一起的。

② K. Marx. *Grundrisse der Kritik der politischen Oekonomie*. Berlin：Dietz Verlag，1974：27.

③ K. Marx. *Grundrisse der Kritik der politischen Oekonomie*. Berlin：Dietz Verlag，1974：187.

④ K. Marx. *Grundrisse der Kritik der politischen Oekonomie*. Berlin：Dietz Verlag，1974：63.

认识到商品存在的两重性，认识到其社会存在所具有的神奇力量，商品拜物教也就自行瓦解了。

最后，马克思强调，人是"自然存在物"和"社会存在物"的统一。在《巴黎手稿》中，马克思写道：

> 人不仅是自然存在物（Naturwesen），而且是人的自然存在物（menschliches Naturwesen），也就是说是为自身而存在着的存在物，因而是类存在物（Gattungswesen）。①

在这里，马克思通过 Wesen（存在物）这个词把"存在物"与"存在"（Sein）严格地区分开来。说人是"自然存在物"，这是很好理解的，因为人是自然的一部分，人有种种自然的欲望，但人与自然界中的其他存在者（如其他动物）的区别恰恰在于，人是"人的自然存在物"，是"类存在物"。正是"类存在"和"类意识"表明人同时也是社会存在物。所以，马克思指出：

> 个人是社会存在物（das gesellschaftliche Wesen）。②

马克思还反复强调，就其本质特征而言，人是社会存在物：

> 不仅我的活动所需的材料，甚至思想家用来进行活动的语言本身，都是作为社会产品给予我的，而且我本身的存在就是社会活动；所以，我从自身出发所做的，也就是我为社会所做的，并且意识到自己是社会存在物。③

马克思这方面的论述充分体现出他与费尔巴哈之间存在着的思想分歧。如果后者主要把人理解为自然存在物，那么前者则主要把人理解为社会存在物。

在《1857—1858年经济学手稿》中，马克思进一步指出，在商品经济的前提下，"个人只是作为交换价值的生产者才获得存在，而这已经包含着对个人的自然存在的完全否定，因而个人完全是由社会规定

---

① K. Marx. *Pariser Manuskripte*. Berlin：Dietz Verlag，1985：125.
② K. Marx. *Pariser Manuskripte*. Berlin：Dietz Verlag，1985：84.
③ K. Marx. *Pariser Manuskripte*. Berlin：Dietz Verlag，1985：84.

的"①。这样一来，马克思实际上把存在的最本质的特征——历史性凸显出来了，即在现代社会中，无论是人还是物，其首要的特征都是社会历史性。只有抓住历史性，才能破除现代社会的种种神话，而商品拜物教不过是诸多神话中的一种。

马克思关于存在、自然存在和社会存在关系的论述表明，他不愿意按照传统的、形而上学的思路，以超时空的方式去思索存在问题，而是把这个问题置于资本主义社会的特定语境之中。他认为，在以雇佣劳动和商品交换为特征的现代资本主义社会中，社会存在是最基本的存在方式。唯有从社会存在出发，才能索解存在和自然存在的意义。即存在不是"想象的存在"，而是"现实的存在"；同样地，自然存在也不是与人相分离的、孤立的存在形式。正如马克思所指出的：

> 只有在社会中，人的自然的存在对他说来才是他的人的存在，而自然界对他来说才成为人。②

马克思的社会存在概念以及在这一概念的基础上形成的社会存在本体论思想是西方本体论发展史上的一个划时代的贡献，而且其伟大意义并不因当代以海德格尔为代表的、存在主义本体论学说的出现而稍减。正如卢卡奇所指出的：

> 从本体论上认识现实的尝试在理论上已经陷入窘境，要想现实地改变这种状况，从一定的意义上说就得完全从头开始，而且除了马克思所奠基的那种本体论的方法，只有在极少数的问题上需要借鉴历史上的先行者。③

他确信，在海德格尔本体论学说流行的背景下，复兴对马克思的社会存在本体论的研究反倒显得更为紧迫了。

值得注意的是，马克思不是在其哲学著作，而通常是在其经济学著作中论及存在、自然存在和社会存在问题的。从表面上看来，马克思对这些概念及其它们之间的关系的论述不是很系统，但这恰恰构成马克思

---

① K. Marx. *Grundrisse der Kritik der politischen Oekonomie*. Berlin：Dietz Verlag，1974：159.

② K. Marx. *Pariser Manuskripte*. Berlin：Dietz Verlag，1985：85.

③ G. Lukacs. *Zur Ontologie des gesellschaftlichen Seins（2. Halbband）*. Darmann：Hermann Luchterhand Verlag GmbH & Co. KG，1984：11.

本体论思想的特点，即它是在实践哲学、经济哲学和法哲学的背景下陈述出来的。正如虽然马克思没有写过史学专著，但他的《路易·波拿巴的雾月十八日》却显露出极为卓越的历史眼光。

马克思、海德格尔与卢卡奇本体论思想的比较

为了说明在海德格尔，甚至卢卡奇以后重新研究马克思的必要性，我们将从马克思社会存在本体论的基本见解出发，对海德格尔和卢卡奇的本体论思想进行批判性的考察。下面，我们先从马克思出发来考察海德格尔的本体论学说的得失。

首先，海德格尔坚持存在与存在者之间的差异，进而坚持存在者中作为人之存在的此在与其他存在者之间的差异，并主张让存在的意义在此在的生存中自行显现出来，由此而建立了以此在为出发点的"基础本体论"。这是海德格尔对本体论研究的积极推进，但对上述两个差异的强调又使他走向另一个极端，即他忽视了非"此在"的存在者，特别是"物"如何通过此在与存在发生关联的问题。在《存在与时间》一书中，尽管他强调人在生存活动中总是与常用的"物"（Ding），即"工具"（Zeug）打交道，并进而区分了工具的"现成在手状态"（Vorhandenheit）和"当下上手状态"（Zuhandenheit），但并没有像他的后期论著，如《技术的追问》《物》《泰然任之》那样，从存在的意义的历史大背景下来认识"物"与存在之间的关系。

而马克思则通过对资本主义社会条件下的"物"（即商品）、"物化"（Verdinglichung）和"拜物教"（Fetischismus）的考察，深入地反思了"物"与人类生存和发展之间的本质联系。马克思甚至提出了"三大社会形态"理论：第一大形态表现为"人的依赖关系"；第二大关系表现为"以物的依赖性为基础的人的独立性"（persoenliche Unabhaengigkeit auf sachlicher Abhaengigkeit）；第三大形态则表现为"建立在个人全面发展和他们共同的社会生产能力成为他们的社会财富这一基础上的自由个性"①。马克思的本体论思想启示我们，既要看到作为人之存在的"此在"与其他"存在者"之间的区别，又要看到在资本主义社会这一历史背景下它们之间密切的、普遍的联系。只有对资本主义社会中

---

① K. Marx. *Grundrisse der Kritik der politischen Oekonomie*. Berlin: Dietz Verlag, 1974: 75.

普遍存在的"异化"（Entfremdung）和"物化"现象做出深入的反思，才能真正把握存在的意义。

其次，海德格尔强调从此在入手去询问存在的意义，并强调此在的生存方式是共在，即此在总是与他人杂然共存。但他主要是沿着此在生存中的"烦""畏""死"的进路，而没有沿着共在的思路去思索存在的意义。共在这个先天的术语在经验世界中表现为家庭、社会、政党、阶级、国家等各种共同体。由于在先天的层面上缺乏对共在结构的深入反思，所以在共在的某些经验形式如纳粹问题上，海德格尔迷失了方向。

而马克思的本体论却给予共在（亦即人与人之间的社会关系）高度的重视。在《〈黑格尔法哲学批判〉导言》中，马克思写道：

> 人就是人的世界，就是国家，社会。①

在《关于费尔巴哈的提纲》中，马克思进一步指出：

> 人的本质并不是单个人所固有的抽象物，在其现实性上，它是一切社会关系的总和。②

这些论述表明，马克思所重视的并不是对单个人的直观，而是对人与人之间的关系的探索。马克思之所以特别重视对异化劳动和商品拜物教的批判，其目的无非是在物与物的关系下揭示出人与人之间的真实关系。所以，比较起来，海德格尔更重视的是作为这种关系载体的此在，而马克思更重视的则是这种关系本身，而马克思实践哲学的目标也正是要诉诸对资本主义社会关系，尤其是生产关系的改造。事实上，海德格尔本人也惊叹于马克思思想的深刻性，所以他在《关于人道主义的书信》中这样写道：

> 因为马克思在体验异化时深入到历史的本质性维度中去了，因此，马克思主义的历史观优越于其他的历史学。但因为胡塞尔没有，在我看来萨特迄今也没有在存在中认识到历史事物的本质性，所以无论是现象学还是存在主义都没有达到可能与马克思主义进行

---

① *Marx Engels Werke*（*Band 1*）. Berlin：Dietz Verlag, 1970：378.
② *Marx Engels Werke*（*Band 3*）. Berlin：Dietz Verlag, 1969：6.

建设性谈话的这一维度。①

最后，海德格尔的"基础本体论"虽然是对传统本体论的深刻批判，但他的思考停留在对存在的意义的探究中，没有通过对自然存在与社会存在的自觉区分而深入到社会存在的维度上去，因而未能完全摆脱传统本体论思路的影响。

众所周知，传统本体论的一个基本的趋向是把存在仅仅理解为自然存在，虽然它们没有明确提出自然存在的概念，但却充满了对自然（存在）的崇拜。马克思在谈到资本主义社会时指出：

> 与这一社会阶段相比，以前的所有阶段都不过表现为人类的地方性发展和对自然的崇拜（Naturidolatrie）。②

事实上，传统本体论狄平了存在与存在者、此在与其他存在者之间的差异，正是从自然存在出发去思考存在的必然结果。海德格尔看到了传统本体论的弊端，却没有从这一维度出发去揭示这些弊端的根源。由于这一维度的缺失，海德格尔从此在的"烦"的结构和"向死的存在"出发去论述存在的历史性，总显得苍白，显得缺乏力度。而马克思从社会存在这一概念出发，自然蕴含着对存在的历史性的高度重视。正如卢卡奇所说的：

> 按照马克思主义的正确理解，存在的历史性作为存在的根本特征构成了正确地理解所有问题的本体论的出发点。③

下面，我们再从马克思出发来考察卢卡奇本体论学说的得失。

一方面，卢卡奇把马克思哲学理解为社会存在本体论，无论是就当代本体论研究而言，还是就当代马克思哲学研究而言，都是一个卓越的贡献。但他强调，这种本体论必须以一般本体论或自然（存在）本体论

---

① M. Heidegger. *Ueber den Humanismus*. Frankfurt a. M.：Vittorio Klostermann，1949：27. 海德格尔不仅在他的著作中多次提到马克思，而且在 1969 年还和朋友讨论过马克思的《关于费尔巴哈的提纲》。参见萨弗兰斯基. 海德格尔传：来自德国的大师. 靳希平，译. 北京：商务印书馆，1999：538。

② K. Marx. *Grundrisse der Kritik der politischen Oekonomie*. Berlin：Dietz Verlag，1974：313.

③ G. Lukacs. *Zur Ontologie des gesellschaftlichen Seins*（1. Halbband）. Darmann：Hermann Luchterhand Verlag GmbH & Co. KG，1984：86.

为前提，却是对马克思思想的误解。

早在《巴黎手稿》中，马克思已经指出：

> 被抽象地自为地理解的、被固定为与人相分离的自然界，对人来说也是无。①

那么，究竟什么样的自然界才是现实的自然界呢？马克思的回答是：

> 在人类社会历史中，即在人类社会产生的过程中形成的自然界，才是人的现实的自然界。②

在这里，马克思的视角是逻辑在先，即强调从社会存在的思想前提出发去考察自然存在。事实上，也只有在这样的考察中，自然界才不会成为脱离人的、抽象的自然界；与马克思不同的是，卢卡奇却从时间在先的视角出发，力图去追溯一个人类社会尚未存在时的自然界，而这样的自然界恰恰缺乏任何现实性。总之，卢卡奇前进了一步，把马克思哲学理解为社会存在本体论，但同时又后退了一步，把马克思的本体论奠基于传统的自然（存在）本体论之上，从而铲平了马克思本体论与传统本体论之间的本质差异。

另一方面，卢卡奇在马克思之后重新提出自然存在与社会存在概念，这在当代本体论研究中开出了一个新方向，但在他所使用的自然存在和社会存在的概念中，存在都是用 Sein 来表示的；而马克思虽然有时也用 Sein，但在大多数场合下，他是用 Dasein 或 Existenz 来表示自然存在和社会存在的。

比较起来，Sein 这个概念更多地带着传统形而上学和本体论的痕迹，而 Dasein 和 Existenz 这两个概念则具有更多的现实性。比如，马克思在《巴黎手稿》中讽刺国民经济学的人口理论时说，"甚至连人的存在（das Dasein der Menschen）都是十足的奢侈"③。在这里，我们看到了海德格尔与马克思的某种相似点，因为海德格尔也正是借助于 Dasein（此在）和 Existenz（生存）来阐发存在的意义的。而卢卡奇完全用 Sein 这个词来表示马克思的自然存在与社会存在概念，表明他未完全摆脱传统本体论思路的影响。

---

① K. Marx. *Pariser Manuskripte*. Berlin：Dietz Verlag, 1985：133.
② K. Marx. *Pariser Manuskripte*. Berlin：Dietz Verlag, 1985：89.
③ K. Marx. *Pariser Manuskripte*. Berlin：Dietz Verlag, 1985：97.

上述考察表明，我们既不能从海德格尔出发去解读马克思，也不能从卢卡奇出发去解读马克思，而应当从马克思本人的文本出发去解读马克思。当然，这样做并不等于我们拒绝从海德格尔和卢卡奇思想中汲取灵感。

对存在、自然存在和社会存在关系的理解

在对海德格尔、卢卡奇和马克思的本体论学说做了简要的考察之后，现在我们有条件对存在、自然存在和社会存在的关系做一个综合性的论述了。

首先，我们必须厘清存在、自然存在和社会存在各自的含义及相互之间的关系。

众所周知，传统的哲学教科书通常把存在理解为"物质"（Materie），进而把物质理解为客观实存的东西，但正如恩格斯所指出的，物质并不是感性地存在着的东西，而是"一个纯粹的思想创造物和抽象"（eine reine Gedankenschoepfung und Abstraktion①）。所以把存在说成是物质，实际上等于什么也没有说。海德格尔已经启示我们，应当从两个不同的层面出发来理解存在概念。在形式逻辑的层面上，存在是一个最高的、最抽象的种概念，它指称所有的存在者（或存在物）。而存在者又可以分为两大类：一是作为人的存在的此在；二是非此在的存在者。在比形式逻辑更始源的本体论层面上，存在是一个超越性的概念，它指引人们去思索此在在世的意义。显然，海德格尔重视的是本体论意义上的存在概念，并试图通过此在把这两个不同的层面沟通起来。但由于他没有沿着共在的思路做深入的思考，所以他没有注意到，更重要的是把存在所指称的所有存在者区分为自然存在和社会存在，而社会存在这一概念将比此在更本质地沟通存在概念的形式逻辑层面与本体论层面。把存在区分为自然存在和社会存在正是马克思和卢卡奇的卓越贡献。

那么，什么是自然存在呢？它指的是以自然的方式存在着的存在者（或存在物）；什么是社会存在呢？它指的是以社会的方式存在着的存在者（或存在物）。讨论到社会存在与存在的关系，传统的哲学教科书总

---

① F. Engels. *Dialektik der Natur*. Berlin：Dietz Verlag，1952：271.

是引证马克思在《〈政治经济学批判〉序言》中的一段重要的论述：

> 不是人们的意识决定他们的存在（Sein），相反，是他们的社会存在（gesellschaftliches Sein）决定了他们的意识。①

不幸的是，它们按照自己的方式曲解了马克思的原意。它们在"辩证唯物主义"部分把存在与意识抽象地对立起来，在"历史唯物主义"部分又把社会存在与社会意识抽象地对立起来，仿佛意识本质上不是社会意识似的，也仿佛存在完全可以脱离社会存在而被思考，而社会存在也完全可以与任何意识相分离。事实上，不仅社会存在与存在是不可割裂地联系在一起的，社会存在与自然存在也是不可割裂地联系在一起的。比如人既是自然存在物，又是社会存在物，把任何一个方面抽离掉都不可能达到对人的完整的认识。

其次，古代本体论思想的一般特征是从自然存在出发去解读存在的意义，而现当代本体论思想的一般特征则是从社会存在出发去解读存在的意义。在古代社会，由于自然联系在人们的生活中起着根本性的作用，因而古代社会的意识是以自然崇拜为基本特征的。虽然古代的各种本体论学说没有明确地提出自然存在和社会存在的概念，但它们实质上坚持的是自然（存在）本体论，习惯于从自然存在出发来解读存在的意义。传统哲学教科书尽管拒绝谈论本体论问题，但它之所以把存在解读为"物质"或"自然"，并完全无视人这种特殊的存在者与其他存在者之间的本质差异，是因为它从来就没有离开过传统自然（存在）本体论的思想基础。同样地，它们也习惯于从自然存在出发来解读社会存在。它们总是把自然问题置于社会问题之先。这样的思维方式也对传统哲学教科书产生了严重的影响。比如，它把世界理解为自然、社会和思维，把研究自然的辩证唯物主义置于研究社会的历史唯物主义之先，都体现了传统本体论的特征。当卢卡奇反复强调自然本体论是社会存在本体论的基础时，他也陷入了同样的思维方式。

在现当代社会中，由于自然成了人类的使用价值，社会关系起着根本性的作用，所以现当代的意识是以对社会问题的深入反思为基本特征的，从而现当代的本体论学说不仅意识到并明确地提出了自然存在与社会存在的概念，还把社会存在置于基础性的层面上。一方面，它们总是

---

① Marx，Engels. *Ausgewaehlte Werke（Band 2）*. Berlin：Dietz Verlag，1989：503.

自觉地或不自觉地从社会存在出发去解读存在的意义，从而把作为人的存在的此在与其他的存在者严格地区分开来，并对人的异化问题予以高度的关注；另一方面，它们也从社会存在出发去解读自然存在的意义，因而总是主张通过人的社会实践活动的媒介作用去认识自然，即不谈抽象的自然辩证法，而谈具体的人化自然辩证法；不谈抽象的、与人类社会相分离的辩证唯物主义，而谈以人类社会和人化自然作为研究对象的历史唯物主义。从上面的论述可以引申出如下结论，即在当代本体论研究中，只有自觉地从社会存在这一基础出发，才能真正地理解并通达自然存在和存在问题。否则，我们关于存在的问题谈论得越多，离真理就可能越远。

最后，马克思的社会存在本体论，就其实质而言，是社会生产关系本体论。马克思对资本主义背景下社会存在的各种形式，如商品（社会的物）、人（社会存在物）、抽象劳动（具有社会性质的劳动）以及货币、价值、资本乃至全部经济范畴都进行了深入的研究，从而得出了这样的结论，即社会存在本质上体现为一种关系。马克思这样写道：

> 一个黑人就是一个黑人。只有在一定的关系中，他才成为奴隶。一架纺纱机就是一架纺棉花的机器。只有在一定的关系中，它才成为资本。脱离了这种关系，它就不再是资本了，就像黄金本身不是货币，砂糖本身不是砂糖的价格一样。[1]

在马克思看来，人们一旦脱离了"一定的关系"去看待任何一个对象，它就只能是抽象的。那么，马克思这里说的"一定的关系"究竟是指什么呢？马克思回答道：

> 个人在其中从事生产的社会关系，就是社会生产关系（die gesellschaftlichen Produktionsverhaeltnisse），它是随物质生产资料、生产力的变化和发展而改变的。生产关系在其综合中构成所谓社会关系，构成所谓社会，而它总是处于一定历史发展阶段上的、具有自己的特征的社会。[2]

这就告诉我们，马克思说的"一定的关系"也就是指"社会生产关系"。

[1]　Marx, Engels. *Ausgewaehlte Werke*（*Band 1*）. Berlin：Dietz Verlag, 1989：574.
[2]　Marx, Engels. *Ausgewaehlte Werke*（*Band 1*）. Berlin：Dietz Verlag, 1989：575.

虽然社会生产关系是随着物质生产资料和生产力的发展而变化的，但一方面，它并不是一种纯粹消极的、受动的东西；另一方面，与物质生产资料和生产力相比，它是一种看不见、摸不着、隐藏在深处的东西。它宛如一种无处不在的普照的光亮，一切存在者都在这种光亮中显出自己特有的性质。

正是在这个意义上，我们认为，马克思的社会存在本体论实质上就是"社会生产关系本体论"（die Ontologie der gesellschaftlichen Produktionsverhaeltnisse）。充分领悟这一点，就为当代本体论研究指明了新的方向。

第五章 马克思哲学的基本概念（Ⅱ）

众所周知，在马克思哲学中，人尤其是个人，扮演着十分重要的角色。然而，人们在对马克思的人的学说，尤其是他关于人与个人、作为伟大人物的个人与作为普通人的个人、抽象的人与现实的人、人的全面发展与个人的全面发展、马克思主义与人道主义等关系的认识上，却存在着不少误区，有必要进行澄清。

第一节 "抽象的人" 批判的起点 *

众所周知，在写于 1886 年初的《路德维希·费尔巴哈和德国古典哲学的终结》一书的第三部分的结尾处，恩格斯这样写道：

> Der Kultus des abstrakten Menschen, der den Kern der Feuerbachschen neuen Religion bildete, musste ersetzt werden durch die Wissenschaft von den wirklichen Menschen und ihrer geschichtlichen Entwicklung. Diese Fortentwicklung des Feuerbachschen Standpunkts ueber Feuerbach hinaus wurde eroeffnet 1845 durch Marx in der "Heiligen Familie". ①

---

* 本节原来的标题是《马克思究竟从何时何处开始批判 "抽象的人" 的学说：从恩格斯记忆上的一个纰漏说起》，原载《教学与研究》2003（5）。

① Marx, Engels. *Ausgewaehlte Werke*（*Band 6*）. Berlin：Dietz Verlag, 1989：294.

这段话的译文是：

> 对抽象的人的崇拜，即费尔巴哈的新宗教的核心，必定会由关于现实的人及其历史发展的科学来代替。这个超出费尔巴哈而进一步发展费尔巴哈观点的工作，是由马克思于 1845 年在《神圣家族》中开始的。①

这段文字基本上译出了恩格斯的原意。② 我们从中可以引申出两个结论：第一，《神圣家族》写于 1845 年；第二，在《神圣家族》中，马克思已经开始批判费尔巴哈关于"抽象的人"的学说，并主张用"现实的人及其历史发展的科学"（die Wissenschaft von den wirklichen Menschen und ihrer geschichtlichen Entwicklung）来取代费尔巴哈"对抽象的人的崇拜"（der Kultus des abstrakten Menschen）。毋庸讳言，蕴含在恩格斯这段话中的这两个结论都是与事实有出入的。它们表明，晚年恩格斯在记忆上存在着纰漏，而纠正这一纰漏，确定马克思批判费尔巴哈关于"抽象的人"的学说的准确的起始点，无论是对马哲史的研究来说，还是对马克思关于人的学说的研究来说，都是有意义的。

事实的澄清

在某种意义上可以说，在马哲史上，由马克思和恩格斯合著的《神圣家族》一书的写作时间似乎从未引起过任何争论，即它写于 1844 年 9—11 月，1845 年以单行本的方式在美因河畔法兰克福出版，当时的署名方式是"弗里德里希·恩格斯、卡尔·马克思合著"。该书现在收入《马克思恩格斯全集》第 2 卷中。

有人也许会申辩说，既然《神圣家族》出版于 1845 年，所以恩格斯在上面说的"这个超出费尔巴哈而进一步发展费尔巴哈观点的工作，是由马克思于 1845 年在《神圣家族》中开始的"似乎并不是记忆上的一个纰漏。乍看起来，《神圣家族》写于 1844 年，出版于 1845 年，恩格斯说 1844 年或 1845 年似乎都无碍大局。然而，我们必须注意到，1845 年正是马克思哲学立场发生根本性转折的时期。

---

① 马克思恩格斯选集：第 4 卷 . 北京：人民出版社，2012：247.
② 译文还可斟酌，如第一个德文句子中的第三人称动词 bildete 的意思未译出。按照拙见，此句应译为：对抽象的人的崇拜构成费尔巴哈的新宗教的核心。

法国哲学家阿尔都塞甚至把马克思写于 1845 年的著作称为"断裂时的论著"。他指出：

> 我建议用断裂时的论著（the works of the Break）这个新的表述来称谓 1845 年断裂时的论著，即《关于费尔巴哈的提纲》和《德意志意识形态》，它们最先介绍了马克思的新的总问题，尽管这个总问题往往还有着部分否定、尖锐争论和批判的形式。①

尽管阿尔都塞的上述见解不一定为人们所普遍地接受，但有一点却是可以肯定的，即 1845 年确实是马克思哲学思想发生根本性变化的时期，尤其是马克思对费尔巴哈的态度发生根本性转折的时期。事实上，在 1844 年撰写《神圣家族》时，马克思不但没有像恩格斯所说的那样，开始批判费尔巴哈"对抽象的人的崇拜"，并主张用"现实的人及其历史发展的科学"来取代费尔巴哈的学说，而且还对费尔巴哈的学说，特别是他关于人的学说做了高度的评价。

我们知道，在写于 1844 年 4—8 月的《1844 年经济学哲学手稿》中，马克思多次对费尔巴哈的哲学思想做出高度的评价。比如，他这样写道：

> **费尔巴哈**是唯一对黑格尔辩证法采取**严肃的、批判的**态度的人；只有他在这个领域内作出了真正的发现，总之他真正克服了旧哲学。②

在《1844 年经济学哲学手稿》后紧接着撰写的《神圣家族》中，马克思同样以赞赏的口吻提到费尔巴哈的唯物主义，特别是他关于人的学说：

> **费尔巴哈**在**理论**方面体现了和**人道主义**相吻合的**唯物主义**，而法国和英国的**社会主义**和**共产主义**则在**实践**方面体现了这种唯物主义。③

也就是说，在 1844 年撰写《神圣家族》时，马克思还没有对费尔巴哈的人的学说进行批判。事实上，他把费尔巴哈的唯物主义称作"和人道

---

① L. Althusser. *For Marx*. London：NLB, 1977：34.

② 马克思恩格斯全集：第 42 卷. 北京：人民出版社, 1979：157 – 158.

③ 马克思恩格斯全集：第 2 卷. 北京：人民出版社, 1957：160.

主义相吻合的唯物主义"，是对费尔巴哈的唯物主义和人的学说的充分肯定。

我们在这里可以做一个有趣的比较，马克思在谈到英国的机械唯物主义者霍布斯时曾经说过：

> 唯物主义变得**敌视人了**。①

这就启示我们，当时的马克思并不赞成那种与人道主义相分离的唯物主义，这也是他在 1844 年撰写《神圣家族》时仍然继续认同费尔巴哈学说的一个重要证明。

更值得注意的是，马克思在撰写《神圣家族》时非但没有以自己的"现实的人及其历史发展的科学"去取代费尔巴哈"对抽象的人的崇拜"，反而仍然肯定费尔巴哈所说的人是"现实的人"。在谈到施特劳斯和布·鲍威尔依然停留在黑格尔思辨哲学的范围内时，马克思写道：

> 只有**费尔巴哈**才是从**黑格尔的观点**出发而结束和批判了**黑格尔**的哲学。费尔巴哈把形而上学的**绝对**精神归结为"**以自然为基础的现实的人**"（den wirklichen Menschen auf der Grundlage der Natur），从而完成了**对宗教的批判**。同时也巧妙地拟定了**对黑格尔的思辨**以及**一切形而上学的批判的基本要点**。②

虽然马克思这里使用的概念是"以自然为基础的现实的人"，但在 1844年，马克思仍然以为，当费尔巴哈从自然界出发来谈论人时，他所说的人已经是"现实的人"了。

综上所述，马克思在 1844 年撰写《神圣家族》一书时，不但尚未开始批判费尔巴哈"对抽象的人的崇拜"，而且还肯定费尔巴哈所说的人是"以自然为基础的现实的人"。所有这些都表明，恩格斯在《终结》中的回忆存在着与历史事实不符的地方。

我们的看法

那么，马克思究竟是从何时何处（即哪部论著）开始以自己的"现实的人及其历史发展的科学"去取代费尔巴哈"对抽象的人的崇拜"的

---

① 马克思恩格斯全集：第 2 卷．北京：人民出版社，1957：164.
② 马克思恩格斯全集：第 2 卷．北京：人民出版社，1957：177；*Marx Engels Werke* (*Band 2*). Berlin：Dietz Verlag，1970：147.

呢？如上所述，我们能够断定，时间是 1845 年，但该论著绝不是《神圣家族》，而必须到马克思 1845 年撰写的其他论著中去寻找。

我们认为，马克思是在《关于费尔巴哈的提纲》（1845）中开始批判费尔巴哈的"抽象的人"的学说的，这尤其反映在第六、七两条提纲中：

六

费尔巴哈把宗教的本质归结于**人的**本质。但是，人的本质不是单个人所固有的抽象物（dem einzelnen Individuum inwohnendes Abstraktum），在其现实性上，它是一切社会关系的总和。

费尔巴哈没有对这种现实的本质进行批判，因此他不得不：

（1）撇开历史的进程，把宗教感情固定为独立的东西，并假定有一种抽象的——**孤立的**——人的个体（ein abstrakt-isoliert-menschliches Individuum）。

（2）因此，本质只能被理解为"类"，理解为一种内在的、无声的、把许多个人**自然地**联系起来的普遍性。

七

因此，费尔巴哈没有看到，"宗教感情"本身是社会的产物，而他所分析的抽象的个人（das abstrakte Individuum），是属于一定的社会形式的。①

不用说，马克思这里提到的"单个人所固有的抽象物"、"一种抽象的——**孤立的**——人的个体"和"抽象的个人"等等，无不是在叙述费尔巴哈"对抽象的人的崇拜"的学说。而马克思强调人的本质"实际上，它是一切社会关系的总和"，强调不能"撇开历史的进程"来谈论宗教情感，强调任何抽象的个人都是"属于一定的社会形式的"，其目的正是以自己的"现实的人及其历史发展的科学"去取代费尔巴哈"对抽象的人的崇拜"。

在《德意志意识形态》的第 1 卷第一部分中，马克思第一次明确地叙述了自己创立的历史唯物主义学说，并对费尔巴哈的"抽象的人"的

---

① 马克思恩格斯选集：第 1 卷. 北京：人民出版社，2012：135；*Marx Engels Werke* (*Band 3*). Berlin：Dietz Verlag，1969：6 - 7.

见解提出了更明确的批判：

> 费尔巴哈从来没有看到真实存在着的、活动的人，而是停留在抽象的"人"（dem Abstraktum der Mensch）上，并且仅仅限于在感情范围内承认"现实的、单独的、肉体的人"（den wirklichen，individuellen，leibhaftigen Menschen），也就是说，除了爱与友情，而且是理想化了的爱与友情以外，他不知道"人与人之间"还有什么其他的"人的关系"。①

在这里，马克思关于人的见解已与《神圣家族》中的见解存在重大差别，这是我们不能不看到的。

综上所述，恩格斯在《路德维希·费尔巴哈和德国古典哲学的终结》中的那段话与历史事实是有出入的。其实，"这个超出费尔巴哈而进一步发展费尔巴哈观点的工作"不是在《神圣家族》中而是在《关于费尔巴哈的提纲》中开始的，而在《德意志意识形态》中已经被出色地完成了。

第二节　"普通个人"的地位和作用*

在我国哲学教科书的"历史唯物主义"的部分，大多辟出专门的篇幅来讨论"人民群众和个人在历史上的作用"问题。这一现象表明，人们已充分地认识到，"个人"这一概念是马克思哲学中无法回避的基本概念。然而，当我们深入地研读了这些哲学教科书和哲学论著中的相关论述以后，就会发现，它们几乎毫无例外地误解乃至歪曲了马克思关于"个人"问题的理论。正是这种理解上的误区导致了现实生活中对"个人"问题的轻视。

---

① 马克思恩格斯全集：第 3 卷 . 北京：人民出版社，1960：50；*Marx Engels Werke*（*Band 3*）. Berlin：Dietz Verlag，1969：44.

* 本节原来的标题是《论历史唯物主义中的"个人"概念》，原载《文汇理论探讨》1988（1）。

对"普通个人"的种种误解

我们认为，在如何理解马克思关于"个人"的一系列论述上，理论界普遍存在着以下种种误解，有必要逐一加以考察和辨析。

第一种误解：以为"个人"包含在"人民群众"之中，所以，只要肯定了人民群众在历史上的地位和作用，也就等于肯定了个人在历史上的地位和作用。不用说，这是一种根深蒂固的误解。其实，研究者们意想不到的东西却被服务员们一语道破了。当顾客指着挂在墙上的"为人民服务"的牌匾，批评某些服务员没有做好自己的本职工作时，他们常常会反唇相讥："为人民服务并不等于为你服务。"这句最平常不过的话中包含着一个深刻的道理，即人民群众与普通个人之间是有差异的，抽象地肯定人民群众的地位和作用，并不等于具体地肯定普通个人的地位和作用。诚然，我们不否认，作为整体的人民群众在创造物质财富和精神财富、进行社会变革和社会革命中的伟大作用，可是，只提人民群众的概念，并把这一概念独立化、凝固化，势必会减弱甚至忽视对普通个人的关注。要言之，普通个人失去了自己的独立性和始源性，完完全全地淹没在人民群众这一抽象概念的汪洋大海之中了。

以为马克思在谈及人类历史的发展时，只提及作为整体的人民群众的作用而不涉及普通的个人，完全是一种误解。马克思说过：

> 人们的社会历史始终只是他们的个体发展的历史，而不管他们是否意识到这一点。[1]

恩格斯在谈及历史的创造时，也指出：每个人的意志都不等于零，都对社会生活的"合力"有所贡献。过去我们讲群众路线，搞群众运动，看到的都是积极的方面，却没有注意到问题的另一面，即对普通个人和个体性的埋没。

显然，用人民群众的观念来取代普通个人的具体存在这种现象根深蒂固，正是我们置身其中的经济关系使然，正表明以群体（如村社）生产为基础的自然经济的强大力量和以原子式的个人之间的契约关系为基础的商品经济的薄弱。马克思说过：

---

[1]　马克思恩格斯全集：第 27 卷．北京：人民出版社，1972：478.

> 交换手段拥有的社会力量越小，交换手段同直接的劳动产品的性质之间以及同交换者的直接需求之间的联系越是密切，把个人相互联结起来的共同体的力量就必定越大——家长制的关系，古代共同体，封建制度和行会制度。[①]

这就启示我们，在商品经济发展不充分的情况下，必然会产生下面这样的普遍的社会现象，即人们只是满足于抽象地谈论人民群众的地位和作用，却实实在在地忽视了普通个人的地位和作用。

实际上，在苏联也流行过以人民群众的概念吞没普通个人概念的各种错误见解。伊利切夫在1963年出版的《社会科学和共产主义》一书中就批评过斯大林的"一切为了群众"的片面观点，强调"必须全面地阐明个人在苏联社会生活中的地位"[②]。这就告诉我们，把人民群众这一抽象的概念与普通个人这一具体的存在者等同起来，是一种何等天真的观念！

第二种误解：以为"个人"概念只是用来指称历史上出现的杰出人物的，至于普通个人则并没有自己的独立性，他不过是"人民群众"这一抽象概念中的一个组成部分而已。显然，这种理解方式在普通个人和杰出人物之间划出了鸿沟，似乎可以作为独立人格出现的，可以受到普遍尊重的只是杰出人物。毋庸讳言，这种见解蕴含着传统的宗法等级制度的思想残余。这种把普通个人与杰出人物对立起来、只承认杰出人物的独立人格、否定普通个人的独立人格的错误观念，甚至比资产阶级提出的"人人平等"的口号还要落后。

这种错误观念还渗透到人们的日常思维活动中。比如，人们常常提"尊重人才"的口号，却从来没有看到这一口号本身存在的问题。所谓"人才"，也就是有特殊才能的人，他们在全部个人的总和中只是少数，因而在"尊重人才"的口号中，实际上受到尊重的总是少数有才能或才华的个人。如果使用人才的单位带有强烈的功利主义意识，那么，即使对于人才，它们尊重的也只是他的"才"，而不是他的独立的人格。一旦人才由于疾病或其他原因丧失其才能或才华时，他也就随之丧失了一切。因而，在"尊重人才"这个口号中，仍然缺乏对有才能或才华的人

---

① 马克思恩格斯全集：第46卷上册．北京：人民出版社，1979：104．
② 贾泽林，王炳文，徐荣庆，等．苏联哲学纪事：1953—1976．北京：三联书店，1979：245．

的人格上的尊重，至于绝大多数资质平平的普通个人，就更不在受尊重之列了。因此，这个口号应该改为"尊重人格，尊重人才"。事实上，没有对普通个人的人格的普遍尊重，是不可能真正尊重人才的。

第三种误解：以为谈论"个人"就是谈论"个人主义"，而"个人主义"实际上就是"极端个人主义"。有趣的是，在人们的思想中，普遍地存在着一种奇怪的逻辑，似乎一提到杰出人物，就进入历史唯物主义的讨论范围了；反之，一提到普通个人，就是在倡导个人主义了。而既然个人主义被等同于十恶不赦的极端个人主义，那就使谈论普通个人成了一个理论上的禁区。然而，我们却一再发现，普通个人正是一些伟大的理论家的考察对象。

众所周知，黑格尔在《精神现象学》中论述了古代伦理精神（即宗法精神）在历史发展中的破裂以及由此而异化出来的原子式的个人的社会。他写道：

> 普遍物已破裂成了无限众多的个体原子，这个死亡了的精神现在成了一个平等（原则），在这个平等中，所有的原子个体一律平等，都像每个个体一样，各算是一个个人（person）。①

在黑格尔看来，这种以个人为基础的原子式的社会的出现，是历史的必然。

马克思通过对政治经济学的深入研究，洞察到从原始的自然血缘关系和从以统治服从关系为基础的地方性联系中分离出个人或个性发展的历史意义。他指出：

> 要使**这种**个性成为可能，能力的发展就要达到一定的程度和全面性，这正是以建立在交换价值基础上的生产为前提的，这种生产才在产生出个人同自己和同别人的普遍异化的同时，也产生出个人关系和个人能力的普遍性和全面性。②

在这里，马克思明确地告诉我们，资本主义生产关系的兴起造成了异化现象的加剧，这是它带来的消极因素，然而与此相伴而来的积极因素则是，个人从血亲的或地方性的共同体中被解放出来了，个人的能力获得

---

① 黑格尔. 精神现象学：下卷. 贺麟，王玖兴，译. 北京：商务印书馆，1979：33.
② 马克思恩格斯全集：第46卷上册. 北京：人民出版社，1979：108 – 109.

了全面发展的空间。

更何况，我们既不能把个人与肯定个人权利和义务的个人主义简单地等同起来，也不能把具有积极意义的个人主义与以"人不为己，天诛地灭"为特征的极端个人主义简单地等同起来。这些理解上的误区表明，我们对普通个人的问题是多么缺乏研究！

第四种误解：以为普通个人在社会生活中只能像"螺丝钉"一样发挥作用。西方马克思主义的创始人卢卡奇在 1923 年出版的《历史与阶级意识》一书中，曾经批判过资本主义社会普遍流行的"物化意识"。这种意识把物（商品）的价值看得比人更高，甚至对物产生了极度崇拜的心理。把普通个人视为"螺丝钉"，正是物化意识的一种典型表现。

有人也许会申辩说，这不过是一种象征性的说法，然而，必须指出，这里的象征具有实质性的意义，它显示出象征背后的文化密码，即普通个人在社会生活中是没有独立人格和尊严的，他们只能像"螺丝钉"一样，以工具的方式发挥作用。事实上，把普通个人视作"螺丝钉"，不仅否认了他的独立人格，而且也把他的主体性和创造性推入到硫酸池中去了。苏联哲学家曾对这种错误的见解进行过透彻的批评。伊利切夫说：

> 人，并不是机器上的一个由某种最高的、凌驾在他上面的神秘力量所开动的螺丝钉。每一个人都是自己生活和自己人民的生活的自觉建设者。①

约夫楚克的见解更为鲜明，他说：

> 马克思主义意识形态主要原则之一——社会主义人道主义，其内容遭到斯大林关于苏联普通劳动者是强大国家机器的一颗普通的"螺丝钉"的错误观点的歪曲。②

这充分表明，把个人视作"螺丝钉"的见解是与马克思关于人的理论格格不入的。

何况，从思想史上来看，这种观点也是十足的倒退。18 世纪法国

---

① 贾泽林. 苏联哲学纪事：1953—1976. 北京：三联书店，1979：245.
② 贾泽林. 苏联哲学纪事：1953—1976. 北京：三联书店，1979：278.

哲学家拉美特利曾经提出过"人是机器"的著名命题。尽管这一命题是力学观点在哲学中的一种泛化，具有显著的机械论倾向，然而它毕竟还把人看作一台完整的、独立的机器。也就是说，它或多或少地承认了个人的某种独立性。可是，"螺丝钉"的比喻却进一步把个人从一台完整的机器贬损为机器上的一个零件，从而完全取消了普通个人的独立人格和尊严。

认真对待"普通个人"的问题

鉴于上面罗列的种种误解，我们有充分的理由认为，普通个人的问题应该重新得到反思，普通个人的概念应该在历史唯物主义理论中居于中心位置。

首先，随着改革开放的深入和商品经济的发展，具有自觉的创造性的普通个人正在不断地从自然经济和半自然经济的共同体中分离出来。如果说，商品经济的发展是确立普通个人独立人格的根本前提，那么，普通个人独立人格的普遍确立也会反过来促进商品经济的发展和繁荣。这就是说，突出普通个人的作用并不是脱离实际生活的玄想；恰恰相反，正是实际生活的迫切需要。

其次，健全并发展民主政治制度，充分肯定普通个人的历史地位和作用。商品经济的发展为普通个人的脱颖而出提供了条件，但普通个人的历史地位和作用并不会自然而然地得到承认，而是要通过民主政治的建设，通过民法的制定和各种维护普通个人的基本权利的政策的设定，为普通个人发挥自己的作用提供广阔的空间。与此同时，也必须通过健全法制，对任何侵犯普通个人权利或利益的现象进行制裁。只有当我们普遍地尊重并千方百计地维护每个普通个人的独立人格和基本权利的时候，"法律面前人人平等"这样的口号才不会流于形式，才会获得自己的实质性内涵。

最后，只要我们深入阅读马克思的著作，就会发现，马克思的历史唯物主义以现实的、普通的个人为出发点，而以全面发展的普通个人为落脚点。在《德意志意识形态》中，马克思在谈到他的正在形成的历史唯物主义的观察方法时指出：

> 它的前提是人，但不是某种处在幻想的与世隔绝、离群索居状态的人，而是处在一定条件下进行的、现实的、可以通过经验观察

到的发展过程中的人。①

在马克思看来，费尔巴哈所强调的个人归根到底是抽象的，只有处于现实的社会关系和现实生活中的普通人才是具体的。马克思认为，从现实的、普通的个人出发，历史就不再像唯心主义者所描绘的那样，是想象的主体的想象的活动了。这充分表明，现实的、普通的个人既是历史唯物主义理论的出发点，又是共产主义伟大事业的奋斗目标（即全面发展的普通个人）。在《共产党宣言》中，马克思在描绘共产主义社会时说：

在那里，每个人的自由发展是一切人的自由发展的条件。②

这就是说，每个人的自由发展正是共产主义伟大理想的标志。

综上所述，在对马克思的人的学说的研究中，应该对"普通个人"概念的内涵、地位和历史作用做出新的思考和探讨。哲学再也不能用沉默来对待实际生活提出的那些迫切的问题了，它应当把思想的火花引入现实生活中，推动现实生活向前发展，以建立自己不朽的功绩。

第三节　"个人全面发展"的理论 *

马克思关于"个人全面发展"的理念是他哲学思想的一个重要组成部分。我国理论界历来重视研究马克思的这一理念，但却以潜移默化的方式把"个人全面发展"的提法转换成"人的全面发展"的提法。本节强调，这两种提法是有重要差异的，马克思说的"个人全面发展"是有严格的理论含义的。本节分析了这种"转换"的成因，同时也肯定了我国理论界在研究这一问题上所做出的贡献。此外，本节也指出，马克思的异化理论有两个维度——道德维度和历史维度，以往的研究普遍地拘执于道德维度，从而遮蔽了马克思对"普遍异化"的历史意义的肯定。

个人全面发展的问题是马克思哲学理论中的一个重大的课题，也是

---

① 马克思恩格斯全集：第 3 卷. 北京：人民出版社，1960：30.

② 马克思恩格斯选集：第 1 卷. 北京：人民出版社，2012：422.

* 本节原来的标题是《在实践中丰富马克思关于个人全面发展的理念》，原载《学术界》2001（5）。

他对未来共产主义社会中个人的存在和发展方式的预言。由于历史条件的限制，马克思的主要工作是通过对私有制前提下普遍存在的异化现象的揭露，阐明资本主义社会中个人全面发展必然陷入的困境，从而强调：只有借助于共产主义革命，才能实现人性的复归，才能为个人全面发展的理念创造现实的条件。马克思逝世后，他所倡导的这一理念引起了他的后继者，特别是当代中国的理论研究者的广泛兴趣。人们普遍关注的问题是：在作为共产主义的初级阶段的社会主义社会中，个人全面发展的理念究竟是否可能实现？如果可能的话，又如何实施个人全面发展的战略？而在新的历史条件下，个人全面发展的内涵又有哪些新的变化？在解答这些问题并实施个人全面发展战略的过程中，当代中国的理论界做出了自己的贡献，但也留下了一些问题和困惑。所以有必要对这一理念的来龙去脉和基本含义做一个历史的考察，以便获得对马克思的这一理念的精神实质的全面的、准确的认识。

如何理解马克思关于个人全面发展的理念？

众所周知，马克思关于个人全面发展的理念是在他的著名的"三大社会形态"理论的框架内提出来的。在《1857—1858 年经济学手稿》中，马克思这样写道：

> 人的依赖关系（起初完全是自然发生的），是最初的社会形态，在这种形态下，人的生产能力只是在狭窄的范围内和孤立的地点上发展着。以**物的**依赖性为基础的人的独立性，是第二大形态，在这种形态下，才形成普遍的社会物质变换，全面的关系（der univer-salen Beziehungen），多方面的需求以及全面的能力（universeller Vermoegen）的体系。建立在个人全面发展（die universelle En-twicklung der Individuen）和他们共同的社会生产能力成为他们的社会财富这一基础上的自由个性（freie Individualitaet），是第三个阶段。第二个阶段为第三个阶段创造条件。①

在这段重要的论述中，马克思提出了"三大社会形态"理论：一是以"人的依赖关系"为基础的社会形态，即传统的、前商品经济的社会

---

① 马克思恩格斯全集：第 46 卷上册．北京：人民出版社，1979：104；K. Marx. *Grundrisse der Kritik der politischen Oekonomie*. Berlin：Dietz Verlag，1974：75.

形态；二是以"物的依赖性"为基础的社会形态，即以商品经济为主导的社会形态；三是以"个人全面发展"为基础的社会形态，即以产品经济为特征的、未来共产主义的社会形态。正是在"三大社会形态"理论的基础上，马克思提出了"个人全面发展"的理念。在马克思的论述中，我们必须注意以下三点。

第一，马克思在这里提出的是"个人全面发展"的理念，而不是"人的全面发展"的理念。马克思使用的德语名词 Individuum（复数为 Individuums 或 Individuen），专指"个人"，而不是指一般意义上的"人"。在德语中，一般意义上的"人"通常用另一个名词 Mensch（复数为 Menschen）来表示。Individuum 和 Mensch 这两个词之间的差别是显而易见的：前者的着眼点是具体的个人，后者的着眼点则是一般意义上的人或人类整体。事实上，只有当人们使用 ein Mensch（"一个人"）或 jeder Mensch（"每个人"）这样的表达方式时，其含义才与 Individuum 接近。这就告诉我们，马克思并不是泛泛地谈论"人的全面发展"，他注重的是"个人全面发展"和"自由个性"的确立。这从马克思在《共产党宣言》中写下的那句名言——"每个人的自由发展是一切人的自由发展的条件"（die freie Entwicklung eines jeden die Bedingung fuer die freie Entwicklung aller ist）① ——中也可得到印证。在这里，jeden 和 aller 分别以省略的方式表示"每个人"和"一切人"，而既然马克思把每个人的自由发展看作一切人的自由发展的前提，这就表明：在他的心目中，个人和一切人之间不但存在着重大的差别，而且比较起来，个人居于基础的层面上。

第二，马克思在这里说的"个人全面发展"主要是指个人"能力"（Vermoegen），特别是"生产能力"（Produktivitaet）的全面发展。因此，说得更确切些，马克思在这里提出的实际上是"个人能力的全面发展"的问题。

第三，虽然马克思在《1857—1858 年经济学手稿》和其他著作中对商品经济社会中普遍存在的异化现象进行了深入的批判，但这并不妨碍他同时承认，唯有在第二大社会形态即以商品经济为主导的社会形态中，个人之间的"全面的关系"和与个人的多方面的需求相适应的"全面的能

---

① 马克思恩格斯选集：第 1 卷. 北京：人民出版社，2012：422；Marx, Engels. *Ausgewaehlte Werke*（*Band 1*）. Berlin：Dietz Verlag，1989：438.

力"才会形成，从而为第三大社会形态中"个人全面发展"奠定基础。

显而易见，马克思关于"个人全面发展"的理念，主要是在批判资本主义社会（从属于第二大社会形态）中普遍存在的异化和强制性的分工所导致的个人能力的片面的甚至畸形的发展方式的基础上提出来的。在马克思看来，资本主义社会的分工不仅"使人成为高度抽象的存在物，成为旋床等等，直至变成精神上和肉体上畸形的人"，而且也"表现出异化的物对人的全面统治"①。在这个意义上可以说，马克思关于"个人全面发展"的理念既是对未来社会的憧憬，也是对资本主义社会的批判。

如何看待理论界对这个问题的新思考？

毋庸讳言，马克思关于"个人全面发展"的理念引起了理论研究者，特别是当代中国的理论研究者的广泛兴趣。事实上，理论界只要一讨论到人、人性、人的本质、人道主义、社会主义和共产主义等问题，也必定会牵涉到马克思的这一理念。

正如马克思在批判以亚当·斯密和卢梭为代表的错误见解，即认为远古时代就已经存在着独立的个人这种见解时所指出的：

> 我们越往前追溯历史，个人（Individuum），从而也是进行生产的个人，就越表现为不独立，从属于一个较大的整体……只有到十八世纪，在"市民社会"中，社会联系的各种形式，对个人说来，才只是表现为达到他私人目的的手段，才表现为外在的必然性。②

在马克思看来，真正独立的个人在远古时代是不可能存在的，它是近代世界的产物。肖前等人主编的《历史唯物主义原理》一书虽然辟出第八章"人民群众和个人在历史上的作用"来探讨个人的历史地位和作用，但随即写道：

> 在个人中，按其对历史影响的大小，可以分为普通个人和历史人物。③

---

① 马克思恩格斯全集：第 42 卷. 北京：人民出版社，1979：29.

② 马克思恩格斯全集：第 46 卷上册. 北京：人民出版社，1979：21；K. Marx. *Grundrisse der Kritik der politischen Oekonomie*. Berlin：Dietz Verlag，1974：6.

③ 肖前，李秀林，汪永祥. 历史唯物主义原理. 北京：人民出版社，1983：363.

在这里，"普通个人"被归属到"人民群众"的概念中，成了其中的一个不起眼的片段，而只有"历史人物"，即作为伟大人物的个人才成为探讨的对象。这就告诉我们，不管编者多么强调"人民群众"的作用，"普通个人"仍然是缺乏独立性的，而把马克思的"个人全面发展"的理念潜移默化地转换为"人的全面发展"的理念，也正是"普通个人"的独立性在潜意识中仍然没有得到充分认可的一个明证。

不过在探讨"人的全面发展"的理念时，当代中国理论界仍然以自己的方式，展开了多层次的探索：

第一个层次是沿着马克思的"三大社会形态"的理论和经济学研究的思路，从"能力"的层面上，深入探索了人的全面发展问题；第二个层次是沿着广义教育学和社会主义精神文明建设的思路，从"素质"的层面上，全面探索了人的思想道德素质和科学文化素质的同步发展问题；第三个层次是沿着主体间性和可持续性发展的思路，从"公共理性"的层面上，既创造性地探索了人民群众在推进政治体制改革、发展社会主义民主政治、健全社会主义法治、民主选举、民主决策、民主监督等方面的权利，又创造性地探索了经济发展与人口、资源、环境之间的关系，以重建人和自然之间的和谐关系。

总之，当代中国理论界的探索丰富了马克思关于"个人全面发展"的理念。这些探索不仅表明，在社会主义时期提出并实施"个人全面发展"的战略是必要的，而且也启示我们，在新的历史条件下，"个人全面发展"的内涵必将获得更为丰富的、多层次的理解。

如何推进这一问题的发展？

站在当今时代的高度上，准确地认识并继续推进马克思关于"个人全面发展"的理念的实现，这是当今中国理论界面临的一项重要任务。

一方面，我们应该清醒地认识到，"人的全面发展"的提法与"个人全面发展"的提法之间存在重要的差异。如前所述，在马克思看来，"人"的提法适合于称谓一切历史时期的人，而"个人"则是近代社会的产物。所以，马克思说"个人全面发展"和"自由个性"是有其严格的理论含义的，而"人的全面发展"这种转换性的提法可能会模糊，甚至遮蔽马克思本人所要表达的理论意向。事实上，唯有马克思的提法才会使我们真正地关注"普通个人"的全面发展。在社会主义市场经济的背景下，我们必须把"个人"、"个人主义"与"极端个人主义"、"自私自利"严格地区分开来。一般说来，我们应该反对"极端个人主义"，批评"自私自利"，应该肯定"个人"的独立人格和基本权利，肯定"个人主义"对"个人"的权利和义务之间的张力的维持。总之，我们应该准确地把握马克思关于"个人全面发展"的理念的精神实质。

另一方面，我们也应该全面地看待资本主义社会的异化现象。实际上，马克思对异化现象的评论包含着两个不同的视角：一是道德的视角。从这一视角出发，马克思强烈地谴责了资本主义社会中工人阶级所遭受的非人的待遇。二是历史的视角。从这一视角出发，马克思又肯定了异化在历史上的必然性和积极的意义。然而，几乎所有的研究者在探讨马克思关于"个人全面发展"的理念时，注意的都是马克思的第一个视角。这样一来，马克思的第二个视角就被完全忽略了。人们忘记了马克思下面的重要论述：

> 全面发展的个人（Die universal entwickelten Individuen）——他们的社会关系作为他们自己的共同的关系，也是服从于他们自己的共同的控制的——不是自然的产物，而是历史的产物。要使**这种**个性（diese Individualitaet）成为可能，能力的发展就要达到一定的程度和全面性，这正是以建立在交换价值基础上的生产为前提的，这种生产才在产生出个人同自己和同别人的普遍异化的同时，也产生出个人关系和个人能力的普遍性和全面性。①

在这里，一方面，我们看到，马克思始终谈论的是"个人"的"全面发展"，而不是泛泛而论"人的全面发展"；另一方面，马克思作为历史唯物主义的创始人，在从道德上谴责异化的同时，始终清醒地注意到异化在历史上的某种积极的作用。在他看来，不经过这种"普遍异化"的磨炼，个人能力的全面发展实际上是不可能的。正是在这个意义上，马克思强调："第二个阶段为第三个阶段创造条件。"所以我们必须看到资本主义社会的异化与人的全面发展之间的辩证关系。资本主义的分工

---

① 马克思恩格斯全集：第46卷上册．北京：人民出版社，1979：108－109；K. Marx. *Grundrisse der Kritik der politischen Oekonomie*. Berlin：Dietz Verlag，1974：81－82.

造成了个人的片面发展，但普遍异化又为个人的全面发展奠定了物质基础。综上所述，马克思关于"个人全面发展"的理念是一个重要的理论宝库，我们应该通过深入的研究，在实践中不断地丰富和推进这一理念。

第四节　对人道主义传统的继承与超越 *

马克思主义与人道主义的关系问题是 20 世纪 80 年代初理论界讨论的热点问题。在某种意义上可以说，这个问题也是对"文化大革命"经验教训的一个总结。然而，在 20 多年后的今天，为什么我们要重提这个问题呢？这是因为，在对马克思主义学说的研究中，马克思主义与人道主义的关系在理论上还远未得到澄清，而在现实生活中，马克思主义有时也被误解为"斗争哲学"的同义词，甚至被用来为一些非人道的现象做辩护。这些情况的出现，迫使我们重新探索马克思主义与人道主义的关系问题，并给出新的说明。事实上，马克思主义与人道主义的关系问题之所以长期得不到澄清，主要是由于人们对以下三方面的关系缺乏正确的理解和把握。

青年时期的马克思和成熟时期的马克思之间的关系

众所周知，马克思的《1844 年经济学哲学手稿》（本节中以下简称《手稿》）于 1932 年问世后，在西方思想界掀起了轩然大波，"两个马克思"（即青年时期的马克思和成熟时期的马克思）的学说也应运而生。朗兹胡特、马尔库塞和弗洛姆等西方学者把以《手稿》为代表的青年时期的马克思的思想理解为"人道主义的马克思主义"，而把以《资本论》为代表的、成熟时期的马克思的思想理解为"传统的马克思主义"，并把两者尖锐地对立起来，甚至提出了"回到青年马克思去"的口号。与此相反，阿尔都塞等西方学者则对青年马克思《手稿》中的主题——人道主义与异化进行了激烈的抨击，认为青年马克思并没有摆脱费尔巴哈

　＊ 本节原来的标题是《继承与超越：对马克思主义与人道主义关系再认识》，原载《解放日报》2004 年 3 月 22 日，《新华文摘》2004（13）转载此文。

的人本主义思想的影响，因而青年马克思的思想依然停留在资产阶级意识形态的范围内。而成熟时期的马克思则创立了历史唯物主义的伟大理论，这一理论作为"科学"与青年马克思的"意识形态"判然有别。按照阿尔都塞的看法，在青年时期的马克思与成熟时期的马克思之间存在着一个"认识论的断裂"。

乍看起来，朗兹胡特等人的见解与阿尔都塞等人的见解截然对立，其实，细细地考量就会发现，它们的共同理论前提是把一个马克思分裂为"两个马克思"，并使之尖锐地对立起来，而在进行这种分裂活动时，他们又确立了下面两个简单的等式：一是青年时期的马克思的思想＝人道主义的马克思主义；二是成熟时期的马克思的思想＝非人道主义的，甚至是反人道主义的（阿尔都塞语）马克思主义。这两个简单的等式的影响是如此深远，以至于人们竟然忽略了对以下两个问题的追问：一是在青年时期的马克思的著作中，是否已经蕴含着超越传统的人道主义，尤其是费尔巴哈的人本主义的某些思想酵素？二是在成熟时期的马克思的著作中，是否仍然保留着马克思对西方人道主义传统的认同和传承？事实上，只有对这两个问题做出正确的解答，从而终止对马克思思想的分裂行为，才能正确地解答马克思主义与人道主义的关系问题。

先来看第一个问题。我们发现，青年马克思的思想是极为丰富的，蕴含着远比传统人道主义学说丰富的思想酵素：其一，青年马克思具有强烈的政治参与意识，他痛恨普鲁士专制政府，向往自由和民主。青年马克思撰写的第一篇论文《评普鲁士最近的书报检查令》就是政治论文，作为公共知识分子，他一开始就保持着对政治的敏感性及参与政治事务的巨大热情。在1843年5月致卢格的信中，马克思写道：

> 既然我们已经沦落到了政治动物世界的水平，那末更进一步的反动也就不可能了。至于要前进，那末只有丢下这个世界的基础，过渡到民主的人类世界。①

马克思这里说的"丢下这个世界的基础，过渡到民主的人类世界"，实际上是他内心早就在酝酿的革命意识的明确的表达。其二，青年马克思在担任《莱茵报》编辑的时期（1842—1843年），接触到人民群众的各种物质利益问题，比如莱茵省议会关于林木盗窃的法令竟把穷人到林中

---

① 马克思恩格斯全集：第1卷．北京：人民出版社，1956：412．

捡枯枝也视为盗窃行为，这引起了青年马克思的极大的愤慨，他不怕权威，挺身而出，撰文捍卫人民群众的物质利益。其三，青年马克思在恩格斯的《政治经济学批判大纲》的影响下，也在上面提到的人民群众的物质利益问题的推动下，潜心研究国民经济学。他在《手稿》中提出"异化劳动"的问题，虽然其母题仍然涉及黑格尔，尤其是涉及费尔巴哈著作中大量出现的"异化"这个词，但他的思想已经远远地超出了费尔巴哈所关注的"宗教异化"的视域。所有这些都表明，仅仅从青年马克思所使用的术语来判断他的思想实质是不够的，诚然，马克思在《手稿》中把共产主义表述为"以扬弃私有财产作为自己的中介的人道主义"①，但实际上，在青年马克思的著述中，我们上面提到的那些新的思想酵素正在迅速地生长，它们包含着传统的人道主义这件狭窄的外套所无法容纳的革命性的内涵。

再来看第二个问题。马克思在《关于费尔巴哈的提纲》《德意志意识形态》等著作中初步确立起历史唯物主义的新理论以后，是否完全抛弃了他从传统的人道主义那里所继承的一切？这个问题的另一种提法是：马克思主义与人道主义是否水火不相容？我们的回答是否定的。事实上，成熟时期的马克思始终体现出人道主义的伟大情怀。在《哲学的贫困》一书中，马克思强烈地谴责了雇佣劳动对人的蔑视：

> 时间就是一切，人不算什么；人至多不过是时间的体现。②

在《资本论》中，他愤怒地控诉了资本对工人剩余劳动的狼一般的贪求：

> 它侵占人体成长、发育和维持健康所需要的时间。它掠夺工人呼吸新鲜空气和接触阳光所需要的时间。它克扣吃饭时间，尽量把吃饭时间并入生产过程。因此对待工人就象对待单纯的生产资料那样，给他饭吃，就如同给锅炉加煤、给机器上油一样。③

在晚年的人类学笔记中，马克思在谴责殖民主义者的入侵造成农村公社的解体时，无限感慨地写道：

---

① 马克思恩格斯全集：第42卷. 北京：人民出版社，1979：174.
② 马克思恩格斯全集：第4卷. 北京：人民出版社，1958：97.
③ 马克思. 资本论：第1卷. 北京：人民出版社，1975：295.

一切人反对一切人的战争开始了。①

所有这些都表明了，即使在成熟时期的马克思的著作中，也充满了对受压迫者的人文关怀。完全可以说，马克思批判地继承了传统人道主义的核心思想，即尊重个人的人格、权利、自由，尊重个性的解放，等等。

肯定这些，并不等于说，马克思与传统的人道主义者处于相同的思想水平上。事实上，马克思通过对传统的人道主义学说的批判性反思，在以下四个方面远远地超越了它。

第一，传统人道主义的出发点是抽象的人，而马克思主义的出发点则是"从事实际活动的人"②。

第二，传统人道主义认为人的本质就是"人自身"，而马克思主义则强调，人的本质在其现实性上是一切社会关系的总和，在有阶级冲突存在的社会中，人们"不是作为个人而是作为阶级的成员处于这种社会关系中的"③。

第三，传统人道主义把历史理解为伟大人物及其思想的演化史，而马克思主义则把历史理解为普通个人的生活史。马克思写道：

这些个人使自己和动物区别开来的第一个**历史**行动并不是在于他们有思想，而是在于他们开始**生产自己所必需的生活资料**。④

第四，传统人道主义建议资本家节制生产热情，规劝工人安分守己，不要走向对抗⑤，而马克思主义则强调：

实际上和对**实践的**唯物主义者，即**共产主义者**说来，全部问题都在于使现存世界革命化，实际地反对和改变事物的现状。⑥

由此可见，马克思主义与传统人道主义之间的本质差异是不可抹煞的。如果换一个角度看问题，我们也可以说，马克思在他所创立的历史

① 马克思恩格斯全集：第 45 卷．北京：人民出版社，1985：304.
② 马克思恩格斯全集：第 3 卷．北京：人民出版社，1960：30.
③ 马克思恩格斯全集：第 3 卷．北京：人民出版社，1960：84.
④ 马克思恩格斯全集：第 3 卷．北京：人民出版社，1960：23.
⑤ 在《哲学的贫困》一书中，马克思对资产阶级所谓的"人道学派"和"博爱学派"进行了透彻的批判。参见马克思恩格斯全集：第 4 卷．北京：人民出版社，1958：156 - 157。
⑥ 马克思恩格斯全集：第 3 卷．北京：人民出版社，1960：48.

唯物主义的基础上扬弃了传统人道主义，从而把人道主义提升到一个崭新的高度上。我们不妨称这种与历史唯物主义相融合的新的人道主义为"革命的人道主义"或"马克思主义的人道主义"。

综观马克思的一生，我们发现，所谓"两个马克思"的对立在马克思的身上根本就不存在，马克思始终是西方人道主义传统的继承者和超越者。充分地理解这一点，人们就不会再把成熟时期的马克思的思想与人道主义尖锐地对立起来，甚至像阿尔都塞那样，把成熟时期的马克思曲解为一个反人道主义者。诚然，我们并不否认，马克思批判过资产阶级人道主义的观点，但这并不表明他拒斥人道主义，恰恰相反，他是为了把人道主义提升到一个新的水平上。总之，马克思主义批判地继承了传统人道主义的精神遗产，并把它改造、提升到一个崭新的水平上。

马克思主义社会革命的目的和手段之间的关系

马克思主义社会革命的目的是什么？手段又是什么？这两者之间的关系究竟如何？这些问题在马克思主义的追随者那里似乎是轻而易举就能回答的问题。然而，正是这些基础性的问题，长期以来一直没有得到正确的理解和妥善的处理，从而出现了手段和目的关系的倒置，即一方面，人们盲目地把目的降低为手段；另一方面，人们又无原则地把手段提升为目的。正是这种倒置加深了马克思主义与人道主义之间的裂痕，导致了萨特所批评的"人学的空地"在当今马克思主义学说中的形成。所以，在今天，我们再也不能回避对这些看起来简单，实际上意义深远的问题的解答了。

首先，我们来探讨马克思主义社会革命的目的。人所共知，马克思主义社会革命的目的是实现共产主义，然而，共产主义的本质特征是什么呢？关于这一点，人们就很少再深思下去了。在《共产党宣言》中，马克思和恩格斯指出：

> 代替那存在着阶级和阶级对立的资产阶级旧社会的，将是这样一个联合体，在那里，每个人的自由发展是一切人的自由发展的条件。①

马克思和恩格斯在这里谈到了"每个人的自由发展"和"一切人的自由

---

① 马克思恩格斯选集：第 1 卷．北京：人民出版社，2012：422.

发展"，他们把每个人和一切人的自由以及在这样的自由的基础上组成的"联合体"理解为未来共产主义社会的基本特征。在《1857—1858年经济学手稿》中，马克思提出了著名的"三大社会形态"理论：第一形态是人与人之间的自然的依赖关系；第二形态是人对物的依赖关系；第三形态则是共产主义社会——"建立在个人全面发展和他们共同的社会生产能力成为他们的社会财富这一基础上的自由个性，是第三个阶段"①。马克思在这里说的"个人全面发展"和"自由个性"表明，他始终把个人的自由、解放和全面发展理解为共产主义事业的本质。换言之，个人在马克思主义的学说中始终占据着核心的位置。这一点，甚至连海德格尔也看到了，他在《关于人道主义的通信》中这样写道：

> 不管人们以何种立场来看待共产主义学说及其基础，从存在的历史的观点看来，对有世界历史意义的东西的基本体验已经在共产主义中确定不移地说出来了。②

其次，我们来探讨马克思主义社会革命所运用的手段。在1852年马克思致约·魏德迈的信中，马克思强调，发现现代社会的阶级存在和阶级斗争并不是自己的功劳：

> 我所加上的新内容就是证明了下列几点：（1）**阶级的存在**仅仅同**生产发展的一定历史阶段**相联系；（2）阶级斗争必然导致**无产阶级专政**；（3）这个专政不过是达到**消灭一切阶级**和进入**无阶级社会**的过渡……③

显然，马克思这里所说的"无阶级社会"就是共产主义社会，也就是说，阶级斗争和无产阶级专政是马克思主义在社会革命的进程中所运用的基本手段。在马克思看来，阶级并不是永远存在的，它们只存在于人类历史发展的一定阶段上，而无产阶级专政也只具有"过渡"的性质。也正是在这个意义上，马克思谈到阶级的消灭和国家的消亡问题。实际上，在马克思的思想中，已经暗含着这么一种倾向，即要用谨慎的、历史的态度来运用阶级斗争和无产阶级专政的手段，千万不能把它们无原

---

① 马克思恩格斯全集：第46卷上册．北京：人民出版社，1979：104.

② M. Heidegger. *Ueber den Humanismus*. Frankfurt a. M.：Suhrkamp Verlag，1975：27-28.

③ 马克思恩格斯选集：第4卷．北京：人民出版社，2012：426.

则地加以夸大或强化。当然，在当时的历史背景下，列宁缔造的第一个社会主义国家还未诞生，国际共产主义运动也不可能提供相应的经验教训供马克思以更深入、更具体的方式来论述这一问题。

最后，我们来探讨目的与手段之间的关系，看看这一关系是如何逐步颠倒过来的。我们发现，这一逐步颠倒的过程主要是由以下三方面的原因促成的。

其一，现实斗争和社会革命的长期性、严酷性和曲折性，使人们越来越关注马克思的阶级斗争和无产阶级专政的理论，并不断地把这一理论加以强化，使之获得越来越显要的地位。

其二，作为目的，共产主义对为之而奋斗的人们来说，还显得十分遥远，因而这一蕴含着个人的自由、解放和全面发展主题的理想状态反而在现实斗争的进程中被边缘化了。

其三，在对马克思主义学说与资产阶级意识形态关系的解释中出现了极化的现象，即一方面，资产阶级意识形态被推向极端，它倡导的利己主义和尔虞我诈的方面似乎都消失不见了，仿佛成了多愁善感的同义词，只要哪里在谈论生命、友谊、休闲、恋情和博爱，那里起作用的就是资产阶级的意识形态；另一方面，马克思主义学说也被推向极端，即它对个人的自由、解放和全面发展的关注被抹去了，成了大公无私、忘我工作、无情斗争的同义词，只要哪里在谈论与人斗争其乐无穷，那里起作用的就是马克思主义学说。

要言之，马克思主义被妖魔化为绝对与人文关怀甚至与人的七情六欲无涉的"无情哲学"。由于这些原因，目的和手段的颠倒也就渐渐地完成了，结果就出现了这样的局面，即阶级斗争和无产阶级专政的加强成了至高无上的目的，甚至是终极的目的，而真正的目的——阶级的消灭，国家的消亡，共产主义的实现和个人的自由、解放与全面发展——反倒被降低为一种单纯的手段，仿佛平时组织人们谈谈共产主义的远大理想，谈谈个人的自由、解放和全面发展之类的话题，只是为了唤醒他们的阶级意识，提高他们阶级斗争的自觉性似的。共产主义和共产主义所蕴含的核心内容——个人的自由、解放和全面发展才是我们追求的最高目的。

上面的论述启示我们，只有完整地、准确地、全面地理解马克思主义，尤其是马克思主义的人道主义内涵，才能在现实生活中正确地处理好目的和手段之间的关系，在任何情况下都不把这两者之间的关系颠倒过来。

革命时期的马克思主义和建设时期的马克思主义之间的关系

也许人们从未深思过下述问题，即在革命时期和建设时期，由于历史条件的不同，人们对马克思主义的人道主义内涵的理解是否也会出现差异？其实，答案是不言而喻的。

众所周知，在新民主主义革命时期，敌我矛盾是主导性的矛盾，"以阶级斗争为纲"则是主导性的政治口号。在当时的人们对马克思主义的接受中，占主导地位的始终是马克思主义的阶级斗争的学说，而马克思主义的人道主义的学说则处于被边缘化的状态下。具体地说来，人们对马克思主义的人道主义内涵的理解主要体现在下述方面：革命队伍内部的团结、友谊、爱情和亲情；军民之间的鱼水情；对犯错误同志的帮助；救死扶伤；不虐待俘虏；等等。诚然，这样的理解方式已经体现出观念上的巨大的变化，但它毕竟还受着种种历史因素的限制。

其一，由于强调思想观念上的一致性和军事上的铁的纪律，因而不同个人的多元的意见也不可能得到充分的表达和鼓励。

其二，由于革命斗争的严酷性，在当时的历史条件下，人们只能凭借可以拿到手的马克思主义经典作家的少量作品来理解马克思主义的人道主义，而不可能全面地把握它的丰富的内涵。

当然，所有这些情形都是可以理解的，一方面，当时的人们的主要视线依然集中在随时都有生命危险的革命斗争中；另一方面，当时革命的主力军——贫苦农民，甚至对西方知识分子在启蒙时期就已提出来的人权、自由、民主、平等、博爱等新观念还缺乏了解，更不要说了解马克思主义的人道主义学说了。事实上，在整个新民主主义时期的理论探索中，马克思主义的人道主义始终是一个不起眼的话题。

正如物体运动具有惯性一样，人们思想的发展也是具有惯性的。在新中国成立之初，由于当时国内外阶级敌人千方百计地试图摧毁共和国，在那样的历史条件下，继续开展阶级斗争，使共和国不被扼杀在摇篮里的做法，是完全可以理解的。然而，从1956年起，在国内阶级敌人基本上得到肃清、疾风暴雨式的阶级斗争已经结束之后，仍然对阶级斗争的形势做出扩大化的估计，并继续坚持"以阶级斗争为纲"的政治口号，这就严重地违背了社会主义建设时期的客观规律。也正是从 20 世纪 50 年代后期起到 70 年代后期"文化大革命"结束时的 20 多年时间里，马克思主义的人道主义学说未受到重视。在 20 世纪 80 年代初，马克思主义与人道主义的关系问题能上升为一个热门的话题，充分表明这个话题以前一直处于边缘的位置。

历史和实践一再启示我们，在社会主义建设时期，一旦人民内部矛盾成了主导性的矛盾，"以经济建设为中心"成了主导性的政治口号，就必须严格限制关于阶级斗争的提法，而把马克思主义的人道主义的学说提到主导性的地位上。这里有一个从"革命哲学"向"建设哲学"转化的问题。如果说，在革命时期，马克思主义的阶级斗争学说是主导性理念的话，那么，在建设时期，马克思主义的人道主义学说则理应上升为主导性理念。当然，马克思主义的这两种学说不应该被割裂开来并对立起来。正如我们在前面已经指出过的那样，马克思的阶级斗争学说归根到底是为实现共产主义的伟大理想服务的，而共产主义的伟大理想又奠基于马克思主义的人道主义学说。由此可见，马克思主义的人道主义学说应该体现在整个革命和建设的过程中，尤其是在建设时期中，它的主导作用应该得到充分的阐述和展现。

总之，再也不能让下面这样的错误观念继续存在下去了，仿佛一谈人性、个人、人文关怀和人道主义，就是在替资产阶级意识形态做宣传；而一谈冲突、决裂、六亲不认，就是在讨论马克思主义。长期以来，人们似乎都认可这种错误的观点，这难道不是当今的马克思主义者在自毁长城吗？如果这种错误见解被普遍接受的话，当今的马克思主义者不是把自己彻底地孤立起来了吗？谁愿意接受一种已经被妖魔化的、完全拒斥任何人文关怀的学说呢？难怪马克思在批评 19 世纪 70 年代末法国的所谓马克思主义者时，特别喜欢借用海涅的这句名言：

我播下的是龙种，而收获的却是跳蚤。①

实际上，如果当今的马克思主义者希望真正继承马克思的事业，那么，他们就应该有勇气公开宣布：我们马克思主义者也谈人性、个人、人文关怀和人道主义，而且我们是在马克思所创立的历史唯物主义的基础上谈论这些问题的。在我们看来，当今的马克思主义者不但应该理直

① 马克思恩格斯选集：第 4 卷．北京：人民出版社，2012：603.

气壮地谈论并深入地探讨这些问题，而且也应该努力地把马克思主义的人道主义的整个学说贯彻到现实生活中去。

综上所述，我们应该使马克思主义摆脱那些长期附加在它身上的种种错误观念，不但应该把马克思主义与人道主义的关系作为一个重大的理论课题深入地讨论下去，不但应该认识到马克思主义与人道主义不是水火不相容的，而且应该理直气壮地把马克思主义的人道主义作为社会主义建设时期的主导性理论，从而真正为实现以个人的自由、解放和全面发展为核心内容的共产主义的伟大理想而奋斗。

第六章　马克思哲学的基本概念（Ⅲ）

每一个熟悉马克思哲学的人都知道，"物质"、"时空"、"实践"和"异化"是马克思哲学中的基本概念。长期以来，我们都自觉地或不自觉地依照传统的哲学教科书的思路来理解这些基本概念。由于这些基本概念得不到认真的考察和深入的反思，所以，它们的真实意义常常处于蔽而不明的状态下。本章试图从当代哲学的新视野出发，逐一对这些基本概念做出批评性的思考，以揭示其始源性的、本真的含义。

第一节　物质观新探[*]

在传统的哲学教科书的视野里，马克思的物质观可以表述如下：世界统一于物质（亦即世界的本原是物质）；物质是不以人的主观意志为转移的客观实在；运动是物质的根本属性；时间和空间是运动着的物质的存在形式。这些表述看起来是明晰的、严格的，实际上，却把马克思的整个物质理论抽象化、学院化了。如果从哲学立场上来看，则把马克思的历史唯物主义与旧唯物主义之间的本质差异秋平了。近年来，有些研究者致力于改造并提升哲学教科书体系，但遗憾的是，他们或者无批判地沿用了对马克思物质观的上述理解模式，或者采取"鸵鸟策略"，干脆撇开物质概念，仿佛马克思从来没有涉及过这个概念似的。由于未

---

[*]　本节原来的标题是《马克思物质观新探》，原载《复旦学报》（社会科学版）1995（6）。

对马克思的物质观进行深入的研究，所以他们在理论上的创造远比他们自己想象的要小得多，因为马克思的物质概念是绕不过去的。如果不先行地澄清我们对这一概念的理解，马克思哲学的实质就永远在我们的视野之外。

重新理解马克思物质观的当代启示

当代哲学家，特别是西方马克思主义者的一个卓越的贡献是，在重新理解马克思的物质概念上提供了一些有益的启示。

首先，他们认为，马克思的物质观并不是基于他对世界的本原和结构的学院式兴趣，而是基于他对资本主义社会批判的兴趣。所以在马克思的物质观中，最为核心的是"物化"（Verdinglichung）概念。我们知道，"物化"有两种含义：一是一般的含义，即任何劳动产品都是活劳动的一种物化；二是特殊的含义，即在私有制社会，尤其是资本主义社会中，物（商品、货币等）被主体化了，而人反而被物化（即异化）了。在《历史与阶级意识》这部名著中，卢卡奇指出：

> 物化是生活在资本主义社会中的每一个人必然的、直接的现实。①

在卢卡奇看来，马克思物质观的要旨并不是坐在课堂里大谈"世界统一于物质"这类同样可以在旧唯物主义者那里找到的教条，而是通过对物化现象和物化意识的揭露，唤醒无产阶级的阶级意识，从而促使其以实践的方式改造资本主义社会。在《历史与阶级意识》中，虽然卢卡奇未把上述两种物化的含义严格地区分开来，但是，"物化"概念的提出表明，卢卡奇正确地理解了马克思物质观的实践意向和实践功能。而且，如果我们注意到马克思集中探讨异化问题的《1844年经济学哲学手稿》是在1932年首次问世的，而卢卡奇的《历史与阶级意识》则是在1923年出版的，也就更容易赞叹他的敏锐的理论洞察力了。

其次，他们认为，马克思从不抽象地谈论物质概念，他总是从现代社会的生产活动的要素的角度去谈论物质及物质的具体样态。葛兰西批评了那种把马克思的物质观与庸俗唯物主义的物质观混为一谈的错误倾向，指出：

① G. Lukacs. *History and Class Consciousness*. Cambridge：MIT Press，1971：197.

　　　　显然，对于实践哲学来说，物质不应当从它在自然科学中获得的意义上去理解……也不应当从各种唯物主义形而上学中发现的任何意义上去理解。虽然人们可以考察构成物质本身的各种物理的（化学的、机械的等等）属性，但只是在它们成为生产的"经济要素"的范围之内。所以，不应当就物质自身来考察物质，而必须把它作为社会地、历史地组织起来的东西加以考察，而自然科学也应当相应地被看作一个历史范畴、一种人类关系。①

　　在葛兰西看来，马克思哲学作为实践哲学与旧唯物主义哲学的一个根本差异是：马克思不是在抽象的物质观的基础上来谈论实践问题，恰恰相反，他是在人的实践活动，尤其是生产劳动的基础上来谈论物质问题的。所以，在马克思的眼光中，物质不是一种与人相分离的、不以人的意志为转移的客观实在，而是被社会地、历史地组织起来的具体的东西，是生产劳动的必不可少的要素。施密特在他的代表作《马克思的自然概念》一书中也表达了同样的思想：

　　　　说物质（matter）是存在的最高的原则是不可能的，这不仅因为从事劳动的主体通过自身中介了自然材料（the material of nature），而且因为在生产中，人们关涉到的并不是物质"本身"，而是具体的、从量和质上规定了的物质的存在形式。②

　　这就进一步肯定了这样的观点，即人们在生产劳动中打交道的不是抽象的物质，而是物质的具体的存在形式。

　　最后，他们认为，马克思的历史唯物主义与一切旧唯物主义的根本差异在于，马克思从不以静态的、直观的方式去看待物质和物质的具体存在形式，他总是从人的实践活动，特别是生产劳动所蕴含的对象化理论出发去说明它们。海德格尔在强调应与马克思的唯物主义对话时，写下了一段迄今为止还很少引起研究者们重视的话：

　　　　为了进行这样的对话，摆脱关于这种唯物主义的天真的观念和对它采取的简单拒斥的态度是十分必要的。这种唯物主义的本质不在于一切只是物质（Stoff）的主张，而是在于一种形而上学的规

---

① A. Gramsci. *Selections from The Prison Notebooks*. New York：International Publishers，1971：465－466.

② A. Schmidt. *The Concept of Nature in Marx*. London：NLB，1971：34.

定，按照这种规定，一切存在者都显现为劳动的材料（Material）。①

这就启示我们，不应当站在旧唯物主义的立场上去理解马克思的唯物主义及他的物质概念，而应当从马克思的历史唯物主义立场出发去理解他的物质概念及他对旧唯物主义的物质概念的批判。

当代哲学家对马克思的唯物主义和物质概念的理解为我们提供了极有启发的材料，但是也应当看到，他们的见解并不是全面的、彻底的。他们忽略了一个极为重要的问题，即马克思的物质观与他的时间观之间的内在联系。事实上，只要认为马克思没有创立自己独特的时间观，也就是说，只要仍然借用旧唯物主义的时间观讨论马克思的物质观，那么马克思的物质观与旧唯物主义的物质观之间的本质差异就仍然是蔽而不明的。虽然海德格尔在《存在与时间》一书中关于时间性的讨论是富有启发性的，但像其他的哲学家一样，他并未注意到马克思对时间理论的卓越贡献。关于马克思的物质理论与他的时间理论的内在联系，我们将在下面适当的地方进行论述。

马克思对抽象物质观的批判

众所周知，抽象物质观是与一般唯物主义的立场（旧唯物主义者坚持的正是这样的立场）相适应的。当传统的哲学教科书从一般唯物主义的立场出发去理解马克思的物质观时，必然会把这一观念抽象化，从而陷入"世界统一于物质"这类空洞的说教。其实，马克思激烈地加以反对的正是这种物质观。

在下面这段话中，马克思对自己赖以批判抽象物质观的立场和出发点做了经典性的说明：

> 从前的一切唯物主义——包括费尔巴哈的唯物主义——的主要
> 缺点是：对事物、现实、感性，只是从**客体**的或者**直观**的形式去理
> 解，而不是把它们当作**人的感性活动**，当作**实践**（Praxis）去理
> 解，不是从主观方面去理解。②

---

① M. Heidegger. *Ueber den Humanismus*. Frankfurt a. M.：Suhrkamp Verlag，1975：27.

② 马克思恩格斯全集：第 3 卷．北京：人民出版社，1960：3.

　　研究者们喜欢引证这段话，可是对这段话的真谛却缺乏真正的领悟，所以，他们常常把马克思的物质观旧唯物主义化。其实，这段话不仅表明了马克思的唯物主义与旧唯物主义之间的本质差异，而且表明了马克思的物质观与旧唯物主义的抽象物质观之间的本质差异。如果说，旧唯物主义以直观的、脱离一切历史条件的方式去建立自己的物质观，那么，马克思则是从人的社会历史活动，从这一活动必然蕴含的对象化出发去批判这种抽象的物质观的。

　　马克思对抽象物质观的批判最初受到了费尔巴哈的影响。费尔巴哈在批判他以前的唯物主义者的物质观时，强调这种物质观的最大缺陷是把物质与人的生命和感觉分离开来：

> 斯宾诺莎虽然将物质当作实体的一种属性，却没有将物质当作感受痛苦的原则，这正是因为物质并不感受痛苦，因为物质是单一的、不可分的、无限的，因为物质和与它相对立的思维属性具有相同的特质，简言之，因为物质是一种抽象的物质，是一种无物质的物质。①

　　费尔巴哈认为，虽然黑格尔的思辨哲学宣扬的是抽象的唯灵论，即使思维与人的生命和感性活动相分离，但这种理论与抽象的物质理论可以说是殊途同归，都对人的生命和感性活动持漠视的甚至是敌对的态度。有感于此，马克思在《黑格尔法哲学批判》一书中写道：

> **抽象的唯灵论**是**抽象的唯物主义**（abstrakter Materialismus）；**抽象的唯物主义**是物质的**抽象的唯灵论**（der abstrakte Spiritualismus der Materie）。②

　　恩格斯在《政治经济学批判大纲》一书中谈到 18 世纪思想的片面性时，也提到了"抽象的唯物主义和抽象的唯灵论相对立"③ 的现象。当时，在费尔巴哈思想的影响下，马克思和恩格斯把凡是与人的感性活动相分离的哲学学说（不管是唯物主义，还是唯灵论）都看作抽象的，而他们尤其关心的是对抽象的唯物主义和抽象的物质观的批评。当马克思在革命实践活动的推动下深入钻研政治经济学时，他对抽象物质观的

---

①　费尔巴哈哲学著作选集：上卷．北京：商务印书馆，1984：110－111．
②　马克思恩格斯全集：第 1 卷．北京：人民出版社，1956：355．
③　马克思恩格斯全集：第 1 卷．北京：人民出版社，1956：597．

批判达到了新的高度。

在《1844 年经济学哲学手稿》中，马克思这样写道：

> **工业**是自然界同人之间，因而也是自然科学同人之间的**现实的**
> 历史关系。因此，如果把工业看成人的**本质力量**的**公开的**展示，那
> 么，自然界的**人的本质**，或者人的**自然的**本质，也就可以理解了；
> 因此，自然科学将失去它的抽象物质的（abstrakt materille）或者
> 不如说是唯心主义的方向，并且将成为**人的**科学的基础，正象它现
> 在已经——尽管以异化的形式——成了真正人的生活的基础一
> 样……①

在这里，值得注意的是马克思提出了"工业"这一极为重要的概念，并
把它理解为使自然科学的研究摆脱"抽象物质的"方向的不可或缺的媒
介。这是什么意思呢？在马克思看来，传统的自然科学通常是以脱离对
工业的考察的方式来研究自然界的，所以他们描绘的自然界不过是抽象
的自然界、抽象的物质世界。事实上，现实的自然界是经过工业媒介作
用的自然界，现实的物质是经过生产劳动媒介作用的物质，而工业并不
是别的东西，它正是人的本质力量打开了的书本，正是人的实践活动，
特别是人的生产劳动的具体表现。通过这些论述，马克思与费尔巴哈的
思想差异已经清晰地显露出来。如果说，费尔巴哈把脱离人的感性直观
的物质或自然界视为抽象的东西，那么，马克思则把脱离人的实践活动
和这一活动的近代产物——工业的物质或自然界视为抽象的东西。

所以，在《关于费尔巴哈的提纲》一文中，马克思写道：

> 费尔巴哈不满意**抽象的思维**而喜欢**直观**；但是他把感性不是看
> 做**实践的**、人的感性的活动。②

在《德意志意识形态》一书中，马克思进一步批评道，由于费尔巴哈在
谈到人时只限于人的自然属性，所以他"从来没有看到真实存在着的、
活动的人，而是停留在抽象的'人'上"③。同样地，费尔巴哈对感性
世界的看法也仅限于抽象的直观：

---

① 马克思恩格斯全集：第 42 卷．北京：人民出版社，1979：128．
② 马克思恩格斯选集：第 1 卷．北京：人民出版社，2012：135．
③ 马克思恩格斯全集：第 3 卷．北京：人民出版社，1960：50．

> 他没有看到，他周围的感性世界决不是某种开天辟地以来就已存在的、始终如一的东西，而是工业和社会状况的产物，是历史的产物，是世世代代活动的结果。①

马克思还批评了费尔巴哈对自然科学所采取的抽象的、直观的态度：

> 费尔巴哈特别谈到自然科学的直观……但是如果没有工业和商业，自然科学会成为什么样子呢？甚至这个"纯粹的"自然科学也只是由于商业和工业，由于人们的感性活动才达到自己的目的和获得材料的。②

通过这些批评，马克思告诉我们，虽然费尔巴哈批判了前人的抽象的物质观，但他自己最终仍未摆脱这种观念的影响。因为仅仅诉诸感性，并不能使人、物质、自然界现实化。在马克思看来，只有从现实的人的社会实践活动出发去考察人、物质、自然界，它们才是现实的。

对抽象物质观的批判并不仅仅是马克思青年时期的工作，而是贯穿他一生的理论上的努力。在《资本论》中，马克思指出：

> 那种排除历史过程的、抽象的自然科学的唯物主义（des abstrackt naturwissenschaftlichen Materialismus）的缺点，每当它的代表越出自己的专业范围时，就在他们的抽象的和唯心主义的观念中立刻显露出来。③

这就表明，马克思的物质观与以往一切哲学家（不管是唯物主义者，还是唯心主义者）的根本差异在于：马克思从不抽象地谈论物质，亦即从不像传统的哲学教科书那样，高谈世界统一于物质、物质是不依赖于人的主观意志的客观实在、物质与运动不可分离、时间和空间是运动着的物质的存在方式等等。马克思总是从人的社会实践活动出发，历史地探讨物质及其具体表现形态。

马克思物质观的基本内容

在论述马克思的物质观的基本内容之前，我们有必要先澄清一下学

---

① 马克思恩格斯全集：第 3 卷．北京：人民出版社，1960：48.
② 马克思恩格斯全集：第 3 卷．北京：人民出版社，1960：49－50.
③ 马克思．资本论：第 1 卷．北京：人民出版社，1975：410.

术界长期以来对于马克思关于物质问题的两段论述的误读。一段论述是马克思在《神圣家族》一书中写下的：

> 决不可以把思维同那思维着的物质（eine Materie... die denkt）分开。物质是一切变化的主体（das Subjekt）。①

人们只要认真地阅读一下这段话的上下文，并参考一下霍布斯的《利维坦》等著作，就会明白，这段话并不是马克思本人的哲学观点，而是马克思所转述的霍布斯的哲学观点。可是，斯大林撰写的《论辩证唯物主义和历史唯物主义》却把这段话误读为马克思本人的哲学观点。② 这种误读的影响是如此深远，以至于迄今为止，我国的某些哲学教科书仍然沿用这样的提法。③ 另一段论述是马克思在《资本论》第二版跋中写下的：

> 观念的东西不外是移入人的头脑并在人的头脑中改造过的物质的东西（Materielle）而已。④

人们常常用这段话来证明马克思的认识论是一种反映论。其实，马克思在这里使用的 Materielle 乃是形容词 materiell（物质的）的名词化，这个词不同于名词 Materie（物质）。马克思这里说的"物质的东西"是指物质的具体的样态，即事物。正如我们在前面早已指出过的那样，马克思认为，一切旧唯物主义的缺点都是以直观的形式去理解事物（不管我们在反映论的前面加上多少定语，如"革命的""能动的"等等，"反映"总是一个直观性质的用语），而马克思则主张从主观方面、从实践出发去理解事物。在马克思那里，"物质的东西"绝不是直观的、反映的对象，而是实践的要素或产物。所以，马克思的认识论绝不是反映论，而是实践论。在辨明这两段论述的本来含义之后，现在我们可以来考察马克思物质理论的基本内容了。

首先，马克思不是从抽象的和直观的角度出发来谈论物质概念的，而是从人的最基本的实践活动——生产劳动出发来探讨物质问题的。马

---

① 马克思恩格斯全集：第2卷. 北京：人民出版社，1957：164.
② 联共（布）党史简明教程. 北京：人民出版社，1975：125.
③ 李达. 唯物辩证法大纲. 北京：人民出版社，1978：178；肖前. 马克思主义哲学原理：上册. 北京：中国人民大学出版社，1994：97.
④ 马克思. 资本论：第1卷. 北京：人民出版社，1975：24.

克思说：

> 劳动首先是人和自然之间的过程，是人以自身的活动来引起、调整和控制人和自然之间的物质变换（Stoffwechsel）的过程。人自身作为一种自然力（eine Naturmacht）与自然物质（Naturstoff）相对立。为了在对自身生活有用的形式上占有自然物质，人就使他身上的自然力——臂和腿、头和手运动起来。①

马克思把劳动过程理解为"物质变换的过程"，换言之，物质是作为劳动过程的要素而出现的。马克思这里说的"自然物质"主要有以下四种表现形式：一是劳动对象，或者是现成的、天然存在的劳动对象，或者是原料，即被以前的劳动筛选过的对象；二是劳动工具，即"劳动者置于自己和劳动对象之间、用来把自己的活动传导到劳动对象上去的物或物的综合体"②；三是劳动产品，即"经过形式变化而适合人的需要的自然物质"③；四是劳动过程中的排泄物。这里说的"自然物质"还是狭义的，因为它是与作为自然力的人相对立的，而广义的"自然物质"概念则包含作为单纯劳动力的人在内，正如马克思在另一处所说的：

> 劳动力首先又是已转化为人的机体的自然物质。④

必须记住，马克思在这里说的是作为单纯劳动力的人的客观的物质形态，而从人之为人的角度来看，马克思是反对资本主义生产把人物化、把人变成机器的附属品的。关于构成马克思物质观的重要的实践功能，我们将在后面加以论述。

其次，马克思总是从生产劳动必然蕴含的对象化出发去考察物质的具体表现形态——物和商品的。在《1844 年经济学哲学手稿》中，马克思写道：

> 非对象性的存在物是**非存在物**（Ein ungegenstaendliches Wesen ist ein Unwesen）。⑤

----

① 马克思．资本论：第 1 卷．北京：人民出版社，1975：201-202.
② 马克思．资本论：第 1 卷．北京：人民出版社，1975：203.
③ 马克思．资本论：第 1 卷．北京：人民出版社，1975：205.
④ 马克思．资本论：第 1 卷．北京：人民出版社，1975：242.
⑤ 马克思恩格斯全集：第 42 卷．北京：人民出版社，1979：168.

　　马克思绝不像旧唯物主义者或后来的哲学教科书的编写者那样，热衷于追溯一个先于人而存在的物质世界。这种"起点崇拜"的态度正是一种把人与物质世界割裂开来的非对象化的态度。在马克思看来，这样一个与人相分离的混沌的物质世界对于人来说是毫无意义的。也就是说，在人的实践活动和认识活动的视野里，非对象性的存在物就是非存在物。所以马克思又说：

　　　　只有当物（die Sache）按人的方式同人发生关系时，我才能在实践上（praktisch）按人的方式同物发生关系。①

总之，物不是人静观的对象，而是人的实践活动的要素。

　　在马克思看来，物不一定是商品，只有在商品经济的社会中，物才普遍地以商品的形式出现。所以马克思说：

　　　　商品（die Ware）首先是一个外界的对象，一个靠自己的属性来满足人的某种需要的物（ein Ding）。②

　　在马克思看来，物作为商品具有两重性：一方面，物的有用性使物具有使用价值；另一方面，物作为商品必须进入交换，所以它又具有交换价值，使用价值是交换价值的物质承担者。作为使用价值，商品具有质的差别；作为交换价值，商品只有量的差别。如果把商品的使用价值抽去，那么商品的一切可以感觉到的属性就都消失了。随着商品的有用性质的消失，体现在商品中的各种劳动的有用性质也消失了，从而这些劳动的具体形式也消失了，它们都表现为抽象的人类劳动。于是，商品作为物就成了抽象的、无差别的人类劳动的凝结，就体现为价值。在交换关系中，价值体现为交换价值。那么，商品的价值又是通过什么来计量的呢？马克思认为，是由"社会必要劳动时间"来计量的，而"社会必要劳动时间（gesellschaftlich notwendige Arbeitszeit）是在现有的社会正常的生产条件下，在社会平均的劳动熟练程度和劳动强度下制造某种使用价值所需要的劳动时间"③。在这里，"社会必要劳动时间"不仅是一个经济学的概念，也是一个哲学概念。正是通过这个概念，马克思展示了作为现代社会的物的普遍存在方式的商品的社会历史内涵。传统

　　① 马克思恩格斯全集：第42卷．北京：人民出版社，1979：124.
　　② 马克思．资本论：第1卷．北京：人民出版社，1975：47.
　　③ 马克思．资本论：第1卷．北京：人民出版社，1975：52.

的哲学教科书、当代西方的哲学家以及那些把马克思哲学理解为实践唯物主义的学者由于未能进入"社会必要劳动时间"的视域，所以他们最终还是不可避免地把马克思的物质观误解为抽象物质观。

最后，马克思的物质观既不导向形而上学的神秘说教，也不导向实证的知识，它导向的是对现代社会的普遍现象——拜物教的批判。马克思在论述非商品的物与作为商品的物的差别时写道：

> 例如，用木头做桌子，木头的形状就改变了。可是桌子还是木头，还是一个普通的可以感觉的物。但是桌子一旦作为商品出现，就变成一个可感觉而又超感觉的物（ein sinnlich uebersinnliches Ding）了。它不仅用它的脚站在地上，而且在对其他一切商品的关系上用头倒立着，从它的木脑袋里生出比它自动跳舞还奇怪得多的狂想。①

马克思把这种物一旦作为商品出现就带有的神秘效应称为"拜物教"（Fetischismus）。他认为，这种拜物教的产生与商品的使用价值无关，其奥秘在于：

> 商品形式在人们面前把人们本身劳动的社会性质反映成劳动产品本身的物的性质，反映成这些物的天然的社会属性，从而把生产者同总劳动的社会关系反映成存在于生产者之外的物与物之间的社会关系。由于这种转换，劳动产品成了商品，成了可感觉而又超感觉的物或社会的物（gesellschaftliche Dinge）。②

这就告诉我们，商品拜物教源于商品作为"社会的物"的历史特征，其作用是以物与物之间的关系掩盖人与人之间的社会关系。至于拜金主义，不过是拜物教的典型表现形式。所以，马克思说：

> 货币拜物教的谜就是商品拜物教的谜，只不过变得明显了，耀眼了。③

马克思批判拜物教的目的就是要从物与物的关系的外观下揭示出现代社会中人与人之间的真实关系。这就是马克思的物质观的实践功能。

---

① 马克思. 资本论：第1卷. 北京：人民出版社，1975：87-88.
② 马克思. 资本论：第1卷. 北京：人民出版社，1975：88-89.
③ 马克思. 资本论：第1卷. 北京：人民出版社，1975：111.

那些认为马克思的物质观就是高谈"世界统一于物质"的形而上学信念的学者完全误解了马克思的学说。从释义学的观点看来，这种误解的基础在于，理解者本人的立场还未摆脱旧唯物主义的影响；而那些把马克思哲学理解为实践唯物主义的学者又总是简单地撇开马克思的物质理论，完全忽略了这一理论的导向——对拜物教的批判，而这一批判正是实践唯物主义的本质内容之一。

重新理解马克思物质观的意义

物质观是马克思哲学的基本观点之一，也是遭到误解最严重的观点之一，重新理解马克思的物质观，恢复其本真精神，无疑具有极为重要的理论意义。

首先，它从根本上改变了物质理论的问题域。正是马克思告诉我们，应该从与旧唯物主义者完全不同的视野出发去探讨物质理论。

一是不要用直观的、抽象的态度去看待物质，而应从"物质变换"入手去考察物质。也就是说，我们必须通过人的生存实践活动的中介作用去思考物质问题。比如，马克思在谈到土地问题时这样写道：

土地只有通过劳动、耕种才对人存在。①

这就启示我们，脱离人的生存实践活动，抽象地谈论物质及物质世界的存在是毫无意义的。

二是不要以古代哲学家惯用的宇宙起源论的方式去形而上学地、脱离一切社会联系地奢谈什么"物质是世界的本原""物质是世界统一的基础"等等，重要的是考察物质在现代社会的普遍的表现形式——商品，并进而考察商品的两重性和商品拜物教（作为物的商品的主体化和人的物化、物与物的关系对人与人的关系的掩蔽）现象的产生，从而对资本主义社会的异化和物化现象做出历史的、批判性的说明。

三是不要以自然主义和发生学的态度纠缠在作为物质总体的自然界的"先在性"问题上。事实上，对一个所谓在人诞生之前就已存在的自然界的追溯，必然导致研究者以与人割裂的方式去考察自然界。正如马克思所指出的：

---

① 马克思恩格斯全集：第 42 卷．北京：人民出版社，1979：114.

被抽象地孤立地理解的、被固定为与人分离的**自然界**，对人说来也是**无**。①

那么，对于我们来说，什么样的自然界才是现实的呢？马克思告诉我们：

在人类历史中即在人类社会的产生过程中形成的自然界是人的**现实的**自然界；因此，通过工业（die Industrie）——尽管以**异化**的形式——形成的自然界，是真正的、**人类学的**自然界。②

这就启示我们，只要我们不以抽象的方式，而是以现实的方式来讨论物质观和自然观，我们的讨论就必然通过"工业"这一不可或缺的重要环节来展开，而工业正是人的本质力量打开了的书本，正是人的生存实践活动的产物。这样一来，我们就从根本上超越了哲学教科书的直观的、抽象化的、形而上学的物质理论，进入到长期以来被掩蔽的马克思关于物质理论的真正的问题域中，即物质变换（生存实践活动）、工业、对象化、物化、异化、物在资本主义社会中的普遍存在形式：商品—货币—资本、商品的两重性、商品的价值和社会必要劳动时间、拜物教、物与物的关系和人与人的关系等等。

其次，它从根本上改变了我们对马克思哲学的基本问题的看法。传统的哲学教科书认为，马克思哲学的基本问题是存在（物质、自然界）与思维（意识、精神）何者为本原（第一性）的问题。如前所述，把这种古代哲学家持有的追溯宇宙起源的思维方式带入对马克思哲学的解释中，必然敉平马克思哲学与一切旧唯物主义哲学之间的本质差异。因为上述基本问题的设定正是从直观的、抽象化的、形而上学的物质观出发的。实际上，马克思哲学作为实践唯物主义，是从人的生存实践活动出发去考察一切问题的，所以，马克思哲学的基本问题并不是思维与存在的关系问题，而是在生存实践活动中展开的人与自然（物）和人与人的关系问题。在《德意志意识形态》中，马克思谈到人类活动的两个方面：一是"人们**对自然的作用**"，二是"**人对人的作用**"③。在《资本论》中，马克思谈到日常生活表现为"人与人之间和人与自然之间……

---

① 马克思恩格斯全集：第42卷．北京：人民出版社，1979：178.
② 马克思恩格斯全集：第42卷．北京：人民出版社，1979：128.
③ 马克思恩格斯全集：第3卷．北京：人民出版社，1960：41.

的关系"①。这都是马克思对自己的哲学的基本问题的表述。具体而言，马克思哲学的基本问题包含以下三个方面：一是人与自然（物）的关系，即生产劳动问题；二是人与人的关系，即社会关系问题；三是人与自然（物）和人与人之间的互动关系，即劳动的异化和异化的扬弃问题。

马克思说：

> 只有在资本主义制度下自然界才不过是人的对象，不过是有用物……②

一方面，异化劳动导致了资本主义社会中人与人之间关系的异化和私有制（私有财产就是物在一定历史条件下的表现形式）的发展；另一方面，私有制又反过来加剧了劳动的异化、拜物教和人的物化的发展。所以，马克思认为，共产主义的使命就是通过对私有财产（具有特定社会关系的物）的扬弃，即通过改变人对物的占有关系的方式，来改变人与人之间的社会关系。

马克思在谈到这种共产主义时说：

> 它是人和自然界之间、人和人之间的矛盾的真正解决，是存在和本质、对象化和自我确证、自由和必然、个体和类之间的斗争的真正解决。它是历史之谜的解答，而且知道自己就是这种解答。③

这就告诉我们，坚持传统的哲学基本问题，即坚持抽象的物质与精神的对立，大谈物质的第一性，必然会使我们迷失在旧唯物主义的形而上学的视野中，从而与马克思哲学的本真精神失之交臂。

要言之，马克思哲学的基本问题是人与自然（物）和人与人的关系，其宗旨是通过对人对物（私有财产）的占有关系的扬弃和调整来解决人与人之间的关系。所以，马克思哲学绝不是以抽象的态度追溯物质和自然界起源的自然哲学，而是法哲学，因为法哲学正是以人对物的占有和人与人的关系为研究对象的。在这个意义上，我们可以说，一个多世纪以来，马克思的许多研究者都未能理解马克思。所以，我们更乐于指出：不读黑格尔的法哲学，就不可能真正理解马克思的哲学。

---

① 马克思．资本论：第1卷．北京：人民出版社，1975：96.
② 马克思恩格斯全集：第46卷上册．北京：人民出版社，1979：393.
③ 马克思恩格斯全集：第42卷．北京：人民出版社，1979：120.

最后，它启示我们，马克思哲学就其实质而言不是物质本体论，而是社会生产关系本体论。传统的哲学教科书几乎都把马克思哲学理解为物质本体论，即使不使用"本体论"这个词，也无条件地承认了物质在存在论上的优先性。但这种抽象的、直观的本体论不过发端于古代哲学的世界本原论或宇宙起源论，把它理解为马克思的本体论完全是对马克思哲学的误解。问题在于，物质本体论的显性形式是比较容易识别的，但其隐性形式却是不容易识别的。事实上，只要人们仍然无批判地使用"自然、社会、思维"这一"世界"概念，即仍然把前社会的、与人的生存实践活动相分离的自然理解为"世界"的基础部分，不管人们给马克思哲学安上怎样的新名称，人们实际上仍然站在物质本体论的立场上。

有的学者把马克思的哲学理解为"物质-实践本体论"，但既然实践就是"物质变换"活动，那么这里的"物质"岂不成多余的东西了吗？也有的学者干脆把马克思哲学称为"实践本体论"，充分肯定了实践在马克思哲学中的本体论上的优先性。不用说，"实践本体论"虽然比"物质本体论"更接近马克思哲学的本质，但它却把马克思哲学肤浅化了。因为人们的实践活动是可以通过经验观察的办法加以考察的，正如马克思在论述人类历史的前提时所说的：

> 这些前提可以用纯粹经验的方法来确定。①

而马克思的哲学并没有停留在单纯的经验观察上，它的根本使命是揭示人类社会生活中隐蔽的、深层的东西。马克思在谈到经济学研究时说：

> 分析经济形式，既不能用显微镜，也不能用化学试剂。二者都必须用抽象力来代替。②

因为经济形式涉及的并不是可以观察到的经济现象，而是隐在现象背后、只有通过抽象力才能把握的社会关系。正是在这个意义上，我们认为，马克思哲学是社会生产关系本体论。在马克思看来，一切人和物都是在社会生产关系的以太中显示出自己的独特的存在方式的：

---

① 马克思恩格斯全集：第3卷. 北京：人民出版社，1960：23.
② 马克思. 资本论：第1卷. 北京：人民出版社，1975：8.

黑人就是黑人。只有在一定的关系下，他才成为**奴隶**。纺纱机是纺棉花的机器。只有在一定的关系下，它才成为**资本**。脱离了这种关系，它也就不是资本了，就像**黄金**本身并不是**货币**，砂糖并不是砂糖的**价格**一样。①

即使是"实践本体论"者所谈论的各种实践形式，包括最基本的生产劳动，也都是在一定的社会生产关系的前提下展示出来的。所以，马克思说：

人们在生产中不仅仅影响自然界，而且也互相影响。他们只有以一定的方式共同活动和互相交换其活动，才能进行生产。为了进行生产，人们相互之间便发生一定的联系和关系；只有在这些社会联系和社会关系的范围内，才会有他们对自然界的影响，才会有生产。②

马克思哲学的本质在于揭示资本主义社会的社会生产关系的本质，并运用实践的手段对它进行革命性的改造。

正是基于这样的思考，马克思强调，人的本质在其现实性上是一切社会关系的总和；而正如我们在前面已经指出过的那样，马克思对资本主义社会普遍存在的"拜物教"的批判，目的也正是从物与物关系的外观下揭示出人与人关系的真实实质。当然，社会生产关系并不是独立的、一成不变的，相反，是随着社会生产力的发展而历史地变化着的。但在任何历史时期，社会生产又总是在一定的社会生产关系的范围内展开的，因为人本质上是社会存在物，人的任何实践活动都打着一定的社会关系的印记。因此，我们应该从社会生活的总体上来理解社会生产关系在本体论上的先行性。事实上，马克思哲学的一系列基本概念，如实践、物质、自然、认识、辩证法、范畴等都关涉到社会生产关系这一隐蔽的、深层的基础。易言之，社会生产关系本体论才是马克思哲学的实质，才是马克思考察其他一切问题的前提。

综上所述，对传统哲学教科书中的物质理论持简单的弃置不顾的态度是不对的，必须从马克思本人的哲学立场出发，通过对这些理论的批评性考察，揭示出马克思物质观的真实含义、基本内容以及它在马克思

---

① 马克思恩格斯选集：第1卷．北京：人民出版社，2012：340.
② 马克思恩格斯选集：第1卷．北京：人民出版社，2012：340.

的整个哲学体系中的地位和作用，从而重新理解马克思。

第二节　时空观新论*

马克思哲学教科书体系的改革已经成为学术界的共识。近年来，不少论著在这个方面进行了可贵的探索，但只要深入地检视一下这些研究成果，就会发现，人们的探索几乎都没有触及马克思的时空理论。换言之，人们仍然无反思地借用着传统哲学教科书中关于时空问题的表述，却试图对马克思哲学的整个体系做出新的说明。显然，这种努力是不可能取得成功的。事实上，只有重新反思马克思的时空理论，揭示出长期以来被研究者们掩蔽的马克思在时空理论上的重大发现，对马克思哲学体系的重新理解和构造才真正是可能的。

传统哲学教科书的时空观的得失

传统的哲学教科书主要是根据恩格斯的《反杜林论》《自然辩证法》和列宁的《唯物主义和经验批判主义》等著作来阐述马克思的时空理论的。这一时空理论的要旨如下：

第一，时间和空间是运动着的物质的存在形式。列宁说：

世界上除了运动着的物质，什么也没有，而运动着的物质只能在空间和时间中运动。①

第二，时间和空间是客观存在的。列宁写道：

唯物主义既然承认客观实在即运动着的物质不依赖于我们的意识而存在，也就必然要承认时间和空间的客观实在性。②

第三，时间和空间是无限的。既然物质运动是无限的、永恒的，作为这一运动的存在形式的时间和空间也必然是无限的、无始无终的。正如恩格斯所说的：

＊ 本节原来的标题是《马克思时空观新论》，原载《哲学研究》1996（3）。
① 列宁选集：第 2 卷．北京：人民出版社，2012：137．
② 列宁选集：第 2 卷．北京：人民出版社，2012：137．

时间上的永恒性、空间上的无限性，本来就是，而且按照简单的字义也是：**没有一个**方向是有终点的，不论是向前或向后，向上或向下，向左或向右。①

必须看到，这一时空理论的提出是有历史意义的，它体现了现代唯物主义者力图克服传统哲学的时空理论所存在的种种问题。首先，强调时空与运动着的物质的不可分离性是针对牛顿的"绝对时空观"而言的。牛顿把时间理解为与物质运动无关的、均匀地流逝着的持续性，把空间理解为与物质运动相分离的空框架，这就否定了时空与运动着的物质之间的内在联系。事实上，物理学本身的发展也告诉我们，牛顿的时空理论后来被爱因斯坦超越。其次，强调时空的客观性是针对康德、马赫把时空主观化而言的。康德把时空理解为感性直观的先天形式，马赫把时空理解为整理感觉材料的工具，其共同点是夸大了时空的主观特征。最后，强调时空的无限性是针对黑格尔、杜林等人的时空观而言的。黑格尔认为，自然界的发展是在空间之内、时间之外的；杜林则认为世界在时间上是有开端的、在空间上是有界限的。归根到底，他们否定了下面这一点，即不管物质运动处在何种状态中，时空总是它的存在形式。

从上面的论述可以看出，虽然这一时空理论在某些方面克服了传统哲学的时空理论的局限性，但从总体上看，它仍然没有超越传统的时空理论的基本思路和问题框架。我们的主要理由如下：

其一，从物质（及其具体表现形态——实体、事物）和运动出发来阐述时空理论是传统哲学的基本思路。从亚里士多德的《物理学》到近代的经验论、唯理论和 18 世纪的法国唯物主义哲学，再到黑格尔的《自然哲学》和费尔巴哈的《关于哲学改造的临时纲要》，都是从这样的思路出发来探讨时空问题的。比如，费尔巴哈说过：

空间和时间是一切实体的存在形式。只有在空间和时间内的存在才是存在。②

恩格斯在反驳杜林时，就几乎一字不差地重述过费尔巴哈的上述见解；列宁在《唯物主义和经验批判主义》一书中也以完全肯定的口吻引

---

① 恩格斯．反杜林论．北京：人民出版社，1970：46-47.
② 费尔巴哈哲学著作选集：上卷．北京：商务印书馆，1984：109.

证过费尔巴哈关于时空问题的见解。这样就产生一个问题：马克思的时空理论与旧哲学，尤其是与旧唯物主义的时空理论究竟有何本质差异？

其二，在强调时空的客观实在性时，走向另一个极端，即完全撇开了来自人、人的经验和人的实践活动方面的主观性因素，从而把时空绝对化、抽象化了。列宁说：

> 在人和人的经验出现**以前**，自然界就存**于**以百万年计算的**时间中**……①

这就告诉我们，不管人的实践活动如何改变外部世界，都不会影响均匀地流逝着的时间，甚至在人类尚未存在之前，外部世界已处在时间和空间的计量之中。这里的困难在于，从语言的现实性方面来考察，"客观的"（objective）这个词永远是相对于另一个词"主观的"（subjective）而言的，也就是说，一旦撇开"主观的"方面，"客观的"方面也就自行消失了。所以人们必须记住，当他们谈论"客观性"的时候，不但不可能撇开主观性，反而恰恰认可了主观性的存在。而"主观的"在这里指的正是人、人的经验和人的实践活动。也就是说，当我们强调时空具有客观实在性的时候，实际上已认可了时空必然蕴含着的主观方面的因素。康德和马赫的时空观的错误不在于他们强调时空的主观维度，而在于他们或者过分地夸大了这一点，或者只是从静观的角度来理解主观维度的作用，未把它理解为一种实践活动。实际上，只有结合主观方面，尤其是人的实践活动来探讨时空理论，这一理论才不会被绝对化和抽象化。人所共知，爱因斯坦能突破牛顿的"绝对时空观"，创立相对论，在相当程度上得益于马赫的时空理论所提供的启示。所以，完全撇开主观方面的因素去论证时空的客观性，不仅在语言的使用上是矛盾的，而且必然会把时空概念绝对化和僵化。

其三，这种与人的活动相分离的时空观由于始终是以抽象的物质或作为这种物质的总和的抽象的自然界作为载体的，所以它必定是超社会历史的。换言之，它既不可能历史地显示出不同社会形态中的时空概念内涵上的差异性，也不可能深刻地揭示出资本主义社会形态中时空学说的特定的社会历史内涵及它与价值、自由、社会革命等重大理论问题之间的内在联系。这种抽象的时空观只能导致对物质、运动、时空、规律

---

① 列宁选集：第2卷．北京：人民出版社，2012：140.

的超历史的叙述。①

　　总之，这种时空观由于未能对旧唯物主义的时空观的理论前提做出彻底的批判和清理，即只注意从方法论出发去克服传统的时空观的机械性，却未对传统时空观的抽象的载体（即与人的实践活动相分离的抽象的物质）进行根本性的改造，这就把马克思的富于创新意识的时空理论安放到旧唯物主义的基础上去了，从而掩蔽了马克思在时空理论上的划时代的变革的根本意义。

当代西方学者对马克思时空观的新探索

　　要重新认识马克思的时空观，就有必要从当代学者关于时空问题的研究中获得一些启示。从 19 世纪下半叶，尤其是 20 世纪初以来，不少理论家如柏格森、胡塞尔、塞缪尔、海德格尔、萨特、布洛赫、布罗代尔、普里戈金、皮亚杰等，对时空理论特别是时间理论进行了新的探索。尤其是海德格尔和作为年鉴学派代表人物的布罗代尔的时间理论对当代的马克思哲学的研究者产生了一定的影响，促使他们重视马克思的时间理论并力图对它做出新的说明。在这些研究者中，我们至少可以列举出以下三位。

　　一是马尔库塞。作为海德格尔的学生，马尔库塞在对现代资本主义社会进行批判性的考察时，十分注重时间问题。他以马克思的时间理论为依据，把现代人的日常生活的时间分为两个部分：一是劳动时间（Arbeitszeit），即现代人为了生活必须付出的时间；二是自由时间（Freizeit），即现代人在工作之余可以自由地加以支配的闲暇时间。他这样写道：

　　　　自由的第一个的前提就是缩短劳动时间，使得纯粹的劳动时间量不再阻止人类的发展。②

　　这段话表明，马尔库塞不仅领悟了马克思在阐述其经济学理论时提出的时间学说的哲学意义，而且理解了马克思的自由学说与时间学说之间的内在联系。通过对现代资本主义社会中越来越扩大化的自动化现象

　　① 俞吾金. 马克思物质观新探. 复旦学报（社会科学版），1995（6）.

　　② H. Marcuse. *Triebstrukur und Gesellschaft*. Frankfurt a. M.：Suhrkamp Verlag，1970：152.

的分析，马尔库塞认为，自动化有可能把作为现存文明基础的自由时间与劳动时间的关系颠倒过来，即有可能使劳动时间降到最低限度，而使自由时间成为主导性的时间，其结果将是对各种价值做彻底的重估。他这样写道：

> 在摆脱了统治的要求之后，劳动时间和劳动能量在量上的减少将使人的生存发生质的变化：决定人的生存内容的，不是劳动时间，而是自由时间。①

尽管马尔库塞谴责了现代文明社会中充斥着的种种异化的现象（这种现象甚至体现在对人的自由时间的操纵之中），但他仍然认为，科学技术的发展和劳动时间的缩短为现代人获得更多的自由准备了客观的条件。当然，在马尔库塞看来，唤醒这种自由意识必须借助于他所倡导的社会批判理论。

二是阿尔都塞。他按年鉴学派的思路提出了"历史时间"（historical time）的概念。首先，他批评了黑格尔对历史时间的理解。在黑格尔那里，总体是莱布尼茨意义上的精神的总体，其中所有的部分都不过是精神的显现。所以，一方面，他从纵向上把历史时间理解为同质的连续性，看不到在不同的历史阶段上时间的差异性；另一方面，他又从横向上把历史时间理解为无差别的同时性，看不到总体各部分在时间上的特殊性。其次，他批评了以布罗代尔为代表的历史学家对历史时间的理解。由于他们无批判地接受了黑格尔的总体概念，所以虽然他们观察到在历史上存在着不同状态的时间，并提出了"长时段"（long times）、"中时段"（medium times）和"短时段"（short times）的概念，但并没有从哲学的高度上建立新的时间学说。阿尔都塞认为，关键在于要回到马克思的总体概念，因为"马克思的历史时间概念是以其社会总体概念为基础的"②。在马克思那里，总体是社会总体，是分成不同层次和部分的结构性的总体。由于生产方式的差异，不同形态的社会发展阶段的总体之间存在着重大的差异，因而从纵向上看，它们的时间概念是有质的差异的；另外，由于总体结构的各个部分不能像黑格尔的总体概念

---

① H. Marcuse. *Triebstrukur und Gesellschaft*. Frankfurt a. M.：Suhrkamp Verlag，1970：218.

② L. Althusser. *Reading Capital*. New York：New Left Books，1970：97.

那样还原为某个东西，所以从横向上看，总体中的不同的部分也拥有不同的时间。如"政治时间""经济生产时间""科学时间""艺术时间""哲学史时间"等等。① 总之，马克思的历史时间是复杂的、非线性的，不能按照传统哲学的思路把它理解为日常生活中的均匀流逝的时间。

三是古尔德。她在研究马克思的《大纲》（即《1857—1858 年经济学手稿》）中的劳动本体论思想时，提出了马克思关于"时间辩证法"（the dialectic of time）的学说。这一学说主要包含两方面的内容。一方面，她指出：

> 对于马克思来说，劳动是时间的起源——既是人类时间意识的起源，又是对时间进行客观的测量的起源。②

换言之，正是劳动创造了时间并把它引入到世界之中。古尔德认为，马克思的时间观念与康德的时间观念有相近之处，即都是从人的活动出发的，但康德赖以出发的是意识的活动，而马克思则是从现实的劳动出发的。至于海德格尔，虽然从"此在本身"（Dasein itself）的活动出发去论述时间，但他"并没有把时间化的此在的活动理解为对象化的活动，理解为改变自然的社会活动"③。这正是他的时间学说与马克思的时间学说在根基处的差异。另一方面，她又指出：

> 马克思进一步表明，作为测量方式的时间的运用在历史上是不同的。因此，对于他来说，在不同的社会发展阶段，时间本身在质上是不同的。④

在前资本主义阶段，劳动不是按照时间来测量的，而是按照物品的使用价值的差异来测量的；只有在马克思提到的社会发展的第二个阶段，即资本主义阶段，"时间作为劳动的测量工具的可能性才产生出来"⑤。在这个阶段，商品的价值是由生产它的社会必要劳动时间来决定的。于是，总的劳动时间就被划分为两个部分：一是必要劳动时间，二是剩余劳动时间。技术的开发相应地缩短了必要劳动时间，增加了剩

---

① L. Althusser. *Reading Capital*. New York：New Left Books，1970：101.
② C. C. Gould. *Marx's Social Ontology*. Boston：The MIT Press，1978：41.
③ C. C. Gould. *Marx's Social Ontology*. Boston：The MIT Press，1978：62.
④ C. C. Gould. *Marx's Social Ontology*. Boston：The MIT Press，1978：64.
⑤ C. C. Gould. *Marx's Social Ontology*. Boston：The MIT Press，1978：64.

余劳动时间，从而使资本可以攫取更多的剩余价值。而在社会发展的第三个阶段，即在马克思所描绘的共产主义社会中，不是别的东西，而是"自由时间或个体自由发展的时间成了对富有的一种测量"①。

从上面的论述可以看出，以马尔库塞、阿尔都塞和古尔德为代表的一些研究者对马克思的时间学说进行了新的探索，其特征是：第一，不是从抽象的物质，而是从人类的劳动出发来论述马克思的时间理论；第二，意识到了马克思的时间学说与生存、价值、自由之间的内在联系；第三，注意到了处在不同社会形态中的社会总体及其总体的各个部分在时间上的质的差异性。这些探索的不足之处在于：第一，未把马克思的时空理论作为其哲学的基本理论进行系统的、专题的研究；第二，只重视马克思的时间理论，忽视了对他的空间理论及时空关系理论的研究；第三，既未对传统哲学教科书中的时空理论进行深刻的反思，也未对马克思时空学说的本质特征和划时代的意义做出明确的说明。

对马克思时空观的重新考察

现在，让我们跳出传统的哲学教科书的框架，重新反观马克思的时空学说。从历史的眼光来看，马克思的时空学说的发展可以划分为两个阶段：第一阶段以他的博士论文为代表，主要是从哲学上来阐述其时空学说；第二阶段以《大纲》和《资本论》为代表，主要从经济学出发来表述其时空学说。不幸的是，这两个阶段都为研究者们所忽视。人们之所以忽视第一个阶段，理由是在写作博士论文时马克思的思想尚未成熟；人们之所以忽视第二个阶段，理由是马克思的《大纲》和《资本论》表达的仅仅是经济学意义上的时空学说。这充分表明，人们对马克思的时空学说还存在许多误解，亟须加以廓清。

下面我们先来探讨马克思第一阶段的时空学说。青年马克思在阅读黑格尔的《哲学全书》时写下了《自然哲学提纲》（有三个不同的方案）。比如，在第一方案中，他写下了"**空间。即时的连续性……**""**时间。即时的不连续性……**""**空间和时间的即时的统一……**"等语句②。这些语句都是对黑格尔时空见解的摘取，是马克思在研究原子论哲学时用作参考的。在马克思看来，原子论哲学家与黑格尔的一个重要的区别

---

① C. C. Gould. *Marx's Social Ontology*. Boston：The MIT Press，1978：68.
② 马克思恩格斯全集：第 40 卷．北京：人民出版社，1982：176 - 177.

是：后者是从抽象物质出发来论述时空问题的，而前者则认为，"只有从物质中抽掉时间的成分，物质才是永恒的和独立的"①。在这一点上，原子论哲学家德谟克利特和伊壁鸠鲁是一致的，但在规定脱离了原子（物质）世界的时间的方式和归属上，他们又是不同的。

德谟克利特的学说把时间从原子世界（即本质世界）中排除出去后，时间被导入到两个不同的领域中去了。一是实体世界，它认为实体是在时间中生成的，"但它却没有看到，当它把实体当成有时间的东西时，它同时也就把时间实体化了，因而也就取消了时间的概念，因为绝对化了的时间已经不复是时间性的东西了"②。
二是自我意识。正如马克思所说：

> 从本质世界中排除掉的时间，被移置到进行哲学思考的主体的自我意识中去，而与世界本身毫不相干了。③

但伊壁鸠鲁却不是这样，"从本质世界中排除掉的**时间**，在他看来，就成为**现象的绝对形式**。时间被规定为偶性之偶性"④。而现象是与人的感性知觉联系在一起的，所以，"当被感官知觉到的物体的偶性被认为是偶性时，时间就发生了。因此自身反映的感性知觉在这里就是时间的源泉和时间本身"⑤。在马克思看来，感性和时间的联系表现在：

> **事物的时间性和事物对感官的显现，被设定为本身同一的东西。**⑥

在博士论文中，马克思虽然没有辟出专门的篇幅来讨论空间问题，但认为空间也是与感性联系在一起的，所以有"感性的空间"⑦ 的提法。

这些论述既包含着马克思对伊壁鸠鲁的时空学说的描述，也包含着他自己对时空理论的理解。总的说来，马克思既反对从抽象物质、从实

————————

① 马克思恩格斯全集：第 40 卷．北京：人民出版社，1982：229.
② 马克思恩格斯全集：第 40 卷．北京：人民出版社，1982：230.
③ 马克思恩格斯全集：第 40 卷．北京：人民出版社，1982：230.
④ 马克思恩格斯全集：第 40 卷．北京：人民出版社，1982：230.
⑤ 马克思恩格斯全集：第 40 卷．北京：人民出版社，1982：232.
⑥ 马克思恩格斯全集：第 40 卷．北京：人民出版社，1982：233.
⑦ 马克思恩格斯全集：第 40 卷．北京：人民出版社，1982：218.

体出发去讨论时空问题，也反对把时空问题自我意识化、纯粹主观化。在马克思看来，时空是现象的纯粹形式，而现象又是相对于感性而言的，所以，感性才是时空的源泉，才是解开时空尤其是时间之谜的真正的线索。由此可见，青年马克思的时空学说深受康德的影响，但这一学说与康德的时空学说的区别也初见端倪。后者把时空理解为先天的感性直观的纯粹形式，前者则从后天的感性（即感官知觉）出发去理解时空。

众所周知，与伊壁鸠鲁一样，费尔巴哈崇尚的也是感性原则，他的哲学曾对青年马克思的思想发展产生过一定的影响。但通过对现实的物质利益问题的关注和对国民经济学的钻研，马克思又超越了费尔巴哈，并对感性做出了新的解释：

> 费尔巴哈不满意**抽象的思维**而喜欢**直观**；但是他把感性不是看做**实践的**、人的感性的活动。①

也就是说，成熟时期的马克思已不再把感性理解为人对外部世界的静态的感知，而是理解为人改造外部世界的实践活动，而这种活动的最基本的形式则是生产劳动。所以，要理解马克思第二个阶段的时空理论，必须明白这一点，即他在这个阶段中虽然已把生产劳动作为时空的源泉，但这一思想与他早期以感性作为时空的源泉的想法是有内在联系的。

下面，我们再来探讨马克思第二个阶段的时空学说。其要义如下：

第一，从生产劳动出发来阐述时空问题。在生产劳动的视野里，传统哲学所论述的与人无关的、抽象的物质或超历史时代的实体和事物都立即转化为生产的基本要素（如生产原料、生产工具、生产过程的排泄物等等），从而显现为属人的存在物。在资本主义的生产方式中，物质的普遍存在方式是商品，而商品正是通过劳动来创造的，所以马克思说：

> 劳动是活的、塑造形象的火；是物的易逝性，物的暂时性，这种易逝性和暂时性表现为这些物通过活的时间而被赋予形式。②

也就是说，马克思从来不以超历史的、抽象的态度来谈论时空问

---

① 马克思恩格斯选集：第 1 卷 . 北京：人民出版社，2012：135.
② 马克思恩格斯全集：第 46 卷上册 . 北京：人民出版社，1979：331.

题，他是从考察人的生存实践活动，尤其是资本主义生产劳动出发来阐述自己的时空学说的。

第二，作为客观时间的"社会必要劳动时间"。商品作为物具有两重属性：一是使用价值，关系到具体劳动；二是交换价值，关系到抽象的人类劳动。资本主义生产的目的是交换价值，而作为交换价值基础的商品的价值的量恰恰是通过社会必要劳动时间来度量的：

> 社会必要劳动时间（gesellschaftlich notwendige Arbeitszeit）是在现有的社会正常的生产条件下，在社会平均的劳动熟练程度和劳动强度下制造某种使用价值所需要的劳动时间。①

社会必要劳动时间之所以是客观的，是因为它并不是由哪个商品生产者凭主观愿望决定的，而是在一定的历史条件下展示出来的。这种时间好比一种特殊的以太，它决定着一切"社会的物"（gesellschaftliche Dinge，即商品）在生活世界中的比重。从商品生产相交换的整个过程来看，时间可以划分为生产时间（创造价值）和流通时间（实现价值）两大部分，而生产时间又可进一步划分为必要劳动时间（维持劳动力再生产的时间）和剩余劳动时间（为资本家生产剩余价值的时间）这两个部分。从人格化的资本——资本家的角度来看，为了获取更多的剩余价值，一方面他要尽量地延长工人的必要劳动时间（或者是延长工作日，使之接近或达到工人的生理界限；或者是改进并发展技术，提高单位劳动时间的质量），另一方面他要努力改善交通，以缩短商品的流通时间。所以马克思说：

> 一切节约归根到底都是时间的节约。②

从雇佣劳动者的角度来看，其时间可以划分为两个部分：一是劳动时间，二是自由时间或闲暇时间。为了以真正的人的方式生存下去并发展自己，他们会努力争取缩短劳动时间，增加自由时间。而只要人们不抽象地谈论劳动者的自由，那么，正如马克思所指出的：

> 工作日的缩短是根本条件。③

---

① 马克思.资本论：第1卷.北京：人民出版社，1975：52.
② 马克思恩格斯全集：第46卷上册.北京：人民出版社，1979：120.
③ 马克思.资本论：第3卷.北京：人民出版社，1975：927.

当然，工作日的缩短也不是随意的，归根到底它受制于商品生产中的社会必要劳动时间。

第三，劳动中的空间观念。马克思说：

> 较多的工人在同一时间、同一空间（或者说同一劳动场所），为了生产同种商品，在同一资本家的指挥下工作，这在历史上和逻辑上都是资本主义生产的起点。①

为了获取更多的剩余价值，资本家也会千方百计地扩大生产的空间，而要这样做，协作就是一种最常见的手段，这是因为：

> 一方面，协作可以扩大劳动的空间范围……另一方面，协作可以与生产规模相比相对地在空间上缩小生产领域。②

这是就生产而言的，就流通而言，"资本按其本性来说，力求超越一切空间界限"③。而这种超越主要是通过发展交通工具来实现的。

第四，时间是空间的本质。马克思说：

> **时间**实际上是人的积极存在，它不仅是人的生命的尺度，而且是人的发展的空间。④

也就是说，相对于人类的生存实践活动而言，时间比空间具有更为重要的意义。事实上，人类的科学、艺术和其他公共生活的发展都是在社会的自由时间中展开的，而"社会的自由时间是以通过强制劳动吸收工人的时间为基础的，这样，工人就丧失了精神发展所必需的空间，因为时间就是这种空间"⑤。在这个意义上可以说，资本主义财富的积累和发展正是以窃取劳动者的时间为前提的，所以马克思写道：

> **现今财富的基础是盗窃他人的劳动时间……⑥**

马克思还认为，资本就其不断增殖的本性而言，它力求超越一切空间界限，因此，它会努力创造各种物质条件（如发展运输工具），"用时

---

① 马克思 . 资本论：第1卷 . 北京：人民出版社，1975：358.
② 马克思 . 资本论：第1卷 . 北京：人民出版社，1975：365.
③ 马克思恩格斯全集：第46卷下册 . 北京：人民出版社，1980：16.
④ 马克思恩格斯全集：第47卷 . 北京：人民出版社，1979：532.
⑤ 马克思恩格斯全集：第47卷 . 北京：人民出版社，1979：344.
⑥ 马克思恩格斯全集：第46卷下册 . 北京：人民出版社，1980：218.

间去消灭空间"①。这里的"消灭"当然并不是不要空间，只是表明资本将通过缩短时间的方式减少空间上的某种障碍。总之，在马克思看来，时间是空间的真理。

第五，关于社会形态时空理论的暗示。马克思认为，社会历史的发展可以划分为以下三大形态：第一个形态以人的自然的依赖关系为特征，第二个形态以物的依赖性为基础，第三个形态以个人的全面发展为前提。在这三大社会形态中，时间和空间都是在相应的劳动方式中展现出来的。在第一个形态中，空间（交换的范围）是非常狭小的，至多也只是地方性的，时间的节奏也是十分缓慢的，但"最原始的物物交换形式是以劳动作为商品实体和劳动时间作为商品尺度为前提的"②。在第二个形态中，空间被大大拓展了，正如马克思所说：

> 美洲和环绕非洲的航路的发现，给新兴的资产阶级开辟了新的活动场所。③

在世界变得越来越小的同时，时间的节奏也变得越来越快了。社会必要劳动时间成了衡量一切社会的物的价值的标准。毫无疑问，在第三个形态中，由于科学技术的高度发展，空间将通过时间的媒介而进一步被拓宽，时间的重要性也将进一步显现出来，正像马克思所预言的：

> 时间的节约，以及劳动时间在不同的生产部门之间有计划的分配，在共同生产的基础上仍然是首要的经济规律。这甚至在更加高得多的程度上成为规律。④

马克思还指出：

> 那时，财富的尺度决不再是劳动时间，而是可以自由支配的时间。⑤

上面，我们非常简要地论述了马克思时空学说发展的两个不同的阶段。马克思第一个阶段的时空学说虽然是不成熟的，但已显示出他考察

---

① 马克思恩格斯全集：第46卷下册．北京：人民出版社，1980：33．
② 马克思恩格斯全集：第46卷上册．北京：人民出版社，1979：154．
③ 马克思恩格斯全集：第4卷．北京：人民出版社，1958：467．
④ 马克思恩格斯全集：第46卷上册．北京：人民出版社，1979：120．
⑤ 马克思恩格斯全集：第46卷下册．北京：人民出版社，1980：222．

时空问题的独特的思路，即他既不把时空理解为纯粹主观的意念，也不把时空理解为完全与人的意识和实践活动相分离的纯粹实体性的东西，而是从主客体统一的角度出发去思考并论述时空问题的。所以，他以批判的方式接受了伊壁鸠鲁的思想，把主客体统一的感性理解为时空的源泉。正如我们在前面已经指出过的那样，这一点之所以特别重要，是因为作为马克思第二个阶段的时空学说源泉的生产劳动概念正是从感性概念发展出来的。在这个意义上可以说，不读博士论文，就找不到正确理解马克思时空学说的入口。同样地，不读《大纲》和《资本论》，也就找不到正确地理解马克思的时空学说实质的道路。

马克思时空观的基本特征和划时代的意义

毋庸讳言，真正能代表马克思的时空观的，是他在《大纲》《资本论》等成熟时期的著作中表达出来的时空理论，即我们在上面所说的第二个阶段的时空理论。下面，我们主要考察马克思在这一个阶段中的时空理论的基本特征和重大意义。

马克思时空观的基本特征如下：

第一，虽然马克思的时空观主要是在其经济学著作中表述出来的，但却不应当局限在经济学的范围内去理解他的这一理论。事实上，马克思的时空观始终保持着哲学的高度。比如，马克思说：

> **时间**实际上是人的积极存在，它不仅是人的生命的尺度，而且是人的发展的空间。①

又说：

> 从整个社会来说，创造**可以自由支配的时间**，也就是创造产生科学、艺术等等的时间。②

像这样的论述还可以找出许多。谁都不会怀疑，这些论述已逸出单纯经济学研究的范围，显示出独特的哲学的眼光。总之，不应当把马克思的时空观理解为经济领域中的实证性的理论，而应当理解为哲学理论。

---

① 马克思恩格斯全集：第 47 卷．北京：人民出版社，1979：532.
② 马克思恩格斯全集：第 46 卷上册．北京：人民出版社，1979：381.

第二，马克思不是从传统哲学的时空框架出发引申出实践概念的，相反，是从人的实践活动，特别是这一活动的基本形式——生产劳动出发引申出时空概念的。所以，马克思的时空观以生存实践活动为轴心，显示出人活动于其中的世界的整体图景。但是，传统的哲学教科书却在辩证唯物主义部分撇开人的实践活动，从所谓自己运动着的物质世界或自然界本身出发去阐述马克思的时空观，形成所谓"自然时-空"，这就把马克思的时空观二元化了。因为它蕴含着这样的意思，似乎在以社会历史为研究对象的历史唯物主义部分还有另一种时空观。应当指出，马克思是从资本主义社会所特有的历史性出发来探讨一切问题的，所以在他看来，在这种社会形式中，"个人只有作为交换价值的生产者才能存在，而这种情况就已经包含着对个人的自然存在的完全否定，因而个人完全是由社会所决定的"①。实际上，在马克思那里，并不存在一种与人的实践活动相脱离的"自然时-空"，因为现实的自然界只能是被人的社会实践活动中介的自然界。②

第三，马克思并不是超越一切历史条件，以形而上学的方式来谈论时空问题的，而是始终把这一问题放在资本主义社会这一特定的社会历史条件下来进行考察的。因此，马克思并不像传统的哲学教科书所设想的那样，是从抽象的物质和运动出发来讨论时空问题的，即满足于奢谈"物质—运动—时空—规律"的形而上学公式，而是从上述历史条件出发来讨论时空问题的。马克思一开始就意识到了这一历史条件与时间之间的内在联系：

> 一般说来，雇佣劳动只有在生产力已经很发展，能够把相当数量的时间游离出来的时候，才会出现；这种游离在这里已经是一种历史的产物。③

在资本主义的历史条件下，抽象的物质消失了，取代它的是庞大的商品堆积，这样，马克思把时空观的讨论置于全新的哲学背景之下，即"物（商品＝社会的物）— 价值（商品的社会存在＝交换价值）— 时空（体现商品价值量的社会必要劳动时间、时间作为空间的真理）—自由

---

① 马克思恩格斯全集：第 46 卷上册．北京：人民出版社，1979：200.
② 俞吾金．论两种不同的历史唯物主义概念．中国社会科学，1995（6）.
③ 马克思恩格斯全集：第 46 卷下册．北京：人民出版社，1980：147.

（缩短工作日，增加自由时间和空间）—社会革命（其第一个行动就是要求缩短工作日，其最终目的是为每个个人的全面发展提供自由的时间和空间）"。于是，传统哲学的时空观的抽象的、形而上学的特征被扬弃，它的社会历史内涵被充分地显示出来了。

第四，正是从对资本主义历史条件下的时空观的考察出发，马克思形成了社会形态时空观，强调在三大社会形态中，时空概念有着质的差异。在第一个社会形态，即前商品经济社会中，时间和空间都是非常狭隘的，商品的价值是以劳动时间为尺度的；在第二个社会形态，即商品经济社会中，由于新航路和新世界的发现，时间和空间都有了巨大的扩展，商品的价值是以社会必要劳动时间为尺度的；在第三个社会形态，即后商品经济社会（也就是马克思所说的共产主义社会）中，时间和空间都无限地扩大化了。由于商品经济已被扬弃，那时财富的尺度将不再是劳动时间，而是人们自由支配的时间。

第五，马克思的时空观并不在时间概念和空间概念上平均发力，而是从人的生命的根本追求出发，始终把考察的重点放在时间概念上。他说：

> 节约劳动时间等于增加自由时间，即增加使个人得到充分发展的时间……①

马克思还从对历史性的强调出发，把时间看作空间的真理，而这些重要的观点在传统的哲学教科书中并未体现出来。

在论述了马克思时空观的基本特征后，我们再来分析它的意义：

首先，马克思的时空观从根本上超越了传统哲学或者从抽象的物质和运动出发，或者从纯粹主观感受和意识出发来讨论时间、空间概念的做法，而是把全部讨论置于人类实践活动的基本形式——生产劳动的基础上。应该承认，这是时间、空间概念发展史上的一场划时代的革命。就其实质而言，马克思以前的哲学家主要是在宇宙起源论或自然哲学的基础上来谈论时间、空间问题的，而马克思则是从社会存在本体论或实践唯物主义的基础上来谈论时间、空间问题的。遗憾的是，传统的哲学教科书正是站在前马克思的立场上来解释马克思的时空观的，这就把马克思在时空观上的划时代的贡献掩蔽起来了。

其次，不领悟马克思的时空观，就不可能真正进入其实践唯物主义

---

① 马克思恩格斯全集：第46卷下册．北京：人民出版社，1980：225．

的场域。在传统哲学教科书体系的改革中，越来越多的人跳出了"辩证唯物主义和历史唯物主义"的框架，主张把马克思哲学理解为"实践唯物主义"，并且努力按新的方式来重建马克思哲学体系的架构。但他们在这样做的时候，却从未考虑到应对传统哲学教科书中所叙述的马克思的时空观做出新的反思。在马克思那里，实践不光是自然观、物质观、认识论、方法论等的基础，也是时间、空间概念的基础。如前所述，马克思的时空概念是直接与价值、自由、社会革命这样的问题关联在一起的。换言之，马克思实践唯物主义的丰富内涵正是借助于其特定的时空观展示出来的，所以，只有在时空观上彻底摆脱传统哲学教科书的束缚，进入马克思本人的时空观的视野中，才能真正进入实践唯物主义的原创性的场域中。

最后，马克思对不同社会形态中的时空概念的差异性的强调，为比较哲学文化的研究奠定了基础。马克思实际上创立了社会形态时空的新学说。按照这种新的学说，人类社会的发展表现为三大社会形态。不同文明区域的哲学文化只有在本质上从属于同一社会形态时，在其深层文化精神上才真正是同时代的，才具有可比性。在马克思以前的比较哲学文化研究中，由于人们忽视了对比较研究的前提——时空状态，特别是对时间状态的反思，所以这种研究还停留在前科学的水平上，即人们只满足于"形似"层面上的比较，而常常忽略了比较对象是否"神似"，即在深层文化精神上是否具有可比性。比如，人们常常对朱熹的"理"和黑格尔的"绝对精神"进行比较。乍看起来，这两个概念是相似的，实际上它们从属于完全不同的文化精神：前者从属于第一社会形态，在这一社会形态中，占主导地位的是以血缘关系为纽带、以宗法等级制度为基础的原始伦理精神；后者则从属于第二社会形态，在这一社会形态中，占主导地位的是以独立人格和法权关系为基础的启蒙精神。所以，"理"与"绝对精神"有着完全不同的深层文化内涵。在这个意义上可以说，只有深入领悟马克思的时空观，比较哲学文化的研究才能上升为科学。①

---

① 俞吾金．比较文化研究与社会形态时间//寻找新的价值坐标：世纪之交的哲学文化反思．上海：复旦大学出版社，1995.

第三节　实践观新议 *

在今天的理论界，有谁不把马克思哲学理解为实践哲学呢？又有谁在反驳别人的观点时不声称自己是站在实践哲学一边的呢？正因为马克思的实践概念遭到了普遍的误解和滥用，所以有必要正本清源，恢复其本真含义，从而走出理论上的某些误区。

两种不同的实践概念

在西方哲学史上，古希腊哲学家亚里士多德最早对人的活动的不同类型做出了思考。在《大伦理学》中，他批评了苏格拉底关于"美德就是知识"的著名观点，认为这一观点混淆了人类灵魂的两个不同的部分，从而也混淆了人的两种不同的活动类型。在他看来，人类的灵魂是由两个部分组成的：一个部分是理性，它涉及人的感觉、认识、理智和思辨，关系到人的制作、生产和技术方面的活动；另一个部分是非理性，它涉及人的激情、欲望和意志，关系到人的德性、伦理、正义和政治方面的活动。苏格拉底说的"美德"属于灵魂的非理性部分，而"知识"则属于灵魂的理性部分，这两者不能等同起来，与它们相对应的也是两种不同的活动类型。

在《尼各马可伦理学》中，亚里士多德明确地区分出人的活动的两种不同的类型：一种是"制作"（making），亦即人们生产、制造所需物品的活动，这种活动是受理智指导的，人们通过自己的理智来确定哪些东西是真的，哪些东西是假的；另一种是"行动"（acting or action），是受"实践的智慧"（practical wisdom）指导的，而"实践智慧关系到行动"[1]。"实践的智慧"告诉我们哪些是善的，哪些是恶的。亚里士多德强调：

---

* 本节原来的标题是《如何理解马克思的实践概念：兼答杨学功先生》，原载《哲学研究》2002（11）。

[1] R. McKeon. *The Basic Works of Aristotle*. New York：Random House，1941：1141b.

行动不是制作，制作也不是行动。①

由此可见，亚里士多德已经初步区分出作为生产劳动的活动和作为伦理、政治行动的活动。按照他的看法，只有后一种活动才是真正意义上的实践活动，因为在这种类型的活动中，活动者的意志是完全自由的，因而他必须承担与自己的活动相应的伦理的和政治方面的责任。正如《西方哲学英汉对照辞典》的作者所指出的：

> 按照这种比较，伦理行动（ethical actions）不同于技术上的操作（technological performances），它们是由于自身的缘故而被实施并被评价的。②

当然，在当时的历史条件下，这种区分还没有被亚里士多德用严谨的用语表达出来，而这种区分的重要意义也还没有充分地显示出来。

在亚氏之后，康德明确地区分了理性的两种主要类型：一种是"思辨理性"（die spekulative Vernunft），它关涉到自然必然性（我们通常称为自然规律）的概念，是在现象界的范围内展开的，其中起立法作用的是知性；另一种是"实践理性"（die praktische Vernunft），它关涉到自由概念，是在本体界的范围内展开的，其中起立法作用的则是善良意志。在康德看来，思辨理性涉及的是人与自然之间的关系，人通过自己的认识活动和技术发明活动去把握和利用自然的必然性；而实践理性涉及的则是人与人之间的关系，人通过建立伦理规范来追求并实现自己的自由。与亚里士多德相同的是，在比较严格的意义上，康德也只把后一种活动看作实践活动；与亚里士多德不同的是，康德以更明确的见解揭示了这两种活动之间的差异，并对与后一种活动直接相关的实践理性做出了高度评价：

> 人们完全不应该提出使纯粹实践理性隶属于思辨理性这样过分的要求，从而颠倒两者之间的次序，因为所有的旨趣归根到底都是实践的（alles Interesse zuletzt praktisch ist），甚至思辨理性的旨

---

① R. McKeon. *The Basic Works of Aristotle*. New York：Random House，1941：1140a.

② N. Bunnin，Jiyuan Yu. *Dictionary of Western Philosophy*. Beijing：People's Publishing House，2001：19.

趣也是有条件的，唯有在实践的应用中才是完满的。①

然而，康德意识到，在日常生活中，人们并没有按照他对于"思辨理性"和"实践理性"的严格区分来考察人的活动。人们不但像康德一样把以本体论为基础的、与自由相关的伦理和政治方面的活动称为"实践"，而且把康德所赞成的以认识论和技术主义为基础的、利用自然规律以改变和控制外部自然界的活动也称为"实践"。这样一来，就形成了两个不同的实践概念。

在《判断力批判》的导论中，康德这样写道：

> 但是，迄今为止，在不同原理和哲学的分类上应用这些术语时，流行着一种引人注目的误用：人们把遵循自然概念的实践（das Praktische nach Naturbegriffen）和遵循自由概念的实践（dem Praktischen nach dem Freiheitsbegriffe）认作同一个东西……②

在康德看来，绝不能把"遵循自然概念的实践"和"遵循自由概念的实践"混淆，因为这两种实践形式之间存在着根本性的差异。前者属于现象界，是在人的认识指导下的实践活动；后者属于本体界，是道德法则指导下的实践活动。正是在这种意义上，康德进一步指出：

> 假如规定因果性的概念是一个自然概念，那么这些原理就是技术地实践的（technisch-praktisch）；但如果它是一个自由的概念，那么这些原理就是道德地实践的（moralisch-praktisch）。③

也就是说，严格意义上的实践概念应当属于实践理性的范围，但流俗的见解把现象界范围内的活动也称为实践。这样一来，就不得不区分出两种不同意义的实践活动：一种是"遵循自然概念的实践"，亦即认识论和技术主义意义上的实践；另一种是"遵循自由概念的实践"，亦即本体论和伦理学意义上的实践。

要言之，我们不妨把前一种实践概念称为"认识论或技术主义解释

---

① I. Kant. *Kritik der praktischen Vernunft*. Frankfurt a. M.：Suhrkamp Verlag, 1989：252.

② I. Kant. *Kritik der Urteilskraft*. Frankfurt a. M.：Suhrkamp Verlag, 1989：78.

③ I. Kant. *Kritik der Urteilskraft*. Frankfurt a. M.：Suhrkamp Verlag, 1989：79.

框架内的实践概念"，把后一种实践概念称为"本体论或伦理学解释框架内的实践概念"。这样，借助对哲学史的考察，我们发现了两种不同的实践概念，而对这两种不同的实践概念的把握之所以重要，是因为它们为我们准确地理解马克思的实践概念奠定了基础。

马克思的实践概念的本真含义

与亚里士多德和康德比较起来，马克思具有更宽广的理论视野。他不但深入地研究了哲学、法学、数学、自然科学、政治学、伦理学和宗教学，而且深入地研究了国民经济学，并试图把所有这些知识的领域综合起来。他不赞成亚里士多德和康德关于实践概念的偏狭的观点，即把实践仅仅理解为伦理、政治等领域中的活动，而主张把经济领域和其他一切领域中的实际活动都理解为实践。在《关于费尔巴哈的提纲》一文中，马克思指出：

> 全部社会生活在本质上是**实践的**。凡是把理论引向神秘主义的神秘东西，都能在人的实践中以及对这种实践的理解中得到合理的解决。①

马克思把实践理解为全部社会生活的本质，但这样一来，他是否也像康德所批评的那样，把两种不同的实践概念混淆起来了呢？其实，马克思这样做是有自己的深意的。虽然马克思把康德哲学理解为"法国革命的**德国理论**"②，但在他看来，"康德只谈'善良意志'，哪怕这个善良意志毫无效果他也心安理得，他把这个善良意志的**实现**以及它与个人的需要和欲望之间的协调都推到**彼岸世界**"③。

马克思不赞成康德把此岸世界（现象界）与彼岸世界（本体界）割裂开来，从而也把两种不同的实践活动割裂开来。马克思认为，人的生活世界是统一的，人的实践活动也是统一的。

现在的问题是：在整个实践活动中，构成其统一之基础的究竟是哪一种实践形式呢？显而易见，在马克思看来是生产劳动。因为人们为了创造历史，必须能够生活；而为了生活，就要先解决衣、食、住等

---

① 马克思恩格斯选集：第1卷. 北京：人民出版社，2012：135 - 136.
② 马克思恩格斯全集：第1卷. 北京：人民出版社，1956：100.
③ 马克思恩格斯全集：第3卷. 北京：人民出版社，1960：211 - 212.

问题。

> 因此第一个历史活动就是生产满足这些需要的资料，即生产物质生活本身。①

在批判费尔巴哈的直观唯物主义的时候，马克思进一步指出：

> 这种活动、这种连续不断的感性劳动和创造、这种生产，是整个现存感性世界的非常深刻的基础，只要它哪怕只停顿一年，费尔巴哈就会看到，不仅在自然界将发生巨大的变化，而且整个人类世界以及他（费尔巴哈）的直观能力，甚至他本身的存在也就没有了。②

这就告诉我们，马克思是在生存论的本体论的基础上统一全部实践活动的。

如前所述，按照亚里士多德和康德的观点，制作或生产劳动属于"认识论解释框架内的实践概念"，而现在马克思把生产劳动理解为"本体论解释框架内的实践概念"，是不是把两种不同实践活动的内容掺杂在一起了？我们的回答是否定的。实际上，马克思的生产劳动概念同时蕴含着这两个不同的维度。当人们从人与自然界的关系的角度，即人改造、控制自然的角度去考察问题时，生产劳动就成了"认识论解释框架内的实践概念"；而当人们从人与人之间的生产关系乃至整个社会关系的角度，即人改造社会生活和政治制度的角度去考察问题时，生产劳动又成了"本体论解释框架内的实践概念"。

现在的关键在于，在考察马克思的生产劳动乃至整个实践活动的概念时，究竟认识论维度是根本性的，还是本体论维度是根本性的？马克思下面这段话为我们提供了重要的启示。他这样写道：

> 实际上和对**实践的**唯物主义者，即**共产主义者**说来，全部问题都在于使现存世界革命化，实际地反对和改变事物的现状。③

这段话告诉我们，马克思始终是在本体论的意义上谈论实践活动的。也就是说，在马克思的实践概念中，本体论维度是根本性的，认识

---

① 马克思恩格斯全集：第3卷. 北京：人民出版社，1960：31.
② 马克思恩格斯全集：第3卷. 北京：人民出版社，1960：50.
③ 马克思恩格斯全集：第3卷. 北京：人民出版社，1960：48.

论维度则是植根于本体论维度的。一旦人们撇开本体论维度，从单纯的认识论维度去理解并解释马克思的实践概念，尤其是他的生产劳动概念，必定会否弃马克思的实践概念的本真含义。

从上面的论述出发，我们可以把马克思实践概念的本真含义归纳为以下三点：第一，马克思实践哲学的本质是生存论的本体论，马克思实践概念本质上是"本体论解释框架内的实践概念"；第二，马克思扬弃了亚里士多德和康德关于两种实践的观念，把实践概念理解为一个涵盖人类全部社会生活的统一的概念，这样一来，人的各种活动就不再处在离散性的状态下；第三，正如斯宾诺莎把笛卡尔学说中的两个实体——思维和广延改造为上帝所具有的两个不同的属性一样，马克思也把亚里士多德和康德的两种实践的观念改造为同一个实践活动，尤其是生产劳动的两个不同的维度；第四，生产劳动构成马克思的实践概念中的基础性的层面，"这是一种特殊的以太，它决定着它里面显露出来的一切存在的比重"①。因此，对马克思的生产劳动概念首先应该从本体论而不是从认识论的角度加以把握。如果也需要从认识论的角度来理解马克思的实践概念的话，那么这种理解必须以马克思的生存论的本体论的维度作为自己的前提，否则就会迷失方向。

被误解了的马克思的实践概念

在某种意义上可以说，马克思的实践概念遭到了双重的误解：一种误解来自传统的马克思主义者，以及在他们思想的影响下编写出来的哲学教科书；另一种误解来自当代的某些马克思思想的研究者。

我们先来反思第一种误解。这种误解滥觞于马克思的某些理论上的追随者，而在关于马克思主义哲学的教科书中得到了充分的表现。这些理论上的追随者虽然对马克思哲学与西方传统哲学之间的关系缺乏认真的研究，但在思想方法上却深受西方哲学中两大潮流的影响。一是近代西方哲学中重认识论、方法论的潮流；二是由现代西方哲学家孔德所肇始的、拒斥形而上学（当然也包括形而上学的基础部分本体论）的实证主义潮流。

在这两大潮流的夹击下，一方面，本体论问题被悬置起来了。确切

---

① 马克思恩格斯全集：第 46 卷上册．北京：人民出版社，1979：44；K. Marx. *Grundrisse der Kritik der politischen Oekonomie*. Berlin：Dietz Verlag，1974：27.

地说，不管这些追随者是否愿意使用"本体论"这一术语，本体论承诺始终是存在的，而他们自觉地或不自觉地承诺的本体论正是亚里士多德、霍尔巴赫、费尔巴哈所主张的抽象物质的本体论。于是，在某些马克思主义哲学的教科书中，我们总是可以找到这样的见解：

> 世界是物质的世界，物质世界永远按照自己固有的规律运动着、发展着。这是辩证唯物主义世界观的出发点。①

其实，这正是对马克思的物质理论和本体论学说的误解。在《1844年经济学哲学手稿》中，马克思批评了自然科学研究中存在的那种"抽象物质的（abstrakt materielle）或者不如说是唯心主义的方向"②，并写道：

> 只有当物（die Sache）按人的方式同人发生关系时，我才能在实践上（praktisch）按人的方式同物发生关系。③

也就是说，马克思从来不像传统哲学家那样去谈论与人的实践活动相分离的抽象物质，马克思关注的是物质的具体样态——物在人的实践活动中与人之间的关系。在《关于费尔巴哈的提纲》一文中，马克思开宗明义地指出：

> 从前的一切唯物主义（包括费尔巴哈的唯物主义）的主要缺点是：对对象、现实、感性，只是从**客体**的或者直观的形式去理解，而不是把它们当做**感性的人的活动**，当做**实践**（Praxis）去理解，不是从主体方面去理解。④

在这里，马克思以更明确的口吻指出，应该从实践，而不是从传统哲学家所说的、与人的活动相分离的物质或事物出发看问题。这些论述清楚地表明，马克思的本体论绝不是被他的某些追随者误解的抽象物质的本体论，而是一种实践唯物主义，即生存论的本体论。事实上，正如我们在前面已经指出过的那样，在《德意志意识形态》一书中，马克思对自己的生存论的本体论做了全面的论述。

---

① 艾思奇．辩证唯物主义　历史唯物主义．北京：人民出版社，1978：29.
② 马克思恩格斯全集：第42卷．北京：人民出版社，1979：128.
③ 马克思恩格斯全集：第42卷．北京：人民出版社，1979：124.
④ 马克思恩格斯选集：第1卷．北京：人民出版社，2012：133.

另一方面，认识论以及在认识论的地平线上展开的方法论则成了这些追随者理解并解释马克思哲学，尤其是他的实践概念的根本的出发点。他们不但简单化地把整个马克思哲学归结为认识论，而且把其基础的和核心的概念——实践概念也完全纳入认识论解释框架。在这个解释框架内，实践成了马克思认识论的首要的、基本的观点。有的学者这样写道：

> 马克思主义哲学最显著的特点之一，就是它的实践性。认识是从实践中产生，随着实践的发展而发展的，它又转过来为实践服务，并在实践中得到检验和证明。人的认识一点也离不开实践，一切否认实践的重要性、企图使认识离开实践的观点，都是错误的。把实践作为认识的基础，强调认识对于实践的依赖关系，这是辩证唯物主义认识论同以前的一切认识论相区别的一个根本标志。马克思主义哲学第一次把实践引到认识论中来，从而科学地解决了认识论的一系列问题，克服了旧形而上学认识论的缺陷，彻底驳倒了唯心主义的认识论。①

这段耳熟能详的论述虽然充分肯定了实践概念在马克思哲学中的重要地位，但却把这种重要地位仅仅理解并归结到认识论的领域内。这样一来，马克思哲学革命的本体论维度和实践概念的本体论维度都被遮蔽起来了，马克思的实践概念成了单纯"认识论解释框架内的实践概念"。

同样地，当人们分析实践活动的基本形式——生产劳动时，也忽视了生产劳动所蕴含的根本性的、本体论的维度。事实上，只要本体论的眼光是缺席的，生产劳动和实践活动的其他形式一样，也就只具有认识论的意义。比如，有的学者在谈到生产劳动的作用时指出，它"给认识不断提供新的技术工具，加强了人的感官，帮助人们深入自然，揭示它的秘密"②。可见，在单纯认识论的眼光中，生产劳动只在它如何有利于人们认识自然、改造和控制自然的意义上得到肯定，而人们在生产中结成何种关系，这种关系如何异化，又如何通过政治革命和社会革命来改变这种关系等，就完全逸出了人们的视野。

我们再来反思另一种误解。如果说，马克思的某些理论上的追随者

---

① 艾思奇．辩证唯物主义　历史唯物主义．北京：人民出版社，1978：159.
② 艾思奇．辩证唯物主义　历史唯物主义．北京：人民出版社，1978：163.

和传统的哲学教科书从肯定意义上把马克思的实践概念误解为"认识论解释框架内的实践概念",那么,当代的某些马克思思想的研究者则从否定的意义上把它误解为"认识论解释框架内的实践概念"。我们可以借助于汉娜·阿伦特和哈贝马斯这两位学者的观点来剖析这种误解的具体表现形式。

深受海德格尔思想影响的阿伦特,试图通过对古希腊的某些见解,尤其是关于亚里士多德在《政治学》和《尼各马可伦理学》中关于人的活动的不同类型的见解的复归,对实践概念做出新的诠释。在她的名作《人的境况》中,她把人的活动分为三种基本的类型:一是"劳动"(labor),作为生命本身,它主要涉及人与自然之间的关系;二是"工作"(work),作为文化创造活动,它主要涉及人与人工世界之间的关系;三是"行动"(action),作为人们在一个共同体内进行的政治活动,主要涉及公共领域里人与人之间的实践关系。① 在阿伦特看来,在古代城邦社会中,公共领域里的行动是最重要的活动形式之一,但是,随着人类社会的发展,特别是现代社会的兴起和发展,劳动作为私人领域里的活动,其作用显得越来越重要,而在劳动这种活动形式逐步受到推崇的过程中,洛克、亚当·斯密,尤其是马克思起着极为重要的作用。她写道:

> 马克思的劳动哲学与 19 世纪进化和发展理论——个体生命过程从有机体生命的最低形式到人这种动物的出现及人类整体生命过程的历史发展的自然进化——的一致性是令人震惊的。②

而随着私人领域里的劳动的重要性的凸显,公共领域的行动这一活动方式也就衰弱下去了。按照阿伦特的观点,马克思主要是在劳动的层面上谈论人的活动。言下之意,他对工作和行动都缺乏重视。阿伦特对马克思的误解在于,她只是从人与自然的关系,即"认识论解释框架内的实践概念"的意义上来理解马克思的劳动概念,这就完全忽略了马克思的劳动概念,尤其是异化劳动概念中所蕴含的本体论维度。

阿伦特的见解也对哈贝马斯产生了重要的影响。哈贝马斯主要把人

---

① H. Arent. *Human Condition*. Chicago:The University of Chicago Press,1958:7.

② H. Arent. *Human Condition*. Chicago:The University of Chicago Press,1958:116.

的活动分为两种类型：一是"劳动"（Arbeit），二是"相互作用"（Interaktion）。他写道：

> 我的出发点是劳动和相互作用之间的根本区别。①

所谓劳动，也就是按照经验知识和技术规则进行的工具性的活动；所谓相互作用，也就是按照人们共同认可的规范、以符号为媒介的交往活动。哈贝马斯正是从这一根本区别出发去批评马克思的实践概念的。他指出：

> 马克思对相互作用和劳动的联系并没有做出真正的说明，而是在社会实践的一般标题下把相互作用归之为劳动，即把交往活动归之为工具活动。②

显然，哈贝马斯对马克思的实践概念的批评也是站不住脚的。正如我们在前面已经指出过的，在马克思那里，社会实践包括其基本形式——生产劳动在内，都具有认识论和本体论这两个不同的维度，而后一个维度则是根本性的。事实上，哈贝马斯在相互作用的概念下讨论的内容正体现在马克思的实践概念的本体论维度中。然而，哈贝马斯同阿伦特一样，只是从认识论的角度出发去理解马克思的实践概念③，必然导致对这一概念的误解。

从上面的分析可以看出，上述两种误解方式分别从肯定和否定的角度出发，把马克思的实践概念理解为单纯"认识论解释框架内的实践概念"，这样一来，马克思的实践概念的本体论维度被严严实实地遮蔽起来了。显而易见，如果人们对这方面的误解听之任之，不认真地加以清除，马克思的实践概念的本真含义也就始终在他们的视野之外。

---

① 哈贝马斯. 作为"意识形态"的技术与科学. 李黎，郭官义，译. 上海：学林出版社，1999：48-49.

② 哈贝马斯. 作为"意识形态"的技术与科学. 李黎，郭官义，译. 上海：学林出版社，1999：33.

③ 哈贝马斯在论述到马克思《关于费尔巴哈的提纲》的第一条的内容时，甚至评论道，这里"并没有人类学的意义，而是具有认识论的意义"（哈贝马斯. 认识与兴趣. 郭官义，李黎，译. 上海：学林出版社，1999：22）。实际上，当他从认识论角度出发去理解这第一条提纲时，也就完全丢失了马克思实践要领的本体论维度。

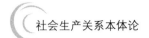

马克思的实践概念与人文关怀的内在联系

当人们把马克思哲学理解为实践哲学的时候，它所蕴含的人文关怀维度是不是必定会向理解者敞开呢？我们的回答是并不一定。正如我们在前面已经指出过的那样，人们一旦把马克思的实践概念理解为"认识论解释框架内的实践概念"，马克思哲学中的人文关怀的维度不但不会敞开，反而会被遮蔽起来。何以见得呢？我们不妨做些具体的分析。

其一，当人们把马克思的实践概念"囚禁"在认识论的牢笼中时，在本体论上就会出现空场，而这个空场通常是由抽象物质的本体论来填补的。既然抽象物质是与人的活动相分离的物质，那么，以这样的抽象物质为出发点的哲学，怎么可能重视具体的人呢？正如马克思所指出的：

> 非对象性的存在物是**非存在物**〔Unwesen〕。①

事实上，当一种哲学见解建立在与人的活动相分离的抽象物质上时，它是不可能向人文关怀的观念敞开的。马克思在批评崇拜抽象实体的机械运动的唯物主义者霍布斯时就曾说过：

> 唯物主义变得**敌视人了**。②

所以，人们一旦忽视了马克思的实践概念的本体论维度，马克思哲学的人文关怀的意蕴也就会自行封闭起来了。

其二，人们不但把马克思的实践概念"囚禁"在认识论的牢笼内，而且进一步把认识论圈定在辩证唯物主义的范围内。据说，历史唯物主义是研究人和社会的，辩证唯物主义则是研究与人和社会相分离的抽象的自然界的，既然如此，隶属于辩证唯物主义的认识论怎么可能去探讨人的问题，尤其是人与自然的关系呢？马克思说过：

> 被抽象地孤立地理解的、被固定为与人分离的**自然界**，对人说

---

① 马克思恩格斯全集：第42卷．北京：人民出版社，1979：168．
② 马克思恩格斯全集：第2卷．北京：人民出版社，1957：164．

来也是无。①

这种抽象自然的本体论的引入同样会把人文关怀的维度封闭起来。

其三，由于整个认识论是研究认识的起源和本质的，实践概念的内涵也势必被这一研究范围窄化，人们无法通过这个概念把人文关怀的全部内容都安顿到认识论中来。人们曾经以唐·吉诃德式的热情做过这样的尝试，即企图把人文关怀中的核心概念——自由引入认识论中来。苏联哲学家罗森塔尔和尤金主编的《简明哲学辞典》曾对自由概念做了如下论述：

> 自由并不在于想象中的脱离自然规律，而在于认识这些规律，并能够把它们用到实践活动中去……因此，只有在认识必然性的基础上才能有自由的活动。自由是被认识了的必然性。②

显然，这是一种前康德的哲学观点。其实，康德早就告诉我们，思辨理性和认识论关系到自然规律，而实践理性和本体论才与自由有关。换言之，自由只关系到社会规范及人与人之间的关系，不涉及人与自然之间的关系。如果认为认识了自然规律就进入了自由，那么科学家和技术家就是世界上最自由的人了。而对于康德来说，这种所谓自由"也就是一个旋转的烤肉叉式的自由，一旦人们给它上紧了发条，它就会自动地完成自己的运动"③。

其四，认识论的宗旨是通过实践的概念来凸显人的主体地位，从而达到认识自然、控制自然的目的。然而，当代科学技术的发展和生态环境的破坏表明，蕴含在认识论研究中的这一宗旨恰恰是与人文关怀相冲突的。只有自觉地置入生存论的本体论的视域，认识论才有可能反躬自省，限制主体的无限的欲望，并把自然理解为人的同伴，而不是千方百计地加以征服的对象。所以，对人文关怀的背离很可能已经潜伏在这种无节制的实践活动中。

一言以蔽之，只要人们停留在"认识论解释框架内的实践概念"

---

① 马克思恩格斯全集：第42卷．北京：人民出版社，1979：178．另参见俞吾金．抽象自然观的三种表现方式//实践诠释学：重新解读马克思哲学与一般哲学理论．昆明：云南人民出版社，2001：162-176。

② 罗森塔尔，尤金．简明哲学辞典．北京：三联书店，1973：171-172。

③ I. Kant. *Kritik der praktischen Vernunft*. Frankfurt a. M.：Suhrkamp Verlag, 1989：222.

上，马克思哲学中的人文关怀的维度就会自行封闭起来。事实上，只要看看苏联的哲学纪事和中国"文化大革命"结束前的哲学争论的主题，就会发现，人们把所谓"认识论（或认识论意义上的实践论）、辩证法（方法论）和逻辑的一致性问题"理解为马克思哲学的最根本的问题，而人文关怀的整个问题域，如人的尊严和自由、人的权利和责任、人的关系和异化等则被边缘化了，与此相应的是，本体论、政治哲学、伦理哲学、法哲学和宗教哲学方面的研究也被边缘化了。历史教训和理论省思一再启示我们，并不存在着把人们从"认识论解释框架内的实践概念"带向马克思的人文关怀学说的洛西南特。①

这就是说，我们必须把对马克思哲学，尤其是对他的实践概念的考察转移到本体论的立场上。但这种本体论既不是传统哲学中的世界本原论（实际上是宇宙起源论）或理性本体论，也不是抽象物质的本体论或抽象自然的本体论，而是马克思意义上的生存论的本体论。从这样的本体论出发，马克思的实践概念首先就是"本体论解释框架内的实践概念"，说得更确切些，就是"生存论的本体论解释框架内的实践概念"。基于这样的理解，人为了生存，必须从事生产，生产劳动是实践的基本形式。如果说，认识论引导人们从人与自然的关系（即人改造自然、控制自然）的角度去理解生产劳动，那么，本体论则引导人们从人与人之间的关系（即生产关系、制度约束、社会规范和人的自由等）的角度去理解生产劳动。正是在生存论的本体论的视域内，人文关怀的全部内容才会向我们敞开。在我们看来，认识论不但不能为本体论奠基，相反，只有生存论的本体论才能为认识论奠基。其实，只有当人们对抽象认识论进行解构，把全部认识理解为生存活动的展现方式的时候，认识论才不会再处在飘荡无根的状态下。

综上所述，在人人都在谈论实践概念，而马克思的实践概念又遭到普遍误解和滥用的情况下，从马克思的经典文本和历史经验出发，恢复这一概念的本真含义就成了一项亟待解决的理论任务。事实上，只有当人们走出单纯或抽象的认识论的解释框架，进入生存论的本体论的解释框架时，准确地理解马克思的实践概念才变得可能，而马克思人文关怀的全部内容也会自行向我们展现出来。

---

① 洛西南特为唐·吉诃德的坐骑。

第四节 异化观新见 *

异化是马克思一生理论思考中的一个基本概念。在马克思异化概念的发展中，存在着一个根本性的视角转换，即从青年马克思的"道德评价优先"转向成熟时期的马克思的"历史评价优先"，而这一视角转换的前提则是马克思创立的历史唯物主义理论。由于迄今为止出版的几乎所有的研究论著都没有觉察到这一实质性的视角转换，研究者们错误地把青年马克思的异化理论等同于马克思的整个异化理论，从而埋没了成熟时期的马克思的异化理论的重大价值。我们认为，唯有从历史唯物主义的基本理论出发，认真地解读成熟时期的马克思的著作，才能发现其异化概念发展中出现的这一视角转换，从而全面地、准确地把握马克思的异化概念以及它在整个马克思理论体系中的地位和作用。

"异化热"的兴起和消退

自从马克思的《1844年经济学哲学手稿》于1932年面世后，异化问题在西方理论界掀起了轩然大波。但是，随着法西斯主义的兴起和第二次世界大战的爆发，这个问题曾一度沉寂下来。战后，异化问题再度成为热门话题，并迅速地波及苏联和东欧诸国。当这股理论思潮蔓延到中国时，中国理论界正处在对过去的反思之中。顷刻之间，这个问题成了中国理论界的第一话题，相关的论著犹如雨后春笋般涌现出来。① 然而，时隔数年，"异化"这个词又突然神秘地从中国的理论话语中消失了，仿佛它从来就没有引起过人们的注意！如何解释这种忽冷忽热、大起大落的理论现象呢？我们认为，这种现象主要是由下面的原因引起的：

第一，一般说来，人们是以情绪化的态度来看待异化问题的。如果

---

 * 本节原来的标题是《从"道德评价优先"到历史评价优先：马克思异化理论发展中的视角转换》，原载《中国社会科学》2003（2）。

 ① 写到这里，不禁想起波兰学者亚当·沙夫的一句名言："如果异化已经成为时尚的东西，那么这并不意味着这一时尚本身得到了充分的解释。"（A. Schaff. *Alienation as A Social Phenomenon*. Oxford：Pergamon Press，1980：1）

说，科技和工业的迅速发展及战争的灾祸使西方人之间的关系越来越疏
离化，那么，战争的创伤等同样也使东方人之间的关系一度处于紧张
的、压抑的状态下。而"异化"似乎正是道出这种普遍的疏离感和压抑
感的哲学概念。在这个意义上，与其说"异化热"具有理论探索的性
质，不如说其具有情绪宣泄的特征。换言之，人们不是在理论上探索异
化，而只是在情绪上感受异化。无论是"异化热"的突然兴起，还是它
的迅速退潮，似乎都印证了这一点，即它仅仅是情绪上的"热"，而不
是真正的理论研究上的"热"。

第二，从根本上看，人们误解了马克思的异化概念的含义。① 或许
我们只要指出下面这一点就够了，即迄今为止已经发表的几乎所有的论
文都认为，马克思的异化概念主要指的是私有制背景下，尤其是资本主
义私有制背景下存在的种种消极的因素，马克思运用这个概念的目的是
从伦理上批判资本主义社会，表达他对这一社会的道德上的义愤。人们
几乎从来没有注意过，马克思是否也曾以积极的、肯定的方式理解并谈
论过异化现象。换言之，人们只是从道德评价的维度去理解并解释马克
思的异化概念，完全忽视了这一概念所蕴含的积极的、肯定性的历史评
价维度。② 事实上，在成熟时期的马克思那里，异化作为客观的历史现
象具有其积极的含义。由此可见，人们普遍地误解了马克思异化概念的
根本含义，这是肤浅的、情绪化的态度必然导致的结果。

第三，在相当程度上，人们忽视了异化概念在马克思的历史唯物主
义理论中的重要地位。正如匈牙利学者 M. 瓦依达所指出的：

> 如果我们要想在过去几十年所发表的"官方"马克思主义著作

---

① 美国学者 D. 贝尔在《关于异化的辩论》一文中认为："作为那些从马克思主义森林
中走出来的人们的朝山进香的一个阶段，异化的观念是可以理解的。作为一种理论上的探索，
它是虚假的。如果异化的概念要有什么意义的话，它必须不靠马克思的拐杖而能够自己站立
起来。"（陆梅林，程代熙. 异化问题：下册. 北京：文化艺术出版社，1986：1）

② 个别学者，如薛德震先生在其论文《驳在异化问题上所谓两个马克思对立的观点》
中曾经独具慧眼地指出："马克思作为唯物史观的创始人，他对于资本主义条件下的劳动异化
和人的本质的异化，并不只是停留于发泄道德学上的义愤，而是进而揭示了这种物化和异化
的历史必然性，指出它是人类社会发展的一定阶段，一方面是历史的进步，另一方面又是在
一定的狭隘的生产关系内个人之间自发的必然的联系。"（中国社会科学院哲学研究所《国内
哲学动态》编辑部. 人性、人道主义问题讨论集. 北京：人民出版社，1983：462）可惜的是，
薛德震先生没有沿着这个方向继续思考下去，并未提出一种系统的想法来纠正人们对马克思
的异化概念的根本性误解。

中去寻找马克思的异化概念，那将是徒劳的。马克思历史哲学的这个极为重要的范畴，甚至在总结马克思历史哲学体系的大量历史唯物主义教科书中都根本没有被提到。①

人们通常认为，青年马克思使用过异化概念，但当他创建了自己的学说——历史唯物主义后，这个概念也就被弃置不用了，即使马克思在成熟时期的著作中偶尔提到这个概念，它也只具有象征性的或边缘性的意义。② 按照这种流行的见解，异化概念似乎只是思想尚未成熟的青年马克思的专利，在历史唯物主义的理论中它不但没有实质性的地位，甚至完全可以不予涉及。显然，持有这种见解的人们没有深入地解读成熟时期的马克思的异化理论，并未对这一理论与历史唯物主义理论的内在联系做出认真的反思。

我们认为，以上三种原因既促成了"异化热"的迅速形成，也导致了"异化热"的突然消退。显然，唯有冷静的、深入的理论思索，而绝不是情绪化的态度，才能真正地揭示出隐藏在马克思异化概念中的谜团，从而对马克思的异化概念的含义、实质及它在历史唯物主义理论中的重要地位做出合理的说明。所以，在今天，当我们冒着可能被流俗的见解讥笑的风险，而独自面对马克思的异化概念这一冰点问题时，我们正是在偿清历史的宿债。换言之，我们不愿意让马克思理论中的一颗明珠长久地被尘埃覆盖。我们在这里提出的新观点是：

其一，马克思一生都在使用异化概念，这一概念的发展史大致可以划分为以下三个阶段。第一阶段主要包括马克思的博士论文（1840 年下半年到 1841 年 3 月）、《黑格尔法哲学批判》（1843 年夏天）、《论犹太人问题》（1843 年秋）、《〈黑格尔法哲学批判〉导言》（1843 年末到1844 年 1 月）、《詹姆斯·穆勒〈政治经济学原理〉一书摘要》（1844 年上半年）、《1844 年经济学哲学手稿》（1844 年 4—8 月）等著作。第二

---

① 陆梅林，程代熙. 异化问题：上册. 北京：文化艺术出版社，1986：378.

② 甚至像奥古斯特·科尔纽这样的学者也认为："由于对经济和社会关系进行深刻分析的结果，异化作为一个中心概念，越来越坚决地被实践这一基本概念所排挤和代替。"（科尔纽. 马克思恩格斯传：第 2 卷. 北京：三联书店，1965：232）毋庸讳言，科尔纽之所以得出这一错误的结论，是因为他没有觉察出马克思异化概念发展中的"视角转换"，也没有对成熟时期的马克思的异化理论（包括"拜物教"的理论）做出深刻的反思。而在这方面，卢卡奇的理论敏感性则远远地超越了他。

阶段主要包括《神圣家族》（1844 年 9—11 月）、《关于费尔巴哈的提纲》（1845 年春）、《德意志意识形态》（1845—1846）、《反克利盖的通告》（1846 年 5 月）、《哲学的贫困》（1847 年上半年）、《道德化的批评和批评化的道德》（1847 年 10 月底）、《共产党宣言》（1847 年 12 月—1848 年 1 月）等著作。第三阶段主要包括《1857—1858 年经济学手稿》、《1861—1863 年经济学手稿》、《剩余价值学述史》（1861—1863）和《资本论》（1867）等著作。

其二，在马克思异化概念的发展中，存在着一个根本性的"视角转换"。这一转换主要发生在上面提到的第二个阶段上。我们认为，青年马克思是从"道德评价优先"[①] 的视角出发去看待异化现象的，而成熟时期的马克思则是从"历史评价优先"的视角出发去看待异化现象的。这两个视角之间存在着根本性的差异。从前者看来，异化现象是消极的，应该从道德上加以谴责；从后者看来，异化现象在历史上的出现是客观的、必然的，应该从历史评价的维度上充分肯定其积极意义。从总体思路上看，前者从属于以抽象的人的本质为基础的、伦理意义上的共产主义或人道主义，后者则从属于以历史演化的客观必然性为基础的历史唯物主义。[②]

其三，异化概念在马克思的历史唯物主义理论中的地位不是象征性的、边缘性的，而是实质性的、基础性的。如果说，作为异化的特殊表现方式的"拜物教"揭开了传统的抽象物质观的神秘面纱，从而为人们接受历史唯物主义扫清了思想障碍，那么，异化的一般表现方式则揭示了人类社会发展的客观趋向，从而使作为历史唯物主义拱顶石的"三大社会形态"理论得以确立。

---

① 美国学者奥尔曼认为："我倾向于这样的见解，即马克思并没有一个伦理理论。"（B. Ollman. *Alienation: Marx's Conception of Man in Capitalist Society*. Cambridge: Cambridge University Press, 1976: 44）当然，退一万步说，即使马克思没有其独立的伦理理论，也并不妨碍他从伦理学维度出发进行思考和评价。事实上，正因为奥尔曼没有区分出马克思异化概念中存在的两个不同的视角，所以他的《异化：马克思关于资本主义社会中的人的概念》一书并没有提出实质性的新见解。

② 有的学者，如胡福明先生在《"异化劳动"理论初探》一文中指出："分清马克思早期著作中的异化思想与《资本论》中异化概念的不同性质，是很重要的。"（中国社会科学院哲学研究所《国内哲学动态》编辑部. 人性、人道主义问题讨论集. 北京：人民出版社，1983：440）这一见解无疑是重要的，但由于胡福明先生未意识到马克思异化概念发展中存在的这一"视角转换"，所以他的上述见解并没有得出实质性的研究成果。

马克思异化概念发展的第一个阶段

我们先来考察马克思异化概念发展的第一个阶段，亦即青年马克思的异化理论。众所周知，推动青年马克思思想发展的文化背景是异常丰富的：

一是黑格尔的思想。青年马克思在 1837 年 11 月给父亲的信中这样写道：

> 在患病期间，我从头到尾读了黑格尔的著作，也读了他大部分弟子的著作。①

事实上，从 1837 年起，马克思在柏林就加入了以布·鲍威尔为首的博士俱乐部，成了青年黑格尔派的一名重要成员。

二是费尔巴哈的人本学。1841 年，费尔巴哈的代表作《基督教的本质》出版后，在德国思想界掀起了轩然大波。正如戴维·麦克莱伦所指出的：

> 到 1843 年底，费尔巴哈的影响在所有那些不归附于布鲁诺·鲍威尔的青年黑格尔分子：马克思、恩格斯、赫斯、卢格和他们的热衷于"人"的观念的同伴中间达到了登峰造极的地步。②

三是空想共产主义的理论。以圣西门为代表的空想共产主义的学说是通过海涅的著作和青年马克思曾专心致志地聆听过的甘斯博士的演讲而在德国传播开来的。布·鲍威尔后来说：

> 1843 年初，共产主义已经成为一种广为流传的口号。③

青年马克思于 1843 年移居巴黎后，进一步深入地研究了这种共产主义学说。

四是国民经济学。1842—1843 年，青年马克思在担任《莱茵报》编辑期间，第一次遇到要对物质利益发表意见的难事。正如后来他自己所说的，这些难事"是促使我去研究经济问题的最初动因"④，而恩格

---

① 马克思恩格斯全集：第 40 卷．北京：人民出版社，1982：16.
② 麦克莱伦．青年黑格尔派与马克思．夏威仪，译．北京：商务印书馆，1982：109.
③ 麦克莱伦．青年黑格尔派与马克思．夏威仪，译．北京：商务印书馆，1982：37.
④ 马克思恩格斯选集：第 2 卷．北京：人民出版社，2012：2.

斯的《国民经济学批判大纲》也进一步坚定了马克思深入研究国民经济学的决心。

上面列举的四个方面构成青年马克思思想的主要背景，而青年马克思的异化概念的形成也是与这一背景息息相关的。如果说，在黑格尔那里，异化主要是指精神上的异化，即绝对理念在运动中异化或外化出自然界，那么，在青年黑格尔派那里，异化获得了不同的含义。费尔巴哈把异化概念运用到宗教批判中，把上帝理解为人的本质的异化，并在这个意义上强调，神学的本质就是人类学，这一见解无疑是振聋发聩的。在费尔巴哈的基础上，布·鲍威尔以更宽泛的方式提出了人的"自我异化"的问题。正如戴维·麦克莱伦所说：

> 鲍威尔是"自我异化"（Selbstentfremdung，self-alienation）这个词的创造者，这个词在青年黑格尔派中间很快就流行了起来。[①]

如果说，马克思在博士论文中还主要是在黑格尔的意义上使用异化概念，那么，在《黑格尔法哲学批判》、《论犹太人问题》和《〈黑格尔法哲学批判〉导言》中，马克思已经更多地在费尔巴哈和鲍威尔的意义上使用异化概念。值得注意的是，在《詹姆士·穆勒〈政治经济学原理〉一书摘要》和《1844年经济学哲学手稿》中，由于契入了对国民经济学的研究，马克思的异化概念显示出自己的特点，即马克思提出了"异化劳动"的新概念，并分析了这一概念的四层含义。[②]

毋庸讳言，在青年马克思异化概念的形成和发展过程中，国民经济学研究维度的契入起着极为重要的作用。正是通过这一新的维度的契入，马克思超越了黑格尔、费尔巴哈、鲍威尔和赫斯等人的视域，把异化问题的研究推进到一个崭新的层面上。但与此同时，我们也必须清醒

---

① 麦克莱伦. 青年黑格尔派与马克思. 夏威仪，译. 北京：商务印书馆，1982：65 - 66.

② 事实上，黑格尔在耶拿时期撰写的《伦理体系》（1802—1803）、《实在哲学》（1803—1806）中已经触及"劳动"和"异化"的关系问题，但马克思却在未见到这部手稿的情况下，凭借自己对《精神现象学》的解读和天才的猜测，在《1844年经济学哲学手稿》中提出了"异化劳动"的新理论。无独有偶，卢卡奇也在尚未接触到马克思的《1844年经济学哲学手稿》的情况下，通过对马克思的《资本论》的解读和天才的猜测，在《历史与阶级意识》（1923）中创造性地提出了"物化"问题，从而对当代西方思想的发展产生了重大的影响。

地意识到，青年马克思考察异化问题的总体思路仍然停留在以抽象的人的本质为基础的、伦理意义上的"人道主义"或"共产主义"的理论框架内，而正是这一思路决定了青年马克思考察异化问题的独特视角，即"道德评价优先"的视角。

比如，在《詹姆士·穆勒〈政治经济学原理〉一书摘要》中，马克思指出，乍看起来，在资本主义社会内，信用领域所强调的人与人之间在道德上的信任关系是对人的自我异化的扬弃。

> 但是，这种扬弃异化、人向自己因而也向别人**复归**，仅仅是一个**假象**；何况这是**卑劣的**和**极端的**自我异化，非人化，因为它的要素不再是商品、金属、纸币，而是**道德的**存在、**社会的**存在、人自己的**内在生命**，更可恶的是，在人对人的**信任**的假象下面隐藏着极端的**不信任**和完全的异化。①

在马克思看来，信贷仅仅把"有支付能力的人"理解为道德上"诚实的人"。在信贷中，人不但没有获得自己的尊严，反而被降低为可供抵押的商品、货币、资本或利息，而债务人（通常是穷人）的死亡则被理解为债权人的资本连同利息的死亡。马克思一针见血地指出：

> **信贷**是对一个人的**道德**作出的**国民经济学**的判断。②

在这里，马克思正是从"道德评价优先"的视角出发来考察资本主义社会中人与人之间的关系中普遍存在的异化现象的。

又如，在《1844年经济学哲学手稿》中，马克思进一步从"道德评价优先"的视角出发，揭露了资本主义社会中普遍存在的异化现象。他充满愤慨地写道：

> 劳动为富人生产了奇迹般的东西，但是为工人生产了赤贫。劳动创造了宫殿，但是给工人创造了贫民窟。劳动创造了美，但是使工人变成畸形。③

与此同时，马克思还谴责了国民经济学对这种异化现象的掩蔽：

> 国民经济学，尽管它具有世俗的和纵欲的外表，却是真正道德

---

① 马克思恩格斯全集：第42卷．北京：人民出版社，1979：21-22.
② 马克思恩格斯全集：第42卷．北京：人民出版社，1979：22.
③ 马克思恩格斯全集：第42卷．北京：人民出版社，1979：93.

的科学，最最道德的科学。它的基本教条是：自我克制，对生活和人的一切需要克制。你越少吃，少喝，少买书，少上剧院、舞会和餐馆，越少想，少爱，少谈理论，少唱，少画，少击剑等等，你就越能**积攒**，你的既不会被虫蛀也不会被贼盗的宝藏，即你的**资本**，也就会**越大**。你的**存在**越微不足道，你表现你的生命越少，你的**财产就越多**，你的**外化的**生命就越大，你的异化本质也积累得越多。①

尤其是在国民经济学的人口理论中，那些在两性关系上表现节制的工人则成了真正的"道德的"人。青年马克思从道德批判的角度上强烈地谴责了资本主义社会的异化现象以及国民经济学对这一现象的掩蔽。

那么，青年马克思对异化现象进行道德批判的出发点究竟是什么呢？他下面这段话集中地解答了这个问题：

> **共产主义**是**私有财产**即**人的自我异化的积极的**扬弃，因而是通过人并且为了人而对**人的**本质的真正**占有**；因此，它是人向自身、向**社会的**（即人的）人的复归，这种复归是完全的、自觉的而且保存了以往发展的全部财富的。这种共产主义，作为完成了的自然主义，等于人道主义，而作为完成了的人道主义，等于自然主义……②

在这里，"共产主义"、"人道主义"和"自然主义"都是意义相近的概念。如果说，"共产主义"这一概念体现出青年马克思与法国空想共产主义学说之间的理论渊源关系，那么，"人道主义"和"自然主义"（人与自然的一致）则体现出他与费尔巴哈人本学之间的思想联系。

这两种学说的本质究竟是什么呢？科尔纽在批评当时法国空想共产主义者时曾经写道：

> 他们只是立足于一般的人，把阶级的对立变成道德观念的对立，并用善与恶、正义与非正义的对立代替了阶级斗争，因而阶级斗争就具有道德对立的性质。③

---

① 马克思恩格斯全集：第42卷．北京：人民出版社，1979：135.
② 马克思恩格斯全集：第42卷．北京：人民出版社，1979：120.
③ 科尔纽．马克思的思想起源．王谨，译．北京：中国人民大学出版社，1987：55.

同样地，在一定程度上受到法国空想共产主义思潮影响的费尔巴哈，也把社会冲突理解为利己主义和利他主义之间的道德冲突。

> 因此，人的发展的性质和目的，在本质上就是道德上的了。费尔巴哈的这种伤感的空想的哲学，最终成了一种暧昧的伦理学，成了一种所谓普遍幸福和爱的无形的宗教。①

上面的分析表明，这两种学说的本质都是以抽象的人的本质为基础的伦理观念。虽然青年马克思对资本主义社会中的异化现象进行了深刻的揭露，也提出了**"整个所谓世界历史**不外是人通过人的劳动而诞生的过程，是自然界对人说来的生成过程"②这样重要的历史见解，但他的总体思路仍然是以抽象的人的本质为基础的、伦理意义上的共产主义或人道主义，他考察异化和其他社会问题的视角仍然是"道德评价优先"。如果马克思偶尔也对异化现象做过历史评价的话，那么这种评价始终只具有边缘性的、从属性的意义。

马克思异化概念发展的第二个阶段

我们再来考察马克思异化概念发展的第二个阶段，亦即"视角转换"阶段。在这个阶段中，马克思通过对人类历史的深入研究，创立了历史唯物主义学说，与此同时，马克思对异化问题的考察也逐步从"道德评价优先"的视角转换为"历史评价优先"的视角。

在《神圣家族》中，马克思在批判黑格尔和以布·鲍威尔为代表的青年黑格尔派的唯心史观时指出：历史活动是群众的事业，"群众绝不会把自己的自我异化的这些后果仅仅看做观念的幻影，看做**自我意识**的单纯的**异化**，同时也不想通过纯粹**内在的唯灵论**的活动来消灭**物质**的异化"③。也就是说，马克思不再赞成青年黑格尔派从单纯的观念，尤其是道德观念出发来看待异化现象，而是主张从对现实的历史活动的考察出发来解读异化现象。这一"视角转换"尤其表现在下面这段重要的论述中：

> 有产阶级和无产阶级同是人的自我异化。但有产阶级在这种自

---

① 科尔纽．马克思的思想起源．王谨，译．北京：中国人民大学出版社，1987：59.

② 马克思恩格斯全集：第42卷．北京：人民出版社，1979：131.

③ 马克思恩格斯全集：第2卷．北京：人民出版社，1957：104.

我异化中感到自己是被满足的和被巩固的，它把这种异化看做**自身强大**的证明，并在这种异化中获得人的生存的**外观**。而无产阶级在这种异化中则感到自己是被毁灭的，并在其中看到自己的无力和非人的生存的现实。①

如果说在《1844年经济学哲学手稿》中，马克思以充满道德情感的、美文学的笔调来描绘无产阶级在异化劳动中的悲惨处境的话，那么在《神圣家族》中，马克思已经开始从历史的观点出发客观地评价异化现象，他首先关注的不再是有产阶级对异化中处于悲惨地位的无产阶级所应承担的道德责任，而是有产阶级本身也不过是异化的客观的、历史的产物。

在《德意志意识形态》中，马克思写道：

> 无产阶级只有**在世界历史意义上**才能存在，就像它的事业——共产主义一般只有作为"世界历史性的"存在才有可能实现一样。而各个个人的世界历史性的存在就意味着他们的存在是与世界历史直接联系的。②

这段论述表明，青年马克思的以抽象的人的本质为基础的共产主义和人道主义的总体思路已经被超越了，马克思褪去了费尔巴哈人本学的道德外衣，开始转到历史唯物主义的立场上来。按照马克思初步论述的历史唯物主义的观点，人们应当从物质生产和交往方式的发展出发去解释宗教、哲学、道德等意识形式的兴衰存亡。这意味着马克思在考察一切社会现象包括异化现象时，开始抛弃那种与实在的历史相分离的"道德评价优先"的视角。马克思这样写道：

> 共产主义者根本不进行任何**道德**说教，施蒂纳却大量地进行道德的说教。③

这也意味着马克思开始确立"历史评价优先"的理论视角。事实上，也正是从这一新的视角出发，马克思批评了施蒂纳对"现实个人的

① 马克思恩格斯全集：第2卷. 北京：人民出版社，1957：44.
② 马克思恩格斯全集：第3卷. 北京：人民出版社，1960：40.
③ 马克思恩格斯全集：第3卷. 北京：人民出版社，1960：275.

现实异化和这种异化的经验条件"① 的漠视。在马克思看来，异化首先是历史现象，而不是单纯心理上的、道德上的现象，对异化现象的任何考察都应该以对实在的历史的正确解读为出发点。

在《反克利盖的通告》《哲学的贫困》《道德化的批评和批评化的道德》等论著中，马克思进一步清算了"浪漫派""人道学派""博爱学派""'真正的'社会主义"等流派的抽象的道德说教，阐明了"道德评价优先"视角的空幻性和无效性。马克思在批判蒲鲁东把经济范畴独立化和永恒化的错误倾向时进一步指出：

> 这些观念、范畴也同它们所表现的关系一样，不是永恒的。它们是**历史的暂时的产物**。②

这一历史唯物主义的见解为人们走出异化"永远存在"的神话，认识异化概念的历史特征奠定了思想基础。

在《共产党宣言》中，马克思的"历史评价优先"的视角在下面这句话中得到了集中的体现：

> 资产阶级在历史上曾经起过非常革命的作用。③

在这里，马克思既对资产阶级的客观的历史作用，也对资本主义社会中普遍异化所包含的客观的历史意义做出了肯定性的评价。这充分表明，马克思已经完全摆脱青年时期的"道德评价优先"的视角所蕴含的感伤主义，把"历史评价优先"作为考察一切社会历史现象（包括异化现象）的根本出发点。

从上面的论述可以看出，正是在马克思异化概念发展的第二个阶段上，马克思彻底抛弃了青年时期以抽象的人的本质为基础的、伦理意义上的共产主义和人道主义，并在历史唯物主义的基础上对共产主义和人道主义做出了新的诠释。与此同时，马克思考察异化问题的视角也由"道德评价优先"转换到"历史评价优先"上。

马克思异化概念发展的第三个阶段

最后，我们来探讨马克思异化概念发展的第三个阶段。有趣的是，

---

① 马克思恩格斯全集：第 3 卷．北京：人民出版社，1960：317.
② 马克思恩格斯全集：第 4 卷．北京：人民出版社，1958：144.
③ 马克思恩格斯全集：第 4 卷．北京：人民出版社，1958：468.

在这个阶段中，马克思异化概念的内涵表现得最为丰富，也最为深刻，但却遭到了研究者们最严重的忽视。下面，我们重点论述马克思在《1857—1858 年经济学手稿》和《资本论》中的异化理论。

在《1857—1858 年经济学手稿》中，马克思提出了著名的"三大社会形态"理论：

> 人的依赖关系（起初完全是自然发生的），是最初的社会形态，在这种形态下，人的生产能力只是在狭窄的范围内和孤立的地点上发展着。以**物**的依赖性为基础的人的独立性，是第二大形态，在这种形态下，才形成普遍的社会物质变换，全面的关系，多方面的需求以及全面的能力的体系。建立在个人全面发展和他们共同的社会生产能力成为他们的社会财富这一基础上的自由个性，是第三个阶段。第二个阶段为第三个阶段创造条件。①

这段重要的论述包含以下三层含义：其一，当人类历史的发展进入第二大社会形态时，异化和物化的现象才存在，作为历史现象，异化和物化既具有客观必然性，又具有历史短暂性；其二，这种异化和物化具有积极的历史意义，因为它们使"普遍的社会物质变换，全面的关系，多方面的需求以及全面的能力的体系"得以形成；其三，正是这个以物的依赖性为基础的异化阶段客观上为第三大社会形态——共产主义社会提供了物质基础。

正是基于这样的思考，马克思在谈到"全面发展的个人"时写道：

> 要使**这种**个性成为可能，能力的发展就要达到一定的程度和全面性，这正是以建立在交换价值基础上的生产为前提的，这种生产才在产生出个人同自己和同别人的普遍异化的同时，也产生出个人关系和个人能力的普遍性和全面性。②

也就是说，普遍异化和个人能力的全面发展，作为人类历史进程中的两个侧面是一起出现的，绝不应该从"道德评价优先"的视角出发来看待资本主义社会中的异化现象，而应该坚持"历史评价优先"的视角，首先看到异化现象在历史上的积极意义。事实上，没有这种现实的、普遍

---

① 马克思恩格斯全集：第 46 卷上册．北京：人民出版社，1979：104．
② 马克思恩格斯全集：第 46 卷上册．北京：人民出版社，1979：108－109．

的异化作为媒介，共产主义和全面发展的个人就永远不过是一个美好的神话。在马克思看来，试图撇开普遍的异化来谈论个人的全面发展，是一种"浪漫主义观点"。

当然，共产主义是对普遍异化和物化现象的扬弃，但这种扬弃绝不是凭空进行的，相反，正是在普遍异化和物化的历史条件上才得以进行的。正如马克思所说的：

> 在资本对雇佣劳动的关系中，劳动即生产活动对它本身的条件和对它本身的产品的关系所表现出来的**极端的异化形式**，是一个必然的过渡点，因此，它已经**自在地**、但还只是以歪曲的头脚倒置的形式，包含着一切**狭隘的生产前提**的解体，而且它还创造和建立无条件的生产前提，从而为个人生产力的全面的、普遍的发展创造和建立充分的物质条件。①

这充分表明，成熟时期的马克思完全是从"历史评价优先"的视角出发来考察异化现象的。

在《资本论》中，马克思的异化概念从两个方面展开：一方面，通过"自然历史过程"这一新概念的提出，"历史评价优先"获得了更为明确的表述。在《资本论》第一版序言中，马克思写道：

> 我决不用玫瑰色描绘资本家和地主的面貌。不过这里涉及到的人，只是经济范畴的人格化，是一定的阶级关系和利益的承担者。我的观点是：社会经济形态的发展是一种自然历史过程。不管个人在主观上怎样超脱各种关系，他在社会意义上总是这些关系的产物。同其他任何观点比起来，我的观点是更不能要个人对这些关系负责的。②

在这里，马克思强调，当我们观察各种社会现象，当然也包括经济生活中的异化现象时，首先不是从抽象的人性或人的本质出发去追究个人的主观动机和道德责任，而应该从历史运动的客观规律出发，去阐明这些现象（包括异化现象）何以在历史发展的一定的阶段上成为可能。要言之，这里的着眼点是客观的历史运动和历史评价，而不是主观的道

---

① 马克思恩格斯全集：第46卷上册．北京：人民出版社，1979：520．
② 马克思．资本论：第1卷．北京：人民出版社，1975：12．

德观念和抽象的道德评价。在马克思看来，庸俗经济学之所以对"各种经济关系的异化的表现形式"① 丧失了批判能力，正是因为他们缺乏这种"历史评价优先"的视角。

另一方面，马克思着重揭露了资本主义社会中异化的最主要的表现形式——商品拜物教，从而扫清了人们接受历史唯物主义理论的最后的思想障碍。众所周知，哲学家们总是满足于谈论"抽象物质"，而马克思则告诉我们，在资本主义这一历史形式中，抽象物质的具体样态是堆积如山的商品，而"商品形式的奥秘不过在于：商品形式在人们面前把人们本身劳动的社会性质反映成劳动产品本身的物的性质，反映成这些物的天然的社会属性，从而把生产者同总劳动的社会关系反映成存在于生产者之外的物与物之间的社会关系"②。作为异化的典型表现形式的商品拜物教的实质是以物与物之间的虚幻关系掩盖人与人之间的真实关系，而历史唯物主义的物质观的宗旨绝不是侈谈什么"世界统一于物质"，而是要揭露隐藏在物质的具体样态——商品背后的人与人之间的真实关系，从而对资本主义社会进行革命性的改造。换言之，在这个机械复制的时代，不管人们写出多少本关于马克思哲学的教科书，只要它们撇开马克思对异化，尤其是商品拜物教的批判，而热衷于以抽象的方式谈论"世界的物质性"，那么它们至多只能达到霍尔巴赫式的传统唯物主义的水平，而根本不可能进入历史唯物主义的视域。一言以蔽之，马克思的历史唯物主义不但没有抛弃异化（包括拜物教）概念，相反，正是依靠这一概念，其理论的完整性和批判性才得到充分的彰显。

总的来说，成熟时期的马克思考察异化问题的出发点已经完全转换到"历史评价优先"的视角上。那么，这是否意味着马克思对道德评价采取了完全否弃的态度？我们的回答是否定的。事实上，马克思虽然抛弃了"道德评价优先"的视角，但他并没有抛弃道德评价这一维度，而是对它进行了两方面的改造：一是把布尔乔亚式的、多愁善感的道德立场转换为无产阶级的道德立场；二是把道德评价置于历史评价的基础上。比如，马克思在叙述亚细亚生产方式时曾经指出："古代的观点和现代世界相比，就显得崇高得多，根据古代的观点，人，不管是处在怎样狭隘的民族的、宗教的、政治的规定上，毕竟始终表现为生产的目

---

① 马克思. 资本论：第 3 卷. 北京：人民出版社，1975：923.
② 马克思. 资本论：第 1 卷. 北京：人民出版社，1975：88 - 89.

的，在现代世界，生产表现为人的目的，而财富则表现为生产的目的。"① 毋庸讳言，在这段话里包含着马克思对"现代世界"的道德谴责和对"古代"社会的道德褒扬，但人们不应该把这段话理解为马克思对道德评价和历史评价关系的割裂与对立，似乎马克思以一种反历史的态度肯定了古代社会的合理性和道德上的高尚性。事实上，马克思的这一道德评价完全是以历史评价为前提的，而按照马克思的历史评价，"现代世界"不但优于"古代"社会，而且必定会取而代之。正是在这个意义上，马克思说过：

> 留恋那种原始的丰富，是可笑的，相信必须停留在那种完全空虚之中，也是可笑的。②

在《资本论》中，虽然马克思从"历史评价优先"的视角出发，强调社会经济形态的发展是一个自然历史过程，但在论述资本主义的异化现象，尤其是资本原始积累的进程时，马克思也发出了强烈的道德控诉："资本来到世间，从头到脚，每个毛孔都滴着血和肮脏的东西"③。这就启示我们，在成熟时期的马克思那里，道德评价和历史评价是统一的，但这个统一的前提是把历史评价置于首位。

如何看待马克思的异化概念？

通过上面的探讨，我们可以引申出以下四点结论。

其一，异化概念是贯穿马克思一生理论思考的基本概念，这一概念在历史唯物主义理论中起着十分重要的作用。④

然而，我们发现，不少研究者仍然坚持下面的错误观念，即认为成熟时期的马克思已经完全抛弃了异化理论。他们的主要论据如下：

一是马克思在《德意志意识形态》中批判施蒂纳的异化概念时曾经说过，"桑乔只是把一切现实的关系和现实的个人都预先宣布为异化的（如果暂时还用一下这个哲学术语），把这些关系和个人都变成关于异化

---

① 马克思恩格斯全集：第 46 卷上册．北京：人民出版社，1979：486．

② 马克思恩格斯全集：第 46 卷上册．北京：人民出版社，1979：109．

③ 马克思．资本论：第 1 卷．北京：人民出版社，1975：829．

④ 正如苏联学者纳尔斯基在《论"异化"概念在哲学史上的发展》一文中所指出的："我们认为，把异化范畴应用于社会生活范围之外是不正确的。这是历史唯物主义的范畴。"（陆梅林，程代熙．异化问题：上册．北京：文化艺术出版社，1986：214）

的完全抽象的词句。这就是说，他的任务不是从现实个人的现实异化和这种异化的经验条件中来描绘现实的个人，他的做法又是：用关于异化、**异物**、**圣物**的空洞思想来代替一切纯经验关系的发展"①。人们常常抓住马克思的这句话"如果暂时还用一下这个哲学术语"，推断马克思之后放弃了异化概念。显然，这样的推断是缺乏说服力的。从这句话的上下文可以看出，马克思在这里主要批评的是施蒂纳不谈"现实个人的现实异化"，而只满足于搬弄异化这个抽象术语的错误倾向。事实上，马克思在之后的论著中并没有停止使用异化概念。

二是马克思在《共产党宣言》中批评德国著作家时写下的一段话：

> 他们在法文的原文下面添进了自己的一套哲学胡说。例如，他们在批评货币关系的法文原稿下面添上了"人性的异化"，在批评资产阶级国家的法文原文下面添上了所谓"抽象普遍物的统治的废除"等等。②

在这段话中，虽然马克思指责"人性的异化"是"哲学胡说"，但这并不表明他将放弃作为严肃的哲学理论的异化概念。实际上，马克思在这里批评的只是某些德国著作家对异化概念的滥用。

三是马克思在1859年出版的《〈政治经济学批判〉序言》中论述其历史唯物主义的基本理论时没有提到异化，因而人们推断马克思已经抛弃了异化概念。显然，这样的推断也是缺乏说服力的，因为马克思在《〈政治经济学批判〉序言》出版前后撰写的一系列文本，如《1857—1858年经济学手稿》《1861—1863年经济学手稿》《剩余价值学述史》《资本论》中均使用了异化概念。

一个无可置疑的事实是，异化概念伴随着马克思一生的理论思考，但为什么在有些著作中马克思大量使用异化概念，而在另一些著作中又很少使用，甚至完全不用这一概念呢？其实，人们只要改变一下思考问题的角度，上述现象就能得到合理的解释。虽然马克思从未停止过对异化概念的使用，但他清醒地意识到，异化是一个普通人不易理解的晦涩的哲学术语，所以他在运用这个概念时，常常区分两种不同的文本：一种是"内部研究文本"，如《1844年经济学哲学手稿》《1857—1858年

---

① 马克思恩格斯全集：第3卷. 北京：人民出版社，1960：316-317.
② 马克思恩格斯全集：第4卷. 北京：人民出版社，1958：495.

经济学手稿》等，是马克思写给自己看的。在这样的文本中，马克思总是大量地使用异化概念。另一种是"公开出版的、论战性的文本"，在这样的文本中，马克思通常很少使用异化概念。这里的道理很简单：一方面，为了便于缺乏哲学基础的普通读者理解自己的思想，马克思当然要尽量少用像异化这样的专业的哲学术语；另一方面，当时的德国著作家特别喜欢滥用异化概念，在与这样的著作家进行论战时，马克思为了表明自己和论战对象的区别，也会尽量少用异化概念。但这种叙述方法上的差异绝不能成为那种认为成熟时期的马克思已经抛弃了异化概念的错误观念的依据。相反，我们应该看到，马克思作为一个伟大的学者注意到了研究方法和叙述方法之间的差异。事实上，在后一类文本中，虽然马克思很少使用，甚至不使用异化概念，但这一概念所要表达的含义却到处喷涌出来。① 这就启示我们，重要的是把握问题的实质，而不是做表面文章。

其二，马克思异化概念发展中的"视角转换"（transformation of perspective）与阿尔都塞在描述马克思思想发展时提出的"认识论断裂"（epistemological break）之间存在着根本性的差别。

这一差别的具体表现形式如下：

一是阿尔都塞研究的是整个马克思思想的演化史，而本节研究的则是马克思异化概念的发展史。虽然这两者之间存在着部分重叠的关系，但着眼点毕竟是不同的。

二是"认识论断裂"这样的概念蕴含着一个前设，即把青年时期的马克思和成熟时期的马克思尖锐地对立起来。阿尔都塞认为，青年马克思的思想处在意识形态（异化和人道主义）的问题框架中，而"认识论断裂"后的马克思则确立了自己理论（科学的世界观）的问题框架。按照我们的看法，这种解释方法是缺乏说服力的，因为成熟时期的马克思既未抛弃异化概念，也未抛弃人道主义的精神。在这里，重要的是马克思的总体思路发生了根本性的转变，即从青年时期的、以抽象的人的本

① 比如，成熟时期的马克思常常使用的"雇佣劳动"概念与青年时期的马克思使用的"异化劳动"的概念虽然在称谓上不同，其实质却是完全相同的。马克思本人也向我们指明了这一点："从资本和雇佣劳动的角度来看，活动的这种物的躯体的创造是在同直接的劳动能力的对立中实现的，这个物化过程实际上从工人方面来说表现为劳动的异化过程，从资本方面来说，则表现为对他人劳动的占有……"（马克思恩格斯全集：第46卷下册．北京：人民出版社，1980：360）

质为基础的伦理意义上的共产主义和人道主义转向成熟时期的、以历史唯物主义为基础的共产主义和人道主义；与此相应的是，马克思考察异化问题的视角也发生了根本性的转换，即从"道德评价优先"转换到"历史评价优先"。显然，与"认识论断裂"的简单化的说法比较起来，"视角转换"的见解更为合理，因为它既揭示了青年时期的马克思和成熟时期的马克思之间存在的思想差异，又阐明了这两个时期的内在联系。

三是阿尔都塞把"断裂"时期的著作确定为《德意志意识形态》，而把《关于费尔巴哈的提纲》确定为"断裂的前岸"[①]。本节认为，在马克思异化概念的发展史上，"视角转换"时期应该是比较长的，因为在这个时期中，马克思必须完成两项工作：第一，在总体思路上批判以抽象的人的本质为基础的、伦理意义上的共产主义和人道主义学说，抛弃"道德评价优先"的理论视角。比如，马克思写于 1847 年 10 月底的《道德化的批判和批判化的道德》的直接批判对象虽然是卡尔·海因岑，但实际上也是对自己青年时期的"道德评价优先"的理论视角的进一步清算。第二，确立历史唯物主义这一新的理论出发点，对原先关于共产主义和人道主义的理念进行根本性的改造，并确立相应的"历史评价优先"的理论视角。正是基于这样的考虑，我们把从《神圣家族》的写作到《共产党宣言》的问世这一时期都称为马克思异化概念发展的"视角转换"时期。

其三，历史唯物主义在考察异化和其他一切社会现象时，既坚持历史评价优先，又兼顾道德评价。

如果说，"历史评价优先"和"道德评价优先"这两个理论视角是非此即彼、相互对立的，那么，历史评价和道德评价这两个维度却是可以结合在一起的。前者不能取代后者，后者也不能取代前者。我们发现，在马克思异化概念发展的第一个阶段中，道德评价不仅是优先的，而且是占绝对优势的，我们不妨称它为"强评价"；虽然青年马克思偶尔也会诉诸历史评价，但归根到底，这种评价方式处在边缘化的、弱势的状态中，我们不妨称它为"弱评价"。在马克思异化概念发展的第二个阶段，即"视角转换"阶段中，随着马克思总体思路的改变，道德评

---

① 阿尔都塞. 保卫马克思. 顾良，译. 北京：商务印书馆，1984：13-14.

价失去了自己的优先的、强势的地位，渐渐转变为"弱评价"；与此相反，历史评价的地位不断地上升，一旦"历史评价优先"的理论视角确立起来了，历史评价就成了"强评价"。在马克思异化概念发展的第三个阶段中，历史评价的优先性得到了全面的、彻底的贯彻，但马克思并没有放弃道德评价，他使道德评价在顺应历史评价的客观诉求的基础上得以展开，从而消除了以往道德评价中常见的感伤主义和浪漫主义的情绪，使它获得了真正的现实性。

其四，在对马克思异化概念的解读中，只有当人们自身完成了"从道德评价优先"到"历史评价优先"的"视角转换"，潜藏在马克思异化概念发展进程深处的"视角转换"才会向他们呈现出来。

长期以来，在对马克思异化概念的研究中，"道德评价优先"的视角一直占据着支配性的位置，人们习惯于对马克思所揭露的资本主义社会中普遍存在的异化现象倾泻出高尚的道德义愤和道德谴责，但与此同时，由于历史评价维度的缺席或边缘化，他们始终看不到异化作为历史现象的客观必然性及它本身所蕴含的积极意义。事实上，没有以物的依赖性为基础的普遍异化和物化，全面发展的个人就无从产生，而以这样的自由个性为基础的共产主义社会也无从降临。当然，共产主义要通过废除私有制的途径来扬弃异化，但总得先有异化才有可能扬弃异化。所以，重要的是从"历史评价优先"的视角出发来考察并理解异化这一客观的历史现象，抽象的、高尚的道德义愤是无济于事的。

我们发现，人们对马克思的异化概念的理解始终停留在青年马克思对异化概念理解的水平上，他们没有看到马克思的异化概念本身的发展，以及在这一发展中完成的根本性的"视角转换"。历史和实践一再表明，只有当人们真正地把握历史唯物主义的理论，深入地研究成熟时期的马克思著作，从而使自己的视角转换到"历史评价优先"的立场上来时，马克思的异化概念的本真含义才会向他们敞开。

第七章 马克思哲学的基本概念（Ⅳ）

众所周知，在马克思哲学中蕴含着极为丰富的方法论遗产。然而，由于受传统的哲学教科书的影响，人们对马克思方法论思想的理解很少有新的突破。除了人们耳熟能详的辩证法（包括范畴辩证法）、对立统一、质量互变、否定之否定，马克思的方法论思想中似乎也没有什么新的东西了。下面，我们力图从新的视角出发去探索马克思的方法论思想。

第一节 人化自然辩证法[*]

自从马克思的《1844 年经济学哲学手稿》和《1857—1858 年经济学手稿》相继问世，国际学术界对马克思的自然观产生了广泛而又持久的兴趣。这尤其表现在卢卡奇、萨特、伽罗蒂、施密特等人所做的创造性研究中。20 世纪 80 年代初以来，我国学术界也开始关注这一问题，并出版了一些论著。但总的说来，这方面的研究还刚刚起步。我们认为，对马克思自然观的研究不应该纠结于所谓"自然界的先在性"这类初始性的问题上，而应紧紧抓住马克思的"人化的自然"的概念来展开。在我们看来，恩格斯谈论的所谓"自然辩证法"实际上是不存在的，因为这种辩证法致力于考察自然自身的辩证运动，在马克思看来，

---

* 本节原来的标题是《论马克思的人化自然辩证法》，原载《学术月刊》1992（12）。

自然的辩证运动是通过人的实践活动的媒介作用来进行的，所以我们应该谈论的是"人化自然的辩证法"。这一辩证法主要包含以下三个方面：一是人与自然之间的辩证关系；二是人与自然的关系和人与人的关系之间的辩证关系；三是自然科学和人的科学之间的辩证关系。显然，人化自然辩证法是马克思整个辩证法学说中的一个基本的组成部分。

"人化的自然"概念的含义和特征

除了"人化的自然"概念，马克思还提出了"人类学的自然"（die anthropologische Natur）和"历史的自然"（eine geschichtliche Natur）的概念。所以，要阐发马克思的人化自然辩证法思想，首先必须搞清楚这些概念的基本含义和关系。

马克思在《1844年经济学哲学手稿》中论述人的感觉的形成及其丰富性时写道：

> 不仅五官感觉，而且所谓精神感觉、实践感觉（意志、爱等等），一句话，**人的**感觉、感觉的人性，都只是由于**它的**对象的存在，由于**人化的**自然界，才产生出来的。①

马克思这里所说的"人化的自然界"是指作为人的感觉、认识和实践活动对象的自然界，即被人的精神活动和实践活动打上了印记的那部分自然界。只要人类生存着、活动着，自然界就处在不断地被人化的过程中。反之，也正是在自然被人化的过程中，人的感觉和需求变得越来越丰富多样。

在马克思看来，人的周围环境的改变，人化自然的形成和发展都是人的本质力量的确证。也正是在这个意义上，他把工业称作人的本质力量打开了的书本，并把通过工业的媒介作用而形成起来的自然称为"人类学的自然"。马克思写道：

> 在人类历史中即在人类社会的产生过程中形成的自然界是人的**现实的**自然界；因此，通过工业——尽管以**异化的**形式——形成的自然界，是真正的、**人类学的**自然界。②

---

① 马克思恩格斯全集：第42卷．北京：人民出版社，1979：126.
② 马克思恩格斯全集：第42卷．北京：人民出版社，1979：128.

与"人化的自然"概念一样，"人类学的自然"概念在《1844 年经济学哲学手稿》中也只出现一次。如果说马克思是从感觉的对象化及其发展的角度来提出"人化的自然"的概念的，那么"人类学的自然"的概念则是在阐释"自然科学"（die Natur Wissenschaft）与"人的科学"（die menschliche Wissenschaft）的统一时使用的。尽管马克思在这里是把通过工业的异化方式而形成起来的自然界称为"人类学的自然"，但我们没有理由得出结论说，这个概念只能用来表述处于异化状态中的自然界。实际上，"人类学的自然"的概念和"人化的自然"的概念一样具有普遍性，强调的都是自然界的对象化和人化。因此，这两个概念尽管是从不同的角度提出来的，却具有相同的含义。

在《德意志意识形态》这部重要的论著中，马克思在批判布·鲍威尔把自然与历史对立起来的错误观点时指出：

> 关于"自然和历史的对立"问题，好像这是两种互不相干的"东西"，好像人们面前始终不会有历史的自然和自然的历史。①

在马克思看来，人周围的自然界是人类世世代代活动的结果，是历史的产物。只有结合人类世世代代的活动来考察并说明自然界，这个自然界对于人来说才是真正的、现实的自然界。马克思使用"历史的自然"的概念，旨在说明历史与自然之间的不可分离性。既然历史是由人类的活动形成的，所以，"历史的自然"的概念并不比"人化的自然"或"人类学的自然"的概念具有更多的内涵。

在辨明上述三个基本概念的内涵及统一性之后，让我们进一步考察，马克思通过这些概念，尤其是"人化的自然"的概念，究竟要揭示出自然的哪些特征。

马克思晚年在批评阿道夫·瓦格纳的《政治经济学教科书》时曾经指出：

> 在一个学究教授看来，人对自然的关系首先并不是**实践的**即以活动为基础的关系，而是**理论的**关系……人处在一种**对作为**满足他的需要的资料的**外界物的关系中**。但是，人们决不是首先"处在这种**对外界物**的理论关系中"。正如任何动物一样，他们首先是要**吃**、

---

① 马克思恩格斯全集：第 3 卷．北京：人民出版社，1960：49．

喝等等，也就是说，并不"**处在**"某一种关系中，而是**积极地活动**，通过活动来取得一定的外界物，从而满足自己的需要。（因而，他们是从生产开始的。）①

显然，按照马克思的看法，在对人与自然关系问题的考察中，重要的不是先从认识上把人与自然的概念抽象出来进行理论上的探讨，而是要从人类生存和发展的全部实践活动的基础上来探讨人与自然的关系。这就是说，在"人化的自然"概念的全部含义中，实践因素比认识因素更为根本。实践性是马克思所讨论的自然界的第一个特征。

马克思所讨论的自然界的第二个特征是它的社会历史性。这尤其体现在马克思对"排除历史过程的、抽象的自然科学的唯物主义"②的批判上。费尔巴哈的直观唯物主义也有着与这种素朴实在论同样的缺点。因此，正如马克思所批评的，费尔巴哈不懂得即便是他眼前的樱桃树也只是数世纪前依靠商业发展才在这个地区出现的。在对自然的历史形态的分析中，马克思特别注重对资本主义社会形态中的自然状态的分析，他特别强调通过工业的媒介来认识自然的变化。

马克思所讨论的自然的上述两个特征，都与人不可分离地联系在一起。所以，马克思说：

> 被抽象地孤立地理解的、被固定为与人分离的**自然界**，对人说来也是无。③

这句话从否定方面启示我们，只有紧紧抓住"人化的自然"的概念，才能真正深入马克思自然观的堂奥。

马克思人化自然辩证法的基本内容

尽管马克思从未使用过"人化自然辩证法"的概念，但实际上，他却以人的实践活动尤其是生产劳动为媒介，系统地发挥了人化自然辩证法的思想。

1. 人与自然的辩证关系

在马克思看来，人与自然是不可分离地联系在一起的。一方面，人

---

① 马克思恩格斯全集：第19卷．北京：人民出版社，1963：405.

② 马克思．资本论：第1卷．北京：人民出版社，1975：410.

③ 马克思恩格斯全集：第42卷．北京：人民出版社，1979：178.

是靠自然界来生活的，离开自然，人就失去了获得物质生活资料的可能性，从而无法生存下去。正是在这个意义上，马克思说：

> 自然界，就它本身不是人的身体而言，是人的**无机的身体**。①

另一方面，自然界的人的本质只有对社会的人来说才是存在的。因为只有在社会中，自然界对人来说才是人与人联系的纽带，才是人的现实生活的要素；也只有在社会中，人的自然的存在对他来说才是他的人的存在，从而自然界对他来说才成为人。在这个意义上，马克思说：

> **社会**是人同自然界的完成了的本质的统一……②

离开社会，人与自然的关系便无法索解。人作为社会存在物，作为有意识的类的存在物的基本特征，是他所从事的自由自觉的活动即劳动。人的才能正表现在他可以通过劳动来改造整个自然，并从自然中超拔出来。

在劳动中，人致力于从自然界获取生活资料，致力于塑造一个和谐的"人化的自然"，但在一定的社会形态中，由于异化劳动的存在，作为人的劳动对象的自然却开始与劳动者相分离、相对立了。马克思说：

> 异化劳动从人那里夺去了他的生产的对象，也就从人那里夺去了他的**类生活**，即他的现实的、类的对象性，把人对动物所具有的优点变成缺点，因为从人那里夺走了他的无机的身体即自然界。③

同时，由于劳动的自发性，人实际上成了自然界的破坏者。人与自然的和谐让位于人与自然的尖锐的对立。在马克思看来，农耕活动最初的影响是有益的。但随着这种活动的规模的不断扩大，特别是某些地区，如希腊、美索不达米亚等对森林的乱砍滥伐，导致了土地的荒芜。自然界的生态平衡一经破坏，它就反过来对人类实施报复。在当代社会，生态危机已越来越强烈地被感受到了。

解铃还须系铃人。按照马克思的预言，资本主义社会归根到底不能解决好人与自然的关系，只有在以公有制为基础的未来共产主义社会中，联合起来的生产者才可能合理地调节人与自然之间的物质交换，从

---

① 马克思恩格斯全集：第 42 卷. 北京：人民出版社，1979：95.
② 马克思恩格斯全集：第 42 卷. 北京：人民出版社，1979：122.
③ 马克思恩格斯全集：第 42 卷. 北京：人民出版社，1979：97.

而真正达到人与自然的统一。人的劳动在全社会的范围内由自发走向自觉的过程，也就是人与自然达到辩证统一的过程。

2. 人与自然的关系和人与人之间关系的辩证关系

马克思认为，人与人之间的直接的、自然的、必然的关系是男女之间的关系。

> 在这种**自然的**、类的关系中，人同自然界的关系直接就是人和人之间的关系，而人和人之间的关系直接就是人同自然界的关系，就是他自己的**自然的**规定。①

如果说在现代文明社会中，男女之间的关系具有丰富的社会文化内涵，那么，在史前人类社会中，这种关系则主要表现为一种自然的、直接的关系。在原始的社会形态中，自然是作为一种完全异己的、有无限威力的力量与人们相对抗的，人们同它的关系就像动物同它的关系一样，人对自然界的意识也是一种纯粹动物般的意识，即自然宗教。人与自然之间的这种狭隘关系是和极度不发展的、以直接的血缘关系为纽带的人与人之间的关系互为因果的。正如马克思指出的：

> 人们对自然界的狭隘的关系制约着他们之间的狭隘的关系，而他们之间的狭隘的关系又制约着他们对自然界的狭隘的关系……②

这样，我们就会明白，无休止地抓住自然界的"先在性"问题，把自然界描述为脱离我们而存在的实体，并没有抓住马克思自然观的真谛。这种被马克思批评为"抽象物质的或者不如说是唯心主义的方向"恰恰表现为自然宗教或自然崇拜的残余，表现为人类早期思想的特征。所以，恩格斯说：

> 唯物主义的自然观不过是对自然界本来面目的朴素的了解，不附加以任何外来的成分，所以它在希腊哲学家中间从一开始就是不言而喻的东西。③

随着劳动和分工的发展，人与自然和人与人之间的关系发生了重大的变化，这尤其体现在以工业革命为先导的西方资本主义社会中。一方

---

① 马克思恩格斯全集：第42卷．北京：人民出版社，1979：119.
② 马克思恩格斯全集：第3卷．北京：人民出版社，1960：35.
③ 恩格斯．自然辩证法．北京：人民出版社，1971：177.

面，人越是成功地改造自然界，人与人之间在劳动中的分工和协作关系就越扩大化。但随着财富的积累和私有制的产生，人与人之间的对立和冲突也变得越来越尖锐。马克思在分析异化劳动的各种表现时指出：

> 人同自己的劳动产品、自己的生命活动、自己的类本质相异化这一事实所造成的直接结果就是**人同人相异化**。当人同自身相对立的时候，他也同**他**人相对立。①

另一方面，在资本主义的雇佣劳动制度下，当人作为自由劳动者出现的时候，当人与人之间的分工协作关系获得了巨大的发展的时候，人对自然的改造和利用也达到了前所未有的程度：

> 与这个社会阶段相比，以前的一切社会阶段都只表现为人类的**地方性发展**和**对自然的崇拜**。只有在资本主义制度下自然界才不过是人的对象，不过是有用物。②

当自然从被崇拜、被神化的对象降低为"有用物"之后，人与自然的关系也被倒转过来了，与这一变化同步的是，人也开始肆意地破坏自然，从而给自己的生存带来严重的危机。

按照马克思的看法，要使人与自然和人与人之间的关系获得辩证的处理，就必须扬弃异化劳动，扬弃私有制，从根本上处理好人与人之间的关系，而这一使命是属于共产主义的：

> 这种共产主义，作为完成了的自然主义，等于人道主义，而作为完成了的人道主义，等于自然主义，它是人和自然界之间、人和人之间的矛盾的**真正**解决，是存在和本质、对象化和自我确证、自由和必然、个体和类之间的斗争的真正解决。③

从人与自然的历史关系看，自然最初表现为人的统治者，接着又下降为有用物，最后与人达成和解和统一。与此相应的是，人与人之间的关系也经历了三个阶段的发展，即从最初的人与人之间的自然的、狭隘的依赖关系到建立在普遍交换基础上的全面而又异化的关系，最后发展到个人全面发展并和他人和谐相处的关系。马克思这方面的论述深刻启

---

① 马克思恩格斯全集：第42卷．北京：人民出版社，1979：97－98.
② 马克思恩格斯全集：第46卷上册．北京：人民出版社，1979：393.
③ 马克思恩格斯全集：第42卷．北京：人民出版社，1979：120.

示我们：只有深入地剖析人与人之间关系的历史发展，才能科学地说明人与自然之间的辩证关系。

3. 自然科学与人的科学的辩证关系

从康德以来，自然科学与人的科学，或者说，科学与生活一直是相分离的。马克思不同意康德的观点，在《1844年经济学哲学手稿》中，他反复重申，人是社会存在物，甚至当人在从事很少同别人直接交往的科学活动时，这种活动也是以社会生活为基础的。研究科学的人所需要的材料，以及他进行思考的语言，都是社会给予的。

> 至于说生活有它的**一种**基础，**科学**有它的另一种基础——这根本就是谎言。①

在马克思看来，被康德称为"纯粹的"自然科学的东西，不过是由于工业和商业的发展，由于人们的感性活动，才获得材料并达到自己的目的。另外，自然科学也不是消极地置身于生活之外的东西，它反过来通过工业在实践上日益进入人的生活，改造人的生活：

> **工业**是自然界同人之间，因而也是自然科学同人之间的**现实的**历史关系。②

马克思进而主张自然科学今后将包括人的科学，正像人的科学将包括自然科学一样。也就是说，它们将成为一门科学。

在《德意志意识形态》中，马克思又把自然史和人类史看作历史科学的两个方面，并强调它们是彼此相互制约的。这就告诉我们，不管是自然科学还是人的科学，归根到底都是人的存在方式。它们尽管是有差异的，但最终都辩证地统一在人的社会生活中。在当代哲学的发展中，人文主义思潮和科学主义思潮在人类学、释义学、交往理论、新托马斯主义等思潮中的不断融合，一再证明马克思的上述预见是多么深刻。

马克思人化自然辩证法思想的理论意义

首先，它使马克思的辩证法思想得到了完整的阐述。许多西方学者把马克思的辩证法仅仅理解为人与人之间关系的辩证法，从而忽略了对

---

① 马克思恩格斯全集：第42卷．北京：人民出版社，1979：128．
② 马克思恩格斯全集：第42卷．北京：人民出版社，1979：128．

其蕴含的人与自然之间的辩证关系的探讨。马克思在《德意志意识形态》的一个脚注中指出：

> 到现在为止，我们只是主要考察了人类活动的一个方面——人们**对自然的作用**。另一方面，是**人对人的作用**……①

前面已经指出，人与自然的辩证关系和人与人的辩证关系是不可分割地联系在一起的。在对马克思的辩证法的探讨中，只有自始至终把人化自然的辩证法和社会发展的辩证法（亦即人与人关系的辩证法）综合起来，才可能引申出准确的结论来。

其次，只有通过人化自然的概念，我们才能完整地把握马克思的整个哲学体系。在现行的"辩证唯物主义和历史唯物主义"的教科书体系中，自然与社会、自然与人是相互分离的。当我们离开人、离开社会历史，抽象地论述自然界自身运动的规律时，看起来是坚持了唯物主义的观点，实际上，这种类似于费尔巴哈所坚持的抽象的、直观的唯物主义，归根到底只是一种唯心主义的观点。正如马克思所指出的：

> 当费尔巴哈是一个唯物主义者的时候，历史在他的视野之外；当他去探讨历史的时候，他决不是一个唯物主义者。在他那里，唯物主义和历史是彼此完全脱离的。②

只有引入人化自然或历史的自然的概念，才能从根本上扬弃这种哲学体系中内含的自然与社会、自然与人的二元对立，使马克思的哲学体系获得一种整体的生命力。

最后，人化自然辩证法的首要之点不是人与自然的理论关系，而是人与自然的实践关系。承认这一辩证法的合理性，也就相应地肯定了实践概念在马克思学说中的基础作用。不能仅仅在认识论的框架内来谈论实践概念，实践首先是一个本体论意义上的概念，是理解人与自然、人与人关系的基础和出发点。在这个意义上我们说，马克思哲学也就是实践唯物主义。

---

① 马克思恩格斯全集：第 3 卷．北京：人民出版社，1960：41.
② 马克思恩格斯全集：第 3 卷．北京：人民出版社，1960：51.

第二节　意识考古学方法 *

我们这里说的"考古学"，并不是人们通常所理解的以古代文物为考察和研究对象的学问，而是指"意识考古学"，即以资本主义社会之前的各种社会意识形式为分析、考察对象的学问。所以，马克思的意识考古学也不同于当代法国哲学家福柯提出的知识考古学，后者主要研究各门科学的话语之间的内在联系。

马克思本人从未使用过"意识考古学"这样的提法，但他从历史唯物主义的基本立场出发，不仅对一般意识的起源和本质做出了科学的说明，而且提出了一整套研究资本主义以前的社会存在及其意识的理论和方法。我们之所以创造"意识考古学"这个新词，目的是把马克思这方面的理论和方法系统地阐述出来，用以指导我们对哲学文化，尤其是传统哲学文化的研究。

在《德意志意识形态》中，马克思写道：

> 意识在任何时候都只能是被意识到了的存在，而人们的存在就是他们的实际生活过程。①

这段话可以看作马克思的意识考古学的最基本的原理。只有从这一基本原理出发，人们才可能正确地理解并运用马克思的意识考古学的方法。马克思的意识考古学方法主要包括以下四方面的内容。

逆溯法

人们常常从达尔文的进化论或自然发生论的角度出发去理解马克思的历史方法，似乎马克思的历史方法就是对事物（如人类社会）从低级到高级、从简单到复杂的发展形态的描述和说明。实际上，马克思的历史方法作为研究方法，不是"顺序法"，而是"逆溯法"。

马克思指出：

> 人体解剖对于猴体解剖是一把钥匙。反过来说，低等动物身上

---

* 本节原来的标题是《马克思的意识考古学方法》，原载《探索与争鸣》1992（3）。
① 马克思恩格斯全集：第 3 卷 . 北京：人民出版社，1960：29.

表露的高等动物的征兆，只有在高等动物本身已被认识之后才能理解。因此，资产阶级经济为古代经济等等提供了钥匙。①

也就是说，马克思对社会存在、意识，尤其是经济观念和范畴的研究，并不是按照从古至今的自然发展顺序来进行的，而是从今溯古逆向进行的。马克思并没有说"猴体解剖是人体解剖的钥匙"，而是说"人体解剖是猴体解剖的钥匙"。为什么呢？因为在低等动物身上表露出来的某些征兆，只有在高等动物那里才充分展现出来，才能为人们所理解。同样，资本主义社会是历史上最发达的和最复杂的生产组织，通过对它的结构、关系及对这一结构、关系在观念和范畴上的表现的考察，同样可以透视一切已经覆灭的社会形式的结构、关系及其在观念和范畴上的表现。因此，从研究方法上来看，从对资本主义社会的剖析入手，逆向考察古代社会反而是更容易的。比如，两千多年来，人们关于"价值"这一简单范畴的研究并没有得到什么结果，"而对更有内容和更复杂的形式的分析，却至少已接近于成功。为什么会这样呢？因为已经发育的身体比身体的细胞容易研究些"②。

那么，马克思的意识考古学的"逆溯法"的实施是否受一定条件制约呢？那是毫无疑问的。这个条件就是要先行地获得对资本主义社会和意识的批判的识见。马克思认为：

> 基督教只有在它的自我批判在一定程度上，可说是在可能范围内准备好时，才有助于对早期神话作客观的理解。同样，资产阶级经济只有在资产阶级社会的自我批判已经开始时，才能理解封建的、古代的和东方的经济。③

这就是说，对资本主义社会及其意识的批判的识见是理解古代社会（包括东方社会）及其意识的必不可少的钥匙。在马克思看来，如果一个学者还没有以批判的方式理解资本主义社会及其意识，还把资本主义生产方式理解为永恒的、自然的生产方式，那么他是不可能正确地理解资本主义以前的社会形式和意识的。马克思本人就是先以批判的眼光透彻地研究了资本主义社会后，才反过去研究资本主义以前的社会形式

---

① 马克思恩格斯全集：第 46 卷上册．北京：人民出版社，1979：43．
② 马克思．资本论：第 1 卷．北京：人民出版社，1975：7 - 8．
③ 马克思恩格斯全集：第 46 卷上册．北京：人民出版社，1979：44．

的。这就告诉我们，意识考古学的出发点是"考今"。正是在这个意义上，我们可以理直气壮地说：不理解今天，就无法解释过去。

归化法

所谓"归化法"，也就是意识向生活的还原。既然意识在任何时候都只能是被意识到了的存在，而存在也就是人们的生活过程，因此就可以通过归化法揭示出古代各种意识形式背后的真实生活。

众所周知，生活每天都在变化，而意识作为对生活的反映，总是相对保守和落后的，这可以理解为意识的滞后性。黑格尔在分析哲学这种意识形式的特点时就说过：

> 密纳发的猫头鹰要等黄昏到来，才会起飞。①

也就是说，哲学作为现实世界的理论意识，要到现实结束其形成过程时才会出现。摩尔根在分析古代社会时，也强调说，家庭是一个能动的、不断变化的因素，亲属制度和称谓则是被动的、保守的、滞后的。马克思在阅读这段话时写下了这样的评语：

> 同样，**政治的、宗教的、法律的以至一般哲学的体系，都是如此**。②

由于意识的这种滞后性，先前的生活形式虽然已经灭亡，但反映这种生活形式的意识仍然作为遗迹而残留着，比如神话、传说、原始宗教等等，就是通过口头或文本的形式保留下来的先前生活的遗迹。不少学者由于不懂得意识的这一特征，常常在对古代文化的研究中迷失了方向。比如，英国学者托马斯·斯特兰奇在研究印度法时，发现印度妇女结婚时的聘金在她死后是按她本人的特殊的继承方式相传的。斯特兰奇称这种现象是"反常现象"，并对它的存在感到迷惑不解。马克思批评说：

> 这种"**反常现象**"不过是以**氏族女系继承制**即原始继承制为基础的古代**正常规则**的片断的、仅限于一部分财产的**残迹**。③

---

① 黑格尔. 法哲学原理. 范扬，张企泰，译. 北京：商务印书馆，1961：14.
② 马克思恩格斯全集：第45卷. 北京：人民出版社，1985：354.
③ 马克思恩格斯全集：第45卷. 北京：人民出版社，1985：637.

因为印度的所有法律文献和注疏都是在由女性世系过渡到男性世系之后很久才写成的，所以，斯特兰奇对印度妇女在聘金继承上的某种自主性感到迷惑。承认意识的这种滞后性并自觉地运用归化法，上述"残迹"就成了印度古代存在母系社会的重要证据。由此可见归化法在古代哲学文化研究中的重要意义。

在论述马克思的意识考古学的"归化法"时，尚需说明，这种意识向现实的归化是指意识向以前曾经存在过的现实的归化，而不是指意识向将来的现实的归化。比如，英国历史学家格罗特不但不把神话看作对已经湮没的先前的现实的一种反映，反而认为，正是神话创造了现实。马克思驳斥道：

> 由于**血族联系**（尤其是专偶婚制发生后）已经湮远，而过去的现实看来是反映在**神话的幻想**中，于是老实的庸人们便作出了而且还在继续作着一种结论，即**幻想的系谱**创造了现实的氏族！①

这充分表明，没有历史唯物主义的立场，就不可能正确地运用意识考古学的"归化法"。

去蔽法

马克思认为，意识是在人们的生产劳动中形成并发展起来的。意识并不是那种风花雪月的闲诗，它的基本特征是实践的。在有阶级存在的社会中，意识则成了包含许多具体形式的意识形态。意识形态主要是由统治阶级中的一部分人——意识形态家，根据统治阶级的根本利益编造出来的。所以，以私有制为基础的社会形式的意识形态的根本特征是用幻想的联系来歪曲、掩蔽现实生活中的真实的联系。在马克思看来，历史可以从自然史和人类史这两个方面加以考察：

> 我们所需要研究的是人类史，因为几乎整个意识形态不是曲解人类史，就是完全撇开人类史。②

既然意识形态总是掩蔽真实的东西，去蔽就成了意识考古学的一项基本任务。恩格斯认为，马克思之所以发现了人类历史发展的规律，是

---

① 马克思恩格斯全集：第 45 卷．北京：人民出版社，1985：504．
② 马克思恩格斯全集：第 3 卷．北京：人民出版社，1960：20．

因为他先行地完成了去意识形态之蔽的工作。

所以，在研究古代意识现象时，必须努力做好去蔽的工作。比如，原始宗教对自然力的无限夸大，对所有事物的神秘化；古代政治史、法律史对王权起源的神秘的解释；古代史学对土地所有权问题的回避等等，都表明了在对古代意识现象的研究中去蔽的极端重要性。

那么，意识考古学中的"去蔽法"的基本内容是什么呢？显然，在对有阶级存在的社会意识的研究中，这一方法表现为阶级分析的方法。正如列宁所指出的：

> 马克思主义提供了一条指导性的线索，使我们能在这种看来扑朔迷离、一团混乱的状态中发现规律性。这条线索就是阶级斗争的理论。[①]

既然意识对实在的扭曲和掩蔽以统治阶级的根本利益为出发点，那么，意识考古学中的"去蔽法"实质上就是阶级分析法。在意识和意识形态的研究中，去蔽的必要性和先行性表明，马克思的意识考古学本质上是批判的考古学，其核心则表现为意识形态批判。没有这种奠基于历史唯物主义基础之上的批判的识见，意识考古必然会迷失方向。

差异法

马克思意识考古学中的"差异法"有两方面的含义。

第一方面的含义是：虽然人体解剖是猴体解剖的先导，但必须看到人体和猴体的差异，不能把它们简单地等同起来。马克思把意识考古学中这种抹煞差异的方法称为"逆序法"。比如，拉伯克像麦克伦南和巴霍芬一样，"把**群婚**和**淫婚**等同起来；实际上清楚得很，**淫婚**是一种以**卖淫**为前提的形式（卖淫只是作为**婚姻**——不论是群婚之类的婚姻还是一夫一妻制的婚姻——**之对立物**而存在的）。因此这是逆序法"[②]。

这就是说，必须看到文明社会的淫婚和原始社会的群婚之间的根本差异，不能戴着文明社会的妓院眼镜去看待古代社会。正如恩格斯所说：

> 只要还戴着妓院眼镜去观察原始状态，便永远不可能对它有任

---

① 列宁选集：第 2 卷. 北京：人民出版社，1995：426.

② 马克思恩格斯全集：第 45 卷. 北京：人民出版社，1985：660－661.

何理解。①

同样，在政治经济学研究中，也不能把现代意义上的地租和以前的代役租、什一税简单地等同起来。强调现代社会及其意识与古代社会及其意识的差异，还要排除那种把现在视为过去目的的"未来完成式"的研究方法，这种方法只满足于从过去寻找现在的萌芽。正如马克思所批评的：

> 好像后一个时期历史乃是前一个时期历史的目的，例如，好像美洲的发现的根本目的就是要引起法国革命。②

独立的发展史，正是强调要从不同历史时期的物质资料的生产方式出发去解释意识，从而也充分肯定了不同历史时期的意识之间的差异性。

第二方面的含义是：必须看到东、西方社会演化的不同路向，从而充分认识东、西方文化和意识的差异。这方面的见解也构成了马克思意识考古学的一个重要内容。在马克思看来，东、西方社会的发展一般都要经过三大形态，但从原生形态到次生形态的演化却经历了不同的路向：

> 在现实的历史上，雇佣劳动是从奴隶制和农奴制的解体中产生的，或者象在东方和斯拉夫各民族中那样是从公有制的崩溃中产生的……③

马克思对亚细亚的、古代的和日耳曼的生产方式的差异的分析，是我们在意识考古中必须遵循的重要方法。看不到这些差异，就不可能对古代东、西方文化的异同做出合理的说明。

综上所述，马克思的意识考古学方法是他的人类学方法的一个重要的侧面，也是历史唯物主义方法论的一个组成部分，通过对它的了解和把握，势必丰富并深化我们对马克思的整个方法论思想的理解，并在对传统意识和意识形态的研究中获得重要的启示。

---

① 马克思恩格斯选集：第4卷．北京：人民出版社，2012：44.
② 马克思恩格斯全集：第3卷．北京：人民出版社，1960：51.
③ 马克思恩格斯全集：第46卷上册．北京：人民出版社，1979：14.

第三节　历史性方法*

在马克思哲学的研究中，我们常常会在一些问题上争论不休。有时候，争论似乎已经解决了，可是过了一段时间，这个问题又会冒出来，重新引发一场争论，但人们很快发现，争论的论点、论据都是旧的，唯一更新的可能是争论者。比如，在人与自然关系的讨论中经常出现的自然界的先在性问题；在方法论讨论中经常出现的历史与逻辑的关系问题；在认识论讨论中经常出现的认识的起源问题；等等。为什么会出现这种现象呢？我们认为，一个重要的原因是，人们从未深入地反思过历史主义和历史性的关系问题。由于忽视了这个问题，人们不仅在一些枝节问题上争论不休，而且整个马克思哲学的研究也由于不断地返回到初始问题上而停步不前。

历史主义和历史性的差异

为了讨论历史主义和历史性的关系，我们必须先弄明白这两个概念的含义。我们认为，历史主义是一种注重研究对象的起源、演化和发展状况的研究态度。与此不同的是，历史性则是一种被抛性，它显示的是研究者、研究对象和研究活动无法回避的、先定的历史情境。历史主义和历史性的主要差异如下：

首先，历史主义关涉到的是经验世界的事实，这些事实是在我们通常意识到的时间中得以展示的。与此不同，历史性是先于经验的，它是经验世界的事实得以展示的前提。历史性关系到时间性，这种时间性不是我们在日常生活中感受到的、使经验事实得以展示的那种时间，也不是研究者主观地感受到的那种时间，后者具有随意性，是因人而异的。我们这里说的时间性是先验的，是研究者无法超越但又可以意识到并认同的时间意识。这种时间意识是在生活世界的基础——人类的生存实践活动的本质中显现出来的，而我们在日常生活中感受到的经验的时间则是在这种时间性的基础上展示出来的。

---

* 本节原来的标题是《历史性与历史主义》，原载《光明日报》1995年9月7日。

其次，历史主义必然导致对研究对象的历史起源的崇拜和回溯。我们对自然界的先在性（即自然界在时间上先于人而存在）、对人的认识的起源问题始终怀着不衰的兴趣，其源盖出于这种历史主义的情结。相反，历史性最漠视的正是起源问题，它注重的是研究者何以在此，它涉及的是研究者在开展一切研究活动之前已先行地置入的历史境遇，与此同时，它也十分重视对研究对象得以展示的历史境遇的分析。

再次，历史主义关心的是在日常生活的时间意识中何者为先的问题，而历史性关心的则是在逻辑上何者为先的问题。因此前者把任何问题的讨论都引向对第一性、第二性关系的设定；而后者关心的是研究者在从事任何研究活动之前已然接受的历史前提。

最后，历史主义崇尚的是抽象的研究态度，这种态度的特征是把研究的对象与人的活动分离开来。比如，自然的先在性问题所要肯定的就是在人类存在之前自然界就已经存在了。这种肯定显示出一种强烈的意向，那就是竭力把人与自然剥离开来；同样地，认识的起源问题所要强调的则是任何意识都起源于物质，换言之，物质是第一性的，世界统一于物质。这里追求的也是一个先于人而存在的、与人的任何认识活动相分离的纯粹物质的世界。相反，历史性强调的则是人的生存实践活动的先行性，即研究者是无条件地通过人的生存实践活动的媒介去研究一切对象的，所以它崇尚的是具体的研究态度。从历史性出发，研究者所关注的就不是抽象的、与人相分离的自然，而是现实的自然，即经过人的实践活动媒介作用的人化自然；同样地，从历史性出发，对于认识论研究来说，重要的问题不是去追溯认识的起源，而是去探讨认识者在认识活动之前已然具有的认识的前结构，从而揭示出认识活动的社会历史内涵。

总之，是以历史主义为基点，还是以历史性为基点，涉及研究活动的基本路向。以往的许多争论之所以是无效的，是因为我们从来都没有考虑过应该把这两个基点区分开来。

历史主义和历史性的内在联系

一方面，我们应当看到，历史主义有其存在的理由。在研究各种经验事实时，为了弄清楚这些事实的来龙去脉，向开端追溯是必要的。比如在研究"存在"概念时，我们总得回过头去探索这一概念最早是在哪一位哲学家那里出现的；又如在研究现代化问题时，我们也需要回溯到传统，探索现代化是如何在传统的框架中展开并与之发生激烈的冲突的。但是仅限于历史主义的思维方式又是不行的，因为这种思维方式总是不断地驱使我们往回追溯，从而遗忘了对研究者自己置身于其中的生活世界的本质的反思和历史性的澄明。这种抽象的态度往往会把整个研究导向纯学理的、与生活世界无关的方向。所以，马克思在批判自然科学的唯物主义倾向时这样写道：

> 那种排除历史过程的、抽象的自然科学的唯物主义的缺点，每当它的代表越出自己的专业范围时，就在他们的抽象的和唯心主义的观念中立刻显露出来。①

以"推广论"为特征的传统马克思主义哲学教科书把自然置于社会之前，这就必然使自然抽象化，并与马克思的人化自然的思想相冲突。这种满足于抽象回溯的、崇古的思维方式归根到底是东方社会，特别是中国社会的自然经济的思维定式在理论研究中的一种表现。

另一方面，我们也应当看到，历史性是先于经验而存在的，是任何研究活动都无法回避的。马克思说：

> 每个个人和每一代当作现成的东西承受下来的生产力、资金和社会交往形式的总和，是哲学家们想象为"实体"和"人的本质"的东西的现实基础，是他们神化了的并与之作斗争的东西的现实基础。②

如果说，历史主义体现在研究的过程中，那么，历史性则体现在对研究的前提的先行澄明上。不管研究者是否意识到这一点，这一前提是始终存在的。然而，仅仅停留在对历史性的领悟上是不够的。在历史性的澄明之后，就需要进入经验性的研究过程。事实上，不与经验性的东西相接触，历史性就仅仅是一种可能性的东西，因为它无法展示出来。

所以，重要的是把历史主义和历史性统一起来。在这个统一中，历史性是基础，是任何研究活动必须先行地加以澄明的前提，历史主义则是我们在梳理经验材料时不可或缺的方法。不应该用历史主义去取代历

---

① 马克思．资本论：第1卷．北京：人民出版社，1975：410.
② 马克思恩格斯全集：第3卷．北京：人民出版社，1960：43.

史性，事实上，我们在理论上的许多争论和混乱都源于这种取代。

探索两者关系的理论意义

探讨历史主义和历史性的关系究竟有何理论意义呢？我们认为，除了上面提到的可以消除一些无谓的争论，更重要的是，我们将对下面这些理论问题获得新的识见。

首先，我们视为重要方法的"历史与逻辑的一致"实际上是不能成立的。这种方法力图把简单的逻辑范畴与历史的开端对应起来，把复杂的逻辑范畴与历史发展的较高阶段对应起来。其实，这种做法的实质是把逻辑历史主义化，这种方法的运用必然会使研究活动在单纯的历史主义的追溯中漂浮起来，成为无根的浮萍。事实上，在逻辑与历史之间并不存在着这种一一对应的关系。马克思早就说过：

> 把经济范畴按它们在历史上起决定作用的先后次序来排列是不行的，错误的。它们的次序倒是由它们在现代资产阶级社会中的相互关系决定的，这种关系同表现出来的它们的自然次序或者符合历史发展的次序恰好相反。问题不在于各种经济关系在不同社会形式的相继更替的序列中在历史上占有什么地位，更不在于它们在"观念上"（**蒲鲁东**）（在历史运动的一个模糊表象中）的次序。而在于它们在现代资产阶级社会内部的结构。①

这就告诉我们，必须放弃寻求逻辑与历史一致的无谓游戏，必须终止逻辑向历史的还原，而把探讨的基点真正地移到逻辑上来。

其次，研究者不能轻易地进入研究过程，在进入这一过程之前，他必须先行地澄清自己的历史性。历史主义崇尚的格言是：不了解过去，就不懂得现在。而历史性崇尚的格言则是：不了解现在，就不能懂得过去。人们常说马克思注重的是历史主义，实际上，马克思视为历史主义基础的是历史性。所以马克思说：

> 人体解剖对于猴体解剖是一把钥匙。反过来说，低等动物身上表露的高等动物的征兆，只有在高等动物本身已被认识之后才能理解。②

---

① 马克思恩格斯全集：第46卷上册．北京：人民出版社，1979：45．
② 马克思恩格斯全集：第46卷上册．北京：人民出版社，1979：43．

马克思举例说：

> 基督教只有在它的自我批判在一定程度上，可说是在可能范围内准备好时，才有助于对早期神话作客观的理解。同样，资产阶级经济只有在资产阶级社会的自我批判已经开始时，才能理解封建的、古代的和东方的经济。①

因此，重要的是澄明研究的前提，而要做到这一点，就要领悟研究者置身于其中的生活世界的本质。

最后，一旦认识到历史性是历史主义的基础，以认识的起源为根本课题的抽象认识论就被解构了。抽象认识论崇拜的是认识活动的最早的起源，它把我们的注意力引向古代，从而遗忘了对认识主体的当下的社会历史性的询问和领悟。认识到这一点，抽象认识论研究就为意识形态批判所取代。因为认识主体在认识任何对象之前，已有认识的前结构，而这种前结构正是在意识形态的教化中形成起来的。与其说认识活动是外部事物在人的头脑中的反映，不如说是认识的前结构在外部事物上的显现。这样一来，通过对历史主义和历史性关系的澄明，我们就获得了一种新的哲学视野。

第四节　研究方法和叙述方法*

如果我们提出如下问题："究竟什么是马克思的方法？"人们通常会这样回答："辩证法。"实际上，传统哲学教科书也是以这种方式来解答这个问题的。不能说这样的回答是错误的，但它毕竟显得太笼统了。一方面，在西方哲学发展史中，存在着各种不同的辩证法学说，而马克思的辩证法学说的特殊性在这个回答中并没有被揭示出来，当然，这方面的问题已有不少人探讨；另一方面，在辩证法这个大框架内，马克思也十分重视研究方法和叙述方法之间的差异与联系，而迄今为止这方面的问题还没有引起理论界的充分重视。显而易见，深入地考察马克思关于

---

①　马克思恩格斯全集：第46卷上册．北京：人民出版社，1979：44.

*　本节原来的标题是《论马克思的研究方法和叙述方法之间的关系》，原载《马克思主义与现实》2000（6）。

研究方法和叙述方法关系的论述，不但能从新的视角出发，深化我们对马克思方法论的认识，而且也能为人文社会科学的研究及其成果的叙述提供方法上的重要启示。

问题的提出

在《资本论》第 1 卷第二版跋中，马克思这样写道：

> 当然，在形式上，叙述方法（Darstellungsweise）必须与研究方法（Forschungsweise）不同。研究必须充分地占有材料，分析它的各种发展形式，探寻这些形式的内在联系。只有这项工作完成以后，现实的运动才能适当地叙述出来。这点一旦做到，材料的生命一旦观念地反映出来，呈现在我们面前的就好象是一个先验的结构了。①

从这段话中，我们可以引申出如下结论：第一，不能抽象地、笼统地谈论方法，一涉及方法，就应当把叙述方法和研究方法严格地区分开来。第二，研究方法的主旨是占有材料，分析和探寻其发展形式之间的内在联系；而叙述方法的主旨则是把通过研究获得的成果用语言叙述出来，这里关键是叙述的方法要合适，要使其易于读者理解和接受。②第三，从时间次序上看，研究在前，叙述在后。好的叙述方法注重各部分之间的结构关系，从而使材料在叙述中获得自己的生命力。

为什么马克思在《资本论》第 1 卷第二版跋中要提出研究方法和叙述方法之间的关系问题来呢？因为《资本论》第 1 卷出版后，理论界评论的一个焦点就集中在马克思的方法问题上。正如马克思自己所指出的：

> 人们对《资本论》中应用的方法理解得很差，这已经由各种互相矛盾的评论所证明。③

---

① 马克思 . 资本论：第 1 卷 . 北京：人民出版社，1975：23 - 24.

② 马克思在《资本论》第 1 卷的法文版跋中写道："约·鲁瓦先生保证尽可能准确地、甚至逐字逐句地进行翻译。他非常认真地完成了自己的任务。但正因为他那样认真，我不得不对表述方法（die Fassung）作些修改，使读者更容易理解。"由此可见，在马克思看来，叙述方法的主旨是使其易于读者了解，它在形式上与研究方法之间存在着很大的差异。

③ 马克思 . 资本论：第 1 卷 . 北京：人民出版社，1975：19.

比如，德国的庸俗经济学家先是用沉默对待《资本论》，当这种策略变得无效以后，他们又指责《资本论》在文体上和叙述方法上晦涩难懂；又如，有的俄国作者认为马克思的研究方法是严格的现实主义的，但叙述方法却不幸地是德国辩证法式的，从而把马克思的研究方法和他的叙述方法尖锐地对立起来。当然，也有一些评论家对马克思的叙述方法做出了高度的评价，强调其"叙述的特点是通俗易懂，明确，尽管研究对象的科学水平很高却非常生动"，作者"使最枯燥无味的经济问题具有一种独特的魅力"①，等等。

正是基于对这些相互矛盾的评论的思考，马克思觉得有必要对自己的方法做一个总体上的说明。马克思在谈到俄国学者伊·伊·考夫曼对自己的方法的评价时，顺便发挥道：

> 这位作者先生把他称为我的实际方法的东西描述得这样恰当，并且在考察我个人对这种方法的运用时又抱着这样的好感，那他所描述的不正是辩证方法吗？②

在总体上，马克思把自己的方法称为"辩证法"，但他强调了自己的辩证法的特点：第一，它不是黑格尔式的唯心主义的辩证法，而是以唯物主义为基础的辩证法；第二，他的辩证法的本质是批判的和革命的。马克思暗示我们，他的研究方法和叙述方法都是从属于辩证法的，但在《资本论》第1卷第二版跋中，他未对研究方法和叙述方法的内容做出详尽的论述。尽管如此，马克思毕竟把这个重要的课题提出来了，值得我们深入地进行探讨。

马克思的研究方法

现在，我们先来考察马克思的研究方法。

第一，马克思告诉我们，真正现实的、面向生活世界的理论研究必须通过经验的方法大量地占有材料。在马克思看来，那种撇开实际生活的经验、只注重文本和概念之间关系的研究方法，是不可能把研究者引向正确的结论的。马克思在谈到人们每天在生活中与之打交道的物质生活条件时指出："这些前提可以用纯粹经验的方法（rein empirischem

---

① 马克思．资本论：第1卷．北京：人民出版社，1975：19.
② 马克思．资本论：第1卷．北京：人民出版社，1975：23.

Wege）来确定。"① "甚至人们头脑中模糊的东西也是他们的可以通过经验来确定的、与物质前提相联系的物质生活过程的必然升华物。"②按照马克思的看法，理论研究必须注重经验，注重对第一手材料的占有，但他并不同意经验主义的研究方法。因为经验主义的研究方法从表面上看似乎排除任何理论思维的作用，实际上却总是与某些形而上学的观点联系在一起：

> 粗率的经验主义，一变而为错误的形而上学、经院主义，挖空心思要由简单的、形式的抽象，直接从一般规律，引出各种不可否认的经验现象，或用狡辩，说它们本来和这个规律相一致。③

马克思启示我们，理论研究必须注重新鲜的、第一手的经验材料，但理论研究的方法又不能落到经验主义的窠臼之中，而应该引入正确的理论思维来统率经验材料。总之，经验材料和理论思维，两者不可偏废。

第二，马克思认为，理论研究，特别是经济学的研究，"既不能用显微镜，也不能用化学试剂。二者都必须用抽象力（die Abstraktionskraft）来代替"④。

马克思这里说的"抽象力"也就是理论认识力。他在批评亚当·斯密和其他资产阶级经济学家时指出："对他来说，对一切后来的资产阶级经济学者来说，理解各种经济关系的形式区别所必要的理论认识力的缺少，都还是一个通例。他们只能对经验所与的材料粗糙地抓一抓，只对这些材料感兴趣。"⑤ 马克思这里提及的"各种经济关系的形式"指的是商品、货币、价值、资本等经济范畴。在他看来，研究这些经济形式，如果缺乏理论分析的能力，那是无法进行的。比如，资产阶级的经济学家由于缺乏这种能力，因而无法破解"商品拜物教"的秘密。而马克思则以其深入的理论分析力阐明了"商品拜物教"的本质：

> 商品形式的奥秘不过在于：商品形式在人们面前把人们本身劳

---

① 马克思恩格斯全集：第3卷．北京：人民出版社，1960：23.
② 马克思恩格斯全集：第3卷．北京：人民出版社，1960：30.
③ 马克思．剩余价值学说史：第1卷．北京：人民出版社，1975：68.
④ 马克思．资本论：第1卷．北京：人民出版社，1975：8.
⑤ 马克思．剩余价值学说史：第1卷．北京：人民出版社，1975：71.

动的社会性质反映成劳动产品本身的物的性质，反映成这些物的天然的社会属性，从而把生产者同总劳动的社会关系反映成存在于生产者之外的物与物之间的社会关系。由于这种转换，劳动产品成了商品，成了可感觉而又超感觉的物或社会的物。①

在马克思看来，"商品拜物教"同商品生产是分不开的，正是商品生产使人与人之间的社会关系获得了物与物之间的关系的虚幻的形式，从而使人们产生了对物的崇拜。

按照马克思的看法，这种"抽象力"或"理论认识力"本质上是辩证的。他在谈到商品 A 和商品 B 互为价值的镜子时写道：

> 在某种意义上，人很象商品。因为人来到世间，既没有带着镜子，也不象费希特派的哲学家那样，说什么我就是我，所以人起初是以别人来反映自己的。名叫彼得的人把自己当作人，只是由于他把名叫保罗的人看作是和自己相同的。因此，对彼得说来，这整个保罗以他保罗的肉体成为人这个物种的表现形式。②

马克思有时候也按照黑格尔的方式把商品之间的、辩证的价值关系理解为反思规定：

> 这种反思的规定是十分奇特的。例如，这个人所以是国王，只因为其他人作为臣民同他发生关系。反过来，他们所以认为自己是臣民，是因为他是国王。③

总之，马克思认为，理论研究如果光满足于积累和占有材料，而缺乏"抽象力"的话，那就只能停留在粗糙的经验主义的水平上，达不到对研究对象的各部分之间的内在关系的把握，更谈不上对研究对象的活动规律的揭示。

第三，马克思主张，只有当理论研究者能够以自我批判的眼光看待现在的时候，才有可能正确地理解过去。马克思这样写道：

> 人体解剖对于猴体解剖是一把钥匙。反过来说，低等动物身上

---

① 马克思．资本论：第 1 卷．北京：人民出版社，1975：88 - 89.
② 马克思．资本论：第 1 卷．北京：人民出版社，1975：67.
③ 马克思．资本论：第 1 卷．北京：人民出版社，1975：72.

表露的高等动物的征兆，只有在高等动物本身已被认识之后才能理解。因此，资产阶级经济为古代经济等等提供了钥匙。①

在这里，马克思倡导的研究方法与达尔文提倡的进化论的方向正好相反。在达尔文看来，人们只有懂得过去，才能理解现在；只有了解了猴体解剖，才能理解人体解剖。而马克思则把自己的研究方法的进程颠倒过来了，即强调只有先行地认识现在，才能正确地理解过去。人们也许会问：什么是先行地认识现在呢？在马克思看来，先行地认识现在就是置身于当今世界的研究者在开始自己的研究活动之前，先行地对当今世界有一种自我批判的意识。为了说明这种研究方法，马克思举例说：

> 基督教只有在它的自我批判（Selbstkritik）在一定程度上，可说是在可能范围内准备好时，才有助于对早期神话作客观的理解。同样，资产阶级经济只有在资产阶级社会的自我批判已经开始时，才能理解封建的、古代的和东方的经济。②

这就告诉我们，只要当今的研究者还不能用自我批判的眼光认识当今的生活世界，他就不能对过去的生活世界做出合理的说明。正是在这个意义上，马克思强调，"人体解剖对于猴体解剖是一把钥匙"。换一种说法，则是"已经发育的身体比身体的细胞容易研究些"。③

当然，在坚持这一研究方法的时候，也必须清醒地意识到现在与过去的差别，不能把现在的理论观念不加区别地套用到过去的生活世界中。因此，马克思告诫我们，"决不是象那些抹杀一切历史差别、把一切社会形式都看成资产阶级社会形式的经济学家所理解的那样。人们认识了地租，就能理解代役租、什一税等等。但是不应当把它们等同起来"④。也就是说，重要的是通过对现在的批判性领悟，找到研究过去

---

① 马克思恩格斯全集：第 46 卷上册．北京：人民出版社，1979：43.
② 马克思恩格斯全集：第 46 卷上册．北京：人民出版社，1979：44.
③ 马克思．资本论：第 1 卷．北京：人民出版社，1975：8.
④ 马克思恩格斯全集：第 46 卷上册．北京：人民出版社，1979：43. 马克思也尖锐地批评了他同时代的一些人类学家把当代人的观念简单地套用到古代人身上的错误做法："欧洲的学者们大都是天生的宫廷奴才，他们把巴赛勒斯（即古代社会的酋长——引者注）变为现代意义上的君主。"（马克思恩格斯全集：第 45 卷．北京：人民出版社，1985：510）

的问题的正确的立场和切入点，而不是把现在的观念与过去的观念简单地等同起来。总之，要辩证地理解现在与过去、人体解剖与猴体解剖之间的关系。

第四，马克思坚持，理论研究的真正出发点是现实的人。在《德意志意识形态》一书中，马克思严格地区分了两种不同的观察方法："前一种观察方法（In der ersten Betrachtungsweise）从意识出发，把意识看作是有生命的个人。符合实际生活的第二种观察方法（in der zweiten）则是从现实的、有生命的个人本身出发，把意识仅仅看作是**他们的意识**。"① 马克思这里说的"第一种观察方法"指的是黑格尔和青年黑格尔派学者观察问题和研究问题的方法。显然，这是一种以为观念、概念和想法统治并决定着现实世界的唯心主义的观察、思考和研究问题的方法。马克思辛辣地嘲讽了这种方法："有一个好汉一天忽然想到，人们之所以溺死，是因为他们被**关于重力的思想**迷住了。如果他们从头脑中抛掉这个观念，比方说，宣称它是宗教迷信的观念，那末他们就会避免任何溺死的危险。"② 毋庸讳言，以这种唯心主义的方法去描述现实生活，是不可能引申出正确的结论来的。

这里说的"第二种观察方法"指的正是马克思自己的观察方法和研究方法。马克思指出："这种观察方法并不是没有前提的。它从现实的前提出发，而且一刻也不离开这种前提。它的前提是人，但不是某种处在幻想的与世隔绝、离群索居状态的人，而是处在一定条件下进行的、现实的、可以通过经验观察到的发展过程中的人。"③ 正是从这样的观察方法和研究方法出发，马克思强调，一切人类生存的第一个前提是：人们为了能够创造历史，必须能够生活；而为了能够生活，必须要解决衣、食、住等问题；因此，人类的第一个活动就是生产满足这些需要的资料。事实上，马克思的历史唯物主义学说正是从现实的人出发引申出来的。

在强调理论研究必须从现实的人出发这一基本原则时，马克思批判了两种错误的研究方法。一种方法是以费尔巴哈为代表的。虽然费尔巴

---

① 马克思恩格斯全集：第3卷．北京：人民出版社，1960：30.
② 马克思恩格斯全集：第3卷．北京：人民出版社，1960：16.
③ 马克思恩格斯全集：第3卷．北京：人民出版社，1960：30.

_355

哈通过对神学的批判复兴了人本学的研究，但他谈论的"人"不过是自然属性（饮食男女）意义上的、抽象的人，而不是处在各种社会关系中的、现实的人。因此，费尔巴哈的人本学不可能对现实生活做出实质性的批判。另一种方法是以经济学家亚当·斯密和大卫·李嘉图为代表的。他们对任何经济问题的讨论总是以笛福笔下的鲁滨孙式的个人（单个的、独立的渔夫或猎人）为出发点的。这样的"个人"和费尔巴哈的着眼点虽然不同，但本质上都是抽象的人。马克思指出："我们越往前追溯历史，个人，从而也是进行生产的个人，就越表现为不独立，从属于一个较大的整体：最初还是十分自然地在家庭和扩大成为氏族的家庭中；后来是在由氏族间的冲突和融合而产生的各种形式的公社中。只有到十八世纪，在'市民社会'中，社会联系的各种形式，对个人说来，才只是表现为达到他私人目的的手段，才表现为外在的必然性。但是，产生这种孤立个人的观点的时代，正是具有迄今为止最发达的社会关系（从这种观点看来是一般关系）的时代。"①

在马克思看来：其一，鲁滨孙式的个人不过是 18 世纪的市民社会的产物；其二，不应该把 18 世纪才有的"个人"的现象套用到初民社会中去；其三，即使在 18 世纪，"个人"也只是一种外观上的现象，实质上更重要的是"个人"置身于其中的"社会关系"。按照马克思的看法，只有不把"个人"理解为"个人"，而是理解为"社会关系"时，"个人"才成为"现实的人"；同样地，只有不把资本主义生产方式中的"物"理解为抽象的"物"，而是理解为"社会关系"时，"物"的现实性才得到了把握。正是在这个意义上，马克思说：

> 黑人就是黑人。只有在一定的关系下，他才成为**奴隶**。纺纱机是纺棉花的机器。只有在一定的关系下，它才成为**资本**。脱离了这种关系，它也就不是资本了，就像**黄金**本身并不是**货币**，砂糖并不是砂糖的**价格**一样。②

这种关系，如同一种特殊的以太，它决定着它里面显露出来的一切存在物的比重。不以孤立的、抽象的人，而以现实的、处在各种社会关

---

① 马克思恩格斯全集：第 46 卷上册．北京：人民出版社，1979：21.
② 马克思恩格斯选集：第 1 卷．北京：人民出版社，2012：340.

系中的人为自己观察和研究社会问题的出发点，充分表明马克思的研究方法与以普遍联系为根本特征的辩证法之间的一致性。

第五，马克思强调，理论研究的真正的兴奋点是范畴在现代社会中的结构关系，而不是它们在历史上起决定作用的先后次序。不少马克思哲学的解释者把马克思的研究方法理解为历史主义的方法，并把"逻辑与历史的一致"作为这种方法的根本特征。所谓"逻辑与历史的一致"，即强调逻辑范畴从简单到复杂的发展大致对应历史从低级到高级的发展。这种研究方法常常把逻辑还原为历史，把历史进一步还原为对历史起点和过程的追溯。这显然是对马克思的研究方法的误解。

众所周知，"逻辑与历史一致"的研究方法最早是黑格尔提出的，但黑格尔实际上肯定的只是逻辑范畴从抽象到具体的发展与哲学史从贫乏到丰富的发展在总趋势上的对应性，他强调：

> 哲学史总有责任去确切指出哲学的历史开展与纯逻辑理念的辩证开展一方面如何一致，另一方面又如何有出入。[1]

他说的"另一方面又如何有出入"这句话却没有引起人们足够的重视。哲学史的发展充满了经验的偶然性，而逻辑范畴的展开则是以必然性为特征的，因此两者之间存在着本质性的差异。在马克思看来，无论是从某种逻辑范畴运动的框架出发去研究历史，还是从历史出发去探讨逻辑范畴之间的内在联系，都不可能引申出正确的结论。

事实上，马克思也只是在历史发展和范畴发展的总趋势的限度内肯定两者之间的某种对应关系，但从未把这种充满差异和偶然性的对应关系理解为一种规律性的东西。相反，马克思强调的是：

> 把经济范畴按它们在历史上起决定作用的先后次序来排列是不行的，错误的。它们的次序倒是由它们在现代资产阶级社会中的相互关系决定的，这种关系同表现出来的它们的自然次序或者符合历史发展的次序恰好相反。问题不在于各种经济关系在不同社会形式的相继更替的序列中在历史上占有什么地位，更不在于它们在"观念上"（**蒲鲁东**）（在历史运动的一个模糊表象中）的次序。而在于

---

① 黑格尔．小逻辑．贺麟，译．北京：商务印书馆，1980：191.

它们在现代资产阶级社会内部的结构（Gliederung）。①

在马克思看来，重要的不是在外在形式上把经济范畴与历史发展一一对应起来，而是揭示出现代社会中经济范畴之间的结构关系。在对这一结构关系获得正确的认识之前，是不可能对经济发展史做出合理的说明的。

也就是说，重要的是现在，而不是历史；重要的是对范畴结构的考察，而不是对历史起点和过程的回溯。也正是在这个意义上，法国哲学家阿尔都塞在 1965 年出版的《保卫马克思》和《阅读〈资本论〉》两书中把马克思的研究方法解释为结构主义的方法，而德国哲学家施密特则在 1971 年出版的《历史与结构》一书中试图通过对阿尔都塞的结构主义的批判，恢复马克思研究方法中结构主义与历史主义之间的张力。在我们看来，马克思的研究方法强调的是结构在先的原则，在这个原则的基础上，结构主义与历史主义的因素才获得辩证的统一。这一原则与他在《资本论》中强调的"充分地占有材料，分析它的各种发展形式，探寻这些形式的内在联系"的说法是完全一致的。区别仅仅在于，结构在先侧重于研究方法中思考的维度，而《资本论》中的说法则侧重于研究方法中的经验准备的维度。

马克思的叙述方法

如前所述，在理论探讨中，马克思不仅重视研究方法，也重视叙述方法。在他看来，叙述方法之所以是重要的，是因为它决定着读者与作者之间的交流是否可能。哪怕一个作者通过合理的研究方法而取得了重要的研究成果，但只要他的叙述方法是不合适的，他就不可能以科学的方式把自己的研究成果叙述出来，得到读者的理解和认同。长期以来，理论界一直忽视对马克思的叙述方法的探索，其实，这一方法的重要意义是不容低估的。马克思关于叙述方法的主要见解如下：

首先，马克思区分了两种不同的叙述方法。在《1857—1858 年经济学手稿》中，马克思这样写道：

历来的观念论的历史叙述（idealen Geschichtschreibung）**同现**

---

① 马克思恩格斯全集：第 46 卷上册．北京：人民出版社，1979：45.

实的历史叙述（realen）**的关系，特别是同所谓文化史的关系，**这所谓文化史全部是宗教史和政治史。（顺便也可以说一下历来的历史叙述的各种不同的方式。所谓客观的。主观的（伦理的等等）。哲学的。）①

马克思的这段话虽然只是提要式的，没有就叙述方法的问题展开详尽的论述，但它区分了观念论的即唯心主义的叙述方法②，和现实的即历史唯物主义的叙述方法。这一区分具有根本性的意义。

在《路易·波拿巴的雾月十八日》一书中，马克思在提到维克多·雨果的《小拿破仑》和蒲鲁东的《政变》时，曾经这样写道：

> 维克多·雨果只是对政变的主要发动者作了一些尖刻的和机智的痛骂。事变本身在他笔下被描绘成了一个晴天霹雳。他认为这个事变只是某一个人的暴力行为。他没有觉察到，当他说这个人表现了世界历史上空前强大的个人主动性时，他就不是把这个人写成小人物而是写成巨人了。蒲鲁东呢，他想把政变描述成以往历史发展的结果。但是，在他那里关于政变的历史构想不知不觉地变成了对政变主角所作的历史辩护。这样，他就陷入了我们的那些所谓**客观**历史编纂学家所犯的错误。相反，我则是证明，法国**阶级斗争**怎样造成了一种局势和条件，使得一个平庸而可笑的人物有可能扮演了英雄的角色。③

从时间上看，虽然这段话比我们前面引证的、关于"历史叙述"的那段

---

① 马克思恩格斯全集：第 46 卷上册．北京：人民出版社，1979：47．其中的德语形容词 moralische 应译为"道德的"，而不应译为"伦理的"。参见 K. Marx. *Grundrisse der Kritik der politischen Oekonomie*. Berlin：Dietz Verlag，1974：29。事实上，在更早出版的《哲学的贫困》一书的第一章中，马克思在批评蒲鲁东时已经指出："这就是蔑视亚当·斯密和李嘉图的'历史的叙述的方法'的蒲鲁东先生的**'历史的叙述的方法'**。"马克思还以讽刺的口吻写道："可见，蒲鲁东先生的'历史的叙述的方法'事事适用，它能答复一切和说明一切。"在第二章中批评蒲鲁东关于分工的观点时，马克思又写道："这就是蒲鲁东先生的**历史的叙述的方法**的又一标本。"（马克思恩格斯全集：第 4 卷．北京：人民出版社，1958：79 - 80，165）在这里，马克思着重批判了蒲鲁东的具有观念论倾向的叙述方法。

② 马克思写道："有必要对唯心主义的叙述方法（die idealistische Manier der Darstellung）作一纠正，这种叙述方法造成一种假象，似乎探讨的只是一些概念的规定和这些概念的辩证法。"（马克思恩格斯全集：第 46 卷上册．北京：人民出版社，1979：97）

③ 马克思恩格斯选集：第 1 卷．北京：人民出版社，2012：664.

话更早，但通过它却能使我们对马克思的叙述方法获得一个清晰的认识。马克思告诉我们，对于路易·波拿巴的政变，存在着三种不同的叙述方法。

第一种是维克多·雨果式的叙述方法。它显然是马克思批评过的"观念论的历史叙述"，而且带有较强烈的主观色彩，因为它把政变理解为"一个人的暴力行为"和突如其来的"晴天霹雳"，并且只是从道德上攻击政变发动者，结果事与愿违，反而夸大了政变者的历史作用。

第二种是蒲鲁东式的叙述方法。毋庸讳言，它也属于"观念论的历史叙述"，与维克多·雨果的叙述方法不同的是，它带有强烈的客观主义的色彩，因为它试图把政变描绘成以往历史发展的结果，但在以这种方式进行叙述时，它又走向另一个极端，似乎一切都是客观的情况造成的，政变者主观上没有起什么作用。这样一来，不知不觉地，叙述者成了政变发动者的辩护人。显而易见，这两种叙述方法都不能把我们带到历史事件的真相面前。

第三种是马克思式的叙述方法。毫无疑问，它正是马克思所主张的"现实的历史叙述"，因为它从当时法国的社会现实，特别是阶级斗争的状况出发，阐明了政变发生的真正的动因和过程，也阐明了政变者的动机和手段。马克思对政变的叙述和分析是如此之准确，以至于后来恩格斯这样写道：

> 紧接着这一事变之后，马克思立即写出一篇简练的讽刺作品，叙述了二月事变以来法国历史的全部进程的内在联系，揭示了12月2日的奇迹就是这种联系的自然和必然的结果，而他在这样做的时候对政变的主角除了给予其应得的蔑视以外，根本不需要采取别的态度。这幅图画描绘得如此高明，以致后来每一次新的揭露，都只是提供出新的证据，证明这幅图画是多么忠实地反映了实际。①

事实上，马克思的叙述方法之所以是现实的叙述方法，是因为这种方法是奠基于历史唯物主义的基础之上的，因而能对历史事件做出准确的描述和深刻的分析。

其次，马克思进一步把"现实的历史叙述"区分为两种不同的类型：一种是欧洲社会演化的历史叙述。在《资本论》第1卷第二十四章"所谓原始积累"中，马克思叙述了西欧资本主义如何从封建社会中产

---

① 马克思恩格斯选集：第1卷．北京：人民出版社，2012：666．

生并发展的历史。另一种是东方社会演化的历史叙述。在与恩格斯的通信中，马克思这样写道：

> 不存在土地私有制，的确是了解整个东方的一把钥匙。这是东方全部政治史和宗教史的基础。但是东方各民族为什么没有达到土地私有制，甚至没有达到封建的土地所有制呢？我认为，这主要是由于气候和土壤的性质，特别是由于大沙漠地带，这个地带从撒哈拉经过阿拉伯、波斯、印度和鞑靼直到亚洲高原的最高地区。①

马克思也把东方社会的生产方式称为"亚细亚生产方式"，而这一生产方式是以农村公社为基础的。在《资本论》第 1 卷中，他指出：

> 这些自给自足的公社不断地按照同一形式把自己再生产出来，当它们偶然遭到破坏时，会在同一地点以同一名称再建立起来，这种公社的简单的生产机体，为揭示下面这个秘密提供了一把钥匙：亚洲各国不断瓦解、不断重建和经常改朝换代，与此截然相反，亚洲的社会却没有变化。这种社会的基本经济要素的结构，不为政治领域中的风暴所触动。②

马克思告诉我们，在叙述东方社会历史时，如果光注意其政治上的频繁的变动，必定会导向错误的、观念论式的叙述途径；只有同时叙述出其经济生活上微乎其微的变化，才能达到现实的历史叙述。显然，马克思关于东方社会演化的叙述方法为我们理解东方社会的性质和历史提供了极为重要的启示。

马克思主张把上面两种不同类型的历史叙述方法严格地区分开来。当俄国学者米海洛夫斯基试图把马克思在《资本论》中叙述的西欧资本主义的起源和资本积累叙述成普遍性的资本主义发展道路时，马克思立即批评了这一错误的倾向：

> 他一定要把我关于西欧资本主义起源的历史概述彻底变成一般发展道路的历史哲学理论，一切民族，不管他们所处的历史环境如何，都注定要走这条道路，——以便最后都达到在保证社会劳动生产力极高度发展的同时又保证人类最全面的发展的这样一种经济形

---

① 马克思恩格斯《资本论》书信集．北京：人民出版社，1976：81．
② 马克思．资本论：第 1 卷．北京：人民出版社，1975：396 - 397．

态。但是我要请他原谅。他这样做，会给我过多的荣誉，同时也会给我过多的侮辱。①

按照马克思的看法，在进行历史叙述时，绝不能使用一般历史哲学理论这把万能的钥匙，而应当把西方社会与东方社会演化的模式严格地区分开来。

再次，马克思强调，叙述方法应该是辩证的。这种辩证性主要表现在以下三个方面。

一是叙述方法是有界限的。在前面我们曾经提到，叙述的主旨是使读者易于理解被叙述的东西，这也许可以看作叙述者给自己所叙述的东西设定的主观方面的界限；而叙述也有其客观的界限，正如马克思所说的：

> 叙述的辩证形式只有明了自己的界限时才是正确的。②

马克思这里强调的"界限"也就是叙述的客观界限，换言之，即被叙述对象的性质。正是在这个意义上，马克思也指出：

> 我们的叙述方法自然要取决于**对象本身的性质**。③

尤其在批评性的文本中是如此。比如，当时以布·鲍威尔为代表的"批判的批判"的理论水平不高，为此，马克思就觉得没有必要在《神圣家族》一书中对当时德国的理论发展情况做出相应的叙述。总之，不存在千篇一律的叙述方法，叙述方法应当是辩证的、高度灵活的，它取决于叙述者对被叙述的对象的性质的把握。

二是物质资料生产与精神生产，尤其是艺术生产之间存在着不平衡的关系。在叙述中不能把精神生产，尤其是艺术的生产简单地描述为物质资料生产的附庸，仿佛它们在历史发展进程中完全是一一对应的，即物质资料生产达到什么程度，精神生产尤其是艺术生产也会达到什么程度。如果以这种方法叙述历史，历史就成了某种僵死的东西。在马克思看来，"关于艺术，大家知道，它的一定的繁盛时期决不是同社会的一般发展成比例的，因而也决不是同仿佛是社会组织的骨骼的物质基础的

---

① 马克思恩格斯全集：第19卷. 北京：人民出版社，1963：130.
② 马克思恩格斯全集：第46卷下册. 北京：人民出版社，1980：513-514.
③ 马克思恩格斯全集：第2卷. 北京：人民出版社，1957：7.

一般发展成比例的"①。

这种辩证的、不平衡的关系表明，在物质资料生产，即经济生活方面比较落后的国家可能在精神生产方面演奏第一小提琴；而物质资料生产高度发展的国家也有可能在精神生产方面相对落后。事实上，只有在叙述方法中牢牢地把握这种辩证的、不平衡的关系，叙述本身才不会偏离方向。

三是理论叙述的进程应该是"从抽象上升到具体"（vom Abstrakten zum Konkreten）的辩证的进程。马克思认为，在政治经济学理论的叙述中，存在着两种不同类型的叙述方法。一种是从具体到抽象，即从具体的、混沌的表象整体（如人口、民族、国家等等）出发，在叙述中不得不走向对抽象的规定（如劳动、分工、需要、交换价值等）的分析和解释。另一种是从抽象上升到具体，即从上述抽象的规定出发，叙述出思维上的、具体的整体（如人口、民族、国家等等），但这些整体已经与前面提到的混沌的表象整体完全不同，它们是由许多抽象的规定综合而成的、思维上的整体。在马克思看来，前一种叙述方法是经济学在它产生的时期经常使用的，而后一种叙述方法才是科学上正确的方法。

> 在第一条道路上，完整的表象蒸发为抽象的规定；在第二条道路上，抽象的规定在思维行程中导致具体的再现。

> 因此，黑格尔陷入幻觉，把实在理解为自我综合、自我深化和自我运动的思维的结果，其实，从抽象上升到具体的方法，只是思维用来掌握具体并把它当作一个精神上的具体再现出来的方式。但决不是具体本身的产生过程。②

在马克思看来，从抽象上升到具体的方法只是把具体从精神上再现出来的、叙述的方法，不应当像黑格尔那样，把这种叙述方法误解为实

---

① 马克思恩格斯全集：第 46 卷上册．北京：人民出版社，1979：48.

② 马克思恩格斯全集：第 46 卷上册．北京：人民出版社，1979：38. 在较早撰写的《神圣家族》一书中，马克思在批判以布·鲍威尔为代表的"批判的批判"时，这样写道："对'巴黎的秘密'所做的批判的叙述的秘密，就是**思辨的黑格尔结构**的秘密。"又说："这种办法，用思辨的话来说，就是把**实体**了解为**主体**，了解为**内部的过程**，了解为**绝对的人格**。这种了解方式就是**黑格尔方法**的基本特征。"（马克思恩格斯全集：第 2 卷．北京：人民出版社，1957：71，75）

在本身产生的方法。事实上，马克思也只是在叙述方法的意义上肯定了黑格尔的逻辑学和法哲学所蕴含的从抽象到具体的方法。他写道：

> 比如，黑格尔论法哲学，是从主体的最简单的法的关系即占有开始的，这是对的。但是，在家庭或主奴关系这些具体得多的关系之前，占有并不存在。①

正如我们在前面早已指出过的，从抽象上升到具体的叙述方法，在确定其作为叙述的起始点的抽象的规定时，注重的并不是这一抽象规定在历史上出现的先后，而是从这一抽象规定出发进行叙述，最易使读者达到对思维综合体的理解。这就告诉我们，要达到真正合理的叙述方法，需要领悟并把握抽象和具体的辩证关系。捷克哲学家科西克的名著《具体辩证法》就是对这一辩证关系深入探索的一个成果。

最后，叙述方法蕴含着对引证方法的要求。恩格斯在《资本论》第1卷的第三版序言中指出："最后，我说几句关于马克思的不大为人们了解的引证方法（Art zu zitieren）。在单纯叙述和描写事实的地方，引文（例如引用英国蓝皮书）自然是作为简单的例证。而在引证其他经济学家的理论观点的地方，情况就不同了。这种引证只是为了确定：一种在发展过程中产生的经济思想，是什么地方、什么时候、什么人第一次明确地提出的。这里考虑的只是，所提到的经济见解在科学史上是有意义的，能够多少恰当地从理论上表现当时的经济状况。"② 恩格斯告诉我们，在马克思的叙述方法中，存在着两种不同的引证方法。一是单纯叙述和描写式的引证，这样的引证只限于指出事实（包括他人的代表性的观点）；二是学术史意义上的引证，其目的是阐明什么地方、什么时候、什么人第一次提出在学术发展史上有意义的某个观点。后一种的引证对叙述者的学术素养和洞见提出了很高的要求。这就启示我们，真正的叙述方法必定蕴含着高水平的引证方法。

从上面的论述可以看出，在理论研究中，叙述方法并不是可有可无的东西，它起着极其重要的作用，它是马克思整个方法论思想中的不可或缺的组成部分。

---

① 马克思恩格斯全集：第46卷上册．北京：人民出版社，1979：39.
② 马克思．资本论：第1卷．北京：人民出版社，1975：32.

研究方法和叙述方法之间的辩证关系

在前面，我们已经提到马克思关于研究方法和叙述方法之间关系的一些看法，但没有展开论述。在这个部分中，我们将着重考察这一关系。必须指出，马克思并没有辟出专门的篇幅，对研究方法和叙述方法的关系进行系统的论述，他只是在探索理论问题特别是经济问题时，论及这两者之间的关系。这就使这方面的探讨变得比较困难。幸运的是，在《剩余价值学说史》中，马克思对英国古典经济学进行批判性的考察时，对这一关系问题做出了比较集中的说明。

其一，从理论探索者从事自己工作的时间次序上看，研究方法在先，叙述方法在后，这一次序是确定无疑的。所以在一般的情况下，研究方法总会对叙述方法造成直接性的影响。比如，马克思认为，在亚当·斯密那里，政治经济学已经发展成一种体系性的理论。然而，他的思维总是陷入矛盾之中。一方面，他试图探索各经济范畴之间的内部联系，或者说研究资本主义经济体系的内部结构；另一方面，他又按照这种联系，在竞争的现象中，在一个非科学的观察者眼里，并且是在一个实际地卷入资本主义生产过程并在这一过程中有私人利益的人的眼里出现的样子，提出并探讨这种联系。

> 这是两种研究方法，其中一种是深入内部联系，或者说深入资产阶级体系内部的生理学；另一种却不过把日常生活过程中的某些现象，按照它们外表上显现出来的样子加以描写、加以分类，加以叙述，并列入简单系统的概念规定中。这两种研究方法，在斯密手里，不仅无拘无束地并列在一处，并且互相交错，不断地自相矛盾。①

按照马克思的看法，在斯密的两种研究方法中，前一种方法的任务是试图深入资产阶级体系内部的生理学，阐明资产阶级社会内部的结构性的联系；但后一种方法的任务却试图把这个社会外部显现的生活形式描绘出来，并为这些形式找到相应的概念或术语。

> 这两种任务一样厉害地使他感兴趣。并且，因为这两种任务是

---

① 马克思. 剩余价值学说史：第2卷. 北京：人民出版社，1978：178-179.

互相独立进行的，所以这里就出现了十分矛盾的表述方法。一种方法相当正确地说明了内部联系；另一种方法又以同样的合理性，没有任何内部联系——即与前一种研究方法没有任何联系——地说出现象上的联系。①

通过对亚当·斯密的研究方法和叙述方法的关系的分析，马克思启示我们：一般说来，在这两种方法的关系中，研究方法是决定性的，它的合理与否对叙述方法的合理与否产生了直接的影响。

其二，从读者了解作者（即理论探索者）的方法的时间次序上看，读者总是先接触作者的著作，即通过作者的叙述方法去了解和领悟他的研究方法。比如，马克思在批评李嘉图的代表作《政治经济学及赋税原理》时指出：

> 他的著作有一种非常特殊并且必然会颠颠倒倒的结构。②

也就是说，这部著作的叙述方法是十分混乱的。全书共三十二章，其中理论部分是一至六章。在其他二十六章中，论述赋税问题的竟占十四章，其余的十二章均为第一至六章的理论的应用、补充、说明或附录。叙述方法上显得十分凌乱，缺乏系统性。在马克思看来，不仅这部著作的应用的部分在叙述上是凌乱的，而且"理论部分即前六章的有很多缺陷的结构，也并不是偶然的，那是由里嘉图自己的研究方法，由他为自己研究确定的任务引起。这种结构表示出了，这种研究方法本身就是科学上不充分的"③。

这充分表明，在研究方法和叙述方法的关系中，叙述方法并不是完全被动的。它的合理与否，也能向读者显露出作者的研究方法的合理与否。事实上，正是通过对李嘉图的《政治经济学及赋税原理》的解读，即通过对他的叙述方法的接触，马克思也洞察到他在研究方法上存在的问题：

> 里嘉图的方法是这样：他从商品价值量由劳动时间决定这一点出发，然后研究其他一些经济关系、范畴是否和价值的这种决定相矛盾，或者说会在多大程度内修正它。我们一眼就可以看出这种研

---

①　马克思．剩余价值学说史：第2卷．北京：人民出版社，1978：179.

②　马克思．剩余价值学说史：第2卷．北京：人民出版社，1978：180.

③　马克思．剩余价值学说史：第2卷．北京：人民出版社，1978：181.

究方法在经济学史上的历史理由，它的科学必要性，但同时也可以看出它在科学上的不充分性；这种不充分性不仅（形式地）表示在叙述的方法上，而且引出了各种错误的结论，因为它跳过了必要的中项，试图用直接的方法，论证种种经济范畴相互间的一致性。①

这种研究方法虽然有其历史价值和科学意义，但同时也暴露出它存在的种种问题。比如在《政治经济学及赋税原理》第一章"论价值"中，李嘉图不只假定了商品的存在，而且也假定了工资、资本、利润、自然价格、市场价格等经济形式的存在。这充分表明，他的研究方法缺乏对经济范畴的系统的、有次序的考察。

综上所述，当我们不再停留在对马克思的方法论的泛泛而谈，而是深入地反思马克思关于研究方法和叙述方法的辩证关系的课题时，蕴含在马克思方法论中的重要理论遗产才会源源不断地向我们显现出来。

---

① 马克思．剩余价值学说史：第2卷．北京：人民出版社，1978：178.

下　篇

马克思哲学的当代意义

第八章 马克思哲学的当代意义

马克思哲学，就像任何一种伟大的哲学思想一样，在当代仍然具有强大的生命力和广泛而持久的影响力。在这个意义上我们可以说，马克思仍然是我们的同时代人。而当代人对马克思的普遍的理论兴趣，并不源自怀旧的热情，而是要借用马克思的思想智慧和洞察力来解答当代生活中出现的种种难题。在这个意义上可以说，马克思哲学的当代意义也就是当代人的问题意识。

第一节 马克思仍然是我们的同时代人 *

20 世纪已经逝去了。不管人们对它怀着多么复杂的感情：是痛苦的失落，还是欣喜的回眸？是疑虑的增长，还是平静的怀旧？苹果已经从树上掉下来了，20 世纪已经消失在人类历史的巨大黑洞之中。对于马克思主义来说，20 世纪既是一个凯歌行进的世纪，也是一个遭受重挫的世纪。尤其是在 20 世纪的最后十余年中，随着东欧的"地震"与苏联解体，马克思主义经历了一场前所未有的危机。曾几何时，"马克思主义已经死亡""共产主义已经夭折""人类历史已经终结"这样的口号响彻了西方社会的上空，然而，正如莎士比亚所嘲讽的："头晕的人以为世界在旋转"，主观愿望并不就是客观现实，情绪化的口号并不就

---

* 本节原载《文汇报》2000 年 8 月 2 日，《中国社会科学文摘》2000（5）全文转载。

是非情绪化的结果。有趣的是，历史反倒向我们证明，这些口号有多么浅薄！因为当它们的余音还萦绕在我们耳际的时候，历史的钟摆已经摆向另一端。

马克思研究的复兴

马克思研究的当代复兴以各种不同的方式表现出来：一是 1995 年 9 月，由法国《当代马克思》杂志发起的"国际马克思大会"在巴黎举行，上千人参加了会议，就马克思主义的历史地位、东欧剧变和苏联解体的历史教训等问题展开了深入的讨论。大会盛况空前，影响深远，法国《人道报》和《解放报》分别以"马克思引起了轰动"和"马克思没有死"为标题进行了报道。同年 12 月，原法共马克思主义研究院改名为"马克思园地全国协会"，强调其宗旨是"探索、比较、创新"，当务之急是总结世界共产主义运动的历史经验，深化对资本主义的批判。二是 1998 年 5 月，由"马克思园地全国协会"等单位组织发起的纪念《共产党宣言》问世 150 周年的集会在巴黎举行，将近一千人参加了会议。隆重的集会，热烈的讨论，再次印证了德里达在《马克思的幽灵》一书中叙述的真理：

> 不能没有马克思，没有马克思，没有对马克思的记忆，没有马克思的遗产，也就没有将来。①

有人也许会反驳说：上面列举的事实都发生在法国，这是否表明，马克思主义研究的复兴只是当代法国思想界演出的喜剧呢？我们的回答是否定的。

一是在苏联解体、苏共解散以来，在独联体各国已经陆续有数十个共产党的组织重新恢复或崛起。在俄罗斯，重新建立的、具有社会主义倾向的左翼团体正在聚集力量，由久加诺夫领导的俄罗斯联邦共产党已经拥有数十万党员，从而成为俄罗斯国家杜马中的第三大党团。目前，这些左翼团体正在认真总结苏联解体的历史教训，以便在未来的政治生活中发挥积极的作用。

---

① 德里达. 马克思的幽灵：债务国家、哀悼活动和新国际. 何一，译. 北京：中国人民大学出版社，1999：21.

二是东欧剧变后，虽然东欧各国的共产党相继易名，以社会民主主义为宗旨重新建党，但左翼的力量并未因此销声匿迹。如从 1990 年起，罗马尼亚社会民主党（其前身是社会主义劳动党）长期处于执政地位；1993 年，波兰社会民主党和农民党的左派联盟在议会大选中获胜；1994 年，匈牙利社会党和保加利亚社会党相继在大选中获得优势；等等。这些政党正在总结经验，调整政策，以重新获得人民群众的信任和支持。

三是西欧、英美的共产党组织虽然在东欧剧变后陷入了低潮，但大多数共产党组织经过分化、组合和整顿，重新站稳了脚跟，并通过对马克思经典著作的重新解读和对社会生活的积极参与，求得生存和发展。

四是中国、古巴、越南、朝鲜、老挝等社会主义国家在东欧剧变后顶住了压力，积极探索适合本国特征的社会主义发展道路，取得了可喜的成绩。尤其在中国，作为"当代中国的马克思主义"的邓小平理论的地位的确立、"社会主义市场经济"口号的提出、马克思主义研究的复兴，都表明马克思主义仍然具有强大的生命力。

五是英国广播公司和其他机构在两个千年交会的时候所做的民意测验也表明，马克思仍然是全世界最受重视的伟大人物之一。

我们列举上述事实，并不表明我们对马克思和马克思主义的现实状况抱着一种盲目乐观主义的态度。事实上，这种不严肃的、轻佻的态度正是我们首先要加以反对的。在当前理论界，我们已经不止一次地遇到这种盲目乐观主义。持有这种态度的人对马克思主义抱着一种十分天真的信念，仿佛最近十多年来马克思主义没有遭受过任何挫折和危机，仿佛马克思主义无须对当今时代人类面对的种种问题做出积极的回应和艰辛的思索，后人只要躺在马克思主义学说上睡大觉就行了。乍看起来，持有这种态度的人似乎在维护马克思主义的威信，实际上，他们力图把马克思主义理解为与现实生活相分离的、抽象的、封闭的学说，从而从根本上瓦解它的生命力。

当然，我们也不赞成与这种盲目乐观主义相反的悲观主义的态度。这种悲观主义的态度看不到马克思学说和马克思的解释者的学说之间存在着的重大差别，习惯于把后者遭遇到的每一个困境都简单地理解为马克思学说本身的困境，从而对马克思学说失去了信心。正如卡西迪指出的那样：

　　在许多方面，马克思的遗产被共产主义的失败掩盖住了。①

　　事实上，蕴含在马克思学说中的普适性价值，对于我们这个时代来说仍然具有巨大的意义。持有这种悲观主义态度的人认为马克思主义已经过时，所以他们寄希望于那些时髦的，特别是具有后现代主义倾向的学说，试图从这样的学说中去寻找解答当代面临的紧迫问题的思想资源。然而，他们根本就没有看到，即使是具有后现代主义倾向的思想家，如利奥塔、詹姆逊、吉登斯、德里达等，也常常到马克思学说中去汲取灵感。

如何超越历史间距？

　　是的，谁都无法否认，我们和马克思之间存在着历史间距。但问题在于，我们应该如何看待这一历史间距？有的学者提出了"回到马克思那里去"的口号，其本意是通过当代人向马克思原典的回归，来缩小乃至消除这种历史间距，但这样做是可能的吗？我们认为是不可能的。在这个口号中，包含着两方面的错误思想：一方面，人们力图抛弃自己在当今生活世界中原有的立场和兴趣，把自己虚无化，然后像邮票一样粘贴到历史的马克思的肖像上；另一方面，人们又自觉地或不自觉地流露出顽固的崇古意识，仿佛只要退回到起点上去，退回到马克思的原典上去，一切问题也就迎刃而解了。德里达把这种态度称为"新的理论主义中立化的麻木"②，因为在这种态度中，今人并没有带着当今生活世界中的重大问题去解读马克思，他只是给人留下一个模糊的印象，即要回到马克思那里去，仿佛他的全部使命就是拭去落在历史的马克思肖像上的尘埃！不幸的是，这里存在着双重的漠视——对自己的历史意识的漠视和对马克思在当今世界中的现实意义的漠视。虽然"回到马克思那里

---

　　① 俞可平. 全球化时代的"马克思主义"：九十年代国外马克思主义新论选编. 北京：中央编译出版社，1998：1. 沃勒斯坦在《苏联东欧剧变之后的马克思主义》一文中也以同样的口吻批评了原来那些社会主义国家的执政党："在摒弃马克思列宁主义的过程中，他们认为他们正在放弃马克思本身。但这并不那么容易。马克思从前门被赶走，却可能偷偷地从窗口进来。因为马克思还未耗尽（恰恰相反）其政治上的意义和精神上的潜能。"（俞可平. 全球化时代的"马克思主义"：九十年代国外马克思主义新论选编. 北京：中央编译出版社，1998：18－19）

　　② 德里达. 马克思的幽灵：债务国家、哀悼活动和新国际. 何一，译. 北京：中国人民大学出版社，1999：46.

去"的口号竭力消除今人与马克思之间的历史间距，但实际上，今人和马克思仍然僵持着。此外，这个口号也缺乏任何创新意识，我们在它身上看到的只是模仿。不是早就有新康德主义者和新黑格尔主义者提出的"回到康德那里去""回到黑格尔那里去"的口号了吗？但事实上，无论是康德、黑格尔还是马克思那里都是回不去的，历史间距是无法消除的，只有正确地认识并进入这种历史间距，才能把握马克思学说的真精神，从而在当今世界中获得合理的生活态度。

如果一定要我们提出什么口号的话，那么这个口号也许是最平淡无奇的："马克思仍然是我们的同时代人。"有人或许会反驳道：这个口号和"回到马克思那里去"的口号一样，不也是要取消今人与马克思之间的历史间距吗？难道这两个口号之间的唯一差别不是前者要把历史的马克思拉到今人这里来，后者则要使今人退回到历史的马克思那里去吗？我们的回答是：把马克思作为我们的同时代人，不但没有忽略我们和马克思之间的历史间距，恰恰相反，正是承认了这个间距的存在。

在我们看来，"历史的马克思"和"与我们同时代的马克思"的理论形象是有差异的。前者是完整的，但却是朦胧的；后者是不完整的，但却是清晰的。事实上，当我们千方百计地试图抹去我们作为当代人所具有的生活旨趣，而回归到一个完整的、历史的马克思那里去的时候，我们已经自觉地或不自觉地陷入"新的理论主义中立化的麻木"了。与此不同的是，当我们强调马克思仍然是我们的同时代人时，我们不但没有消去我们作为当代人的生活旨趣，恰恰相反，我们正是自觉地带着这种生活旨趣去认识马克思的。在这一认识的视野中，马克思的理论形象不再是模糊不清的了，而是突然变得透明了，特别是他思想中与当代人的生活兴趣有联系的侧面，十分清楚地向我们显现出来。所以，我们绝不是怀着抽象的热情回归到历史的马克思那里，而是从今人的生活旨趣出发，把历史的马克思当代化，尤其是把马克思学说中那些在今天的生活中仍然有着重大意义的思想资源凸显出来，以指导我们今天的生活。

换言之，正是因为我们充分地理解了我们和马克思之间的历史间距，我们才避免了这种"新的理论主义中立化的麻木"，从而把马克思理解为我们的同时代人。这样一来，马克思的当代性和马克思主义思想资源的当代意义也就开始源源不断地显现出来了。正如凯尔纳所指出的：

> 同那些宣称马克思主义在现时代已经逐渐过时的人相反，我认为马克思主义仍然在为解释资本主义社会的当代发展提供理论来源，并且包含着仍然能够帮助我们争取改造当代资本主义的政治来源。因此，我认为，马克思主义仍然具有对现时代进行理论概括和批判现时代的资源，马克思主义政治学至少仍然是当代进步的或激进的政治学的一部分。①

乍看起来，"马克思仍然是我们的同时代人"的口号和"回到马克思那里去"的口号之间的唯一差别在于：前者立足于当代人的生活旨趣，并从这一旨趣出发，努力揭示历史的马克思的当代意义；后者则竭力消除自己作为当代人所具有的生活旨趣，强调对历史的马克思的回归。由于自己的立场被消除，这样的"回归"也就具有形式化的特征，从而也必然使马克思的形象变得模糊起来。在我们看来，这个差别正是至关重要的，因为它展示出对马克思和马克思主义的两种不同的甚至对立的态度：一种是正视"诠释学循环"的实质性的态度，它旨在阐发马克思和马克思主义的当代意义；另一种是单纯崇拜历史的形式主义的态度，它完全撇开当代人的生活旨趣，一心一意地要塑造出一个超时代的、完整的马克思的形象。

事实上，也只有按照前一种态度，我们和马克思之间的历史间距才获得正确的把握：一方面，由于我们没有消除自己的立场，这种历史间距也就被清醒地意识到了；另一方面，由于我们从当代生活世界的视野出发，重新理解马克思的思想资源，从而把马克思理解为我们的同时代人，因此我们和历史的马克思之间的关系并不是疏远的，换言之，并没有陷于僵持，而是处于一种相互理解的和谐之中。

当然，我们主张前一种态度，并不等于把当代人的生活旨趣理解为一种主观随意性的东西。恰恰相反，当代人要通过认真的反思来确定这种生活旨趣。在我们看来，当代人的生活旨趣并不体现在他们各各不同的主观的情感和思维的随意性中，而是在他们共同地置身于其中的生活

---

① 俞可平．全球化时代的"马克思主义"：九十年代国外马克思主义新论选编．北京：中央编译出版社，1998：27.

世界中，是生活世界中最本质的实事。这些实事就是：资本主义与全球化、社会主义与发展中国家、现代化与现代性等等。事实上，我们也正是从这样的生活旨趣出发，对历史的马克思提出自己的诉求的。反之，马克思和马克思主义的当代意义也正在于其提供了一个特殊的视角，以便当代人对这些来自生活世界的、困扰着自己的重大现实问题做出合理的和有效的回应。

马克思哲学的当代意义

首先，马克思和马克思主义的当代意义在于其历史唯物主义学说。正如海德格尔所指出的，马克思对历史的深刻理解是现象学和存在主义都无法与之匹敌的。正是历史唯物主义这一伟大学说为我们认识和理解当今生活世界的各种问题提供了一把重要的钥匙。也正是在这一意义上，波兰学者亚当·沙夫把历史唯物主义称为"马克思主义的精髓"[1]。当然，重要的是准确地理解历史唯物主义学说，充分地认识历史唯物主义与旧唯物主义之间存在的本质差异，避免使历史唯物主义蜕变成浅薄的"经济决定论"。

其次，蕴含在马克思文本中的那种深刻的批判精神也是我们这个时代的重要思想资源。正如凯尔纳所强调的：

马克思主义包含着发展现时代的一种批判理论的源泉。[2]

我们这里所说的马克思的批判精神包含两个侧面：一是马克思对资本主义社会的批判。当代资本主义并没有像弗朗西斯·福山所想象的那样，足以担当起终结人类全部历史的重任，相反，它在发展中所暴露出来的一系列问题表明，它也必须不断地受到批判，从而调整自己的发展道路。虽然有的学者把当代资本主义称作晚期资本主义，但马克思在资本主义自由发展时期所做的许多论述在今天仍然有其不可磨灭的批判价值。二是马克思的自我批判精神。德里达曾经说过：

要想继续从马克思主义的精神中汲取灵感，就必须忠实于总是

---

① 俞可平．全球化时代的"马克思主义"：九十年代国外马克思主义新论选编．北京：中央编译出版社，1998：27，63．

② 俞可平．全球化时代的"马克思主义"：九十年代国外马克思主义新论选编．北京：中央编译出版社，1998：30．

在原则上构成马克思主义而且首要地是构成马克思主义的一种激进的批判的东西，那就是随时准备进行自我批判的步骤。这种批判在原则上显然是自愿接受它自身的变革、价值重估和自我再阐释的。①

今天，强调马克思的这种自我批判的精神，具有特别重要的现实意义。

再次，马克思关于社会主义的论述在当今生活世界中也具有十分重要的现实意义，尤其对于后发国家来说，在全球化及南北差距越来越大的情况下，如何探索性地走出一条适合于本民族发展的道路，是一切事务中的当务之急。而当人们这样做的时候，也必须从马克思那里汲取灵感。

最后，马克思关于现代化、现代性和资本的全球化发展趋向的批判性的论述在今天也具有重要的现实意义。沃勒斯坦认为：

> 已经死亡的是作为现代性理论的马克思主义，这一理论是与自由主义的现代性理论一起被精心制造出来的，而且它确实在很大的程度上受到自由主义的激励。而没有死亡的是作为对现代性及其历史表现，即资本主义的世界经济进行批判的马克思主义。②

我们并不完全同意沃勒斯坦的上述见解，实际上，对于正在追求现代化的后发国家来说，马克思对现代化和现代性的论述仍然具有十分重要的理论价值。当然我们已经置身于全球化的发展时代，在这样的时代中，我们必须从自己的国情出发，一方面要坚持现代化和现代性；另一方面也要借助后现代主义的视角，对正在实施的现代化的方案做出合理的调整。总之，有一点是肯定的，即要正确地理解现代化和现代性的问题，我们仍然无法回避马克思。在这一点上，我们和沃勒斯坦又是一致的。

马克思和马克思主义的当代意义表明，马克思仍然是我们的同时代人。只有不用教条主义的态度去对待马克思，马克思的思想资源才会源源不断地向我们展现出来。

---

① 德里达. 马克思的幽灵：债务国家、哀悼活动和新国际. 何一，译. 北京：中国人民大学出版社，1999：124.

② 俞可平. 全球化时代的"马克思主义"：九十年代国外马克思主义新论选编. 北京：中央编译出版社，1998：13.

第二节 作为全面生产理论的马克思哲学*

众所周知，马克思哲学的一个基本特征是把经济学研究中的某些重要的概念和问题提升到哲学的普遍性的层面上，这使马克思对任何哲学问题的探索都显示出与众不同的眼光。马克思对实践问题的探索也是如此。事实上，只要我们深入地研究马克思的实践观，就不可避免地会涉及在马克思的著作中大量出现的"生产"概念。而在传统的哲学教科书的解读方式中，人们通常把"生产"理解为单纯经济学意义上的概念，认为它指称的只是物质生活资料的生产活动。我们不能说这种解读方式是完全不适当的，因为马克思在许多场合下使用的生产概念确实需要从经济学的角度加以理解，但至少可以说，这种解读方式是片面的，因为它忽略了马克思使用的另一种生产概念，即哲学含义上的生产概念。在哲学上，马克思提出了"全面生产"的理论，即把人类的全部活动，乃至整个社会的延伸都理解为生产的过程和结果。马克思对生产概念的后一种理解和阐释，既构成他创立的历史唯物主义学说的核心，也是他对哲学研究特别是实践问题研究的划时代贡献。只要人们在理解马克思哲学时忽略了这一维度，那么通向马克思哲学的实质性的路径就仍然处于被遮蔽的状态中。

为便于读者理解，不妨把马克思的生产理论划分为两种不同的类型：一是单纯经济学意义上的、狭义的生产理论，即关于物质生活资料的生产和再生产的理论；二是哲学意义上的、广义的生产理论，即关于整个人类社会生产和再生产的"全面生产"理论。显然，马克思的狭义生产理论只是他的广义生产理论的一个组成部分，而本书的目的则是通过全面生产理论对马克思哲学做出新的阐释。

概念含义的澄清

在马克思的著作中，出现过"全面生产""生活的生产""两种生产"等重要概念。我们必须先行地弄清楚这些概念各自的含义及它们相

---

* 本节原载《哲学研究》2003（8），中国人民大学复印报刊资料《哲学原理》2003（10）全文转载。

互之间的关系。

先来看"全面生产"的概念。在《1844年经济学哲学手稿》中，马克思写道：

> 动物的生产是片面的（einseitig），而人的生产是全面的（universell）；动物只是在直接的肉体需要的支配下生产，而人甚至不受肉体需要的支配也进行生产，并且只有不受这种需要的支配时才进行真正的生产；动物只生产自身，而人再生产整个自然界；动物的产品直接同它的肉体相联系，而人则自由地对待自己的产品。①

在这段论述中，马克思不仅区分了"动物的生产"和"人的生产"，而且把它们作为"片面的"生产和"全面的"生产对立起来。然而，光凭这段论述，人们对"人的生产是全面的"这句话还不能获得清晰的认识。

在该书的另一处，马克思以明确的口吻指出：

> 宗教、家庭、国家、法、道德、科学、艺术等等，都不过是生产的一些**特殊的**方式，并且受生产的普遍规律的支配。……**正象**社会本身生产**作为人的人**一样，人也**生产**社会。②

这就告诉我们，马克思所说的"全面的"生产不光包括前面的论述中提到的物质生活资料的生产（蕴含着"再生产整个自然界"），也包括人的生产（家庭）、精神生产（宗教、法、道德、科学、艺术）和社会关系的生产（社会、国家）。众所周知，马克思把社会理解为人和自然界的本质的统一。在这个意义上可以说，"全面的"生产也就是整个人类社会的生产和再生产。

在马克思那里，"全面的"生产并不是一个偶然出现的观念。在《德意志意识形态》中，马克思谈到个人的精神财富取决于他的现实关系的财富时，进一步指出：

> 仅仅因为这个缘故，各个单独的个人才能摆脱各种不同的民族局限和地域局限，而同整个世界的生产（也包括精神的生产）发生实际联系，并且可能有力量来利用全球的这种全面生产（人们所创

---

① 马克思恩格斯全集：第42卷. 北京：人民出版社，1979：96-97.
② 马克思恩格斯全集：第42卷. 北京：人民出版社，1979：121.

造的一切）。①

尽管马克思这里提出的"全面生产"（diese allseitige Produktion）概念中的"全面的"（allseitige）这个形容词与《1844年经济学哲学手稿》中所使用的形容词"全面的"（universell）不同，但其含义是完全相同的。"全面生产"也就是指人们所创造的一切，也就是指整个人类社会的生产和再生产。

再来看"生活的生产"和"两种生产"的概念。在《德意志意识形态》中，马克思也提出了"生活的生产"的新概念。他写道：

> 生活的生产（die Produktion des Lebens）——无论是自己生活的生产（通过劳动）或他人生活的生产（通过生育）——立即表现为双重关系：一方面是自然关系，另一方面是社会关系……②

显而易见，马克思这里说的"生活的生产"包括以下两种生产：一是物质生活资料的生产（通过劳动），表现为社会关系；二是人的生产（通过生育），表现为自然关系。但马克思并没有把"生活的生产"称作"两种生产"。

我们知道，恩格斯后来发挥了马克思的"生活的生产"的理论，并直截了当地把它称为"两种生产"。在《家庭、私有制和国家的起源》的第一版序言中，恩格斯写道：

> 根据唯物主义观点，历史中的决定性因素，归根结底是直接生活的生产和再生产（die Produktion und Reproduktion des unmit-telbaren Lebens）。但是，生产本身又有两种。一方面是生活资料即食物、衣服、住房以及为此所必需的工具的生产；另一方面是人自身的生产，即种的繁衍。一定历史时代和一定地区内的人们生活于其下的社会制度，受着两种生产（beide Arten der Produktion）的制约：一方面受劳动的发展阶段的制约，另一方面受家庭的发展阶段的制约。③

由此可见，在恩格斯的理论话语中，"生活的生产"，即"直接生活的生产

---

① 马克思恩格斯全集：第3卷．北京：人民出版社，1960：42.
② 马克思恩格斯全集：第3卷．北京：人民出版社，1960：33.
③ 马克思恩格斯选集：第4卷．北京：人民出版社，2012：13.

和再生产"，也就是"两种生产"（物质生活资料的生产加人的生产）。

然而，值得注意的是，马克思也使用过"两种生产"的概念，但却赋予它不同的含义。马克思把物质生活资料的生产（简称为"物质生产"）和"精神生产"合称为"两种生产"。他在批判地总结亚当·斯密的生产理论时曾经指出：

> 最后，这两种生产的相互作用和内部联系，也不在他的考察范围内。①

综上所述，我们可以引申出如下结论：第一，马克思所说的"全面生产"是指整个人类社会的生产和再生产，而马克思的广义生产理论也就是全面生产理论。第二，马克思把物质生产和人的生产合称为"生活的生产"，恩格斯则把它称为"直接生活的生产和再生产"，并进而称为"两种生产"。马克思也使用过"两种生产"的说法，但与晚年恩格斯不同，他把"物质生产"和"精神生产"合称为"两种生产"。第三，无论是恩格斯意义上的"两种生产"，还是马克思意义上的"两种生产"，在内涵上都不过是"全面生产"的一部分，因而其不能代表马克思的广义生产理论。

全面生产的主要内容

谁都不会怀疑，马克思哲学本质上是生存哲学，下面这段话也许是对其哲学的这一根本属性的最好说明：

> 我们首先应当确定一切人类生存（aller menschlichen Existenz）的第一个前提也就是一切历史的第一个前提，这个前提就是：人们为了能够"创造历史"，必须能够生活。但是为了生活，首先就需要衣、食、住以及其他东西。因此第一个历史活动就是生产满足这些需要的资料，即生产物质生活本身（die Produktion des materiellen Lebens selbst）。②

这段话不仅显示出马克思哲学的生存论属性，而且启示我们，马克思的生存哲学不同于其他任何类型的生存哲学的地方在于，马克思同时

---

① 马克思. 剩余价值学说史：第1卷. 北京：人民出版社，1975：306.
② 马克思恩格斯全集：第3卷. 北京：人民出版社，1960：31.

把"生存"（Existenz）理解为"生产"（die Produktion），并进而把生产理解为人的本质性的、始源性的历史行动。

> 这些个人使自己和动物区别开来的第一个历史行动并不是在于他们有思想，而是在于他们开始生产自己所必需的生活资料。①

当然，马克思在这里说的"生产"是狭义的生产，即物质生活资料的生产。如果说，狭义生产理论构成马克思哲学的基石，那么，广义生产，即全面生产理论则构成整个马克思哲学。换言之，马克思哲学就是全面生产理论。下面，我们来考察马克思所说的全面生产的主要内容。全面生产主要是由以下四种生产组成的。

一是物质生活资料的生产，即"物质生产"。这种生产作为奠基性的生产形式，不仅是人类第一个始源性的历史行动，而且是任何社会结构得以存在和发展的第一个前提。正如马克思在批判费尔巴哈的直观唯物主义时所强调的：

> 这种活动、这种连续不断的感性劳动和创造、这种生产，是整个现存感性世界的非常深刻的基础，只要它哪怕只停顿一年，费尔巴哈就会看到，不仅在自然界将发生巨大的变化，而且整个人类世界以及他（费尔巴哈）的直观能力，甚至他本身的存在也就没有了。②

在这一基础性的意义上可以说，人类的生存活动也就是物质生产活动，人类的历史也就是物质生产活动的历史。

二是人的生产，即人的生育。我们知道，单纯的物质生产可以使生产者和通过生产能被养活的人生存下去，然而，一代人乃至数代人的生存仍然无法解决整个人类种族繁衍的问题。所以，马克思强调：

> 每日都在重新生产自己生活的人们开始生产另外一些人，即增殖。这就是夫妻之间的关系，父母和子女之间的关系，也就是**家庭**。这个家庭起初是唯一的社会关系，后来，当需要的增长产生了

---

① 马克思恩格斯全集：第3卷．北京：人民出版社，1960：23. 在《1844年经济学哲学手稿》中，马克思指出："我们的生产同样是反映我们本质的镜子。"（马克思恩格斯全集：第42卷．北京：人民出版社，1979：37）这就启示我们，对人的本质的任何探讨都无法离开人的生产这面"镜子"。

② 马克思恩格斯全集：第3卷．北京：人民出版社，1960：50.

新的社会关系，而人口的增多又产生了新的需要的时候，家庭便成为（德国除外）从属的关系了。①

按照马克思的看法，在现代资本主义的生产方式下，人的生产，正如任何其他商品的生产一样，是由社会的需求来调节的。如果供给大于需求，一部分工人就要沦为乞丐甚至饿死，从而使人的生产的步伐大大减缓；反之，则会导致人的生产的步伐的加快和人口的增加。

三是精神生产。在《德意志意识形态》中，马克思写道：

> 思想、观念、意识的生产最初是直接与人们的物质活动，与人们的物质交往，与现实生活的语言交织在一起的。观念、思维、人们的精神交往在这里还是人们物质关系的直接产物。表现在某一民族的政治、法律、道德、宗教、形而上学等的语言中的精神生产也是这样。②

在这里，马克思既使用了"精神生产"的概念，也使用了"思想、观念、意识的生产"的概念，这两个概念究竟有什么区别呢？如果我们借用黑格尔的术语来表达，可以说，"思想、观念、意识"属于主观精神的范围，是人们对周围世界的主观认知。所以马克思说：

> 我对我的环境的关系是我的意识。③

而"精神"实际上指的就是客观精神，即"某一民族的政治、法律、道德、宗教、形而上学等"。要言之，在马克思当时的理论话语中，"思想、观念、意识"主要是主观性的，尚未形成广泛的社会影响；而"精神"则主要是客观性的，已经为人们所普遍地接受。我们不妨把"思想、观念、意识的生产"看作"精神生产"的准备，而把"精神生产"看作"思想、观念、意识的生产"的提升和完成。因此，"精神生产"在内容上可以涵盖"思想、观念、意识的生产"，也可以涵盖马克思在其他场合下使用的"艺术生产"的含义。不用说，精神生产也是马克思全面生产中的一个不可或缺的环节。

四是社会关系的生产。在《1844年经济学哲学手稿》中，马克思

---

① 马克思恩格斯全集：第3卷.北京：人民出版社，1960：32-33.
② 马克思恩格斯全集：第3卷.北京：人民出版社，1960：29.
③ 马克思恩格斯全集：第3卷.北京：人民出版社，1960：34.

在分析异化劳动时指出：

> 通过异化劳动，人不仅生产出他同作为异己的、敌对的力量的生产对象和生产行为的关系，而且生产出其他人同他的生产和他的产品的关系，以及他同这些人的关系。①

正如马克思在前面已经指出过的那样，社会关系的生产最初表现在家庭中，随着需要的发展和地域性的、血族关系的打破，它开始更多地表现在市民社会和国家中。在马克思的全面生产中，社会关系的生产同样是一个不可或缺的环节。

综上所述，四种不同种类的生产相互渗透、相互关联，构成了马克思全面生产理论的基本内容。

全面生产的结构分析

需要进一步追问的是：在马克思所说的全面生产中，上述四种生产究竟是以何种结构关系共存共处的？我们发现，这一结构关系展现为三个不同的层面——基础层面、最高层面和中介层面。

所谓"基础层面"，是由物质生产和人的生产这两种生产构成的。如果说，物质生产是个人、家庭、社会、国家存在的根本性前提，那么，人的生产则是人类种族繁衍的根本性前提，从而也是家庭、社会、国家以历史的方式不断向前延伸的根本性前提。要言之，这两种生产，尤其是物质生产是全面生产中最根本的生产形式。

这两种生产，按照马克思的说法，可以称为"生活的生产"，而按照晚年恩格斯的看法，则可以称为"两种生产"。在人类社会发展的初期，这两种生产中究竟哪一种生产发挥着更为基础性的作用呢？在这一点上，马克思和恩格斯的见解存在着某种差异。在恩格斯看来，人类社会越往前追溯，人自身的生产，即人的生产所起的作用就越大，从而社会制度就在较大的程度上受到血族关系的支配，而随着私有制、交换和劳动生产力的发展，物质生产的作用就越来越大，血族关系的主导地位则渐渐地被社会关系取代。而当马克思谈到物质生产时则指出：

> 在一切社会形式中都有一种一定的生产决定其他一切生产的地

---

① 马克思恩格斯全集：第 42 卷．北京：人民出版社，1979：99 - 100．

位和影响，因而它的关系也决定其他一切关系的地位和影响。这是一种普照的光，它掩盖了一切其他色彩，改变着它们的特点。这是一种特殊的以太，它决定着它里面显露出来的一切存在的比重。①

显然，在马克思看来，物质生产作为"一切历史的第一个前提"，即使在初民社会中，比起人的生产来，也处在更为基础性的位置上。事实上，恩格斯所说的血族关系在人类社会早期阶段的社会制度中之所以能起支配性的作用，归根到底也要用当时的物质生产的落后状态来加以说明。

所谓"最高层面"，也就是精神生产的层面。说精神生产在全面生产中居于最高的层面上，不仅因为精神生产从属于"整个思想上层建筑"②，而且在全面生产的整个结构中，它一般地处于被奠基的位置上。然而，以青年黑格尔主义者为代表的唯心主义者则力图把精神、精神生产和精神发展理解为某种独立自足的甚至是奠基性的社会现象。马克思尖锐地批判了这种错误观念，强调精神不过是物质生活的必然升华物：

因此，道德、宗教、形而上学和其他意识形态，以及与它们相适应的意识形式便失去独立性的外观。③

马克思还通过对人类历史的深入研究引申出如下结论："支配着物质生产资料的阶级，同时也支配着精神生产的资料，因此，那些没有精神生产资料的人的思想，一般地是受统治阶级支配的。"④ 所有这些论述都表明，一般说来，精神生产在全面生产中处于被奠基的、最高的层面上。当然，这并不等于说，马克思把精神和精神生产理解为由物质生产产生出来的、消极的存在物。马克思也十分重视精神生产的相对独立性。众所周知，在叙述精神生产中的艺术生产时，马克思就提到过**物质生产的发展例如同艺术生产的不平衡关系**⑤。

所谓"中介层面"，也就是社会关系的生产的层面。在马克思看来，社会关系的生产介于生活的生产和精神生产之间，起着极为重要的中介

① 马克思恩格斯全集：第 46 卷上册．北京：人民出版社，1979：44.
② 马克思恩格斯全集：第 3 卷．北京：人民出版社，1960：432.
③ 马克思恩格斯全集：第 3 卷．北京：人民出版社，1960：30.
④ 马克思恩格斯全集：第 3 卷．北京：人民出版社，1960：52.
⑤ 马克思恩格斯全集：第 46 卷上册．北京：人民出版社，1979：47.

作用。一方面，社会关系的生产与生活的生产，特别是其中的物质生产之间存在着本质性的联系。在《雇佣劳动与资本》中，马克思写道：

> 为了进行生产，人们相互之间便发生一定的联系和关系；只有在这些社会联系和社会关系的范围内，才会有他们对自然界的影响，才会有生产。①

显而易见，社会关系的生产与物质生产同样具有始源性。也就是说，既不存在着无一定的社会关系的物质生产，也不存在着无一定的物质生产的社会关系。事实上，历史唯物主义的根本宗旨就是要在资本主义生产方式所涉及的物与物之间的关系下揭示出人与人之间的真实的社会关系。

另外，社会关系的生产与精神生产之间也存在着本质性的联系。马克思在批判施蒂纳关于个人的欲望取决于意识或善良意志的错误观点时指出：

> 这不决定于**意识**，而决定于**存在**；不决定于思维，而决定于生活；这决定于个人生活的经验发展和表现，这两者又决定于社会关系。②

这段重要的论述表明，社会关系的生产和再生产对人们的意识乃至整个精神生产都起着决定性的作用。这种作用还反映在马克思对人的本质的独特的理解中。与费尔巴哈不同，马克思认为：

> 人的本质不是单个人所固有的抽象物，在其现实性上，它是一切社会关系的总和。③

既然人的本质在其现实性上是一切社会关系的总和，那么社会关系的生产就必定会给一切精神生产和精神消费活动打上自己的烙印。

总之，无限丰富的人类现实生活使上述四种生产处于活跃的互动关系中，而我们上面对它们之间的结构关系的分析则是从历史唯物主义的一般理论出发的。当我们从一般理论下降到对任何具体对象的考察时，必须坚持具体问题具体分析的原则。

---

① 马克思恩格斯选集：第1卷．北京：人民出版社，2012：340．
② 马克思恩格斯全集：第3卷．北京：人民出版社，1960：295．
③ 马克思恩格斯选集：第1卷．北京：人民出版社，2012：135．

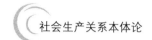

对马克思哲学的新阐释

马克思的全面生产理论不但为我们重新阐释马克思哲学提供了一把钥匙，而且这种重新阐释必定会导致这样的结果，即马克思哲学也就是全面生产理论。以往对马克思哲学的阐释都是以马克思的狭义生产理论即物质生产理论作为出发点的。这种阐释方式割裂了物质生产与其他三种生产形式之间的有机联系，通常会导致以下两个结果。

一是"经济决定论"。物质生产主要是在经济领域内得到阐释的，因而在强调它的基础性作用时极易导致"经济决定论"的倾向。恩格斯在逝世前已经意识到这种倾向的危害性，他在 1890 年 9 月 21 日致约·布洛赫的信中指出：

> 根据唯物史观，历史过程中的决定性因素**归根到底**是现实生活的生产和再生产。无论马克思或我都从来没有肯定过比这更多的东西。如果有人在这里加以歪曲，说经济因素是**唯一**决定性的因素，那么他就是把这个命题变成毫无内容的、抽象的、荒诞无稽的空话。①

恩格斯告诉我们，在现实生活中，上层建筑的各种因素，如阶级斗争的政治形式、法律、哲学、政治理论、宗教观念等，也会发挥重要的作用，必须认真地考察一切因素之间的相互作用，"否则把理论应用于任何历史时期，就会比解一个简单的一次方程式更容易了"②。恩格斯的批评无疑是正确的，但由于他对马克思的生产理论的理解是片面的，即至多停留在"生活的生产"，即物质生产加人的生产的层面上，忽略了精神生产和社会关系的生产的重要地位和作用，所以他仍然没有有效地从理论上阻止以后的阐释者继续陷入"经济决定论"的窠臼。

二是"辩证唯物主义和历史唯物主义论"。由于物质生产涉及人与自然之间的关系，而人的生产又涉及人与人之间的自然关系，所以只要人们停留在对马克思生产理论的狭义的、片面的理解上，就必定会把他的哲学的基础部分理解为以自然为对象的理论，这正是以自然为对象的辩证唯物主义应运而生的一个原因。然后，人们再在辩证唯物主义的基

---

① 马克思恩格斯选集：第 4 卷．北京：人民出版社，2012：604.
② 马克思恩格斯选集：第 4 卷．北京：人民出版社，2012：604.

础上推广出以社会为对象的历史唯物主义。这种"辩证唯物主义和历史唯物主义论"不仅使马克思哲学二元化了，而且敉平了它与一般唯物主义的本质差别。也许有人会申辩说：辩证唯物主义不同于一般唯物主义，因为辩证法已经融入唯物主义中了。但众所周知，辩证唯物主义仍然是以抽象的物质为自己的基础的，只要它不更换这个基础，即使给它穿上辩证法的外套也是无济于事的。

必须指出，造成这种阐释结果的决定性原因之一，是对与物质生产和人的生产同步的精神生产与社会关系的生产的忽视。举例来说，当人们在辩证唯物主义中的认识论部分讨论人的认识机制时，如果人的精神生产，特别是社会关系的生产的维度是缺席的，那么认识机制甚至认识者和认识对象的本质就完全不可能得到正确的把握。马克思曾经说：

> 黑人就是黑人。只有在一定的关系下，他才成为**奴隶**。纺纱机是纺棉花的机器。只有在一定的关系下，它才成为**资本**。脱离了这种关系，它也就不是资本了，就像**黄金**本身并不是**货币**，砂糖并不是砂糖的**价格**一样。①

所以，认识论的研究如果脱离先行地制约着认识者和认识对象的社会关系，它就是一个空洞的、无意义的领域。

当我们把全面生产理论阐释为马克思哲学的时候，不但可以避免像"经济决定论"或"辩证唯物主义和历史唯物主义论"这样错误的阐释结果的出现，而且克服了把马克思哲学二元化的阐释方式，从而使马克思哲学的整体生命获得了再现。众所周知，马克思哲学的出发点不是想象的主体的想象的活动，而是"从事实际活动的人"②，而人的全部实际活动也就是全面生产。正是从全面生产，即物质生产、人的生产、精神生产和社会关系的生产的有机统一的理论出发，马克思哲学的全部内容得到了完整的显示，因为马克思所思索的一切哲学问题，如人、家庭、市民社会、生产力、生产关系、阶级、国家、意识形态、权力、社会革命、实践、物质、世界、自然、异化、时间、空间、认识、真理、科学、辩证法、价值等，无不可以通过全面生产的理论得到合理的说明。

然而，在现代社会生活的背景下，我们对这四种生产之间的结构关

---

① 马克思恩格斯选集：第 1 卷. 北京：人民出版社，2012：340.
② 马克思恩格斯全集：第 3 卷. 北京：人民出版社，1960：30.

系的理解和阐释必须从马克思那里获得新的引导。马克思在谈到现代土地制度的变迁时指出：

> 一切关系都是由社会决定的，不是由自然决定的。①

同样地，马克思在谈到现代社会中的个人只有作为交换价值的生产者才能存在时，也指出"这种情况就已经包含着对个人的自然存在的完全否定，因而个人完全是由社会所决定的"②。那么，马克思所说的"社会"又是什么意思呢？他告诉我们：

> 社会不是由个人构成，而是表示这些个人彼此发生的那些联系和关系的总和。③

也就是说，马克思所说的"社会"本质上就是"社会关系"。这就启示我们，应当把马克思对一切哲学问题的思索都恢复到社会关系的框架中去。我们这里之所以用"恢复"这个词，是因为它始终内在于马克思的全部哲学理论中，只不过是马克思哲学的阐释者们把它完完全全地遗忘了。也就是说，在现代社会中，社会关系的生产是最具本质性的生产形式，因为它像一只看不见的手，不仅贯通在物质生产、人的生产和精神生产的整个过程中，也贯通在马克思所探索的一切哲学领域和哲学问题中，并深刻地凸显出马克思哲学的基本倾向和革命态度。要言之，在现代社会中，哲学本质上是社会科学，因此，应该充分认识社会关系的生产在全面生产中的前提性的地位和作用。

综上所述，为了恢复马克思哲学的本真精神，必须对它重新进行阐释，而全面生产理论正是重新阐释马克思哲学的尝试之一。

第三节　作为解构理论的马克思哲学*

人所共知，哲学的魅力就在于它的巨大的创造性。这种创造性集中表现在以下两种功能上：一是建构功能，它能用范畴之网编织出严密的

---

① 马克思恩格斯全集：第 46 卷上册．北京：人民出版社，1979：234.
② 马克思恩格斯全集：第 46 卷上册．北京：人民出版社，1979：200.
③ 马克思恩格斯全集：第 46 卷上册．北京：人民出版社，1979：220.
* 本节原来的标题是《马克思的解构学说》，原载《江海学刊》1996（2）。

理论体系，令人叹为观止；二是解构功能，它能以深邃的洞察力和批判力使传统的信念和教条在片刻之间毁坏无遗。所以，并不是西方出现了结构主义和解构主义的学说，哲学才具有了结构和解构的功能，恰恰相反，正因为哲学具有这两种功能，上述两种思潮才成为可能。明白了这一点，我们就有条件来探讨马克思的解构学说了。马克思使用过"结构"（Struktur）概念，但从来没有使用过当代解构主义者才使用的"解构"（deconstruction）概念。然而，马克思的哲学却体现出强大而深入的解构功能。

马克思以"怀疑一切"为座右铭，通过对他所生活的时代的占支配地位的传统观念的透彻的批判，确立起自己的哲学见解。但后人在研究马克思哲学时，更多地关注的是它的建构功能与体系结构，这就使马克思哲学的后一方面的功能被忽视，甚至被掩蔽起来了。这种对马克思哲学的解构功能的忽视所导致的结果是：对早已被马克思解构的传统哲学文化观念依然持认同的态度。换言之，后人在研究马克思哲学时，常常退回到马克思以前的并早已被马克思解构的旧哲学见解上去，并从这样的见解出发去理解、解释和叙述马克思的哲学，从而完全耖平了马克思哲学与已经被马克思解构的旧哲学之间的本质差异，遮蔽了马克思哲学在人类思想发展史上的划时代的革命和作用。

对古希腊哲学的解构

在《哲学史讲演录》一书中，黑格尔把希腊化时期主要的三个哲学派别——伊壁鸠鲁派、斯多葛派和怀疑派的主导性原则看作"自我意识"。这一见解对青年马克思产生了重要影响。马克思特别感兴趣的是伊壁鸠鲁的自然哲学，通过博士论文及一系列笔记的写作，马克思对古希腊哲学进行了全面的反省，并从伊壁鸠鲁的"原子偏斜说"所蕴含的"自我意识"的基点出发，解构了古希腊哲学的主导性原则。人们常常认为，怀疑派对古希腊哲学的批判是十分激烈的，可是马克思却主张："古代哲学在伊壁鸠鲁那儿比在怀疑派那儿被克服得更加彻底"①。在马克思看来，伊壁鸠鲁是古希腊哲学的解毒剂。

首先，马克思解构了古希腊哲学的实体精神。马克思指出："希腊

① 马克思恩格斯全集：第40卷. 北京：人民出版社，1982：52.

哲学特有的弊病在于它只和实体精神相联系"①。这首先表现在早期希腊哲学家——伊奥尼亚的自然哲学家的学说中。他们的全部认识都是对外部世界的实体的具体化的认识。这种认识是直观的、缺乏活生生的精神力量的。在古希腊哲学以后的发展中，直至这一哲学的集大成者——亚里士多德，也始终把实体作为其哲学研究的根本对象。而在伊壁鸠鲁的自然哲学，尤其是他的"原子偏斜说"中，实体获得了完全不同的含义。马克思写道：

> "偏离直线"就是"自由意志"，是特殊的实体，原子真正的质。②

当伊壁鸠鲁宣称自然是自由的时候，他实际上重视的只是自我意识的自由、精神的自由。比如，古希腊哲学家的实体精神几乎无例外地体现在对天体的直观和惊愕之中，伊壁鸠鲁则认为这样做是束缚人的，使人产生恐惧感的，因而也是毫无意义的，"他主张精神的绝对自由"③。总而言之，伊壁鸠鲁作为"自我意识"的哲学家，已经扬弃了那种束缚于外在直观的实体精神，达到了个体的内在的、意识上的自由，尽管这种自由还停留在形式上，但却是对传统哲学见解的历史性超越。

其次，马克思解构了古希腊哲学家对必然性的普遍信念。这种信念在德谟克利特的自然哲学中表现得最为突出。根据第欧根尼·拉尔修、亚里士多德等人的记载，德谟克利特把一切都理解为必然的：

> 在德谟克利特看来，必然性是命运，是法律，是天意，是世界的创造者。物质的抗击、运动和撞击就是这个必然性的实体。④

这种必然性的信念也表现在他的原子学说中。他认为，原子的直线运动也正是受这种盲目的、强制的必然性的支配的。但这样一来，也就产生了一个问题，正如卢克莱修在《物性论》这一长诗中所提出的：

> 如果它们［象雨点一样地］继续下落，
> 经过广阔的虚空时丝毫也不偏斜，

---

① 马克思恩格斯全集：第 40 卷. 北京：人民出版社，1982：68.
② 马克思恩格斯全集：第 40 卷. 北京：人民出版社，1982：121.
③ 马克思恩格斯全集：第 40 卷. 北京：人民出版社，1982：46.
④ 马克思恩格斯全集：第 40 卷. 北京：人民出版社，1982：203.

那原子既不会有**遇合，也不会有碰撞，**

自然界也就永远不会产生出任何东西。①

卢克莱修既看到了德谟克利特的原子理论的困难，又看到了伊壁鸠鲁的"原子偏斜说"的用意，即正是通过原子的偏斜运动，偶然性上升为根本性的哲学原则，从而超越了德谟克利特的必然性和命运的束缚。所以马克思说：

众所周知，偶然是伊壁鸠鲁派居支配地位的范畴。②

伊壁鸠鲁还把这种偶然性的原则推广到人类的生活中。强调在生活中通向自由的道路到处都开放着，谁也不会被必然性束缚住。如果说，必然性、命运、天意、决定论是古希腊哲学的基本信念，那么，正是通过对伊壁鸠鲁的未受重视的"原子偏斜说"的重大理论意义的重新认识和对偶然性哲学原则的高度颂扬，马克思解构了这种传统的、根深蒂固的信念。

最后，马克思解构了作为古希腊哲学的最高成果的观念论或理念论。在马克思看来，观念是实体的对应物，观念论则是转化为主观精神的实体精神：

实体的这一观念性转化为主观精神……是一个飞跃，是一种脱离实体生活的独立，即植根于这种实体生活本身的独立。③

这种转化发端于苏格拉底，所以在马克思看来，苏格拉底就是实体的模型，借助于这个模型，实体本身就消失在主体中，消失在主观精神中，而柏拉图的理念论正是这种主观精神的集中表现。

理念的独立王国翱翔于现实之上（这个彼岸的领域是哲学家自己的主观性）并模糊地反映于现实中。④

在马克思看来，这种理念论或观念论的根本缺陷在于：第一，它把存在分裂为两个并存的世界。正如马克思所指出的：

① 马克思恩格斯全集：第 40 卷．北京：人民出版社，1982：120.
② 马克思恩格斯全集：第 40 卷．北京：人民出版社，1982：130.
③ 马克思恩格斯全集：第 40 卷．北京：人民出版社，1982：67.
④ 马克思恩格斯全集：第 40 卷．北京：人民出版社，1982：69.

> 柏拉图没有取消感性的东西，但认为存在是被思考的东西。这
> 样一来，感性存在就不表现在思维中，而智慧能理解的东西也归于
> 存在的范畴，因此有两个存在的世界，一个挨着另一个。①

在这两个世界中，柏拉图真正重视的是可以通过思维把握的理念世界，
而把感性世界仅仅看作理念世界的摹本，看作一种变幻不定的、虚假的
东西。第二，理念世界是一个封闭的、特殊的王国，是一个排斥任何运
动的实体的阴影的王国。第三，这个静态的理念世界必然导致对抽象的
普遍性（如善）的崇拜。正如马克思所说的：

> 在柏拉图那里，善、目的的这一抽象规定转化为囊括世界的、
> 全面展开的哲学。②

这种对抽象的普遍性的崇拜必然导致神秘主义，从而为后起的基督教精
神创造了思想前提。所以尼采后来批评柏拉图把善作为最高理念是"如
此先于基督教而基督教气味十足"③，就是很有见地的了。马克思正是
通过对伊壁鸠鲁的个性、感性和自我意识的弘扬来解构理念论这一古希
腊哲学的最高成果的。

马克思当时特别重视"自我意识"的原则，当然是与黑格尔和布·
鲍威尔思想对他的影响分不开的，但后人在研究马克思哲学时常常夸大
了这一点，从而忽视了马克思赋予"自我意识"概念的新的含义，也忽
视了在马克思哲学思想发展史上"自我意识"阶段的意义。实际上，这
一发展阶段十分重要，正是通过伊壁鸠鲁这一"自我意识"的化身，马
克思解构了古希腊哲学的主导性传统。

对德意志意识形态的解构

马克思哲学发展的"自我意识"阶段之所以应当引起我们的重视，
是因为它启示我们，这一哲学在起点上就根本不同于以静态的直观为出
发点的任何哲学。当然，随着马克思对现实的物质利益的关注，对黑格
尔法哲学、现象学和费尔巴哈的异化与人本主义思想的研究，尤其是对

---

① 马克思恩格斯全集：第40卷．北京：人民出版社，1982：99-100.
② 马克思恩格斯全集：第40卷．北京：人民出版社，1982：69.
③ F. Hietzsche. *Der Fall Wagner u. a.* Berlin：Deutscher Taschenbuch Verlag，1986：
154.

国民经济学的深入探讨，马克思的思想很快超出了主观性的"自我意识"的阶段，达到了"生存实践"的阶段，即把生产劳动看作理解并解释一切社会现象的出发点和参照系。正是从这一历史唯物主义的基本原则出发，马克思从理论上解构了整个德意志意识形态。

首先，马克思解构了认为"观念统治着世界"的意识形态见解。马克思指出：

> 所有的德国哲学批判家们都断言：观念、想法、概念迄今一直统治和决定着人们的现实世界，现实世界是观念世界的产物。这种情况一直保持到今日，但今后不应继续存在。①

这种错误见解的具体表现是：第一，人们自己创造出关于神、模范等各种虚假的观念，但却跪倒在这些观念之前顶礼膜拜。也就是说，他们心甘情愿地把自己置于自己头脑的产物的统治之下。第二，把对社会现实的改造理解为纯粹的观念改造，即认为人们只要抛弃了某些观念，也就从根本上改变了社会现实。马克思嘲讽说：

> 有一个好汉一天忽然想到，人们之所以溺死，是因为他们被**关于重力的思想**迷住了。如果他们从头脑中抛掉这个观念，比方说，宣称它是宗教迷信的观念，那末他们就会避免任何溺死的危险。②

第三，人们总是习惯于从一个人或者一个团体关于自己所做的宣言出发去判断一个人或者一个团体。比如，当一个阶级为了获得全社会的拥戴而把自己本阶级的利益说成全社会的共同利益时，人们常常对它的真实的意图失去了判断能力。

其次，马克思解构了"观念统治着历史"的意识形态见解。马克思认为，这一见解是通过以下三个步骤来实现的：其一，先把统治者的思想同统治者本人分割开来，从而承认思想和幻想在历史上的统治；其二，必须使这种思想统治有某种秩序，必须证明，在一个承继着另一个的统治思想之间存在着某种神秘的联系，达到这一点的通常做法是把这些思想看作"概念的自我规定"；其三，为了消除这种"自我规定着的概念"的神秘的外观，便把它变成某些人物，如思想家、哲学家、政治

---

① 马克思恩格斯全集：第3卷．北京：人民出版社，1960：16．
② 马克思恩格斯全集：第3卷．北京：人民出版社，1960：16．

家等人的"自我意识","这样一来，就把一切唯物主义的因素从历史上消除了，于是就可以放心地解开缰绳，让自己的思辨之马自由奔驰了"①。在马克思看来，一旦现实的历史被曲解为观念的历史，历史活动就必然被描绘成某种神秘莫测的东西，被描绘成元首和国家的丰功伟绩。

最后，马克思解构了作为德意志意识形态基础的黑格尔哲学。当时的德国哲学家虽然都断言自己已经超越了黑格尔哲学，但实际上，"德国的批判，直到它的最后的挣扎，都没有离开过哲学的基地。这个批判虽然没有研究过它的一般哲学前提，但是它谈到的全部问题终究是在一定的哲学体系，即黑格尔体系的基地上产生的"②。所以，马克思在批判德意志意识形态时，始终把矛头对准黑格尔哲学，特别是他的历史哲学。

通过对德意志意识形态的解构，马克思初步表述了自己的历史唯物主义的见解：不是意识决定生活，而是生活决定意识；不是从观念出发去解释实践，而是从实践出发去解释观念；不是用单纯的观念批判去解释历史的变动，而是用现实的历史变动来说明观念的兴衰起落。

对拜物教的解构

如果说，青年马克思通过"异化劳动"这一中心概念对资本主义社会进行批判性考察，那么，成熟时期的马克思虽然在其著作中还保留着"异化"这一概念，但是马克思不再笼统地、形而上学式地谈论这一问题，而是把探讨的重点放在"异化"在资本主义社会的最普遍的表现形式——"拜物教"上。

"拜物教"并不是马克思创制的新术语，如果历史地加以考察，它有两种不同的表现形式：一是前商品经济社会的"拜物教"，主要是对自然之物（风、雨、雷、电、动物、植物等等）的崇拜，这尤其体现在各国的神话传说中；二是商品经济社会的"拜物教"，主要是对社会之物（商品、货币、资本）的崇拜，它是资本主义社会的普遍现象。马克思所说的"拜物教"是指后一种。什么是"拜物教"呢？马克思写道：

---

①　马克思恩格斯全集：第 3 卷．北京：人民出版社，1960：56.
②　马克思恩格斯全集：第 3 卷．北京：人民出版社，1960：21.

要找一个比喻，我们就得逃到宗教世界的幻境中去。在那里，人脑的产物表现为赋有生命的、彼此发生关系并同人发生关系的独立存在的东西。在商品世界里，人手的产物也是这样。我把这叫做拜物教。①

在马克思看来，这种"拜物教"是同商品生产不可分割地联系在一起的，其奥秘在于："商品形式在人们面前把人们本身劳动的社会性质反映成劳动产品本身的物的性质，反映成这些物的天然的社会属性，从而把生产者同总劳动的社会关系反映成存在于生产者之外的物与物之间的社会关系。由于这种转换，劳动产品成了商品，成了可感觉而又超感觉的物或社会的物。"②

商品"拜物教"导致的结果是：一方面，物的自然属性被主体化了，从而物成了超感觉的、神秘莫测的东西。比如，生产资本会自动地产生利润，生息资本会自动地产生利息，土地会自动地提供地租。

这是一个着了魔的、颠倒的、倒立着的世界。在这个世界里，资本先生和土地太太，作为社会的人物，同时又直接作为单纯的物，在兴妖作怪。③

商品拜物教、拜金主义和对资本的神秘性的崇拜，都是"拜物教"的具体表现形式。其实，这些神秘性绝不是由物的自然属性造成的，而是物在一定的社会关系下的必然表现。另一方面，人被物化了。在一个商品经济高度发展的社会里，不但人成了物、商品、货币、资本、机器和技术的奴隶，而且人与人之间的社会关系也由于变形为物与物之间的关系而变得晦暗不明了。

马克思批判"拜物教"的目的是揭示出物与物之间的关系掩盖下的人与人之间的真实的社会关系。在这个意义上，我们不妨把马克思思想发展的这一阶段称为"社会关系"阶段。事实上，马克思早在写作《关于费尔巴哈的提纲》《德意志意识形态》《雇佣劳动与资本》等论著时，已经对"社会关系"问题做了一定的论述，但当时马克思的注意力还主要放在对生存实践问题的论述上，而生存实践活动还是在经验世界中可

① 马克思．资本论：第1卷．北京：人民出版社，1975：89.
② 马克思恩格斯全集：第44卷．北京：人民出版社，2001：89.
③ 马克思．资本论：第3卷．北京：人民出版社，1975：938.

以观察到的现象。至于"社会关系"则完全是抽象的，分析"社会关系"既不能用显微镜，也不能用化学试剂，而只能用抽象力。这充分表明，随着马克思的研究工作的不断深入，他对整个资本主义社会及其观念的解构也不断地向纵深发展。

对欧洲中心主义的解构

如果我们着眼于从世界范围内来考察马克思思想的发展，就会发现，马克思对古希腊哲学、德意志意识形态和拜物教的解构，主要是他研究欧洲社会，尤其是近代欧洲社会的结果。然而，马克思作为一个世界主义者，他的视野并没有局限在欧洲社会之内。从中年时起，特别是在晚年，马克思通过对人类学的深入研究，不但把自己的视野从近代欧洲的资本主义社会扩展到欧洲古代社会，而且进一步扩展到东方社会。在一定的意义上，我们可以把晚年马克思的思想称作"东方社会"阶段。以往研究马克思思想的学者或者不太注意这一阶段，或者仅仅在欧洲中心论的范围内评价晚年马克思的贡献。实际上，这一阶段之所以特别重要，是因为马克思解构了欧洲中心主义，从而把自己的注意力转向东方社会。

首先，马克思解构了西欧资本主义起源方式的普适性。俄国民粹主义者米海洛夫斯基试图把马克思关于西欧资本主义起源的论述推广到一切国家（包括俄国）中去。马克思在《给〈祖国纪事〉编辑部的信》（生前未寄出）中对他进行了严肃的批评：

> 他一定要把我关于西欧资本主义起源的历史概述彻底变成一般发展道路的历史哲学理论，一切民族，不管他们所处的历史环境如何，都注定要走这条道路，——以便最后都达到在保证社会劳动生产力极高度发展的同时又保证人类最全面的发展的这样一种经济形态。但是我要请他原谅。他这样做，会给我过多的荣誉，同时也会给我过多的侮辱。①

马克思认为，极为相似的事情在不同的历史环境中会得出完全不同的结果，如果把西欧资本主义起源的模式绝对化，那就什么也解释不了。

---

① 马克思恩格斯全集：第 19 卷．北京：人民出版社，1963：130.

其次，马克思解构了西欧社会发展形态的普适性。不论是西方学者，还是东方学者，在研究东方社会的演化时，都自觉地或不自觉地把西欧社会演化的模式作为参照系。比如，当柯瓦列夫斯基发现印度有采邑制、荫庇制和公职承包制时，就轻易认定，在印度存在着西欧意义上的封建主义。马克思批评道：

> **别的不说**，柯瓦列夫斯基**忘记了农奴制**，这种制度并不存在于印度，而且它是一个基本因素。①

事实上，在印度普遍存在着的是农村公社，英国殖民主义者入侵后，利用高利贷加速了农村公社的瓦解和向资本主义社会的直接演化。由此可见，绝不可简单地把仅仅适合于西欧社会演化的五大社会形态理论简单地套用到东方社会上去。

最后，在分析俄国农村公社的发展趋向时，马克思做出了跨过"卡夫丁峡谷"的著名论断。在马克思看来，俄国农村公社具有两重性：一方面，公有制及公有制造成的各种社会关系使公社基础稳定；另一方面，房屋的私有、小块土地耕种和产品的私人占有，又使个人利益获得发展。如果听凭各种破坏公社的因素（如国家财政搜刮、高利贷等）发展，就会导致农村公社灭亡，重走西方资本主义发展的道路；如果创造历史条件来发展前一方面，逐步把土地的个人耕作发展为集体耕作，它就可能"不通过资本主义制度的卡夫丁峡谷，而把资本主义制度的一切肯定的成就用到公社中来"②。在这里，马克思的提法虽然是十分谨慎的，但却充分表现出他对欧洲中心主义的解构和超越。在马克思看来，东方国家并不一定要走西方国家的老路，相反，只要它们把握住历史的契机，并创造出相应的客观物质条件来实现这一契机，它们就有可能跨越"卡夫丁峡谷"，走向新的社会形态。

马克思解构学说的启示

马克思的解构学说具有极为重要的理论意义。

首先，它使我们对历史决定论问题获得了新的认识。在这个问题上，流行的见解是：马克思的历史唯物主义就是历史决定论，历史决定

---

① 马克思恩格斯全集：第 45 卷．北京：人民出版社，1985：284.

② 马克思恩格斯全集：第 19 卷．北京：人民出版社，1963：436.

论认为，在社会历史的发展中存在着普遍的规律。这一见解显然忽视了，在决定论问题上，马克思的见解是有一个发展过程的。如前所述，马克思解构古希腊哲学的一个重要的方面，就是解构德谟克利特把一切都视为必然的决定论思想。马克思在批评西塞罗对伊壁鸠鲁思想的曲解时写道：

> 西塞罗所要求的物理的原因会把原子的偏斜拖回到决定论的范围里去，而偏斜正是应该超出这种决定论的。①

由此可见，青年马克思不但不赞成决定论的思想，而且力图以伊壁鸠鲁的"原子偏斜说"来解构这种决定论。成熟时期的马克思通过对资本主义社会的深入研究，得出了如下结论：

> 我的观点是：社会经济形态的发展是一种自然历史过程。不管个人在主观上怎样超脱各种关系，他在社会意义上总是这些关系的产物。②

马克思还强调，《资本论》的最终目的"就是揭示现代社会的经济运动规律"③。人们通常把马克思这方面的论述理解为历史决定论，并认为马克思在研究西欧社会时得出的结论具有普适性。

事实上，晚年马克思在分析资本主义社会的运动时指出：

> 这一运动的"历史必然性"**明确地**限于**西欧各国**。④

晚年马克思更多关注的是不同社会发展道路之间的差别，而不是把西欧社会发展的规律作为公式到处加以套用。所以他强调：

> 使用一般历史哲学理论这一把万能钥匙，那是永远达不到这种目的的，这种历史哲学理论的最大长处就在于它是超历史的。⑤

综上所述，如果一定要把历史唯物主义表述为历史决定论，那就得说明：第一，历史决定论不等于一般的历史哲学理论；第二，它并不提供任何普适性的社会发展公式，它表述的社会运动规律或历史的必然性

---

① 马克思恩格斯全集：第 40 卷．北京：人民出版社，1982：213.
② 马克思．资本论：第 1 卷．北京：人民出版社，1975：12.
③ 马克思．资本论：第 1 卷．北京：人民出版社，1975：11.
④ 马克思恩格斯全集：第 19 卷．北京：人民出版社，1963：268.
⑤ 马克思恩格斯全集：第 19 卷．北京：人民出版社，1963：131.

是受一定的历史条件和范围的制约的；第三，它真正重视的是对任何历史运动的决定性的前提（即人要创造历史，就得先生存在这个世界上，而要生存在这个世界上，就得先从事物质生活资料的生产）的澄明，而不是撇开一切具体的历史条件来大谈特谈社会发展的规律或必然性。

其次，意识形态批判构成马克思哲学的一个重要的方面。在马克思看来，有关社会历史研究的任何资料都处于一定的意识形态的笼罩下。意识形态是一个总体性的概念，或者换一种说法，是一种虚假的总体性，是真实的社会现实总体在观念上的虚假的反映。人们通常认为自己是从理性出发去观察和思考问题的，实际上，他们从事观察和思考的真正出发点是他们通过教化的途径已然接受了的意识形态。因此，根据马克思的见解，人们在对自己已然接受的意识形态获得批判性的识见之前，是很难对社会历史资料做出创造性的研究的，也是根本不可能确立起新的世界观的。也正是在这个意义上，马克思强调历史唯物主义"最先是**真正批判**的世界观"①。

再次，马克思对欧洲中心主义的解构是其全部学说中的一个极为重要的组成部分。以往的研究认为，马克思主义有三个来源和三个组成部分（德国古典哲学、英国古典经济学和法国空想社会主义），而这三个部分都属于近代欧洲社会，这就等于把马克思的学说仅仅理解为关于近代欧洲社会的学说，从而忽略了马克思是一个世界主义者。事实上，马克思在理论上的极为重要的贡献正是对欧洲中心主义的解构。在这个意义上可以说，马克思关于东方社会的论述在其重要性上一点也不亚于他关于西方社会的论述。

最后，必须认识到，马克思关于"拜物教"批判的意义绝不能局限在政治经济学的范围之内来加以理解。更为重要的是认识这一批判的哲学意义。实际上，正是通过对"拜物教"的批判，马克思澄清了历史唯物主义的根本使命，也就是说，历史唯物主义绝不会像后来的哲学教科书所理解的那样，以经院哲学的方式，抽象地去谈论世界统一于物质、物质与运动不可分离、物质运动是有规律的等命题，而是通过对资本主义社会普遍存在的拜物教的批判，揭示出被物的自然属性和物与物之间的关系掩蔽着的人的社会属性和人与人之间的真实的社会关系。易言

---

① 马克思恩格斯全集：第 3 卷．北京：人民出版社，1960：261．

之，马克思的历史唯物主义本质上是人本主义，马克思关注的并不是抽象的物质，而是现实的人在资本主义社会条件下的真实的历史命运。在马克思看来，只有批判并解构"拜物教"的观念，人们才能认清自己真实的历史处境，并运用合适的方式来改变社会现实。

第四节　作为实践诠释学的马克思哲学*

众所周知，在马克思个人的著作中，据说出现过一次"诠释学的"（hermeneutisch）这个形容词，但却从未出现过"诠释学"（Hermeneutik）这个名词，但这并不意味着马克思没有诠释学的理论。我们的研究表明，马克思不仅创立了一种独特的理解和解释的理论——"实践诠释学"（die Hermeneutik der Praxis），而且他的这一理论在诠释学的发展史上理应占据重要的位置。

问题的提出

首先，在论述马克思的实践诠释学的理论之前，我们有必要先来探讨一下这方面的研究现状及形成这种现状的原因。毋庸讳言，只要我们把目光停留在传统的马克思哲学研究的视域内，马克思的理解和解释理论对于我们来说，就是一个完全陌生的课题。这种情况的出现当然有多方面的原因，但从理论上分析起来，至少包含着对马克思哲学的某种误解。

在《关于费尔巴哈的提纲》一文中，马克思写下了一段非常重要的论述：

> 哲学家们只是用不同的方式**解释**（interpretiert）世界，问题在于**改变**（veraendem）世界。①

传统的马克思哲学的研究者常常误解这段话的意思。似乎马克思主张，一切旧哲学都是"解释世界"的，唯独马克思哲学是"改造世界"的。这种理解方式不但把马克思与以前的哲学家尖锐地对立起来了，而且也

---

　　* 本节原来的标题是《马克思的实践释义学初探》，原载《复旦学报》（社会科学版）1995（3）。

　　① 马克思恩格斯选集：第 1 卷．北京：人民出版社，2012：136.

把"解释世界"与"改造世界"尖锐地对立起来了。其实，这段话的意思是：哲学家们"只是"（nur）停留在对世界的解释活动中，而马克思的哲学不"只是"解释世界，更重要的是诉诸实践活动，以改变世界。

这就告诉我们，一方面，马克思对以前的哲学家并不是全盘否定，而是批判继承，至少在"解释世界"方面如此；另一方面，在马克思那里，对世界的理解和解释活动是与改变世界的实践活动不可分离地交织在一起的。人作为理性的、有目的的存在物，他对世界的理解和解释方式决定着他的行为方式。反过来说，人并不是以静观的方式去理解并解释世界的。从逻辑在先的观点来分析，人要理解并解释世界，就得先生存在这个世界上。也就是说，人是在从事生存实践活动的基础上和过程中去理解并解释这个世界的。在这里，我们遇到的是一种双向互动的关系：一方面，理解和解释活动规约着人的实践方式；另一方面，理解和解释活动又是在实践活动的基础上得以展开的。从逻辑关系上看，实践活动是理解和解释活动的前提。传统的马克思哲学的研究者由于割裂了理解、解释活动和实践活动之间的内在联系，因而既不重视对马克思的理解和解释理论的研究，更看不到由于实践概念的引入，马克思在这个领域里已经发动了一场划时代的革命。

其次，从西方诠释学理论和历史研究的角度看，人们又是如何对待马克思的呢？在探讨诠释学理论的发展历史时，西方学者的眼光主要停留在维柯、施莱尔马赫、德罗伊森、狄尔泰、海德格尔、伽达默尔、哈贝马斯、利科等人的身上，丝毫没有注意到马克思在这方面的卓越贡献。这是不是因为马克思没有使用过"诠释学"这个词的缘故呢？我们的回答是否定的，因为也有其他的人如此，如维柯对诠释学的发展做出了自己的贡献，但他也没有使用过"诠释学"这个词。更何况，伽达默尔在《真理与方法》（1960）一书中论及的柏拉图、亚里士多德、康德、黑格尔、兰克、胡塞尔等人也都未使用过"诠释学"的概念。这就表明，判断一个哲学家在诠释学发展史上是否拥有自己的地位，关键不在于他是否使用过"注释学"这个概念，而是要看他是否对诠释学关注的核心问题——理解和解释理论的发展提供了新的、实质性的见解。

正是在这个问题上马克思遭到了不公正的对待。伽达默尔在谈到人们对宗教文本的理解和解释时写道：

> 但是马克思主义者对此将说些什么呢？因为马克思主义者认

为，只有当他们把宗教说教视为社会统治阶级利益的反映时，他们才理解所有的宗教说教。马克思主义无疑不会接受这一前提，即人的此在是被上帝问题所支配的。①

在论述黑格尔的辩证法思想时，伽达默尔又指出："黑格尔左派对单纯的理智和解（这种和解不能说明世界的真正的变化）的批判，哲学转向政治的整个学说，在根本上不可避免地都是哲学的自我取消。"在这段话的下面，他做了如下注释：

> 这一点在马克思主义文献里直到今天还是明显可以看到的。②

究竟如何看待伽达默尔的这些论述呢？

第一，伽达默尔没有把马克思与那些以马克思主义者自居的人严格地区分开来。其实，马克思本人在19世纪80年代谈到当时所谓法国的马克思主义者时曾经说过这样的话："我只知道我自己不是马克思主义者。"③

第二，伽达默尔批评马克思从政治的角度来理解、解释宗教和哲学问题，从而未触及此在在世的根本性问题，也完全是对马克思的误解。实际上，马克思对诠释学理论的卓越贡献之一正在于从经济-政治的维度出发，开辟了理解和解释一切文本的新的通道，而正是经济-政治的维度构成此在在世的根本内容。关于这一点，我们在下面论述海德格尔的见解时还会谈到。

第三，伽达默尔对诠释学的应用问题十分关注，并在《真理与方法》一书中专门辟出一节（标题是"亚里士多德诠释学的现实意义"）的篇幅，高度评价了亚里士多德在《尼各马可伦理学》中提出的"实践知识"（phronesis）的概念，并论述了法学诠释学的典范意义，同时指出：

> 我们已经证明了应用不是理解现象的一个随后的和偶然的成分，而是从一开始就整个地规定了理解活动。④

---

① 加达默尔. 真理与方法：上卷. 洪汉鼎，译. 上海：上海译文出版社，1992：426 - 427.

② 加达默尔. 真理与方法：上卷. 洪汉鼎，译. 上海：上海译文出版社，1992：442.

③ 马克思恩格斯选集：第4卷. 北京：人民出版社，2012：599.

④ 加达默尔. 真理与方法：上卷. 洪汉鼎，译. 上海：上海译文出版社，1992：416.

奇怪的是，伽达默尔在追溯历史的时候，完全撇开了马克思关于理解、解释活动与实践活动关系的精辟的论述，而这些论述远比亚里士多德的"实践知识"的概念更为深刻地影响了诠释学的发展。此外，他也完全忽略了马克思在《黑格尔法哲学批判》一书和其他著作中对诠释学的发展所做出的巨大的贡献。但伽达默尔在他出版了《真理与方法》之后不久选编的《哲学读本》中，选入了马克思名下的三篇论著——《〈黑格尔法哲学批判〉导言》、《关于费尔巴哈的提纲》和《商品的拜物教特征及其秘密》（此篇选自马克思《资本论》第 1 卷第一章）。显然，伽达默尔只是从一般哲学发展的角度上去肯定马克思的上述论著，而忽视了它们在诠释学发展史上的重要地位。

最后，我们来看看，海德格尔和哈贝马斯又是如何认识并阐述马克思的理解和解释理论的历史地位及其作用的。与传统的马克思哲学的研究者和诠释学理论及历史的研究者不同，海德格尔独具慧眼地看到了马克思学说的重要性。在《存在与时间》这部巨著中，海德格尔确立了"此在诠释学"（die Hermeneutik des Daseins），从而完成了诠释学发展史上的著名的"本体论转折"。在海德格尔看来，理解是此在在世的基本方式，此在诠释学的宗旨是通过此在的生存活动来询问并展示存在的意义。后期的海德格尔虽然不再使用"诠释学"的概念，但却充分肯定了马克思学说在存在意义的探索史上的重要地位：

> 不管人们以何种立场来看待共产主义学说及其基础，从存在的历史的观点看来，一种对有世界历史意义的东西的基本体验已经在共产主义中确定不移地说出来了。①

在谈到马克思的异化理论时他进一步强调说：

> 因为马克思通过对异化的体验而达到了一个本质性的、历史的维度，所以马克思的历史观优越于其他的历史学。但在我看来，由于胡塞尔和萨特都没有在存在中认识到历史事物的本质性，所以现象学和存在主义都没有达到可以和马克思主义进行一个创造性的对

---

① M. Heidegger. *Ueber den Humanismus*. Frankfurt a. M. ：Suhrkamp Verlag，1975：27 - 28.

话的这一维度。①

与伽达默尔对马克思所持的肤浅的批评态度不同，海德格尔深刻地洞见了马克思的理解和解释理论中的历史性深度。当然，他并没有明确地阐述马克思在诠释学发展史上的地位和作用，但他却暗示我们应该去从事这一方向的探索工作。

海德格尔的"此在诠释学"的一个重要的思想是：从理解的历史性出发，提出了理解的"前结构"（Vor-Struktur）的理论，从而从本体论的角度肯定了"诠释学循环"（der Zirkel der Hermeneutik）的正当性。

> 决定性的事情不是从这个循环中脱身，而是依照正确的方式进入这个循环。②

伽达默尔在《真理与方法》中引入了"传统"（die Tradition）的概念，强调任何理解都是在传统的框架中展开的，从而把海德格尔的上述意思引向极端。他显然忘记了海德格尔关于"依照正确的方式进入这个循环"的见解所蕴含的深层含义，即理解者并不是他置身于其中的诠释学境况的消极的适应者，而是积极的反思者。

正是这一点被哈贝马斯抓住了，并成了他与伽达默尔进行论战的契入点。在哈贝马斯看来，理解者并不是传统的被动的承担者，而是它的积极的反思者和批判者。传统并不是一成不变的，它的演化及其在某些历史时期的结构性转折正是由理解者的反思和批判所促成的。哈贝马斯强调，他所说的反思和批判并不是枝节之论，而是对诠释学境况的总体上的澄清，它表现为马克思早已强调过的一个思想——意识形态批判。如果诠释学不与意识形态批判相结合，它的正当性就是值得怀疑的。与海德格尔的"此在诠释学"相类似，哈贝马斯的"批判的诠释学"（die kritische Hermeneutik）也向我们指出了回归马克思，从而深化诠释学研究的重要途径。

马克思的理解和解释理论

马克思的实践诠释学所包含的理解和解释理论的主要内容如下：

---

① M. Heidegger. *Ueber den Humanismus*. Frankfurt a. M. ：Suhrkamp Verlag，1975：27.

② M. Heidegger. *Sein und Zeit*. Tuebingen：Max Niemeyer Verlag，1986：153.

1. 实践活动是全部理解和解释活动的基础

在几乎与马克思同时代的狄尔泰和狄尔泰以前的诠释学的研究中，人们通常是以静观的态度来研究观念和文本的，即使探索观念、文本与人们的实际生活之间的联系，也没有把实际生活理解为实践活动。马克思对诠释学研究的第一个贡献是：把实践活动作为全部理解活动的基础和前提引入了诠释学。

首先，马克思指出，一切理解和解释活动都起源于实践。众所周知，任何理解活动要展开至少需要三个条件：第一，理解者生存在这个世界上；第二，理解者具有健全的理智；第三，理解活动需要通过语言来进行。马克思告诉我们，这三个条件都是人类在实践活动，尤其是维持自己的生存的生产劳动中创造出来的，因而人类的理解和解释活动都是紧紧地依附实践活动才产生并发展起来的。然而，随着人类实践活动的发展，随着脑力劳动和体力劳动之间的分工的明确化，理解、解释活动与实践活动之间的内在联系变得越来越模糊了。一种普遍的错觉和颠倒产生了：人们不但把观念和文本视为一个独立的世界，而且力图以这个世界为基础和出发点去解释人类的实践活动。古典的诠释学未能摆脱这种错觉。正是马克思，通过对理解和解释活动的起源的澄清，把这种普遍的错觉和颠倒重新颠倒过来。马克思写道：

> 不是从观念出发来解释实践，而是从物质实践出发来解释观念的东西……①

其次，马克思指出，一切理解和解释活动从内容上看都是指向实践活动的。在《关于费尔巴哈的提纲》中，马克思写道："社会生活在本质上是**实践的**。凡是把理论导致神秘主义方面去的神秘东西，都能在人的实践中以及对这个实践的理解中得到合理的解决。"② 显而易见，这段话包含着以下两层意思：第一层意思是，一切观念、理论、文本，从内容上看都是指向实践活动的，即使是神秘主义的东西，比如原始人普遍信奉的自然宗教、巫术和神话，归根到底也是以一定的实践活动为蓝本的；第二层意思是，后人要准确地理解前人留下的观念、理论和文本，必须先理解前人置身于其中的实践活动。恩格斯在《家庭、私有制

---

① 马克思恩格斯全集：第3卷．北京：人民出版社，1960：43.
② 马克思恩格斯全集：第3卷．北京：人民出版社，1960：5.

和国家的起源》一书中曾谈到下面这件轶事：瓦格纳在其《尼伯龙根之歌》的歌词中涉及对原始社会的描述时说："谁曾听说哥哥抱着妹妹做新娘？"显然，瓦格纳是以现代社会的人的思维习惯去理解原始人的观念和习俗的，马克思对此批评道：

> 在原始时代，姊妹**曾经是**妻子，**而这是合乎道德的**。①

这充分表明，任何准确的理解和解释活动都不能封闭在观念和文本自身中，而总是要先行地澄清它们和它们由之而来的实践活动之间的内在联系。

再次，马克思指出，从一切理解和解释活动的功能来看，它们总是服务于人的生存实践活动的。比如，从历史上看，差不多每一个阶级起来革命时，都会把本阶级的利益解释成全社会的普遍利益，否则就不能动员全社会的大多数成员起来参与该阶级的革命实践。所以，马克思一针见血地指出：

> 只有为了社会的普遍权利，个别阶级才能要求普遍统治。②

最后，宗教是人们对自身和世界的神秘的解释，宗教之所以产生并取得了长足的发展，是因为它具有许多重要的功能，其中最常见的就是慰藉人们在生存活动中所遭受到的苦难。中国人说"无事不登三宝殿"，直截了当地说出了信教的功利性目的。西方人的信教常被理解为超功利的，其实也未必如此。如德语形容词 fromm，其含义是"虔诚的"，以此词为词根衍出的名词 Fromme 却解释为"利益"，动词 frommen 则解释为"有利于"。从"虔诚的"和"有利于"之间的关系不难发现，西方人虔信宗教，归根到底也是受功利原则支配的。③ 当然，马克思注重的是从政治上来揭示统治阶级维护宗教的功利性目的，也正是在这个意

---

① 马克思恩格斯选集：第 4 卷. 北京：人民出版社，2012：45.
② 马克思恩格斯全集：第 1 卷. 北京：人民出版社，1956：464.
③ 在西语如英语中，也有许多词向我们显露出某种本质性的关系。如 interest 解释为"兴趣"，它的复数形式 interests 则通常解释为"利益"，这表明，人们只对与自己利益有关的东西发生兴趣；duty 这个词既可解释为"责任""义务"，又可解释为"税"，这两种意思合起来也就是说，纳税是一种"责任""义务"；good 作为名词既可以解释为"好""好事"，也可以解释为"利益""好处"，其复数形式 goods 则解释为"货物"，这表明，"货物""好事"都是与利益有关的东西。

义上他才说："宗教是人民的鸦片。"①

综上所述，马克思通过把实践概念引入诠释学而澄明了一切理解、解释活动的本体论前提。

2. 历史性是一切理解和解释活动的基本特征

在马克思看来，任何实践活动都是现实的人在既定的历史条件下所从事的活动，这种实践活动的历史性必然会导致理解和解释活动的历史性。马克思说过：

> 每个个人和每一代当作现成的东西承受下来的生产力、资金和社会交往形式的总和，是哲学家们想像为"实体"和"人的本质"的东西的现实基础，是他们神化了的并与之作斗争的东西的现实基础……②

不管理解者是否沉溺于这样的幻想，即认为他们的理解和解释活动是完全自由的幻想，实际上他们总是受到自己的历史性的制约，他们的理解和解释活动总是在确定的历史性铺设的地平线上展开。正是从理解和解释的历史性出发，马克思引申出以下三个结论。

第一，道德、宗教、形而上学和其他意识形式由此而失去了自己的独立性的外观。

> 它们没有历史，没有发展；那些发展着自己的物质生产和物质交往的人们，在改变自己的这个现实的同时也改变着自己的思维和思维的产物。③

在这里，马克思要否认的并不是各种意识形式的历史，而是要否认那种认为它们具有独立历史的幻觉！在马克思看来，各种意识形式在不同历史时期所具有的不同的内涵在根本上都是由该时代的实践活动的历史性所决定的。这就启示我们，在解读任何历史时期的文本时，都不能停留在文本的表面，而要善于发现该时期的实践活动通过理解、解释活动呈现在文本上的印记。

第二，在物质实践活动中占支配地位的统治阶级，其思想和观念也必然在理解和解释活动中占支配地位。马克思写道："例如，在某一国

---

① 马克思恩格斯全集：第1卷．北京：人民出版社，1956：453.
② 马克思恩格斯全集：第3卷．北京：人民出版社，1960：43.
③ 马克思恩格斯全集：第3卷．北京：人民出版社，1960：30.

家里，某个时期王权、贵族和资产阶级争夺统治，因而，在那里统治是分享的，那里占统治地位的思想就会是关于分权的学说，人们把分权当作'永恒的规律'来谈论。"① 在这里，马克思实际上提出了"权力诠释学"② 的问题。也就是说，只要我们现实地而不是抽象地谈论理解和解释的历史性，我们就得承认权力在理解和解释活动中的根本性的作用。换言之，现实的诠释学本质上表现为权力诠释学。事实上，马克思远比尼采、福柯等哲学家更早地意识到权力与理解、解释活动之间的内在联系，这种内在联系是隐藏在一切理解和解释活动背后的本质性的历史因素。

第三，近代社会的生产劳动表现为异化劳动，异化这一历史特征也必然给近代社会以来的各种理解和解释活动以深刻的影响。我们知道，这种影响的最普遍、最本质的表现形式是商品拜物教。对此，马克思说：

> 这种拜物教把物在社会生产过程中获得的社会的经济的性质，变为一种自然的、由这些物的物质本性产生的性质。③

古典经济学派虽然在一些具体的问题上不乏真知灼见，可是当其从总体上解读资本主义经济这一文本时，却始终无法摆脱拜物教的影响，从而认定资本主义生产方式是一种自然的、永恒的方式。马克思从人类最基本的实践活动——生产劳动出发，揭示了商品拜物教的起源："劳动产品一旦作为商品来生产，就带上拜物教性质，因此拜物教是同商品生产分不开的。"④ 这就为准确的理解和解释活动澄清了思想前提。完全可以说，马克思的实践诠释学是对一切抽象态度的摈弃，其宗旨是凸显出一切理解和解释活动的不可超越的历史维度。

3. 意识形态批判是正确地进入诠释学循环的道路

诠释学循环的内容是十分丰富的，但其核心内容则是：期待解释者对文本做出客观的解释，但任何解释者在解释文本之前已有先入之见，这种先入之见是由理解的历史性所造成的，是任何理解者都无法回避

---

① 马克思恩格斯全集：第3卷. 北京：人民出版社，1960：52-53.
② 俞吾金. 马克思的权力诠释学及其当代意义. 天津社会科学，2001 (5).
③ 马克思. 资本论：第2卷. 北京：人民出版社，1975：252.
④ 马克思. 资本论：第1卷. 北京：人民出版社，1975：89.

的。虽然马克思没有直接地论述注释学的循环问题，但他既然对理解的历史性做了极为深刻的论述，自然蕴含着对诠释学循环的认可。马克思的贡献在于，他把思考的重点始终放在如何正确地反思理解的历史性上，这就为正确地进入诠释学循环指明了道路。

这条道路就是意识形态批判的道路。在马克思看来，一定时期的意识形态构成该时期的理解和解释活动的总体背景，换言之，构成了理解者和解释者的先入之见的基础和源泉。因此，当理解者和解释者对自己置身于其中的意识形态缺乏深入的反思和批判性的理解时，是不可能正确地进入诠释学循环的。以费尔巴哈、布·鲍威尔和施蒂纳为代表的青年黑格尔主义者之所以未能在理解和解释世界时提供新的识见，是因为他们始终未能摆脱黑格尔意识形态的影响。

那么，理解者和解释者究竟如何像马克思所说的那样"跳出意识形态"① 呢？道路只有一条，那就是退回到生存实践活动的地平线上去，确立起历史唯物主义的世界观。

> 这种历史观就在于：从直接生活的物质生产出发来考察现实的生产过程，并把与该生产方式相联系的、它所产生的交往形式，即各个不同阶段上的市民社会，理解为整个历史的基础；然后必须在国家生活的范围内描述市民社会的活动，同时从市民社会出发来阐明各种不同的理论产物和意识形式，如宗教、哲学、道德等等，并在这个基础上追溯它们产生的过程。②

相反，如果将理解和解释活动局限在文本或单纯的思想、观念的范围内，理解者和解释者必将失去对其先入之见的批判性反思，从而也就不可能正确地进入诠释学循环。

4. 对语言独立王国的解构

人所共知，语言是一切理解和解释活动的媒介，古典诠释学和当代诠释学（所谓"语言学转向"）的一个通病是把语言视为独立王国，从而把全部理解和解释活动都封闭在这个独立王国之中。

马克思在推进诠释学理论发展方面的卓越贡献之一是揭示了语言在人类生存实践活动中的起源。在《评瓦格纳的"政治经济学教科书"》

---

① 马克思恩格斯全集：第 3 卷. 北京：人民出版社，1960：98.
② 马克思恩格斯全集：第 3 卷. 北京：人民出版社，1960：42－43.

一文中，马克思指出：

> 这种语言上的名称，只是作为概念反映出那种通过不断重复的活动变成经验的东西，也就是反映出，一定的外界物是为了满足已经生活在一定的社会联系中的人〔这是从存在语言这一点必然得出的假设〕的需要服务的。①

然而，随着人类社会的发展，随着哲学的产生和哲学家们自觉地或不自觉地不断地使语言神秘化，语言仿佛成了一个独立的王国，它与人类生存活动之间的内在联系显得晦暗不明了。

正如马克思所指出的：

> 哲学家们只要把自己的语言还原为它从中抽象出来的普通语言，就可以认清他们的语言是被歪曲了的现实世界的语言，就可以懂得，无论思想或语言都不能独自组成特殊的王国，它们只是现实生活的**表现**。②

这就从根本上解构了把语言视为独立王国的普遍的幻觉，从而把诠释学从封闭化的、神秘的语言世界中解救出来，并促使人们去探讨语言在经验世界中的所指，即认识语言的实践功能。不管语言在理解和解释活动中显得多么重要，毕竟它是人类的生存实践活动之手放出来的一只风筝。举例来说，在汉语中，"男"字意指在田里劳动的人；"物"字以"牛"为偏旁。光是这两个字就已经形象地描绘出古代中国农耕社会的生存实践活动的画面。这就告诉我们，把语言、观念、思想、文本独立化，必定会把全部理解和解释活动导入误区。

5. 新的诠释方法的引入

从诠释学的发展历史来看，马克思的实践诠释学不仅意味着本体论上的革命，同时也意味着方法论上的改弦更张。如果说，古典诠释学在方法上更注重对语言、语法和文本的总体结构的研究，那么，马克思在方法上则更注重对理解和解释活动的前提进行研究。马克思的诠释学方法主要可以归结为两条：

第一条是还原法。这种方法实际上肯定了两种文本的存在。一种是

---

① 马克思恩格斯全集：第 19 卷. 北京：人民出版社，1963：405.
② 马克思恩格斯全集：第 3 卷. 北京：人民出版社，1960：525.

有待理解和解释的观念上的文本；另一种是现实生活意义上的文本，亦即观念文本所意指的生存实践活动本身。第二种文本是隐藏在第一种文本之后的。还原法就是从第一种文本追溯到第二种文本，也就是从观念世界下降到现实世界，通过对现实世界的理解，找到理解观念世界的钥匙。它从一开始就把理解和解释活动视为非封闭的、开放性的活动。它启示我们，唯有走出观念的文本，才能真正地理解这种文本。因为"意识在任何时候都只能是被意识到了的存在，而人们的存在就是他们的实际生活过程"①。所以不管观念的文本是如何颠倒、离奇、荒谬，还原法始终是有效的。这种还原法在历史学的诠释学中具有特别重要的意义，因为它能使历史学家根据流传下来的文本，复制出文本所意向的、早已湮没无闻的实践生活方式。比如，摩尔根从流传下来的亲属称谓方式还原出早期人类社会的结构等等。

第二条是考古法。马克思早就指出：

> 人体解剖对于猴体解剖是一把钥匙。反过来说，低等动物身上表露的高等动物的征兆，只有在高等动物本身已被认识之后才能理解。②

在马克思看来，真正的理解方式并不像古典诠释学者所强调的那样，通过对理解者的历史性的消除（实际上是永远消除不了的）达到对以前文本的客观的理解；相反，只有在理解者对自己置身于其中的生活世界的本质达到批判的理解的基础上，他才能真正客观地理解以前的文本。正是在这个意义上，马克思告诉我们：

> 基督教只有在它的自我批判在一定程度上，可说是在可能范围内准备好时，才有助于对早期神话作客观的理解。同样，资产阶级经济只有在资产阶级社会的自我批判已经开始时，才能理解封建的、古代的和东方的经济。③

这种方法也是敞开的，它所着眼的不是作为理解对象的文本，而是整个理解活动的前提，即理解者对自己的历史性的、批判性的认识。只有在逻辑上先行地解决了这个问题，对以前的文本的客观的理解和解释

---

① 马克思恩格斯全集：第 3 卷．北京：人民出版社，1960：29.

② 马克思恩格斯全集：第 46 卷上册．北京：人民出版社，1979：43.

③ 马克思恩格斯全集：第 46 卷上册．北京：人民出版社，1979：44.

才真正是可能的。

综上所述，马克思的诠释学把实践概念引入一切理解和解释活动的基础性的层面上，从而完成了诠释学发展中的"哥白尼式的革命"，即不是从观念的文本出发来理解并解释人的生存实践活动；相反，是从人的生存实践活动出发来理解并解释一切观念的文本。这实际上先于海德格尔而澄明了诠释学发展的本体论前提。事实上，马克思的实践诠释学为我们昭示了诠释学发展的根本方向。

马克思实践诠释学理论的历史意义

在我们看来，马克思实践诠释学理论的历史意义主要表现在以下两个方面。

第一，在诠释学研究的领域里做出了划时代的贡献。从诠释学的发展史来看，马克思处于施莱尔马赫和狄尔泰之间，和德罗伊森完全是同时代人。早在19世纪40年代，马克思就已创立了历史唯物主义学说，确立了透视一切思想、观念和文本的参照系——生存实践活动，从而超越了以施莱尔马赫为代表的古典诠释学的视域，为诠释学的进一步发展澄明了本体论的前提。然而，遗憾的是，马克思阐述其实践诠释学的经典文本《关于费尔巴哈的提纲》直到1888年才问世，另一个经典文本《德意志意识形态》直到1932年才出版，比海德格尔的《存在与时间》面世还晚了5年！于1911年去世的狄尔泰由于历史条件的限制而未能深入地研究马克思，特别是马克思的上述经典文本，从而未能超出古典诠释学的境界。海德格尔从先验现象学的方法入手，创立了"此在诠释学"，从而明确地宣布了诠释学研究的本体论转折。尽管海德格尔的诠释学理论和马克思的"纯粹经验的方法"有别，然而如果我们像马克思所说的那样，把海德格尔的哲学的语言还原为普通的语言，就会发现他们的诠释学理论存在着不少共同之处。一般说来，马克思对诠释学理论发展的基本贡献如下：

一是提示了观念或文本的实践功能，即面向实践的意向性，从而肯定理解和解释活动的本质是把握观念、文本与人的生存实践活动之间的内在联系。马克思的这一见解最典型地表现在他的法学诠释学的观点上：

> 法的关系正像国家的形式一样，既不能从它们本身来理解，也

不能从所谓人类精神的一般发展来理解，相反，它们根源于物质的
生活关系，这种物质的生活关系的总和，黑格尔按照 18 世纪的英
国人和法国人的先例，概括为"市民社会"。①

而市民社会本质上是实践的，离开实践，一切观念和文本也就无从索
解了。

二是阐明了理解者从总体上批判地反思自己的历史性即历史境况
（包括已接受的传统）的可能的做法——意识形态批判，从而表明，实
践诠释学也就是批判的诠释学，它把理解者对自己的历史境况的反思和
清理看作正确地进入诠释学循环，即客观地进行理解和解释活动的基本
前提。在这方面，把马克思与海德格尔和伽达默尔做一个比较是富有启
发性的。海德格尔主张从现象学的"面向事物本身"的原则出发来清理
理解的前结构，从而确保理解者以正确的方式进入诠释学循环。但从其
后期思想的发展来看，既然他认为现象学和存在主义在对存在的历史性
与意义的把握上远不如马克思来得深刻，这也就等于承认了他早期这方
面思想的局限性。至于伽达默尔，他虽然正确地指出了任何理解活动都
是在传统中展开的，但他忽略了问题的另一个方面，即传统也是在人的
创造性的理解活动中不断地被更新的；同时，传统总是通过一定历史时
期的意识形态反映出来的，因而正是意识形态批判肯定了人创造传统和
传统创造人之间的辩证关系，而这一辩证关系归根到底又是在人的实践
活动的基础上展开的。所以马克思在批判 18 世纪的唯物主义者关于人
与环境（教育）的二律背反时指出：

> 环境的改变和人的活动的一致，只能被看作是并合理地理解为
> **革命**的**实践**。②

由此可见，唯有马克思的实践诠释学才以最深刻的方式探索了诠释
学的循环的问题，并为人们正确地进入这一循环指明了道路。

三是马克思关于一个历史时期占统治地位的思想也就是统治阶级的
思想的重要论述实际上开启了"权力诠释学"和"意识形态诠释学"研
究的新方向。如果说，权力诠释学更注重探讨观念与文本的权力归属和
权力意向的话，那么，意识形态诠释学更注重考察的则是意识形态所蕴

---

① 马克思恩格斯选集：第 2 卷．北京：人民出版社，2012：2.
② 马克思恩格斯全集：第 3 卷．北京：人民出版社，1960：4.

含的主导性的问题框架和价值取向在人们的实际诠释活动中的作用和影响，这种考察一直可以深入人们的无意识的心理层面。遗憾的是，人们还完全没有意识到这方面研究的重要性和紧迫性。

第二，实践诠释学本质上就是马克思哲学。通过对它的深入研究，整个马克思哲学的研究将被奠立在新的基础上。这一转折主要体现在如下结果上：

一是物质诠释学将被实践诠释学取代。从诠释学研究的视野来看，传统的马克思哲学的研究者通常把马克思哲学理解为物质诠释学，即从物质本体论出发去理解和解释一切，如世界统一于物质、意识是物质发展到一定阶段的产物等等，也以此去解释一切观念和文本。显然，这种理解方式完全违背了马克思的初衷。早在《关于费尔巴哈的提纲》中，马克思就已经开宗明义地指出：

> 从前的一切唯物主义——包括费尔巴哈的唯物主义——的主要缺点是：对事物、现实、感性，只是从**客体**的或者**直观**的形式去理解，而不是把它们当作**人的感性活动**，当作**实践**去理解，不是从主观方面去理解。①

然而，马克思这一至关重要的论述却一直遭到人们的忽视，甚至连马克思哲学的批评者也被上述错误的理解方式影响，以致对马克思的唯物主义采取简单拒斥的态度。在这方面，独具慧眼的仍然是海德格尔，他深刻地洞见了马克思唯物主义的真谛：

> 这种唯物主义的本质不在于一切只是物质这一主张中，而是在于一种形而上学的规定，按照这种规定，一切存在者都呈现为劳动的质料。②

这就恢复了马克思哲学的真谛——实践诠释学以及这一学说必然蕴含的人化自然的观点，即一切物质的存在物都不是抽象的，不是人直观的对象，而是人的生存实践活动中的要素。唯有从实践诠释学的立场出发，我们才不会以经院哲学的方式去空谈所谓世界统一于物质这样的无意义的命题，而是以实践的方式把马克思的物质观引向对商品拜物教的

---

① 马克思恩格斯全集：第3卷. 北京：人民出版社，1960：3.

② M. Heidegger. *Ueber den Humanismus*. Frankfurt a. M. : Suhrkamp Verlag, 1975：27.

批判，从而在物与物的关系的外观下看到人与人的关系的实质。

二是抽象认识论将被意识形态批判取代。毋庸讳言，抽象的物质诠释学必然会导致抽象的认识论，即假定存在着一个可以抽掉一切社会历史特征的认识主体，并假定认识论的主旨就是研究人的抽象的认识活动的起源和本质。显而易见，这种抽象的认识论也是不符合马克思的本意的。马克思在谈到自己的认识和观察方式时说：

> 它的前提是人，但不是某种处在幻想的与世隔绝、离群索居状态的人，而是处在一定条件下进行的、现实的、可以通过经验观察到的发展过程中的人。[①]

在马克思看来，现实的人的最基本的活动是生存实践活动，其全部认识活动都是在这一基础上展开并服务于这一活动的。因而，现实的人在认识任何外部事物之前已经先行地置入了自己的历史性，而他又是在他所生活的历史时期的特定的意识形态的氛围中来理解自己的历史性的，但"几乎整个意识形态不是曲解人类史，就是完全撇开人类史"[②]。所以，不批判意识形态，也就不能澄明自己的真正的历史性；不澄明自己的真正的历史性，全部认识、理解和解释活动就会处于飘荡无根的状态下。这就启示我们，认识论的基本任务之一是向内拓展，而不是天真地去询问：我能认识什么？而应该询问：我所具有的历史性允许我认识什么？正是后一个问题必然会导致意识形态批判取代抽象认识论。

第五节 后现代视野中的马克思[*]

我们在这里探讨的是后现代理论家与马克思的思想之间的关系。这种关系是由两个对立的方面构成的：一方面，后现代理论家对把马克思和马克思主义作为宏大叙事、权力化的话语和偶像化的确定性加以拒斥；另一方面，他们又从马克思和马克思主义学说所蕴含的否定性的叙

---

① 马克思恩格斯全集：第3卷. 北京：人民出版社，1960：30.

② 马克思恩格斯全集：第3卷. 北京：人民出版社，1960：20.

* 本节原载《天津社会科学》2002（5），中国人民大学复印报刊资料《新思路》2002（6）全文转载。

事方式、反权力话语的批判精神和自觉地消解传统的确定性的反思意识中汲取灵感。这充分表明，马克思和马克思主义思想内涵的丰富性为后现代理论家提供了巨大的思考空间和诠释空间。在某种意义上，研究后现代主义与马克思主义之间的关系，也就是对马克思的当代意义做出新的探索。

正如古代的"智者"不构成一个确定性的哲学派别一样，活跃在当代思想界的所谓"后现代理论家"也不从属于任何一个确定的哲学派别，也许我们只能把他们理解为一些具有类似理论倾向的学者。显而易见，不管这些学者在思想上是多么偏激或怪异，他们都无法绕过下面这个话题，即他们和马克思的关系问题。正如法国哲学家德里达所说的：

> 地球上所有的人，所有的男人和女人，不管他们愿意与否，知道与否，他们今天在某种程度上说都是马克思和马克思主义的继承人。①

这充分表明了马克思遗产的普遍适用和无处不在的特征。

在通常的情况下，人们习惯于把后现代理论与马克思的思想尖锐地对立起来。正如美国哲学家詹姆逊所批评的：

> 马克思主义与后现代主义：人们往往感到这是一种罕见的或悖论的结合，是缺乏牢固基础的，以致有些人认为，当我现在"成为"后现代主义者时，一定不再是任何含义（即用其他一些传统字眼）上的马克思主义者了。②

其实，这是一种很肤浅的看法。诚然，后现代理论与马克思的思想之间存在着重大的差异，但人们并不能因此否定这两者之间存在着某些相似点乃至共同点。

事实上，那些富于原创性的后现代理论家总是沿着以下两个不同的方向来反思他们与马克思之间的关系的：一方面，他们激烈地批判马克思的思想中存在的与现代性的主导性价值相契合的观念；另一方面，他们又积极地肯定马克思的思想中存在的与后现代的价值取向相一致的见解。这两个方面的内容构成了他们和马克思之间的错综复杂的关系。全

---

① 德里达. 马克思的幽灵：债务国家、哀悼活动和新国际. 何一，译. 北京：中国人民大学出版社，1999：127.

② 詹姆逊，胡亚敏. 马克思主义与后现代主义. 马克思主义与现实，2002（2）.

面地探索并理解这些关系，不但能加深我们对后现代理论的本质特征的把握，而且能使我们更深刻地领悟马克思的思想的当代意义和价值。

肯定性的叙事与否定性的叙事

众所周知，在马克思的理论陈述中，包含着两种不同的叙事方式：一种是"肯定性的叙事"，即马克思对自己的新理论的陈述，如历史唯物主义、剩余价值理论、共产主义学说等等；另一种是否定性的陈述，如意识形态批判、资本主义批判、政治经济学批判等等。当然，这两种叙事方式并不是截然可分的，而是相互贯通、相互渗透的。但当人们从分析的理性的角度出发进行探讨的时候，还是可以区分出这两种不同的叙事方式。后现代理论家常常拒斥蕴含在马克思的理论陈述中的肯定性的、宏大的叙事方式，而对其否定性的、批判性的叙事方式则大加赞赏。在这方面，法国哲学家利奥塔是一个典型的代表。

利奥塔把传统的、肯定性的大叙事分为两个主要的派别，一派倾向于政治，另一派则倾向于哲学。然后他这样写道：

> 我们可以很简便地指出，马克思主义在以上两种叙事合法化的模式中，左右摇摆。共产党统御了大学制度，无产阶级取代了全民或人性，辩证唯物主义取代了思辨理性理想主义等等。马克思主义与科学自身有其特殊的关系，而斯大林主义或许正是它的终结。在斯大林主义中，科学仅扮演着从后设论述中寻绎或引证的角色，而"社会主义"则成了精神生活的替代词。[①]

在他看来，马克思既继承西方传统政治和哲学中的宏大叙事，又以自己的方式对传统的叙事方式进行了改造。然而，马克思只是改造了传统叙事方式的内涵，却没有触及它的形式。也就是说，马克思自己的学说也构成一种新的宏大叙事，而在这种新的叙事方式中，"共产党""无产阶级""辩证唯物主义""社会主义"成了基本概念，而"解放""救赎"则成了核心的观念。利奥塔明确表示，他对蕴含在马克思学说中的这些肯定性的叙事表示怀疑，尤其是当斯大林主义成为马克思主义思想的一个结果的时候，这种疑虑进一步增强了。

---

① 利奥塔. 后现代状况：关于知识的报告. 岛子，译. 长沙：湖南美术出版社，1996：117.

不过，我们所以质疑，是因为我们不再像马克思那样，相信人类可以在矛盾斗争中得到救赎。①

利奥塔对马克思的肯定性的叙事的拒斥在后现代理论家那里引起了广泛的共鸣。比如，詹姆逊认为：

陈旧的马克思主义文化范式已经起不了什么作用了。②

他主张，必须站在新的时代高度上，对马克思当时的叙事方式和阐释方式进行必要的改造。英国哲学家吉登斯在探讨现代性问题时也强调，尽管马克思十分关注现代性的断裂的特征，但仍然未摆脱达尔文的进化论这一宏大叙事的影响。他写道：

即使是那些强调断裂变革之重要性的理论（如马克思的理论），也把人类历史看作是有一个总的发展方向，并受着某种具有普遍性的动力原则所支配的过程。进化论的确表述了这种"宏大叙事"，尽管它不一定属于受宇宙目的论影响的理论。③

在吉登斯看来，人们应当在解析现代性问题时，超越这种单线性的进化论的宏大叙事方式，更多地注意到现代社会与传统社会之间的鸿沟，同时更多地检讨现代性蕴含的风险和种种不确定性。美国哲学家凯尔纳和贝斯特在谈到利奥塔的后现代理论时，也写道：

从这一点看，后现代应该被界定为"对元叙事的怀疑"，对形而上学哲学、历史哲学以及任何形式的总体化思想——不管是黑格尔主义、自由主义、马克思主义还是实证主义——的拒斥。④

总之，后现代理论家对马克思思想中所蕴含的肯定性的、宏大的叙事采取排斥的态度。

---

① 利奥塔. 后现代状况：关于知识的报告. 岛子，译. 长沙：湖南美术出版社，1996：117.

② F. Jameson. *The Political Unconscious*. Ithaca：Cornell University Press，1985：11.

③ 吉登斯. 现代性的后果. 田禾，译. 南京：译林出版社，2000：4-5.

④ 凯尔纳，贝斯特. 后现代理论：批判性的质疑. 张志斌，译. 北京：中央编译出版社，2001：216. 罗蒂也认为，"在重要的法国哲学家和社会批评家利奥塔的后期著作中，马克思主义成了关于'人性'和'人类历史'的伟大的'元叙事'之一. 利奥塔认为，在尼采、海德格尔和福柯以后，我们再也不能相信这样的元叙事了"（罗蒂. 后哲学文化. 黄勇，编译. 上海：上海译文出版社，1992：137）。

然而，有趣的是，他们对马克思思想中显露出来的批判性的、否定性的叙事方式却表现出真诚的认同。这一点甚至连利奥塔都不例外。他在批评马克思的宏大叙事的同时，也指出：

> 马克思主义也能够发展成一种批判性的知识形式，认为社会主义就是由自治主体所组成的，而科学存在的唯一理由是要让经验主体（无产阶级）从异化与压迫中获得解放。①

利奥塔认为，法兰克福学派所发展和推进的正是蕴含在马克思的学说中的这种否定性的、批判性的叙事方式。詹姆逊认为，在马克思的否定性的叙事方式中，最有价值的学说就是他对意识形态的整体性批判。这一批判深刻地揭示了一切文本或观念与意识形态之间的内在联系。也正是在这个意义上，他把马克思的学说称为"否定的诠释学"。他这样写道：

> 这就是一般的理论构架，我总是愿意在这一理论架构中，阐明我自己的可以概括为如下方法论的命题：一种马克思主义的否定的诠释学（a Marxist negative hermeneutic），一种准确的马克思主义式的意识形态分析的实践，在阅读和解释的实际工作中，必须与一种马克思主义的肯定的诠释学（a Marxist positive hermeneutic）或对相同的意识形态的文化文本中的乌托邦冲动的破译同时进行。②

在詹姆逊看来，一旦人们抛弃了这种否定性的叙事方式的视角，也就不可能全面把握马克思思想的意义。事实上，詹姆逊更感兴趣的是马克思学说中的否定性的叙事方式。按照法国哲学家德勒兹的看法，在马克思的否定性的叙事方式中，最有价值的应当是他对资本主义的分析和批判。他写道：

> 我认为费利克斯·加达里和我一直都是马克思主义者，也许方式不同，但是我们俩都是。我们不相信那种不以分析资本主义及其发展为中心的政治哲学。马克思著作中最令我们感兴趣的是将资本

---

① 利奥塔. 后现代状况：关于知识的报告. 岛子，译. 长沙：湖南美术出版社，1996：117.

② F. Jameson. *The Political Unconscious*. Ithaca：Cornell University Press，1985：296.

主义作为内在的体系加以分析。①

这里所说的"内在的体系"也就是把资本主义作为一个有机的整体加以解剖和反思，而马克思的否定性的叙事方式正是通过这样的解剖和反思展现出来的。

每一个不存偏见的研究者都会发现，马克思是康德所肇始的批判精神的伟大的继承者，他的主要著作的正标题或副标题几乎都有"批判"这个词。实际上，早在1843年致卢格的信中，马克思已经指出：

> 新思潮的优点就恰恰在于我们不想教条式地预料未来，而只是希望在批判旧世界中发现新世界。②

正是这种大无畏的批判性的、否定性的精神和叙事方式成了后现代理论家抨击现代性的重要的思想资源。

权力化的话语与反权力化的话语

正如诸多西方马克思主义者所指出的那样，马克思的思想在被他的追随者意识形态化的过程中，已经转化为一种权力化的话语。西方马克思主义的早期代表人物之一、德国哲学家柯尔施早已注意到这种把马克思的思想权力化的倾向，并发出了警告。③ 但这种警告在当时并没有引起充分的重视。事实上，一旦人们把马克思的思想意识形态化或权力化，并把它作为判断一切是非的标准，马克思的思想本身也就从一种批判性的思想转化为被批判的思想。特别是在后现代理论家那里，被权力化的马克思和马克思主义遭到了广泛的批评。

众所周知，在后现代理论家中，法国哲学家福柯对权力化的知识和话语的抵制最激烈。他指出：

> 1968年以前，至少在法国，你如果要做一个哲学家的话，就必须是一个马克思主义者，或是现象学家，或是结构主义者。可我不是这些学派的信徒。……1968年以后，第一个变化就是马克思主义在学界一统天下的局面结束了，新的关心个人兴趣的政治文化

---

① 德勒兹. 哲学与权力的谈判：德勒兹访谈录. 刘汉全，译. 北京：商务印书馆，2000：195.

② 马克思恩格斯全集：第1卷. 北京：人民出版社，1956：416.

③ 俞吾金，陈学明. 国外马克思主义哲学流派. 上海：复旦大学出版社，1999：73.

倾向开始产生。正是这个原因，我的著作在 1968 年以前除了在很小的圈子以外，几乎毫无反响。①

在这里，福柯以 1968 年划界，表明了自己的思想与已经在某种程度上被权力化和意识形态化了的马克思的思想之间的差距。事实上，作为法国结构主义的马克思主义者阿尔都塞的学生，福柯并没有简单地认同他的老师的学说，而是试图通过对尼采的解读，超出已被权力化的马克思主义的话语系统。对这样的话语系统的批评也见于其他的后现代理论家。德里达就说过：

> 对于我们中的许多人而言，某种（我在此强调的是某种）共产主义的马克思主义的终结并不需要等到苏联以及全世界完全依赖于苏联的所有一切的最近解体。所有的一切在 50 年代初就已经开始——所有的一切甚至在那时就已经不容置疑地是"可见的"了。因此，使我们今晚聚集在一起的这个问题——"马克思主义向何处去"——其实是一个重复已久的话题的回声。②

德里达在这里说的早已解体了的马克思主义，实际上也就是斯大林主义化的、权力话语化的马克思主义，而他真正关心的是马克思主义的本真精神的恢复，而"马克思主义向何处去"所要解答的也正是这样的一个问题。

后现代理论家拒斥已经以某种方式被意识形态化或权力话语化的马克思主义，并不等于他们对蕴含在马克思学说中的反权力话语的见解持漠视的态度。事实上，马克思在历史唯物主义的基础上阐述出来的权力理论至今仍然是无法超越的。一方面，马克思指出，无论是国家，还是权力，都不是第一性的东西。

> 那些决不依个人"意志"为转移的个人的物质生活，即他们的相互制约的生产方式和交往方式，是国家的现实基础，而且在一切还必需有分工和私有制的阶段上，都是完全不依个人的**意志**为转移的。这些现实的关系决不是国家政权创造出来的，相反地，它们本

① 包亚明. 权力的眼睛：福柯访谈录. 严锋，译. 上海：上海人民出版社，1997：6.

② 德里达. 马克思的幽灵：债务国家、哀悼活动和新国际. 何一，译. 北京：中国人民大学出版社，1999：22-23.

身就是创造国家政权的力量。①

这段重要的论述从根本上消除了笼罩在政治权力上的光圈，把它化为日常生活中可以理解的一个问题，从而为关于政治权力问题的任何讨论澄明了前提。另一方面，马克思也告诉我们：

> 一个阶级是社会上占统治地位的**物质**力量，同时也是社会上占统治地位的**精神**力量。支配着物质生产资料的阶级，同时也支配着精神生产的资料，因此，那些没有精神生产资料的人的思想，一般地是受统治阶级支配的。②

马克思的这一重要的研究结论启示我们：统治阶级在物质资料生产上的领导权决定着其相应的精神生产上的领导权。这一点决定了：不管人们是否意识到了，精神生产总是在无所不在的宏观政治权力的支配下进行的。换言之，占支配地位或主流地位的话语本质上就是权力话语。正是在这个意义上，我们可以说，真正现实的诠释学是权力诠释学。③毋庸讳言，马克思关于权力问题的批判性观点对当代学者产生了深刻的影响。无论是尼采的"权力意志"的理论，还是葛兰西的"文化领导权"理论，无论是阿多诺的"否定的辩证法"的构想，还是马尔库塞关于"大拒绝"的呼吁，都在一定的意义上回应了马克思的宏观政治权力理论。正如许多研究者已经意识到的那样：

> 马克思对权力之经济关系的重要性的强调，被尼采对权力和统治形式之多样性的强调所取代。④

当然，后现代理论家仍然以怀疑的目光来看待马克思对宏观政治权力的倚重。利奥塔并不否认，马克思通过对剩余价值的揭露，对现代性进行了深入的批判，然而，他写道：

> 今天我们知道，在马克思主义的庇护之下"十月革命"只是成功地再次打开了同一个伤口。问题的确定和诊断可以变化，但在这

---

① 马克思恩格斯全集．第 3 卷．北京：人民出版社，1960：377 - 378.
② 马克思恩格斯全集．第 3 卷．北京：人民出版社，1960：52.
③ 俞吾金．马克思的权力诠释学及其当代意义．天津社会科学，2001 (5).
④ 凯尔纳，贝斯特．后现代理论：批判性的质疑．张志斌，译．北京：中央编译出版社，2001：31.

一重写中同一疾病又再次出现。马克思主义者认为他们在努力清除异化，但人的异化几乎以毫无变化的形式被重复了。[①]

显然，在利奥塔看来，仅仅从宏观上改变权力的形式和构成，并不能从根本上消除宏观权力造成的异化。众所周知，福柯对马克思的宏观政治权力理论同样抱着一种疑虑的态度。事实上，他更关注的是在生活中到处显现出来的、多元的微观政治权力。正如凯尔纳和贝斯特所指出的：

> 为替代马克思主义有关对立阶级之间的阶级斗争的二元模式，福柯呼唤一种在社会的所有的微观层面上，在监狱、精神病院、医院和学校中发展起来的多元的自主斗争。他用后现代微观政治概念取代了现代的宏观政治概念，因为在现代宏观政治概念中，冲突力量之间争夺的是对扎根于经济和国家中的中心化权力之源的控制权，而在后现代微观政治概念中，无数的局部群体争夺的是散布于整个社会中的分散的、非中心化的权力形式。[②]

按照福柯的理解，微观政治权力起着比宏观政治权力更为重要的、基础性的作用。

无疑地，以福柯为代表的后现代理论家提出的微观权力的理论，是一种极富创发性的政治文化批判的理论。然而，只要人们公正地对待马克思的宏观权力理论，就会发现，单纯的微观权力的批判，与单纯的宏观权力批判一样是有自己的限度的。这里会出现循环论证，即宏观权力的有效的改变有赖于微观权力的改变；反之，微观权力的彻底改变也有赖于宏观权力的改变。因此，对于后现代理论家来说，对马克思的宏观权力批判理论采取简单的态度是不行的，应当在两种权力的辩证关系中来把握微观权力批判的作用和局限性。

确定性的偶像化与对偶像化的确定性的消解

人所共知，在对确定性与非确定性之间的关系的思考上，马克思留

---

① 包亚明. 后现代性与公正游戏：利奥塔访谈、书信录. 谈瀛洲，译. 上海：上海人民出版社，1997：158.

② 凯尔纳，贝斯特. 后现代理论：批判性的质疑. 张志斌，译. 北京：中央编译出版社，2001：72-73.

下了极为丰富的思想遗产。然而，在他的后继者那里，情况又发生了重大的变化。一方面，马克思视为确定性的内容在他的追随者那里被简单地、无条件地夸大了，甚至可以说，确定性已经被偶像化了；另一方面，马克思对历史上的某些确定性的结论的消解却没有引起人们的充分重视，直到后现代理论家那里，这方面的思想资源才引起他们强烈的兴趣。

就马克思学说的前一个方面而言，最广为人知的一个例子是：马克思对经济关系在社会生活中的基础性作用的确定被偶像化为所谓"经济决定论"。恩格斯为此写道：

> 根据唯物史观，历史过程中的决定性因素**归根到底**是现实生活的生产和再生产。无论马克思或我都从来没有肯定过比这更多的东西。如果有人在这里加以歪曲，说经济因素是**唯一**决定性的因素，那么他就是把这个命题变成毫无内容的、抽象的、荒谬无稽的空话。①

显然，在恩格斯看来，他和马克思所强调的不过是经济关系在社会历史现象中的基础性的、根本层面上的作用。正如马克思在别处所指出的：

> 例如只要对罗马共和国的历史稍微有点了解，就会知道，地产的历史构成罗马共和国的秘史。②

在这里，马克思只是强调地产的问题在罗马共和国的历史的演化中起着基础性的作用，但并没有把它理解为决定罗马共和国演化的唯一的因素。同样地，也不能把马克思的历史唯物主义曲解为"经济决定论"。然而，遗憾的是，恩格斯对马克思的追随者在理论上曲解马克思的做法的强烈的抗议却在以后愈演愈烈的曲解活动中被淹没了。

后现代理论家们感兴趣的正是马克思对传统中的、已经被统治阶级偶像化了的确定性的消解。在《共产党宣言》中，马克思在论述资产阶级的历史作用时，充分强调了这一历史作用中所蕴含的、对传统的确定性的消解。他写道：

> 生产的不断变革，一切社会状况不停的动荡，永远的不安定和

---

① 马克思恩格斯选集：第4卷. 北京：人民出版社，2012：604.
② 马克思. 资本论：第1卷. 北京：人民出版社，1975：99.

变动，这就是资产阶级时代不同于过去一切时代的地方。一切固定的僵化的关系以及与之相应的素被尊崇的观念和见解都被消除了，一切新形成的关系等不到固定下来就陈旧了。一切等级的和固定的东西都烟消云散了，一切神圣的东西都被亵渎了。人们终于不得不用冷静的眼光来看他们的生活地位、他们的相互关系。①

马克思甚至指出，资产阶级在反对封建主义的过程中，也锻造了最后埋葬自己的武器——无产阶级。总之，资产阶级以一种变动不居的方式摧毁了传统社会中确定不移的东西，同时也为否定关于自己的确定性神话奠定了基础。加拿大哲学家泰勒对马克思的上述见解做了进一步的诠释：

> 大约在 150 年前，马克思在《共产党宣言》中写道，资本主义发展的结果之一就是"一切固定的东西都烟消云散了"。该断言是指，过去服务于我们的那些可靠的、持久的、总是意味深长的东西，正在让位给那些堆积在我们周围的快捷的、廉价的、可替换的商品。②

泰勒在这里强调的、由人的行为方式引起的不确定性，在吉登斯那里则表现为"人造的不确定性"（manufactured uncertainty）。他认为，随着科学技术的发展，这种"人造的不确定性"几乎无处不在。

> 核战争的可能性，生态灾难，不可遏制的人口爆炸，全球经济交流的崩溃，以及其他潜在的全球性灾难，对我们每一个人都勾画出了一幅令人不安的危险前景。③

在某种意义上，人们可以说，切尔诺贝利无处不在，面对着全球性的风险和不确定性，即使一个人拥有特权也无法幸免。后现代理论家对风险和不确定性的认同，在自然科学家那里也引起了共鸣。耗散结构理论的创始人普里戈金认为，从古希腊至今，对确定性的认可和追求一直是西方思想的主脉。然而，在当今，这种确定性正面临着挑战：

> 人类正处于一个转折点，正处于一种新理性的开端。在这种新

---

① 马克思恩格斯选集：第 1 卷. 北京：人民出版社，2012：403-404.

② 泰勒. 现代性之隐忧. 程炼，译. 北京：中央编译出版社，2001：7-8.

③ 吉登斯. 现代性的后果. 田禾，译. 南京：译林出版社，2000：110.

理性中，科学不再等同于确定性，概率不再等同于无知。①

无疑地，在后现代理论家关于不确定性的论述中，马克思的某些反确定性的话语也是重要的思想来源之一。

综上所述，后现代理论家从自己的视角和理解的前结构出发，对马克思思想做出了修正和选择。诠释学启示我们，任何历史的文本，在被之后的世代不断地进行诠释的过程中，其意义总是开放的。马克思的文本和思想也面临着同样的命运。只有充分地认识到这一点，我们才不会沉湎于"回到马克思"的幻梦中。我们所要做的，不是抽空自己，返回到纯粹的、不受任何认识"污染"的马克思那里去，而是自觉地运用马克思的话语和思想，回应当今世界中引发我们兴趣的、有待解决的问题，从而阐明马克思思想的当代意义。事实上，我们对马克思和后现代理论之间的关系的反思也正从属于这一根本性的任务。

---

① 普利高津. 确定性的终结：时间、混沌与新自然法则. 湛敏，译. 张建树，校. 上海：上海科技教育出版社，1998：5.

结论　差异分析与理论重构

在当今哲学社会科学的研究中，马克思和马克思主义是一个绕不过去的话题。每年，国内外学术界都有大量论著问世，或直接地探讨这个话题，或间接地涉及这个话题。在汗牛充栋的研究文本之前，常常萦怀于心的一个问题是：如何使我们的研究创出新意，换言之，如何发前人之所未发，言前人之所未言？

其实，这也是研究工作中最难做到的事情，尤其是在中国传统的思维方式中，创造性地研究马克思和马克思主义就变得更为困难。为什么这么说呢？因为在中国传统的思维方式中，占主导地位的始终是朴素的经验主义和心理主义方法，这种方法在对任何事物或问题的研究中总是求"大同"、求"大概"，缺乏对所研究的事物或问题之间的差异的深入考察和分析。究其原因，恐怕与中国传统文化中缺乏对数学和逻辑的浓厚而持久的兴趣有关。① 在我们看来，要对马克思和马克思主义进行创造性的研究，就需要在思维方法上有一个转折，即通过差异分析来重构马克思的哲学理论。

---

① 众所周知，近代西方哲学的肇始人笛卡尔是解析几何的奠基人，他把数学的严格性和明晰性带入哲学中，从而提出了知识的"确定性"问题；而另一位肇始人培根则创立了归纳逻辑，从而为哲学和自然科学追求严格的知识提供了新工具。在这里，数学方法和逻辑方法的核心都是对研究对象之间存在的差异进行深入的分析，从而引申出确定无疑的答案。与此不同，在近现代中国哲学的发展史上，最欠缺的正是这种以差异分析为核心的研究方法。所以，胡适先生发出了如下感慨："近代中国哲学与科学的发展曾极大地受害于没有适当的逻辑方法。"（胡适．先秦名学史．上海：学林出版社，1983：7）

差异分析

什么是"差异分析"（analysis of difference）呢？它与"本质认同"（identity of essence）正好代表了思维中的两个不同的路向。比如，当人们说"克劳塞维茨是军事家，拿破仑也是军事家"时，他们运用的就是后一种思维方法，即把克劳塞维茨和拿破仑这两个不同的历史人物认同、归结到"军事家"这个本质性的概念中去。这一思维方法的长处是使我们看到了两个不同历史人物之间的共同点，但其短处则是：我们既无法了解这两个历史人物在其整体人格上的差异究竟是什么，甚至也无法了解同为军事家他们对军事史的不同的贡献究竟是什么，换言之，他们在军事理论和军事活动中的差异究竟是什么。这就启示我们，"本质认同"这种惯常的思维方法并不能取代"差异分析"。尽管"本质认同"在人们的运思过程中是不可或缺的，然而，单纯的"本质认同"只能导致人们对不同认识对象之间的共同性的模糊认识。只有同时运用"差异分析"，深入探索克劳塞维茨和拿破仑在军事思想乃至全部人格上的差异，才能加深我们对每一个历史人物的认识。事实上，不同事物、不同问题的特性正体现在它们相互之间的差异中。晚年维特根斯坦举起了"反本质主义"（anti-essentialism）的旗帜；晚年萨特倡导"双向往复"（va-et-vient）的研究方法，通过前进和逆溯的运思方式来再现研究对象的特异性和细节；G. A. 柯亨把分析哲学的方法引入对马克思历史理论的分析中，从而建立了"分析的马克思主义"，他们的共同意向无非是通过对研究对象之间存在的差异的分析和考察，把整个研究活动引向深入。

那么，究竟如何运用这种"差异分析"的方法来研究马克思和马克思主义呢？我们认为，必须抓住研究活动中必定会遇到的以下三种差异。

1. 研究对象的差异

我们这里说的研究对象主要是指"马克思"、"马克思主义的创始人"和"马克思主义"。在通常的研究中，人们所看到的只是这三个对象之间的共同点，因而他们经常交替地、不经意地使用它们，而全然不顾它们之间存在的差异。其实，这正是关于马克思和马克思主义的大量研究成果深入不下去，而停留在低水平的重复上的原因。只要稍加分析，就会发现，这三个对象之间存在着重大的差异。

就"马克思主义"这一概念而言，它主要有两个含义：一是指马克思本人提出的理论体系；二是指马克思的同时代人和后继者结合各自的时代特征和地域特征对马克思思想所提出的解释体系。显然，这两个含义之间存在着巨大的差异，而这一差异的存在，马克思生前已经觉察。恩格斯在1890年8月27日致保·拉法格的信中谈到当时德国的许多大学生涌入德国社会民主党内时，曾经这样写道：

> 所有这些先生们都在搞马克思主义，然而是10年前你在法国就很熟悉的那一种马克思主义，关于这种马克思主义，马克思曾经说过："我只知道我自己不是马克思主义者"。马克思大概会把海涅对自己的模仿者说的话转送给这些先生们："我播下的是龙种，而收获的却是跳蚤。"①

马克思在这里强调的是他自己的思想和那些自称马克思主义者的追随者的思想之间的根本差异。在英语中，人们可以用两个不同的词来表达这种差异，即用"Marx's"来表示"马克思的"，用"Marxist"来表示"马克思主义的"。在汉语中，为了保留上面提到的差异，我们可以只在第二个含义上使用"马克思主义"这个术语，即只用这个术语指称"马克思的同时代人和后继者结合各自的时代特征和地域特征对马克思思想所提出的解释体系"，而当我们谈到马克思本人的思想时，只使用"马克思思想""马克思理论体系"这样的提法。

然而，就"马克思主义"这个词的第二个含义来说，在不同的历史时期和不同的地域中，形成了对马克思思想的迥然相异的解释体系，所以"马克思主义"始终表现为复数，呈现为多元状态。比如，"苏联和东欧的马克思主义"、"西方马克思主义"和"当代中国的马克思主义"等等。

就"马克思主义的创始人"这一概念而言，也有两个含义：一是广义上的创始人，即指马克思和恩格斯；二是狭义上的创始人，即马克思。关于这个问题，恩格斯在《路德维希·费尔巴哈和德国古典哲学的终结》一书中做过一个著名的说明：

---

① 马克思恩格斯选集：第4卷．北京：人民出版社，2012：603.

我不能否认，我和马克思共同工作 40 年，在这以前和这个期间，我在一定程度上独立地参加了这一理论的创立，特别是对这一理论的阐发。但是，绝大部分基本指导思想（特别是在经济和历史领域内），尤其是对这些指导思想的最后的明确的表述，都是属于马克思的。我所提供的，马克思没有我也能够做到，至多有几个专门的领域除外。至于马克思所做到的，我却做不到。马克思比我们大家都站得高些，看得远些，观察得多些和快些，马克思是天才，我们至多是能手。没有马克思，我们的理论远不会是现在这个样子。所以，这个理论用他的名字命名是理所当然的。①

按照恩格斯的说法，虽然他"在一定程度上独立地参加了这一理论的创立"，但主要是"对这一理论的阐发"。现在的问题是：恩格斯对马克思思想的阐发是否与马克思本人的思想之间存在着差异？毋庸讳言，在以往的研究中，这个问题本身就是一个"禁区"。人们总是不厌其烦地谈论着马克思与恩格斯的一致性，完全无视他们之间在思想上存在着的明显的差异。关于这方面的差异，我们下面还会论及，而在这本书中，我们也辟出了专门的章节来探讨这种差异。

所以，如果我们要严格地使用"马克思主义的创始人"这一术语的话，就只能用它来指称马克思。也就是说，我们必须清醒地意识到，马克思的思想与恩格斯的思想之间是存在着差异的，在某种意义上可以说，恩格斯对马克思的思想的"阐发"是有偏差的，甚至在某些重要的观点上错误地解释了马克思的思想的本真含义。

就"马克思"这一概念而言，情形也不像人们设想的那么简单。自从马克思的《1844 年经济学哲学手稿》问世以来，它至少具有以下两个不同的含义：一是指青年时期的马克思，二是指成熟时期的马克思。众所周知，马克思原来是一个青年黑格尔主义者，后来在参与现实斗争和思想批判的过程中才形成了自己的独立的思想。这就深刻地启示我们，不能笼统地使用"马克思"这个术语，不然就有可能抹煞青年时期的马克思的思想和成熟时期的马克思的思想之间存在着的重大差异。

通过上面的差异分析，我们至少可以明白一个道理，即不能含糊地谈论自己研究的任何对象，而必须对这些研究对象的含义和范围做出明

① 马克思恩格斯选集：第 4 卷．北京：人民出版社，2012：248.

确的分析和限定。事实上，我们对不同研究对象之间存在的差异认识得越清晰，我们的整个研究活动也就越深入。

2. 研究视角的差异

在传统的研究活动中，人们最热衷于谈论的是"客观性"（objectivity）这个术语。当人们说某项研究成果具有"客观性"时，常常是对它的很高的赞扬。其实，很少有人深入地思索过"客观性"这个术语的含义，而如果真的这样做了，他们也许会大失所望。毋庸讳言，从语用学上看，"客观性"与"主观性"（subjectivity）是不可分割地联系在一起的。也就是说，我们越赞扬某项研究成果具有"客观性"，也就越暗示出一个"主观性"存在的背景。事实上，从来也没有超越任何"主观性"的"客观性"。而"主观性"背景的存在则揭示出一个不争的事实，即任何研究者在从事自己的研究活动之前，已经自觉地或不自觉地置身于某个视角之中。海德格尔曾以提问的方式表达了自己对这个问题的看法：

> 但是，竟有一种不片面的、而是全面的历史考察吗？难道每个时代都不是必须根据它自身的视界来看待和解释过去吗？每个时代的给定视界愈是明确地起指导作用，它的历史学认识不就愈加"鲜活生动"吗？①

在海德格尔看来，视角并不是人们可以采用或可以不采用的东西，视角是内在于每个作为人之在的存在者中的东西：

> 存在者之为存在者是透视性的。我们所谓的现实性是由它的透视特征决定的。②

也就是说，所谓"客观性"只能从主观方面的视角的基础上加以理解，绝不存在无视角或超视角的认识活动和研究活动。我们对马克思和马克思主义的研究同样如此。事实上，不管我们是否同意，在对马克思和马克思主义进行研究时，我们总是会自觉地或不自觉地受到以下三种研究视角中的某一种视角的影响。

第一种是恩格斯的研究视角。众所周知，在马克思逝世以后，人们

---

① 海德格尔. 尼采：下卷. 孙周兴，译. 北京：商务印书馆，2002：747.
② 海德格尔. 尼采：下卷. 孙周兴，译. 北京：商务印书馆，2002：740.

对成熟时期的马克思的思想，尤其是对其哲学思想的了解，主要是通过以恩格斯的《反杜林论》《路德维希·费尔巴哈和德国古典哲学的终结》《自然辩证法》《家庭、私有制和国家的起源》等著作为媒介来进行的。

恩格斯的研究视角的出发点是：先讨论自然，后讨论人类社会，这从《反杜林论》《路德维希·费尔巴哈和德国古典哲学的终结》两书的谋篇布局中就可以看出来。这一出发点假定了自然与人类社会的二元对立，从而也为从普列汉诺夫、列宁到斯大林的关于马克思哲学思想的解释路线奠定了基础，即马克思哲学就是辩证唯物主义。辩证唯物主义以自然为研究对象，而把辩证唯物主义推广和应用到人类社会中去，就产生了历史唯物主义。尽管恩格斯把历史唯物主义看作马克思的两大发现之一，但由于历史唯物主义是奠基于辩证唯物主义之上的，这就大大地减弱了马克思哲学革命的伟大意义，把他的哲学思想仅仅理解为在辩证唯物主义的基础上"推广"出来的一项应用性的成果。当然，恩格斯没有使用过"辩证唯物主义"这个术语，但他使用过另一个词"唯物主义辩证法"①。

实际上，正是这个词启发了普列汉诺夫、列宁和斯大林，他们才使用"辩证唯物主义"这个术语的。不用说，苏联、东欧和中国关于马克思哲学思想的教科书——《辩证唯物主义和历史唯物主义》正是在恩格斯的研究视角的基础上形成并发展起来的。这一研究视角至今仍然左右着中国的理论界。国内关于马克思哲学研究的许多论著之所以大同小异，缺乏创意，是因为它们在潜意识中始终没有突破恩格斯的视角。问题的症结就在这里。

第二种是卢卡奇的研究视角。作为西方马克思主义的创始人，卢卡奇的《历史与阶级意识》堪称这一思潮的"圣经"。正是在这部重要的著作中，卢卡奇显示出他理解、解释马克思的不同的视角。

卢卡奇的研究视角的出发点是：自然并没有与人类社会相分离，相反，自然是一个社会范畴。在某种意义上可以说，卢卡奇颠倒了恩格斯的"从自然到人类社会"的解释路线，把它变成"从人类社会到自然"的解释路线。这一颠倒的积极意义是试图把马克思哲学与以前的旧唯物主义哲学（包括费尔巴哈的唯物主义哲学）的根本差异凸显出来。也就

---

① 马克思恩格斯选集：第 4 卷．北京：人民出版社，2012：250．

是说，马克思哲学不是由费尔巴哈哲学的"基本内核"（唯物主义立场）加上黑格尔哲学的"合理内核"而形成的、以脱离社会的自然为研究对象的"辩证唯物主义"，而是以人类社会为研究对象的历史唯物主义。要言之，马克思哲学的基础部分是历史唯物主义，而不是辩证唯物主义。

然而，必须指出，虽然卢卡奇颠倒了人类社会与自然之间的逻辑关系，但在他那里，自然和人类社会仍然处于僵持的二元对立之中。正是这种理论上的不彻底性，使卢卡奇在晚年巨著《社会存在本体论》中又把所谓"一般本体论"或"自然本体论"理解为社会存在本体论的逻辑前提。这样一来，自然重又在逻辑上获得了先于人类社会的重要性。于是，卢卡奇又以某种方式退回到恩格斯的研究视角上去了。

第三种是马克思本人的研究视角。如果我们认真地解读马克思的文本，就会发现，马克思从未把人类社会与自然抽象地对立起来。在《1844年经济学哲学手稿》中，他一再告诉我们，不应该离开人的社会活动去理解自然自身的运动，这样的自然只是一个抽象的符号，它相当于无，而真正现实的自然是经过人的活动的媒介作用的、人化的自然：

> 在人类历史中即在人类社会的产生过程中形成的自然界是人的**现实的**自然界；因此，通过工业——尽管以**异化**的形式——形成的自然界，是真正的、**人类学的**自然界。①

按照马克思的观点，从"时间在先"的角度去看待问题，自然界先于人而存在，因而也先于人类社会而存在。然而，从"逻辑在先"的眼光去看待问题，就会发现，作为社会存在物，人是通过社会的媒介而与自然打交道的。在这个意义上，与社会的人相分离的自然并不存在。所以，马克思在批评费尔巴哈所崇拜的抽象的自然时，曾经指出：

> 先于人类历史而存在的那个自然界，不是费尔巴哈生活于其中的自然界；这是除去在澳洲新出现的一些珊瑚岛以外今天在任何地方都不再存在的、因而对于费尔巴哈来说也是不存在的自然界。②

在马克思看来，既然我们对任何问题的讨论都是在意义主体——人

---

① 马克思恩格斯全集：第42卷．北京：人民出版社，1979：128.
② 马克思恩格斯选集：第1卷．北京：人民出版社，2012：157.

类诞生之后才变得可能，甚至连"自然"这一概念也是人类悟性的一个创造物，所以，抽去人和人类社会这一基础去谈论任何问题都是荒谬的。在这里，特别需要指出的是，马克思从来没有把人类社会与自然分离开来并对立起来。在他看来，"**社会**是人同自然界的完成了的本质的统一"①。

也就是说，人化自然就是人类社会。从"逻辑在先"的角度看问题，既不存在着一个与人类社会相分离的自然，也不存在着一个与自然相分离的人类社会。两者是一而二、二而一的。当然，在这种统一中，社会历史特征始终扮演着基础性的角色。换言之，马克思要求我们在任何时候、任何地方都把人理解为社会存在物，把人所认识和研究的对象理解为打上社会历史印记的存在物。

所以，在马克思的哲学中，既不存在着自然与人类社会之间的二元分离和对立，也不存在着辩证唯物主义与历史唯物主义之间的二元分离和对立。马克思的哲学就是历史唯物主义，而历史唯物主义的研究对象则是人类社会，而在马克思的理解中，人类社会也就是人化自然。也就是说，成熟时期的马克思并没有提出历史唯物主义以外的任何哲学理论，如果一定要保留"辩证唯物主义"这个术语，那么，它只能是历史唯物主义的别名，而绝不表明还存在着另一种与历史唯物主义不同的哲学理论。

从上面的论述可以看出，这三个不同的研究视角之间存在着明显的差异。马克思的哲学思想将以不同的方式呈现在研究者们所拥有的不同的视角中。所以，研究者不能像在草地上扑蝶的小孩一样，不假思索地扑向自己的对象，而应当在从事任何研究活动以前，先反思自己可能带入研究活动中的特殊视角。没有这样深入的反思，任何原创性的研究活动都是不可能的。

3. 研究文本的差异

我们这里所说的研究文本的差异主要有以下两层意思：一是指德文版马克思著作的不同版本，二是指中文版马克思著作的不同版本。长期以来，我国的马克思哲学的研究大多是在中文翻译本的基础上进行的。事实上，一方面，许多马克思哲学的研究者不懂得德文，这一问题对他

---

① 马克思恩格斯全集：第 42 卷．北京：人民出版社，1979：122.

们的研究活动产生了很大的限制。另一方面，马克思著作的某些翻译者虽然精通德文，但却不懂哲学，这就使他们的翻译中存在着这样或那样的问题。尽管有些学者如朱光潜先生对马克思的《关于费尔巴哈的提纲》重新进行了翻译，然而，对于浩如烟海的马克思著作来说，这无异于杯水车薪。何况，他的译文也是需要商榷的。

其实，我们在这里试图表明的是这样一种看法，即中国的马克思哲学的研究者如果看不到马克思著作的中文版和德文版之间存在着的差异，不下决心返回到对马克思的原始文本即德文版的研究，要大幅度地提升这一研究的水平是不可能的。为了说明认识这方面的差异的重要性，我们不妨举两个例子：

其一，在《1844 年经济学哲学手稿》中，当提到黑格尔哲学中的"神秘的主体—客体"既外化又扬弃外化向自身回归的过程时，马克思写道：

> ... das reine，rastlose Kreisen in sich. ①

《马克思恩格斯全集》第 42 卷对这句话的翻译是：

> 这就是在自身内部的纯粹的、**不停息**的旋转。②

显然，中译者把 Kreisen 这个德文名词译为"旋转"，从上下文看来是比较贴切的。然而，比《马克思恩格斯全集》第 42 卷晚出的、新版本的《马克思恩格斯全集》第 3 卷却把同一句话改译为：

> 这就是在自身内部的纯粹的、**不停息的**圆圈。③

什么叫"纯粹的、不停息的圆圈"？诚然，Kreisen 这个德文名词既可译为"旋转"，也可译为"圆圈"，但从此处的上下文看，显然是译为"旋转"更合适。④

其二，在马克思的文本中，扬弃（德文名词为 Aufheben，德文动词为 aufheben）是一个十分重要的概念。可是，在中文译本中，这个词

---

① K. Marx. *Pariser Manuskripte*. Westberlin：Das Europaeische Buch，1987：130.
② 马克思恩格斯全集：第 42 卷 . 北京：人民出版社，1979：176.
③ 马克思恩格斯全集：第 3 卷 . 北京：人民出版社，2002：333.
④ 必须指出，新译本的这种不确切的译法是吴晓明教授最先发现的，我核对原文以后，觉得这种译法确实是有问题的。

有时被译为“扬弃”，有时又被译为“消灭”。比如，在《1844年经济学哲学手稿》中，无论是名词 Aufheben，还是动词 aufheben，均被译为“扬弃”。然而，在对马克思的《〈黑格尔法哲学批判〉导言》中的一个十分重要的句子的翻译中，却出现了问题。马克思的原话是这样的：

> Mit einem Worte：Ihr Koennt die Philosophie nicht aufheben，ohne sie zu verwirklichen. ①

我们发现，《马克思恩格斯选集》第1卷和《马克思恩格斯全集》第3卷都把上面这句话译为：

> 一句话，**你们不使哲学成为现实，就不能够消灭哲学**。②

难以理解的是，在这里，德文动词 aufheben 竟被译为“消灭”！按照这种译法，如果哲学已经被消灭了，那又怎么使它成为现实呢？而无产阶级又怎么可能“把哲学当做自己的**精神武器**”③呢？即使马克思这句话中出现的第二个“哲学”概念指的是旧哲学，它也是不可能被消灭的，否则怎么还可能有哲学史呢？因此，只有把 aufheben 译为“扬弃”，才不至于曲解马克思本人的意思。

在对马克思原始文本的翻译中，不但有译文的准确性的问题，而且存在着译名统一的问题。由此可见，在对马克思著作的研究中，如果人们意识不到原始文本和翻译文本之间存在的差异性以及不同的翻译文本之间存在的差异性，深入的研究也是不可能的。

理论重构

上面我们讨论的是如何把“差异分析”运用到对马克思哲学思想的研究中。下面，我们再来探讨，在新的历史条件下，如何对马克思的哲学思想进行“理论重构”（the theoretical reconstruction）。

首先，必须指出的是，“理论重构”真正的动机是恢复马克思的历史唯物主义的本真面目。所以，它与哈贝马斯的理论态度存在着根本性的差异，因为在他看来，历史唯物主义理论在总体上已经过时，但它的

---

① *Marx Engels Werke*（*Band 1*）. Berlin：Dietz Verlag，1970：384.
② 马克思恩格斯选集：第1卷. 北京：人民出版社，2012：8；马克思恩格斯全集：第3卷. 北京：人民出版社，2002：206.
③ 马克思恩格斯选集：第1卷. 北京：人民出版社，2012：16.

某些见解仍然是有意义的，所以，应该把它拆开来，以新的方式重新进行组合。显然，哈贝马斯的《重建历史唯物主义》一书表明，他对马克思的历史唯物主义理论的理解存在着根本性的失误，尤其是他关于马克思忽略了交往行动理论的评论是站不住脚的。我们这里说的"理论重构"也不同于国内某些研究者的做法。他们在口头上大喊"重估""重写""重建""重构"这样的口号，但由于他们从不以批判的态度反思自己已然接受并以之为出发点的研究视角，所以他们在相当程度上仍然停留在恩格斯的研究视角内。实际上，只要不改变这一传统的研究视角，他们在马克思哲学的探索中是不可能做出原创性的研究的。他们的口号充其量只是震动了空气，而实际上，他们始终还在原地踏步！毋庸讳言，我们这里说的"理论重构"是主张摆脱传统的恩格斯的研究视角和解释路线，自觉地返回到马克思的原始文本，站在当今时代的高度上，从马克思本人的研究视角出发来重新阐述马克思的哲学思想。所以，我们在本书中试图重构的不是所谓"马克思主义的哲学思想"，而是"马克思的哲学思想"。

其次，必须指出，"理论重构"注重的是本体论层面上的工作。为此，我们必须摆脱近代西方哲学注重认识论和方法论的传统，努力从本体论的层面上来理解马克思所发动的哲学革命。实际上，马克思的哲学革命及其伟大成果——历史唯物主义的创立，不仅仅是认识论、方法论上的革命，更是本体论上的革命。历史唯物主义也就是社会存在本体论，而社会存在的核心内容则是社会关系，社会关系的基础层面则是社会生产关系。在这个意义上也可以说，历史唯物主义就是社会生产关系本体论。正如马克思在《1857—1858 年经济学手稿》中所指出的：

> 在一切社会形式中都有一种一定的生产决定其他一切生产的地位和影响，因而它的关系也决定其他一切关系的地位和影响。这是一种普照的光，它掩盖了一切其他色彩，改变着它们的特点。这是一种特殊的以太，它决定着它里面显露出来的一切存在的比重。①

马克思在这里把社会生产关系理解为"一种特殊的以太"，并强调它

---

① 马克思恩格斯全集：第 46 卷上册．北京：人民出版社，1979：44. 另参见俞吾金．马克思哲学是社会生产关系本体论．学术研究，2001（10）。

"决定着它里面显露出来的一切存在的比重"，这到底是什么意思呢？我们还是引证马克思自己的话来回答吧。在《雇佣劳动与资本》一文中，马克思这样写道：

> 黑人就是黑人。只有在一定的关系下，他才成为**奴隶**。纺纱机是纺棉花的机器。只有在一定的关系下，它才成为**资本**。脱离了这种关系，它也就不是资本了，就像**黄金**本身并不是**货币**，砂糖并不是砂糖的**价格**一样。①

马克思又指出：

> **资本**也是一种社会生产关系。②

正是从这样的新的思路出发，马克思强调，社会关系尤其是社会生产关系的变革或革命，构成马克思的历史唯物主义理论的核心内容，而这一核心内容无疑蕴含着马克思对哈贝马斯所说的交往行动的关切。由此可见，哈贝马斯对马克思的批评是苍白无力的。

总之，坚冰已经打破，航路已经开通，道路已经指明。马克思的历史唯物主义理论从本体论上为我们开辟出一条理解全部生活世界的新的、批判性的道路。我们必须站在这样的高度上重新认识马克思的哲学革命的实质。

最后，必须指出，"理论重构"的宗旨是超越传统的"辩证唯物主义加历史唯物主义"的二元论模式，构建马克思哲学的一元论体系。我们通过研究发现，这一体系的主导性线索是"物—价值—时间—自由—革命"。也就是说，马克思通过对传统的抽象的物质观的批判，把自己的注意力集中到物质的具体样态——物上，而在商品经济占主导形式的社会形态中，物现身为形形色色的商品；而任何商品都具有两方面的属性：一是作为自然属性的使用价值，二是作为社会属性的交换价值。不用说，交换价值作为社会存在构成了商品的本质，而商品的价值则取决于社会必要劳动时间。也就是说，剩余价值和剩余劳动时间隐藏着商品世界的真正的秘密；而人的自由正是在时间的地平线上展开的，因此，社会主义把"缩短工作日"作为自己的第一个口号，也就显得顺理成章

---

① 马克思恩格斯选集：第1卷．北京：人民出版社，2012：340．
② 马克思恩格斯选集：第1卷．北京：人民出版社，2012：341．

了；而社会革命就是从根本上改变社会生产关系，从而为人的自由和解放提供根本性的条件。上面我们只是勾勒了贯穿于马克思哲学体系中的一条线索。这条线索表明，马克思哲学绝不是抽象的知识论，绝不是课堂上的高头讲章，而是一种具有强烈的革命倾向的实践理论；它也表明，马克思哲学绝不是以自然和社会的分离为出发点的二元论，而是建立于社会实践活动基础上的一元论。正是在这个意义上，我们也可以说，马克思的历史唯物主义就是实践唯物主义。

图书在版编目（CIP）数据

社会生产关系本体论：马克思哲学的当代阐释/俞
吾金著. -- 北京：中国人民大学出版社，2025.6.
（当代马克思主义哲学研究文库/ 杨耕主编）. -- ISBN
978-7-300-33786-9

Ⅰ. B0-0

中国国家版本馆 CIP 数据核字第 202555PR25 号

当代马克思主义哲学研究文库
主编　杨　耕
社会生产关系本体论
——马克思哲学的当代阐释

俞吾金　著

SHEHUI SHENGCHAN GUANXI BENTILUN

出版发行	中国人民大学出版社	
社　　址	北京中关村大街 31 号	**邮政编码**　100080
电　　话	010 - 62511242（总编室）	010 - 62511770（质管部）
	010 - 82501766（邮购部）	010 - 62514148（门市部）
	010 - 62511173（发行公司）	010 - 62515275（盗版举报）
网　　址	http://www.crup.com.cn	
经　　销	新华书店	
印　　刷	北京联兴盛业印刷股份有限公司	
开　　本	720 mm×1000 mm　1/16	**版　次**　2025 年 6 月第 1 版
印　　张	30 插页 3	**印　次**　2025 年 6 月第 1 次印刷
字　　数	465 000	**定　价**　128.00 元